Great Lives

위대한 생애 ㉓

막스 베버의 생애

민병산 / 옮김

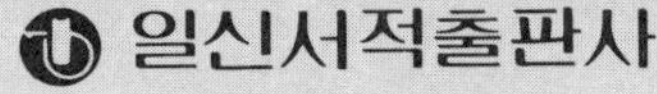

일신서적출판사

머 리 말

막스 베버의 친구와 동료는 이 전기를 위해 베버에게서 받은 편지를 참고할 수 있게 해주었다. 이 책 속에서 그의 일상생활이나 당시의 정신적인 움직임, 그리고 정치적인 움직임에 대한 그의 반응을 구체적으로 제시할 수 있었던 것은 그에 관련된 무수한 편지가 있었기 때문에 가능한 것이었다. 모든 사람들, 특히 베버가 자신에게 보내온 귀중한 편지를 숨기지 않고 이 전기를 쓰는 데 이용할 수 있도록 허락해주신 분들께 감사한다. 그리고 무엇보다 깊은 관심을 가지고 헤아릴 수 없을 정도의 많은 지원과 격려를 해준 친구들에게도 감사한다.

차　례

제1장　선조 ······ 7
제2장　생가(生家)와 소년시절 ······ 33
제3장　학생시대와 병역시대 ······ 73
제4장　상승의 일보 ······ 119
제5장　결혼 ······ 154
제6장　젊은 교사・정치가 ······ 181
제7장　전략 ······ 223
제8장　새로운 국면 ······ 275
제9장　창조의 새로운 국면 ······ 323

　한 시대가 그 종언을 맞이함에 있어 자신의 가치를 한번 총괄해보려고 할 때 한 사람의 인간이 나타나 시대의 모든 하중을 온몸으로 감당해냈다.

　그보다 먼저 살아온 사람들은 인간세상의 희비(喜悲)와 감고(甘苦)밖에 몰랐지만 그는 인생의 중요성을 느끼고 모든 존재를 하나의 물(物)로 인식하고 있었다.

　오로지 신만이 그의 의지를 이해할 수 있을 뿐이다. 그 역시 이 초절(超絶)을 증오하면서도 신을 사랑하는 것이다.

R. M. 릴케

제1장 선 조

I

　막스 베버의 외조부모는 대단히 기풍이 색다른 인간이었으며 그 손자의 인간됨에서 너무나 분명하게 그들 성격의 여러 면을 찾아볼 수 있기 때문에 그의 전기를 시작함에 있어 당연히 그 조부모의 인간상을 묘사하지 않을 수 없다. 파렌스다인의 가계는 19세기 중엽 이래 계속해서 튀린겐에서 살고 있었다는 것을 증명한다. 게오르그 프리드리히 파렌스타인의 부친이나 조부도 지적 직업인의 계열에 속해 있었다. 마이닌겐의 뷔셀로데에서 태어난 파렌스타인의 조부는 헬폴르트의 문과고등학교(김나지움)의 부교장이었으며 아버지는 한때 크레퀘의 사법학교 교장이었던 일도 있다. 막스 베버의 증조부 되는 이 사람에 대해서는 아직까지 몇 가지 이야기가 전해지고 있다. 그는 유그노파의 가정에서 태어난 그 자신처럼 격정적인 모험을 좋아하는 여성과 비극적인 관계를 맺었다.

　1790년에 G. F. 파렌스타인은 그들의 첫 아들로 태어났으며 양친의 사랑을 극진하게 받은 동시에 부모들 싸움의 원인이 되기도 했다. 그에게는 어렸을 때 부모가 싸움을 시작하게 되면 그곳에서 피하지 않으면 안 되었던 괴로운 기억이 있었다. 그러나 사태는 더욱 악화되었다. 유명한 문헌학자인 아버지가 술을 마시기 시작하다가 결국엔 어느 날 한 마디의 말도 없이 가족 곁에서 떠나버렸고 그 후 소식이 끊기고 말았다. 그가 외국으로 떠나버렸다든가 저 세상으로 가버렸다든가 하는 이야기도 전연 들을 수가 없었다. 어머니는 많은 아이들을 데리고 참기 어려운 빈궁을 견뎌내지 않으면 안 되었다. 아들 프리드리히는 마치 고아처럼 남의 밑에서 성장했다. 그러나 그의 천성은 모든 위험과 역경에도 굴복하지 않았다. 지금까지 불규칙적이었던 학교공부도 마이닌겐 공의 덕택으로 계속할 수 있게 되었다. 그는 식물학, 동물학, 의학 등으로 학문의 폭을 넓혀갔으며 그와 동시에 그의 타고난 시적 재능 때문에 언어학에도 관심을 쏟았다. 고대 시인들의 시를 번역했으며 자신도 프라우엔로프라는 이름으로 로망주의 풍의 시도 만들고 이야기와 논문을 썼다. 성인이 되자 그는 어머니와 동생과 누이들이 함께 벨린의 뒷골목에서 비참한 생활을 하고 있는 것을 찾아냈다. 그는 자신도 무일푼의 애송이였지만 가족에게 도움이 되고 싶다고 생각했다. 더구나 그는——19세의 나이로——역시 가진 것 없는 15세의 아름다운 소녀와 약혼한 상태였다. 그 때문에 소녀의 할아버지는 결혼을 허락하려 하지 않아서 성격이 굳세고 과격한 이 젊은이는 수개월에 걸쳐서 지극히 심한 신경질환에 걸리기도 했다. 그것이 회복되자 그의 친구들이 사설 비서의 자리를 주선해주어서 그는——20세에——결혼하기로 했다. 애교가 넘치는 얌전한 아내는 그에게는 다시 없이 좋은 천사가 되었다. 그는 마음속으로부터 아내를 사랑했으며 그녀는 그 변화에 넘친 생애 속에서도 언제나 그에게 충실했다. 그녀는 여섯 명의 아이를 낳았다. 생활을 위한 싸움은 무섭고 괴로웠다. 젊은 부부는 몇 년씩이나 따로따로 생활하지 않으면 안 되었다. 파렌스타인은 처음에는 가정교사를 하고 군청의 서기 노릇을 했으며 때로는 문필가, 시인의 일을 했지만 자기 혼자만의 의식주를 해결하는 것이 고작이었었다. 아내와 아이들은 친구들 집에서 기식하고 있었다. 그러나 행동력, 의무감, 고매한 야심은 아무리 어려운 환경에 처해도 그를 좌절시키지 못했다. 아니 장애를 극복해간다는 것이야말로 그의 마음에 기쁨을 넘치게 한 것이다. 그의 성격은 충일한 남성적인 힘에 정신의 앙양이며 조수(操守)의 엄격함이며 거리낌없는 솔직함이며 그것에 덧붙여 격정을 일으키기 쉬운 열정적인 면도 있었으나 그것은 약자 특히 여성이나 어린이에 대한 경우에는 기사도정신과 순수한 마음의 발로 때문에 언제나 억제되고 있었다.

프리젠, 루덴, 얀과의 교제를 통해서 다져진 그의 애국심은 어떠한 시련에도 굴복하지 않았다. 그는 1813년에는 프로이센 왕의 부름에 앞장서서 주저하지 않고 류쏘 의용군단에 참가하여——그렇게도 가난했는데도——스스로 돈을 마련해서 두 전우에게 의용병으로서 필요한 무기를 갖추어주었다. 가족의 일은 국가가 돌보아줄 것으로 믿고 돈의 일부는 아내에게 주고 남은 것은 연대의 금고에 헌금했다. 그러나 친구들의 원조가 없었더라면 아내는 두 아이를 데리고 극도의 곤궁에 빠졌을 것이다. 그래서 그녀는 아이 하나를 영양실조로 잃었으며 그 책임이 나폴레옹에 있다고 생각한 파렌스타인은 평생동안 그에게 증오의 불꽃을 태웠다. 싸움이나 싸움터의 생활에서 파렌스타인의 시신(詩神)이 고무된 그는 데오도르 케르나와 열광적인 우정을 맺었다. 그래서 그는 그와 공동으로 싸움의 노래와 자유의 노래를 작사하여 전우들에게 그런 노래를 부르게 했다.

시대는 그를 튜튼적인 민족자원의 이상으로 가득 채우고 있었다. 그 이래 그는 고대 독일의 문학 유산을 모으고 아들들에게는 고대 독일 식의 이름을 붙이고 일체의 '외국적인 것'을 증오하였으며 사람과 사귐에 있어서도 되도록 거리낌없는 솔직함을 지니고 있었으며 '어이없을 정도로 무인답게' 대했다.

귀향 후 그는 이 전쟁의 정치적인 불모성 때문에 심하게 고민을 했으며 게다가 개인적으로는 국왕이 약속한 일임에도 불구하고 복원자에게 입에 풀칠할 만한 직장도 마련해주지 않은 프로이센 정부의 망언 때문에도 몹시 괴로움을 당했다. 그 때문에 1815년에 전쟁이 재개되자 다시 군대에 들어가 파리로 진군했다. 파리에서 그는 군대경찰 내에서 보수가 좋은 자리에 앉게 되었다. 그래서 그는 비로소 한숨을 돌리게 되었으며 한가로이 지낼 수 있게 되었다. 그렇게 되자 지금까지 곤궁에 젖어 있었던 이 사나이는 참을 수 없으리만큼 남에게 선물하는 것을 즐겼다. 고국에서 호구지책을 강구하는 일에도 힘에 겨워했던 사랑하는 아내에게 그는 장난감과 명주 옷과 모로코 제의 가죽으로 만든 슬리퍼뿐만이 아니라 그 자신이 '잡동사니와 싸구려'라고 불렀던 물건까지 보냈으며 막내 아들에게는 은으로 만든 딸랑이를 보내주었다. 이것은 늘 흥분상태에 있다는 그의 독특한 기질을 말해주는 것이었다.

1816년에 그는 정부 서기관(정부의 중급 관리의 칭호)이 되어서 듀센도르프로 가서 의무에 충실하며 신중할 뿐만 아니라 쉬지 않고 일을 하는, 일신을 돌보지 않은 모범적인 관리가 되었다. 그는 사회의 이익을 위해서는 자기의 직무상의 의무 영역을 훨씬 넘어서까지 비범한 정력을 동원하는 관리이기도 했다. 그래서 그는 곧 많은 업무의 무거운 짐을 짊어지게 되었다. 그는 서기관의 직책과 봉급으로 참사관의 직무를 해냈다. 게르누비스라는 상사는 그의 재능과 강인한 정력과 다방면의 교양에 대해서 극찬을 했다. "그는 이것 저것 생각하지도 않고 순종의 말처럼 전력을 다해서 쓰러지는 그 순간까지 멈추지 않는 불굴의 명예심과 활동력이 있는 사람이다." 그럼에도 불구하고 그는 벨린의 정부로부터는 모멸과 냉대를 받았을 뿐, 승진도 할 수 없었고 그의 봉급은 성장하는 많은 아이들을 위해서 근무 이외에도 문필 관계의 일을 하지 않으면 안 될 정도로 비참한 것이었다. 어째서 그렇게 되었을까? 한 가지 이유는 그가 민주주의적이고 자유주의적 사상을 지니고 있었기 때문이다. 그는 시대의 정신이 신과 자유의 쾌활한 아들처럼 어떤 힘을 가지고서도 멈추게 할 수 없는 발걸음으로 모든 민족과 문화의 사이를 걸어가는 것을 보았다 —— 모세의 앞을 걸어나가는 신처럼. 그래서 그는 공민의 평등에 대해서 감격했으며 얀 및 그의 그룹들과 함께 반동에 대해서 격렬하게 싸웠다. 그러나 한편으로 그는 불안하기도 했다. 그는 해방시대의 군인식 문체로 맹렬한 논문을 써서 어느 프랑스 귀족에 대한 왕실 소유지 증여에 대해 항의했으며 더구나 그 건에 대해서 국왕 자신을 탄핵함으로써 정부의 행동을 비판했던 것이다. 그는 그 일로 해서 고소되었다. 무죄가 되기는 했지만 벌로 좌천시키겠다는 위협을 받았다. 그러나 상사들의 한결같은 항의 덕분에 겨우 좌천은 면할 수가 있었다. 그 이후 그는 늘 벨린으로부터 의심을 받았다. 몇 번씩이나 고의로 직무상의 일로 무시를 받았기 때문에 그는 분개하였고 다른 곳으로 거처를 옮김으로써 '노예'의 처지에서 빠져나올 계획을 세웠다. 한번 자유롭게 숨을 쉬는 것이 허용되자 그는 자기의 생활을 '비참한 마차말의 생활'이라 생각했으며 '신은 이런 생활이 아닌 다른 생활을 내가 보내는 것을 용서하지 않는다 하더라도 적어도 이런 느낌만은 없애주실 수는 없을 것인가' 하고 탄식했다. 드디어 1832년에 14년 동안 벨린에서 공무를 모두 마친 후에 다시 시험을 치르고서 코프렌스에서 참사관이라는 그에게 어울리는 지위를 얻게 되었다.

그러나 이사하기 전에 그는 큰 타격을 받게 되었다. 언제나 그를 행복하게 해준 사랑하는 아내를 잃은 것이다. 그는 아직 어린 여러 명의 아이들을 혼자 떠맡게 되었다. 정열적이면서도 동시에 따뜻한 마음씨를 지니고 있는 그는 깊은 수렁에 빠지게 되었다. 그리고 아이들——그 아이들 중의 몇몇을 남에게 맡기고 있었지만——에게는 우울에 잠겨 있는 아버지가 더욱더 견뎌내기 어려운 존재였을 것이다. 그렇지 않다 해도 그에게서 압박을 받지 않기란 쉬운 일이 아니었을 테니까. 일찍이 류쏘의 의용병이었던 그는 지독하게 도덕적인 엄격주의자였으며 모든 것을 이겨나가는 의지의 힘인 '당위이므로 가능하다(Du Kannst, denn du sollst)'를 믿고 있었다. 게다가 노여움 때문에 그의 이마의 혈관이 시퍼렇게 돋아나는 때도 있었다. 특히 그는 남자 아이에 대해서는 엄격하며 잔소리 많은 아버지였다. 그러나 어린 여자 아이에게는 모든 약자에게 대하는 것과 같이 인자하게 대해주었다. 그러나 그러한 여자 아이에 대해서도 역시 오늘의 우리에게는 야만스럽게 보이는 엄격한 교육방법을 적용했다. 가령 딸 아이들이 머리가 아프다고 하면 이른 아침 차가운 펌프 물을 그 자신이 손수 끼얹어주었으며 겨울이라 해도 속옷을 입히지 않았고 따가운 여름의 햇볕 아래서도 모자없이 뛰어다니게 했다. 식탁에서는 특히 엄격한 규율을 가르쳤다. 아이들은 그들이 별로 좋아하지 않는 음식을 대하게 되어도 접시를 깨끗이 비워야지 그렇지 않으면 무사하지 못했다. 부정직함에 대해서는 작고 어린 딸에게까지 무거운 육체적 형벌을 가했다. 그래도 여자 아이들은 두려워하는 이상으로 그를 사랑했다. 그에 비해서 남자 아이들은 도망칠 수 있는 나이가 되자 곧 그의 지배에서 벗어나버리고 말았다. 셋은 해외로 나갔고 한 아들은 몰래 도망가고 말았다. 한 아들에게 견신례(堅信禮) 때문에 보낸 편지는 파렌스타인이 얼마만큼의 과대한 도덕적인 요구를 가지고 그 아들의 발전에 자신이 영향을 미칠 수 있었다고 믿고 있었는지, 어떠한 남자다운 엄격함을 가지고 아이의 부족함을 비판하고 있는지를 잘 보여주고 있다. 아버지에게 있어서는 양자택일밖에는 존재하지 않았다. 아직 철이 들기 전인 소년시절에 선택한 길을 끝까지 걸어나가느냐 아니면 포기하고 파멸하느냐의 양자택일만이.

이러한 다혈질적인 기질을 지닌 영웅적인 인간이 아내를 잃은지 4년 후에 다시 얌전한 처녀를 만났다는 것은 남아 있는 아이들에게는 물론, 이미 아버지 곁을 떠난 아이들에게까지도 하나의 행운이었다. 이 처녀의 모습은 그에게 잃어버린 사람의 모습을 생생하게 되살아나게 했으며 처음 보았을 때부터 그의 마음은 이 처녀에게 끌리고 말았다. 이 처녀는 프랑크푸르트의 고귀하며 유복한 문벌가의 딸, 에미리에 수쉐였다. 그녀의 아버지 칼 코네리우스 수쉐는 프랑크푸르트, 맨체스터, 런던 등에 상자를 만드는 가게를 가지고 있는 사람으로서 올로레앙에 영지도 가지고 있으며 독일로 망명할 때 귀족의 작위를 버린 유그노의 수쉐 드 라 듀 보아쉘 가의 출신이었다. 망명한 사람들의 일부는 하나우에서, 일부는 프랑크푸르트에서 금세공사로서 정착하게 되었다. K. C. 수쉐의 조부는 하나우의 금세공사였으며 아버지는 프랑크푸르트의 프랑스 계 개혁파 교회의 목사였다.

K. C. 수쉐(베버의 증조부가 된다)는 쾌활하며 사교적이며 예술을 좋아하는 인간으로서 스스로의 노력과 결혼으로 해서 한 재산을 모았지만 그 재산에 대해서 결코 인색하지 않았다. 왜냐하면 그는 자신이 자기의 재산 관리자에 지나지 않다고 생각하고 있었으며 그런 생각을 자기의 자식들에게도 심어주었다. 그는 품위있게 설계한 파알 문가의 아름다운 집에서 살았으며 햇빛을 받는 집의 넓은 정원은 마인 강과 뒤편의 높은 작센 호이자 구릉을 향하고 있었다. 여유가 있고 쾌활한 생활은 그의 선의에 넘친 따뜻한 인품에 있어서 필요불가결한 것이었다. 그는 미소를 띠면서 자신에 대한 것을 이렇게 말했다.

"나는 언제나 풍족한 생활을 해왔다. 그리고 다행스럽게도 나는 이러한 생활을 잘 꾸려나갔다. 나의 주위에 있는 노랭이들은 언제나 나를 부자라고 생각하고 있었다. 내가 부자가 되기 전부터 이미.”

이와 같은 성공을 이룩한 데서 그치지 않고 그는 또한 양가 출신이며 순수한 독일인 피를 이어받은 처녀를 아내로 맞았다. 그녀는 슈류히텐 출신의 슌크 소령의 딸 헤레네 슌크로서 일곱 명의 아이를 낳았다. 그녀는 언제나 자신의 주위에 화평스러운 분위기가 감돌게 했으며 더구나 대단히 매력적이어서 화가 슈틸라는 그녀에게 독일에서 가장 아름다운 여성이란 찬사를 보내고 자발적으로 그녀의 매력을 초상화로 남길 정도였는데 그 그림은 지금까지도 집에 남아 있다. 그 때문에 막스 베버 어머니의 고귀한 우아함과 아름다움은——이것은 다른 몇 명의 자식에게도 전해지고 있는 것이기는 하지만——프랑스보다는 오히려 독일의 계통을 잇고 있는 것이라 생각해도 좋다. 물론 베버의 조모인 에미리에 수쉐와는 전연 딴판이었다. 비교해본다면 그녀는 대단히 키가 작았으며 소박하고 총명하였고 마음의 깊이를 지니고 있었으나 체력은 굉장히 나약했고 수줍음이 많은 세상 물정을 모르는 사람이었다. 그녀의 강인성은 깊은 경건함, 천사와 같은 순수한 선량함, 모든 위대한 것과 아름다운 것에 대한 헌신에서 오는 것이다. 자기의 가족을 위해서 적어둔 회상기 가운데에서 그녀는 자신에 대해서 이렇게 썼다.

“나의 소녀시대와 청춘시대의 처음이자 최대의——아니 오히려 나는 유일한 것이라고 말하고 싶지만——고민은 나의 체질에서 오는 고민이었다. 그것은 내가 일찍이 병약한 몸이었다는 것을 기억해야 한다는 것을 의미하는 것은 아니지만 몸의 구석구석이 무언가 꼬집어 말할 수 없을 만큼 위축되고 때로는 기분이 괴로워지는 것이었다……. 흔히 불안할 때는 내면적인 자유에 대한 동경이 내게는 절실한 기도가 되기도 했다. 그래서 한 번 성서를 펼쳐보았을 때 ‘내 은총으로써 만족하라.’라는 말이 내 눈에 들어왔다. 나는 이 말의 깊은 뜻을 마음속으로 이것저것 생각해보았으며 맡겨진 재산에 대한 비유의 가장 아름다운 해석을 그 말로부터 찾아냈다.”

그녀는 다시 이렇게 덧붙이고 있는데 그 당시 노년에 달해 있었던 그녀는 자기는 하찮은 것이라는 생각에 언제나 위협을 받고 있는, 상처받기 쉬운 생활력 위에서 자란 경험의 총화를 끄집어내고 있는 것이다.

"우리들은 생애를 통해서 자신의 독자적인 길을 가기를 마음속으로부터 바라며 이미 우리들의 천성에 의해서 하나의 목적이 설정되어 있어서 벌을 받지 않고는 그 목적에서 한눈을 팔 수 없다는 것을 이해하지 못한다. 용기를 가지고 자신들의 천성의 한계를 뚜렷하게 인정하고 모든 잘못된 노력을 피하는 한편 자신들에게 부과된 일을 정성들여 하며 겸손하게 하나님의 도움을 빌려 해내는 일이야말로 그것이 성취된다면 우리들에게 축복이 되는 대사업이라고 나는 생각한다."

파렌스타인이 에미리에 수쉐를 만났을 때 그녀는 벌써 30세가 되어 있었으나 아직 결혼에 대해서는 한 번도 생각해본 일이 없었다. 모든 점으로 보아서 그녀는 생명력에 넘쳐 언제나 강한 의욕을 지니고 있는 남자의 곁에서 생활하는 것보다도 수도승과 같이 조용하고 마음 편하게 명상하면서 지내는 생활 쪽이 훨씬 어울리는 편이었다. 게다가 또 그녀는 부부생활이란 남자와 여자 사이의 내적인 공동생활이면서 마음속으로부터의 우정이라는 것 이외에는 무엇 하나 아는 것이 없었다. 그러나 파렌스타인의 성급한 구애는 그녀에게 대단한 내적 갈등을 가져다주었다. 그녀는 생각할 시간을 달라고 부탁했다. 그녀는 불안했다. 그래도 그녀는 승낙할 결심을 했는데 그것은 인생에 대한 불안보다도 그녀의 선의 쪽이 강하게 작용했기 때문이었다. 그녀는 자신이 이 남자의 내조자가 되며 어머니 없이 자란 아이들의 어머니가 된다는 것을 하나님께서 스스로 명령하신 것으로 느꼈다.

"이처럼 많은 무거운 짐을 내게 짊어지게 하는 것이 그에게는 괴로운 일이었다. 그 때문에 그는 처음에는 내게 이야기를 걸 수가 없었지만 나는 하나님이 이렇게도 크고 훌륭한 사명을 내게 내려주셨다는 의식과 하나님이 최후까지 나를 도와주실 것이라는 믿음을 강하게 느끼고 있었다."

*

　이제야말로 파렌스타인의 인생 항로는 새로운 아내의 자상한 손으로 지금까지와는 달리 보다 조용한 수역으로 인도되는 절호의 기회를 맞이하게 된 것이다. 젊은 시절부터 그렇게도 긴장 상태에 있던 그의 힘도 꺾이기 시작하고 있었다. 어두운 기분에 사로잡히는 일도 자주 일어나게 되었다. 마침내 금전상의 걱정이 없어지게 된 것은 큰 다행이었다. 수쉐 가는 그 자신처럼 돈에 인색하지 않았고 또 그러한 경향을 만족시키는 수단까지 지니고 있었다. 이제는 그도 남을 호기롭게 도와주고 싶다는 욕구를 충족할 수 있게 되었다. 그러나 개인적으로나 직무상으로는 여러 가지 쓴맛을 감수하지 않으면 안 되었다. 몇 명의 아들이 집을 나간 후 다시 만나지 못했다는 것이 그의 마음을 무겁게 했을 것이다. 그는 과중한 업무에 견디다 못 해 그는 조수를 붙여달라고 진정했으나 용납되지 않았고 그 때문에 사직을 신청했는데 사직 신청이 모욕적인 비난과 함께 받아들여졌다. 그 후(1842년) 그는 보고위원으로서 벨린의 대장성으로 전임되었으나 완전히 다른 환경과 업무 속에서 시간을 보내야 했기 때문에 자신이 본래부터 있어야 하는 위치에 있다는 느낌이 들지 않았다. 그렇게도 오랜 세월에 걸쳐서 비범한 일을 해온 이 사나이가 이번에는 새로운 직종에는 자신이 부적당하다는 괴로운 사실을 솔직하게 인정했다. 그런데 다행스럽게도 수년 후에 그는 관계에서 물러날 수 있었다. 그는 하이델베르크로 이주해서 1847년에 네칼 강가의 성과 마주보이는 곳에 간소하면서도 품위있는 넓은 집을 지었다. 그는 철학자의 길처럼 생각하고 올라가게 되는 산을 통하는 정원을 스스로 설계하여 건물과 분수——이 물소리는 네칼의 강물 소리와 뒤섞이게 되었다——를 포함해서 아이들과 손자들에게는 사랑하는 생가(生家)이며 다른 많은 사람에게는 기쁨이 되는 아름다운 섬을 만들어냈다. 한편 그는 그의 학자적인 간소함과 자연스러움을 끝까지 고치려하지 않았으며 그의 가족에게도 그것을 요구했다. 일찍 일어나기, 냉수, 모든 종류의 심신단련, 극도의 의지가 필요한 노력, 극기 등 모든 이런 원칙은 헤레네가 자신의 어린 시절에 가냘픈 육체를 괴롭혔음에도 불구하고 자기의 생활태도뿐만 아니라 자녀의 교육에 있어서도 꾸준하게 준수하고 있는 것이었다. 그는 여전히 휴식을 모르는 활동가였다. 특히 국사(國事) 중에서는 각 종파간의 평화의 촉진이 그의 관심사였으며 나아가서는 라인란트에 있어서 나폴레옹법의 유지라는 것에 대해서도 관심을 기울였다. 나폴레옹에 대한 그의 증오가 나폴레옹의 제도를 당시의 프로이센의 제도보다 높이 사는 것을 방해하지는 않았다. 특히 그는 나폴레옹법을 무리하게 폐지하는 것은 라인란트를 프로이센으로부터 소격시키는 결과가 될 것이라고 믿고 있었다. 정치 활동과 더불어 여러 종류의 공익 활동이 그의 마음을 사로잡고 있었다. 그는 수쉐 가의 도움을 얻어 오덴발트의 기아촌 중의 하나인 쉐나우에서 자금과 소의 대부를 바탕으로 한 규칙적인 소농민 원조사업을 시작했다. 저술 활동도 다시 시작해서 독일의 속담을 수집했으며 그림 사전의 열성적인 협력자가 되기도 했다. 하이델베르크에서 그는 슈롯사와 호이사가 중심이 되어서 만들어진 '사학동호회'에 참가하였고 게르비누스와 가까이 지냈는데 게르비누스는 후에 그의 집으로 이사해서 함께 살았다. 그는 조국 프로이센에 대한 순수한 관료적 충성을 끝내 바꾸지는 않았지만 1848년 전후의 수년 동안 군주 숭배의 마음이 완전히 사라지게 되자 프로이센보다도 독일을 사랑하기 시작해서 남방의 온화한 공기 속에서 청년시대의 자유주의적 이상으로 돌아가게 되었다.

악화된 건강에도 불구하고 생애의 마지막에 접어들어서도 그는 여전히 힘에 있어서는 장사처럼 활동했다. 그 자신이 언제나 바라고 있었던 것처럼 '젊어서' 즉 노쇠하기 전에 63세로 죽었으나 재혼으로 해서 얻은 어린 딸들에게는 언제까지나 '따뜻한 손길을 지금까지도 자기 손 안에서 느낄 수 있는, 그리고 아이들의 의문이나 아이들의 기쁨에 대해서 사려 깊은 마음이 언제나 열려 있는' 아버지였었다.

＊

　그러나 마음이 부드럽고 온화했던 에미리에 수쉐는 어떠했을까? 남편이 죽은 훨씬 후에 그녀가 어느 여자 친구에게 보낸 편지를 보면 그녀는 정신적인 조화와 육체를 초월한 결합이라는 깊은 행복에는 그녀는 별 인연이 없었던 것 같다. 자기 자신이나 남으로부터 모든 것을 빼앗을 수가 있다고 믿고 있으며 해야 하는 일을 올바르게 인식하지 못하고 있는 것은 아닌가 하는 의심 따위를 절대로 하지 않았던 남편의 정력적인 성격은 끊임없이 내면의 상극을 느끼고 있는 그녀로서는 전연 가까이 할 수 없는 것이었다. 에미리에가 끊임없이 느끼고 있던 자신의 미숙함과 또 한편으로는 자기 자신에게나 다른 사람에게도 주어져 있는 자연의 한계에 대한 조용한 순응은 그의 마음을 편안하게 하지 않았다. 아내는 저렇게 선량한데 대체 무엇 때문에 자신에 대해서 서뭏게까지 골똘히 생각해야 하는가 이런 것이었다. 그리고 그 자신도 기존의 신앙에 매달려 있었음에도 불구하고 그녀의 종교생활의 깊이에는 끝내 가까이 갈 수가 없었다. 해야 하는 일을 하기를 바라고 또한 할 수 있는, 더구나 남도 그렇다고 믿고 있는 이 윤리적인 엄격주의자와, 스스로를 깎아내려 끊임없는 실망과 동시에 신에게 보호되고 있다는 감정으로 움직여지고 있는 영혼과는 서로 말이 통할 수가 없었다.

Ⅱ

　다른 점에서는 상통하는 점이 없었으나 높은 지조를 지니고 있다는 점에서는 일치하고 있는 이 부부의 살아 남은 자식 중에서 우리의 흥미를 끄는 사람은 막스 베버의 어머니인 헤레네뿐이다. 그러나 파렌스타인 가(家)의 네 자매는 모두 정신에 있어서나 마음에 있어서도 보통과는 달랐다. 그녀들은 모두 풍부한 감정을 지니고 있었기 때문에 그것이 그녀들의 생활을 윤택하게 하는 동시에 곤란스럽게도 했고 또한 자신의 운명에 대해서 두려움없이 활발하게 맞서 나가는 대담함도 갖추게 되었다. 그녀들은 모두 종교적인 힘과 강한 생명력을 가지고 인생을 뚫고 나갔다. 또한 그녀들은 도덕적인 열정과 사심이 없는 선의로서 일상 생활을 바로잡아 나갔다. 그녀들은 같은 줄기에서 핀 서로 비슷하게 닮은 꽃으로서 그녀들은 평생 동안 서로 친밀하게 지냈다.

헤레네 파렌스타인은 네칼 강가의 집에서 마을 사람의 혼을 뺄 만큼의 아름다운 소녀로 성장했다. 어린 딸들이 두려움없이 놀이의 상대로 삼았던 아버지는 일찍 돌아갔으나 그녀는 그런 아버지에게 감사와 애정에 넘친 추억을 지니고 있었다. 그리고 그녀는 허약해서 자주 두통 때문에 괴로워했음에도 불구하고 그녀는 일찍부터 아버지의 주의(主義)를 이어받아서 그것에 따라 일생을 살았다. 강한 의지력, 활동성, 의연한 도덕적인 태도, 신경질, 열정적으로 감동하는 기질 등은 아버지가 그녀에게 전해준 것이다. 물론 인생에 대해서 어떻게 대처해야 하는지를 모르는 온화한 어머니도 똑같이 그녀의 인격 형성에 깊은 영향을 주었다. 어머니의 천사와 같은 선의, 순수함, 자기 망각을 자기 행동의 기준으로 삼는 것 등이 헤레네에게 곤란스러운 일은 아니었다. 왜냐하면 헤레네는 어머니로부터 투철한 신앙과 완전한 자기 망각을 물려 받았기 때문이다. 자매들의 기억 속에는 헤레네의 대담함과 충동적인 선의가 훌륭하게 나타나는 성장기의 여러 가지 사건이 인상 깊게 남아 있다 —— 여기서는 그 중 두 가지를 예로 들어보자. 어느 여름 한낮에 어머니가 잠들어 있을 때 쥐 한 마리가 방으로 기어들어왔다. 다른 사람도 없었으며 어머니의 낮잠도 방해해서는 안 되었다. 그래서 헤레네는 자기 손으로 그 기분 나쁜 동물의 목덜미를 잡고 바깥 우물에 던졌다. 다른 사건은 어느 날 사과 행상을 하는 농부(農婦)가 집에 왔다. 가격에 대해서 옥신 각신하고 있던 중 갑자기 여자가 쓰러졌다. 딸들은 이것이 단순한 실신이 아니라는 것을 알았다. 그래서 의사를 불러왔다. 진찰을 마친 의사가 말했다.

"이 여자는 죽어가고 있습니다. 속히 차를 불러서 병원으로 데려가지 않으면 안 됩니다."

그러자 헤레네는 의사를 노려보면서 말했다.

"죽어가고 있다면 데려가지 마세요. 우리 집에서 죽게 하겠습니다!"

그리고 실제로 그렇게 했다. 헤레네도 자신의 내적 아름다움을 전혀 의식하지 않은 채, 한번은 다음과 같이 그녀나 다른 동기간이 어머니에게서 이어받은 감정의 섬세함에 대해서 말한 일이 있다.

"그것은 인생이란 얼마나 살기 어려운 것인가 하는 마음을 자주 갖게 하지만 역시 하나님이 주신 보배로서 겸허하게 감사의 마음을 가지고 그것을 받아들이고 있습니다."라고———.

인생은 사랑스러운 꽃봉오리와 같은 이 처녀에게 모든 면에서 미소를 던져주고 있었다. 그녀는 다시 없이 우아했으며 아름답고 선량했고 또 정열적이면서 감수성이 강한 기질을 지니고 있었다. 사람들은 그녀의 곁에 있다는 것을 기뻐했으며 그녀를 사랑했다. 그러나 그녀의 양심은 그것으로 마음을 놓을 수 없을 만큼 민감했다. 반대로 남에게 칭찬을 받으면 받을수록 그녀는 자신의 마음 구석구석을 파헤쳐보면서 자신이 그럴만한 권리가 있는지 없는지를 반성해보았다.

어머니의 집을 정신적으로 지배하고 있었던 종교는 당시 남부의 프로테스탄티즘이 전통에 구속된 북부 독일의 '정통신앙'과는 전혀 달랐던 것처럼, 역시 자유로웠으며 전연 도그마틱하지 않았다. 그리고 그들은 실제로 남을 대신해서 받은 수난과 사도신경(使徒信經)을 믿지 않으면 안 된다는 그리스도의 신성에 대한 의무로부터 크리스트교를 해방시킨다는 것이야말로 하나의 구원이라 생각했으며 시대는 스스로의 '본질'에서 떨어져나와 거꾸로 흘러가고 있다는 점과 공동체 의식이 파괴되고 있다는 점을 바로잡을 수 있는 유일의 방책이라고 생각되었던 것이다. 'Credo quia absundum(부조리하기 때문에 믿는다)'을 뛰어 넘어 신앙과 이성을 조화시켜보려고 하는 이 '자유주의적' 기독교 신앙은 당시 상당한 전투적 분위기에 불타오르고 있었다.

하이델베르크에는 이러한 경향의 대표적인 인물로서 지텔 목사가 있었다. 그의 종교적인 경건함은 언제나 자신이 옳다고 하는 신이 아니고 사랑이 넘치는 아버지 같은 신으로부터 비롯된 것이었고 그가 규명할 수 없는 사항에 대해서는 이것 저것 골똘하게 생각하지 않는 사람이었다. 불사(不死)라는 것에 대해서 어떻게 생각하느냐는 질문을 받았을 때 그는 밝은 표정으로 자신은 미리부터 그런 걸 생각해두진 않는다고 대답했다. 헤레네는 그 사람으로부터 견신례를 받았으며 어머니의 조용하며 속이 깊은 마음과 함께 그의 순결한 모습이 종교적인 것의 가치를 영구히 자신의 영혼에 심어준 것에 대해서 일생 동안 그에게 감사하고 있었다. 그러는 동안 지텔 목사의 자유로운 가르침 때문에 처음에 그녀가 모면할 수 있었던 지적 갈등이 다른 방면으로부터의 영향으로 해서 일어나게 되었다. 집의 이층에는 게르비누스가 살고 있었다. 그는 아버지의 친구였으나 아버지가 돌아간 후부터는 딸들에게는 아버지를 대신하는 친구이며 선생님이 되어주었기에 그녀들은 열렬하게 그를 숭배하고 있었다. 그의 아내도 처녀들에게는 남달리 뛰어난 훌륭한 인격을 지닌 인물 중의 한 사람으로 생각되었다. 아이가 없는 부부는 특히 헤레네를 좋아해서 언제나 감쌌다. '아주머니'는 그녀들에게 음악을 가르쳐주었고 '아저씨'는 이 소녀들에게 고대문화의 이해를 위한 첫 걸음을 가르쳐주었다. 그는 소녀들에게 호메로스를 읽어주었고 그 결과 호메로스는 헤레네의 영원한 재산이 되었다.

　헤레네가 노령에 접어들어 처음으로 로마를 방문했을 때 그녀가 이 폐허에 대한 것을 이해할 수 있었던 것은 그 수업의 덕이라고 생각하고 감사해했다. 물론 사춘기가 되어서 그녀는 자신의 정신이 확장되고 있다는 사실에 대한 대가를 지불하지 않으면 안 되었다. 그녀의 영혼은 지나치게 깊이가 있어서 기독교적인 생활과 고대적인 생활의 대립을 느끼고 충격을 받지 않을 수 없었다. 그리고 그녀는 자기가 존경하는 학자가 현세적인 아름다움과 세속적인 그 세계 쪽에 마음을 기울이고 있는 것을 자기 자신으로부터의 거스름에 대한 유혹이라고 느꼈다. 어린 시절의 신앙에 대한 순수한 믿음은 산산조각이 났고, 다시 하나님의 은총에 의해서 보호받고 있다는 생각을 하게 될 때까지 심한 갈등을 맛보지 않을 수 없었다. 17세가 되어서야 그녀는 비로소 그것에 대해서 이렇게 썼다.

"옛날에는 곧잘 하나님과 긴 이야기를 했으며 모든 것에 대답을 받은 것을 나는 기억하고 있습니다. 내게 대답해주신 내면의 소리가 지금도 내게는 뚜렷하게 들립니다. 나는 당시 그것으로 해서 현재의 내게는 없는 마음의 안정을 얻고 있었습니다. 물론 확실하게 설명됨이 없이 모든 것을 받아들이는 이 어린 시절의 신앙은 언제까지나 계속할 수도 없으며 또 계속되는 것도 아닙니다. 사실 인간은 각자가 자기 자신의 종교를 만들어내는 것입니다. 그러나 내게는 모든 것을 오성(悟性)에 의해서 설명하려고 하며 내게도 오성을 가지고 자기의 종교를 만들 것을 늘 상기시키던 아저씨의 가르침 때문에 모든 것을 빼앗기고 말았습니다. 왜냐하면 오성으로는 신앙을 얻을 수 없기 때문입니다. 그 당시는 그것 때문에 내가 무엇을 잃게 되는가는 생각하지도 못했으며 게르비누스와의 접촉 때문에 때때로 괴로운 양심의 갈등을 받았음에도 불구하고 여전히 막연하게 나날을 보내고 있었습니다."

그녀 자신의 마음속에서 격투하고 있는 신과의 이런 대결은, 게르비누스가 그녀의 아직 전연 영글지 않은 마음에 영향을 끼치려 하던 시기였고, 또한 그녀의 하나님마저 침묵을 지키고 있었을 때이니 만큼, 더한층 그녀에게는 참을 수 없을 정도로 느껴진 다른 종류의 위험과 충격에 비한다면 대단한 것은 못 되었다. 그녀는 당시 16세였으며 단아하고 아직 굳게 닫혀진 꽃봉오리와 같은 소녀에 지나지 않았는데 어느 날 자기가 존경하였으며 아버지와 같은 애착을 느끼고 몇 년 전부터 신뢰하고 있던 교사가 광기를 부리게 된 것이다. 노년에 접어들 나이의 이 사나이가 아무것도 모르는 이 처녀에게 더 이상 억제할 수가 없는 정열의 불꽃을 별안간 퍼부었던 것이다. 공포, 혐오, 동정의 대상인 동시에 자상한 아버지와 같은 친구이며, 교사인 사람에 대해 오래 전부터 지니고 있던 감사의 마음과 존경심을 그녀로부터 모조리 빼앗아갔으며 그녀의 상처받기 쉬운 성품으로 인해 죽음 직전에까지 몰리게 되었다. 헤레네는 이때의 인상을 결코 잊을 수가 없었다. 그때부터 그녀에게 있어서 정욕이란, 죄를 면할 길 없는 짐승들의 전유물로 생각되었다. 늙은 후에도 그 일을 생각하면 그녀의 얼굴에는 공포의 기색이 감돌았다. 사건은 특히 다음과 같은 일 때문에 더한층 꺼림칙한 상태가 되어버렸다. 즉 헤레네는 자기에 대한 이 남자의 정열을 그의 사랑하는 아내에 대한 커다란 부정으로 느끼고 그 이후 그녀 쪽에서 일정한 거리를 두지 않을 수 없었는데 상대에게 그 이유를 알릴 수는 없었다. 사실이 비밀은 처음부터 엄중하게 지켜져 게르비누스 부인은 소녀의 태도가 변한 이유를 몰라서 은혜를 모른다고 오랫동안 화를 냈다. 제 정신을 잃은 남자는 아직도 헤레네가 자신을 신뢰하고 있다, 아니 그녀의 영혼과 운명을 지배할 당연한 권리가 자기에게 있는 것이라고 생각했다. 그는 얼마쯤 떨어져 있다가 다시 만나게 되면 그녀가 예전처럼 천진난만함을 되찾고 자신에게로 다시 돌아오게 되리라고 그는 기대하고 있었다. 그는 또한 자기의 제자 중의 한 사람을 그녀의 남편감으로 정해놓고 그녀의 장래까지도 좌우하려고 했다. 그러나 그렇게는 되지 않았다. 헤레네는 자신에게 커다란 의미를 지니는 존재이며, 어려서 벨린의 역사학자 헤르만 바움갈텐에게 시집간 언니 이다에게로 갔다. 그곳에서 그녀는 바움갈텐의 친구이며 정치상의 동지인 법학박사 막스 베버를 알게 되었다. 이 24세의 사나이는 영리하고 유망했으며 양성적인 성격에다 인사성이 밝았다. 그는 또 산다는 것에 대한 기쁨을 알고 있었으며 대나무같이 곧은 순수함과 흘러넘칠 정도의 따뜻한 인간미를 지니고 있어서 대단히 매력적이었다. 마음과 마음이 곧 통하게 되었다. 헤레네는 아직 16세가 조금 넘었다. 서로가 젊기 때문에 여러 사람에게서 의혹의 눈총을 받았지만 두 사람은 알게 된 지 수주일 후에 생애의 인연을 맺었다. 공표되지 않은 허혼자가 되고 헤레네는 양친의 집으로 돌아왔다. 그 전말은 마치 하늘의 배려처럼 보였다. 청년은 찾아낸 보석의 귀중함을 인정하였고 깊은 감정에 넘쳐 있는 아름다운 이 소녀에 대해서 낭비되지 않은 청춘의 조심스럽고도 정결한 애정을 바쳤으며 그녀는 더욱더 깊어만가는 애정으로 그것에 대답했다. 왜냐하면 그녀는 약혼자의 사랑을 받아 눈부시게 아름답게 꽃피었을 뿐만 아니라 무엇보다도 자신을 참아내기 어려운 고통스런 입장으로부터 해방시켜주었기 때문이다. 그는 그녀의 고향이 되었으며 그녀의 아직 상처받기 쉬운 생활의 뿌리를 뒤흔들었으며 억제할 수 없는 정열의 비바람에서 몸을 지키는 울타리가 되어주었다. 이렇게 해서 그녀의 애정에는 깊은 감사의 마음이 섞이게 되어 그녀는 자신의 천성에 어울리는 지극히 헌신적이고 겸양한 표시를 감사함으로 나타냈다.

그러나 아버지의 친구가 이 사건에 대해 보인 반응은 그녀에게 또다시 참을 수 없는 괴로움을 가져다주었다. 약혼 후 처음으로 그를 방문했을 때 그녀는 이성을 잃은 그를 발견하게 되었다. 그는 절망과 분노의 심한 폭발이 일어났으며 그녀를 배은망덕하다고 비난하고서는 그녀가 자신이 생각하고 있었던 혼담의 계획을 무시함으로써 자기를 속였다고 비난했다. 헤레네는 이제는 더 참을 수 없다고 생각했다.

"만일 현재 나의 곁에 나의 막스와 어머니가 없다면 아저씨와 나 사이가 한 번에 해결될 수 있게 나는 네칼 강에 몸을 던질 거예요. 그것을 참는다는 것이 얼마나 괴로운 일인지 당신은 상상도 못 할 겁니다."

베버는 이러한 사태에도 굴하지 않는 힘을 가진 인간이었으며 이 위기를 약혼자와 함께 견뎌내는 것을 거부하지 않았다. 그는 그녀가 완전히 신뢰할 수 있게 행동했다.

자기 자신을 억제하지 못하는 남자 곁에 있다는 사실은 여전히 참기 어려운 일이어서 헤레네는 약혼 후 곧 수개월 동안 여행을 하지 않을 수 없다. 그러나 그녀가 돌아온 후에도 게르비누스와는 도저히 원만한 사이로 되돌아갈 수가 없었다. 그러나 남을 비난할 줄 모르는 그녀는 허점이 없는 자기의 약혼자를 자기가 내적 갈등에 빠졌을 때 피난할 수 있는 종교적인 요새로 느꼈다. 그녀는 모든 것을 대단히 진지하게 생각했다. 사랑도 그녀가 자신의 하나님을 구하는 부단한 고민에 제동을 걸 수는 없었다.

Ⅲ

그러면 이 젊은이는 어떤 출신의 사람이었을까? 그 역시 헤레네처럼 막대하다고는 말할 수 없어도 상당한 유산을 가지고 있었다. 그의 아버지 칼 아우구스트 베버는 피레펠트의 삼베업자였다. 그 일가는 몇 세대

전부터 상업계의 명문에 속해 있었으며 자랑스러운 민족의식을 가지고 결합되어 있었다. 청년의 조부 다비트 크리스티안 베버는 피레펠트 삼베의 품질을 세상에 널리 알린 최초의 대상사 '베버, 레아, 니만'의 공동 설립자였다. 이 상사의 공동 경영자인 칼 아우구스트는 명문 출신의 유명한 의사 딸인 루시 빌만스와 결혼했다. 처음에 부부는 아직도 남아 있는 안퍼일 양식의 고상한 집에서 살았으며 대단히 지적 활기에 넘치는 생활을 그곳에서 보냈다. 그 후 나이가 들은 경영자들은 도저히 따라갈 수 없는 새로운 기술적인 발명이 생겨난 결과 사업이 내리막길을 가게 되자 좀더 검소한 생활을 하지 않을 수 없게 되었다. 일상생활은 상류시민적인 교양인의 규범에 따라서 꾸려나갔으며 산업적으로는 밝은 미래성을 많이 지니고 있는 소도시——국민의 정신적이며 정치적인 생활은 완만한 파동을 이루는 것 이외의 방법으로는 그곳에 들어올 수 없었다——의 증좌를 보여주고 있었다. 젊은 약혼자(헤레네)가 어머니와 함께 처음으로 새 가정에 초대되었을 때 그녀의 어머니는 피레펠트를 '괴테가 〈헤르만과 도로테아〉를 노래한 시대의 소도시처럼' 생각했다. 당시 가내 공업으로 생산된 삼베의 매매는 아직도 '초기 자본주의적인' 방법으로 이루어지고 있었다. 그때의 돈벌이는 자기 목적이나 실력의 표시로서가 아니고 주로 적절한 신분에 알맞는 생활 방식의 수단인 것이다. 그것에 따라서 작업의 속도도 완만했다. 아직 노인이라고는 말할 수 없는 한창 일할 나이의 아버지 베버는 옛날의 습관에 따라서 아침 6시에 일어나기는 했지만 우선 몇 시간씩이나 정원과 마당을 손질하고 그 다음에는 곧잘 배추를 씻든가 다듬고 있는 여자들에게 한가하게 무언가를 읽어준 후 11시경이나 되어서야 가게로 나가는 것이었다. 저녁에는 클럽으로 술을 마시러 가는 일과 최상품 보르도 포도주 한 병을 마시는 것은 일과 속에 빠져서는 안 되는 것으로 되어 있었다. 이 조부는 그 후손 막스의 기억 속에 극히 선량하고 품위있는 노신사로 살아남아 있어서 훗날 그런 전형을 자본주의의 '정신'에 관한 논문에서 뚜렷하게 묘사하고 있다. 할머니는 아름답고 총명한 눈으로 세상을 바라보고 있었다. 그 섬세한 얼굴의 생김새는 정신 생활의 풍부함을 말해주고 있었다. 그 집안의 기풍은 대단히 종교적이었다. 특히 여자들은 베스트 파렌 지방에서 강한 세력을 떨치고 있는 프로테스탄트 정통주의의 영향 아래 있었기 때문에 이 점에서는 오히려 맺고 끊는 데가 없는 주인보다도 도덕적으로 더욱 엄격한 생활을 하고 있었다.

손님이 된 두 사람은 물론 종교적인 분위기를 지니고 있었으나 그들보다 훨씬 자유로웠으며 교리에 속박당하고 있지 않았기 때문에 아침 저녁으로 온 집안 식구가 함께 모여 기도하는 것을 보고 기이한 느낌을 받았다. 에미리에 파렌스타인은 그것에 대해서 이렇게 말했다.

"솔직히 고백하지만 그것은 내 생각으로는 대단히 좋은 일이라고 여겨졌습니다. 그리고 착한 막스가 그렇게 진지하게 더구나 뚜렷이 그 이상은 할 수 없을 정도의 훌륭한 신성한 목적을 가지고 헤레네와의 장래를 생각하고 있는 것을 본다는 것이 내게는 큰 감동이 되었습니다. 우리들은 그들이 영원히 끊을래야 끊을 수 없는 관계에 있다는 것을 느꼈습니다."

그래서 헤레네의 약혼자는 양친의 집을 방문했을 때 아무런 내적 저항도 없이 이 집의 종교적 리듬에 몸을 맡겼으며 그 조화 속에서 에미리에는 자기가 마지막까지 맛볼 수 없었던 행복을 딸은 누릴 수 있다는 가장 확실한 보증을 찾아내게 되었다.

"이것은 언제나 느끼고 있었던 일이지만 날이 갈수록 더욱더 명확하게 되었으며 행복을 느끼게 해주었습니다. 즉 우리들의 가장 깊은 곳으로부터 일어나는 내면적인 노력은 다행스럽게도 동일하다는 것이었습니다. 그리고 나는 이런 감정을 가지고 안심하고 내 딸의 행복을 그대의 가슴에 맡깁니다. 나는 알 수 있습니다. 그대들의 생활은 신에게 축복받으며 많은 사람에게 호의로써 받아들여지게 되리라는 것을. 이 이상의 행복은 어머니에게는 있을 수 없는 것입니다."

헤레네는 쉽게 새로운 가족의 풍습에 적응했고 시부모를 마음속으로부터 사랑했으며 또 그들에게서 사랑을 받았다. 시민적인 가정 운영에 대한 신성불가침의 것으로 되어 있었던 여러 가지 법도를 그녀는 열심히 그들 밑에서 배워서 익혔다. 그녀는 하이델베르크의 친정에서보다

이 집에서 더욱 중요한 자리를 차지하게 되었다. 시어머니는 대단히 세상사에 능한 주부——물론 그녀의 아들들은 자기의 아내에 대해서 어머니를 모범으로 삼으라고 말했다——였기 때문이다. 남편이 집에서 익혀왔던 음식에 대한 구미를 잘 알아야 한다는 것은 실제로 이 시대의 부부생활의 행복을 위해서 절대적으로 필요한 기초 중의 하나가 되어 있었다. 부부생활의 행복이라는 것은 주로 남편이 만족하고 있느냐 어떠냐에 달려 있었기 때문이다. 헤레네는 장차 남편을 편안하게 보살펴 줄 수 있는 것이라고 생각되는 일이면 무엇이나 기꺼이 몸에 익히려 했다. 이렇게 해서 모든 것이 즐거운 듯 화합의 노래를 연주했으며 아름답고 사랑스러운 이 젊은 한 쌍을 본 사람이면 누구나 이들이야말로 영원히 이상적인 한 쌍이 되리라고 믿어 의심치 않았다. 다만 예민한 관찰자만은 신부의 너무도 열성적인 갸륵함과 순종 그리고 젊은 남편이 지나칠 정도로 어려움없이 그 봉사를 받으며 한없이 응석을 부리려고 하는 것을 볼 수 있었다. 또 형안한 인간 심리에 능통한 사람이 헤레네의 내면의 고통의 기록과 그 남편의 다음과 같은 인생철학을 연결해본다면 쌍방의 인격이 가장 깊은 곳에서 일치한다는 사실은 결국 하나의 꿈에 지나지 않는다는 것을 인정했을 것이다. 그 인생철학이란 에로스에 의해서 자기 자신과도 사랑의 상대와도 전 세계와도 화합한 행복한 연인들이 빠지는 전형적인 자기 기만의 하나라는 것이다.

　"나는 당신이 인생의 어떤 상황에 빠져도 나의 주의에 따라줄 것이라고 생각한다. 그 주의란 우리는 약한 인간으로서 지나치게 분별없이 괴로워만 하지 말고 또 진짜 고통거리는 불러일으키지 말고 모든 경우에 있어서나 옳은 일을 하며 만사는 우리 자신을 위해서나 전체를 위해서도 최상의 것이 되도록 노력해야 한다는 흔들리지 않는 확신을 마음에 지녀야 한다는 것이다. 나는 이러한 확고한 신념을 언제나 지니고 있었으며 또 이후에도 결코 빼앗기지는 않을 것이다."

＊

24세의 이 젊은 법률가는 벨린 시 당국에 근무하는 한편 자유주의적인 주간지를 편집하고 있다가 얼마 후에는 실제로 정치 활동에 관여하게 되었다. 당시는 대단히 파란만장한 시대였다. 섭정 황제 빌헬름은 통치권을 인수함에 있어서 자신이 헌법에 대해서 진지하게 생각하고 있다는 것을 확인하기 위해서 자유주의적 색채가 강한 내각을 구성했다. 그래서 '새로운 자유주의의 시대'가 시작되는 것처럼 보였다. 드디어 자유주의는 최고 전성기를 맞이해서 그들의 국가 이상을 실현하는 일이 성공했다고 기대하게까지 되었다. 그러나 희망에 넘친 이런 발족을 비롯한 모든 것이 곧 다시 정체를 드러내게 되었고 의회의 권능은 이렇다 할 것이 못 되었으며 귀족원은 다시 보수파의 아성이 되어버려서 의회주의를 목표로 삼고 노려하는 움직임은 혁명으로 간주되어 억압을 받았다. 헌법으로 정해진 가장 중요한 권리는 재정 관리권이었다. 1826년 봄에 의회는 국가재정에 대한 승인과 감독의 보다 효력있는 형식을 요구하였다. 왕은 그 반대의 것을 바라고 있었다. 빌헬름 왕은 상비군의 2배 증강을 목표로 삼고 추진하려고 했었기 때문이다. 헌법을 둘러싼 중대한 갈등이 일어나 자유주의적인 각료는 해임되었고 연(쿠요) 의회도 해산되었다. 왕은 자신의 정책을 이제는 완성할 수 있다고 생각했다. 그래서 그는 자신이 오랫동안 물리쳐온 인간과 손을 잡았다. 비스마르크가 수상이 되어서 이후 7년간에 걸쳐서 예산안없이 시정을 하겠다는 과감한 방침을 들고 나왔다. 프로이센 국가는 그의 밑에서 군비 확장, 강권 정치, 프로이센 지도하의 독일 통일을 위해서 준비를 강행하기 시작했다. 국가는 심상치 않은 동요 속에 휘말려 들었으며 비스마르크는 가장 훌륭한 애국자의 눈에 조국의 악마, 자유와 통일의 방해자로 비치게 되었다.

베버는 이 격동의 시대를 투쟁과 행동면에서 어떠한 이유로라도 그자체가 생명의 고향이라고 간주하는 청년의 모든 감수성을 바침으로써 체험했다. 그는 헤르만 바움갈텐과 같이 민주주의자였으나 결정적으로는 자유주의자였다. 12세의 소년 시절에 그는 1948년대의 풍조를 자기 내부에 흡수했으며 그 불꽃은 아직도 타오르고 있었다.

"시끄러운 것이기는 했지만 그 이상적인 희망과 감격의 풍부함 때문에 유래없이 장대했던 그 시대에 대한 힘찬 인상은 내가 살아 있는 한 마음속에 생생하게 남게 될 것이다."

당시 그는 자유주의의 우익 분파의 하나인 '입헌당'에 소속되어 있었다. 이 당은 '호엔쏘레른 왕가의 강력한 왕권과 국민에게 보장된 권리의 완전한 실현'을 동시에 주장하고 있었다. 지방 의회의 의원 개선이 준비되고 있었을 때 그는 벨린 중앙선거위원회의 서기가 되었고 그로 인해 경험이 풍부한 유력 정치가들과 일찍부터 접촉하게 되었다.

"……내가 이곳에서 지금 대단히 재미있는 시간을 보내고 있다는 것을 그대도 물론 상상할 수 있을 것이다. 나라 안의 거의 모든 지방과 접촉할 수 있게 되며 전국에서 가장 유명하며 가장 훌륭한 대정치가들과도 친밀하게 교제하게 된다. 이미 몇십년 전부터 우리 나라의 입헌제도 때문에 존경할 만한 노신사들과 내가 이렇게 협의하고 있는 것이 때로 내게는 참으로 이상한 느낌을 갖게 한다……. 요컨대 나는 나의 본래의 무대에 있다는 생각을 느끼게 되며 이 활동 전체——그것도 나의 시 당국에서의 업무를 완전하게 중단시키는 것은 결코 아니지만——가 내게는 대단한 즐거움이 되고 있다고 말하지 않을 수 없다."

*

2년간의 약혼 시절을 거친 후 드디어 결혼할 수 있게 되었을 때 젊은 두 사람은 세상의 다시 없는 행복을 맛보았다. 그들은 모든 정열을 다해 사랑을 나누었다. 젊은 아내는 극단적이다 싶을 정도로 감사의 마음에 넘쳐 있었다. 결혼생활을 수년 동안 계속한 후에도 그녀는 아직도 남편에게 이렇게 썼다.

"내 동기들 중에서 나처럼 모든 것이 잘 이루어지고 있는 사람은 없습니다. 나는 절대 '바보'는 아니겠지만 아무도 나처럼 모든 면에 있어서 완전히 남편과 일심동체가 되고 있지는 않습니다. 그리고 최근 이다가 우연히 '정말 그래. 자기가 꿈꾼 이상 같은 것은 결코 실현되는 것이 아닌 모양이야.'라고 말을 했을 때 나는 나의 이상이 어떻게 실현되었는가 아니, 나처럼 바보스러운 여자에게 당신과 같은 보배가 주어지리라고는 나로서는 상상조차 할 수 없는 일이었다고 말해주지 않을 수 없었습니다!"

베버는 이제 에르푸르트의 시청에서 근무하고 있었다. 지방 도시의 쾌적한 생활 리듬과 그들의 검소한 생활 덕분에 부부는 젊고 쾌활하게 지낼 수 있을 만한 여유를 가질 수 있었다. 좋은 친구도 모였으며 그 친구들은 모두 아내의 아름다움과 남편의 발랄하며 담백한 성격에 호감을 느꼈다. 에미리에 파렌스타인은 딸 부부를 방문했을 때 지극히 좋은 인상을 받았다.

"헤레네는 가정 주부로서 완전히 물을 만난 고기 같았습니다. 다만 지금까지는 매사를 조금 어렵게 해왔습니다. 특히 가계에 대한 것이 그렇지만. 하지만 그것도 곧 익숙해지겠지요. 사실 그것은 그 아이의 유난스러울 정도의 꼼꼼함 때문에 그런 것입니다. 그 아이는 천성적으로 실제적이니까요."

지적 관심을 키우기 위해서 젊은 부부는 자기 자신에게 의지할 수밖에 없었다. 하이델베르크의 요동치는 분위기에 비한다면 에르푸르트는 정신적인 무풍 지대였다. 이다 바움칼텐의 자극을 받아서 헤레네는 교의에 사로잡혀 있지 않은 영·미계의 신학자 파카 나챠닌의 저서를 탐독했으며 부부생활 초기의 몇 년간은 가끔씩 남편도 자기의 내면 생활의 탐구 속으로 끌어들이는데 성공했다. 1867년에 그녀는 이다에게 이런 편지를 보냈다.

"막스와 나는 함께 파카의 강연을 두세 번 읽고 부활제를 축하했습니다. 막스도 그것이 마음에 든 것 같았습니다. 그것은 그리스도 교회의 이상에 대해서 그리고 영혼불멸의 신앙에 대해서 말한 것 —— 실제로 그것은 몹시 아름답고도 설득적인 내용입니다 —— 과 예수와 그 시대 그리고 모든 시대와의 관계를 말한 것입니다. 막스는 정말이지 언제나 일이 많으며 신문과 그 밖에 읽어두지 않으면 안 되는 것이 많아서 그 때문에 아무리 관심을 갖게 되어도 다른 일에 손을 댄다는 것은 대단히 어려운 일입니다……. 이 에르푸르트에서는 아무도 이런 종류의 일에 대해서는 관심을 보이지 않고 있습니다. 누구 한 사람도 그런 것에는 관심을 가지지 않으며 또 가졌다 해도 극히 소수의 그룹이고 그 속에 신학자는 들어 있지 않습니다. 그래서 프로테스탄트 회의가 해온 노력에 대해서는 전연 알지 못하며 또 많은 사람들이 알려고도 생각하지 않습니다. 그들은 그런 것에 흥미를 갖는 것은 급진적이며 자기들의 생각과 일치하는 것이 아니라고 생각하고 있습니다. 이 말은 확실하게 할 수 있는 말이지만 당신들이 있는 곳이나 하이델베르크에 있는 신학자는 누구라도 이곳의 신학자를 보게 되면 정말 위안이 될 것입니다. 그곳에는 생명이 있으며 그들은 스스로 공부하며 생각하고 있지만 이곳 사람들은 싫증도 나지 않는지 진부한 것을 되풀이하고만 있을 뿐입니다……. 지금이야말로 꿈꾸고 있는 사람을 불러일으키기 위해서 강력한 인간이 나타나지 않으면 안 됩니다……그리고 틀림없이 파카는 그런 인간을 위해서 길을 열어주며 마치 선지자 요한과 같은 입장을 그런 인간에 대해서 취할 수가 있을 것입니다." 보는 바와 같이 두 아이와 함께 사랑하는 남편 곁에서 충만하고 윤택한 현세적 생활을 보내고 있는 23세의 젊은 아내가 예전과 다름없이 강렬한 종교적인 관심을 지니고 있는 것이다. 뿐만 아니라 그녀는 넘쳐흐르는 행복과 자기를 둘러싸고 있는 사랑의 분위기 속에서도 여전히 변하지 않았다는 점을 언니에게 보낸 다음과 같은 글에 나타내고 있다.

 "사람이 모든 것을 강한 의지의 힘으로 해내는 것을 보면서 자기는 그렇게 할 힘이 없다는 것을 느끼게 된다면 지금도 나는 굉장히 낙담할 것이라고 생각합니다. 때로는 나도 여러 가지 점에서 결혼 이래 전진했거나 조금은 진보했다고 생각하는 일이 있지만 언젠가는 아무리 선의의 의도를 가지고 있다 해도 모든 것이 구태 의연한 것이라고 깨닫게 되는 날이 올 것입니다. 그러나 막스에게 그러한 기분에 대해 말할 수는 없습니다. 그 사람은 내가 하는 말을 업신여기지는 않지만 그런 생각을 가질 필요가 없다고 말하며 그러한 것을 승인하려고 하지 않습니다."

기묘한 일이 아닌가! 그녀는 선량한 채로 있을 수 있는 훌륭한 소질을 가지고 있었음에도 불구하고——혹은 그렇기 때문에(?)——훨씬 마음씨가 착했던 어머니처럼, 그녀의 생활은 자기 자신과의 괴로운 싸움으로 일관되어 있던 것이다. 헤레네는 언제나 절대적인 것을 동경했으며 어떠한 상황에 있어서도 궁극적인 것을 찾았다. 따라서 그녀에게는 결코 이것으로 충분하다고 할 만한 것이 없었으며 하나님 앞에서는 언제나 자신의 부족함을 느끼고 있었다. 어떠한 일이라도 이루어져야 하는 상태로 이루어지지 않을 때에는 그 책임을 언제나 자기 자신이 짊어져야 한다고 생각했기 때문에 어떤 차질이 생기게 되면 늘 깊이 가슴 아파했다. 차질의 이유가 결코 도덕적인 결점에 있었던 것이 아니고 주로 수완이나 강한 정신력의 결여에 있었음에도 불구하고 그랬다. 사람의 마음을 자연스럽게 끌어당기는 그녀가 애송하는 시구가 있는데 그녀는 자주 그 시구를 이용하여 자신이 스스로에 대해서 어떻게 생각하고 있는가를 표현했다.

"그대가 가지에 핀 작은 장미라면 언제나 신에게 감사해야 한다. 그대가 줄기에 생겨난 이끼에 지나지 않는다 해도 그것에 대해서 신에게 감사해야 한다."

헤레네는——다른 사람의 눈에는 훌륭한 장미였는데도——자기의 행동을 다른 사람의 행동과 비교할 때에는 볼품없는 이끼라고 자기를 생각하고 있었다. 그리고 미모와 솟아오르는 사랑의 힘을 마음껏 즐기는 대신 그녀는 끊임없이 자기 존재의 한계에 부딪히고 있었다.

24세의 그녀가 그 후 여러 차례 되풀이해서 어떤 소원을 표명한 것도 이상하게 생각된다.

"이다 당신이 그처럼 빨리 나와 함께 노년의 매력을 생각해준 것에 대해서 나는 큰 기쁨을 얻었으며 내 마음에 남았습니다. 다른 사람들은 나의 이런 생각을 비웃었는데도 말입니다."

이 젊은 아내가 행복의 한복판에서 하루가 다르게 충실하다는 것을 느끼면서도 노년의 조용함을 종종 동경하게 된 것은 어떤 이유에서일까? 다행히 그 후 이런저런 언동 때문에 그 이유를 추측할 수가 있다. 어머니가 요염하지 못했던 것처럼 그것이 그녀의 천성이었는지 또는 그녀의 종교적인 감정이 그러한 것에 대해서 그녀로 하여금 반발하게 했는지 또는 사춘기의 괴로운 체험이 그녀로 하여금 인생의 그 부분을 영원히 더러운 것으로 보게 하였는지——여하튼 부부의 공동생활의 육체적 측면은 그녀에게는 기쁨의 원천이 아니고 괴로운 희생인 동시에 어린 아기를 낳을 수 있다는 점으로서만 용인되는 죄였었다. 따라서 그녀는 젊은 시절, 행복의 한복판에 서 있으면서도 그 '봉사'에서 해방되는 시기로서의 노령을 자주 동경했던 것이다. 그러나 노령까지는 길이 멀었다. 그리고 그 동안 어머니가 된다는 것이 언제나 그녀에게는 삶의 행복으로 느껴졌다. 그녀에게 있어서 아이들은 하나님이 주신 선물이어서 그 한 사람 한 사람에게 그녀는 한결같은 사랑을 퍼부었다.

제 2 장   생가(生家)와 소년시절

베버 부부는 결혼한지 1년 후인 1864년 4월 21일에 에르푸르트에서 장남을 낳았다. 그 아이는 아버지의 이름을 이어받았다. 그 후 2년씩 간격을 두고 여덟 명의 아이들이 태어났으나 그 중 두 여자 아이는 어려서 죽었고 네 명의 아들과 두 명의 딸이 자라났다. 이 장남은 어릴 때부터 자신이 '가계 후계자'라는 것을 느끼고 '장자'의 특권이 깊이 마음에 심어졌었다 ── 이 감정은 일찍부터 동생과 누이에 대한 책임을 맡고 있다는 마음으로 바뀌었지만 ── 는 것을 성장한 후에도 여전히 기억하고 있었다. 그의 탄생은 헤레네에게는 괴로운 싸움이었다. 태중의 아기의 머리가 너무 커서 임산부에게 열이 일어났기 때문에 낳은 후에 첫 아기는 다른 아기처럼 젖을 먹일 수가 없었다. 그래서 그는 사회민주주의자인 목수 아내의 젖을 먹게 되어서 이 목수의 작업대 밑의 세탁 바구니 속에서 최초의 수주일 동안을 보내게 되었다. 그 후 그의 사회적 정치적 신념이 아버지의 정치적 유산을 밀어제치고 분출하게 되자 집안에서는 "막스는 그 정치 관념을 유모의 젖과 함께 빨아먹었다."는 농담을 하게 되었다.

어머니와 할머니는 이 아이가 어려서부터 자기 혼자 만족스럽게 놀이에 열중하는 것을 보고 놀랐다. 이 아이에게는 놀이 상대가 전연 필요없었다. 에미리에는 두 살 반의 이 아이에 대해서 다음과 같은 생생한 기록을 적어두었다.

"이 아이는 대체로 혼자 놀고 있다. 작은 실패나 나무 토막이나 기타 모든 물건이 이 아이의 놀이 상대가 되지만 특별한 것은 다른 아이들에게서는 지금까지 한 번도 볼 수 없었던 방법으로 노는 것이었다. 가령 오늘 아침에도 처음으로 적목놀이로 역을 만들어 작은 화차와 객차를 연결한 열차를 그곳에 멈추게 하고 기관차 위에는 연기를 나타내는 긴 종이 조각을 매달았는데 그것은 위쪽이 굵고 아래는 가늘게 만들었다. 그 다음에는 발판과 가늘고 긴 종이 조각을 이용해서 위쪽에 많은 깃발이 세워져 있는 염갱(塩坑)을 만들었다. 모든 것을 자신의 머리와 어렴풋한 기억을 더듬어서 만든 것이다. 이런 식으로 몇 시간이고 노는 동안 거의 끊임 없이 중얼거린다. 아이는 자주 철도선로의 고가다리에 대해서 말했다. 아래에 세워져 있는 기관차의 흰 연기 때문에 고가다리는 아련히 보였다. 기차놀이는 오랫동안 이 아이의 마음을 붙잡아두고 있었다."

그 후——네 살 때——어머니와 함께 벨기에에 갔을 때 사고를 당한 기관차를 보고 그는 오래도록 머리 속에 새겨질 강한 인상을 받았으며 그 인상을 그는 후일 같은 장소를 통과했을 때 다음과 같은 문장으로 적어놓았다.

"벨기에에서 나는 나의 생애 최초로 겪은 충격적인 사건에 대해서 생각해냈다. 지금부터 35년이나 전에 일어난 탈선에 대한 것이다. 이 사건의 충격적인 면은 내게는 그곳에서 일어난 사건이 아니었고 기관차와 같이 어린 아이의 눈으로 본다면 참으로 멋진 존재가 주정꾼처럼 도랑에 빠져 있다는 사실이었다. 이 세상의 위대하면서도 아름다운 것의 덧없음에 대한 최초의 실감이었다."

곧 소년은 중대한 위기를 만나게 되었다. 한쪽 눈이 뇌막염에 걸려서 그 후 몇 년에 걸쳐 경련과 충혈의 후유증을 남겼다. 그는 벽에 받침을 댄 방의 침대에 누워서 잠들어 있었다. 백치가 되느냐 죽느냐의 위험이 이 작고 가련한 생명을 어둡게 위협하고 있었다. 헤레네의 행복 위에 내려진 검은 그림자처럼. 이 시기를 회고해서 그녀는 이렇게 썼다.

"어떠한 조그마한 즐거움도 모르게 되고 말았습니다. 그 대신 나는 다른 모든 것을 내던지고 어머니로서의 의무를 다하겠다는 가장 깊은 기쁨을 얻게 되었습니다."

젊은 어머니는 어디를 가나 어린 아이에 대한 염려를 잊어버리지 않았다. 외출할 때도 반드시 행선지를 일러두었다. 그렇지 않아도 보통 이상으로 성실했던 그녀는 이 첫 아이에게 쏟은 여러 해에 걸친 배려를 통해서 그 후 태어난 모든 아이를 어떻게 보살펴주는 것이 가장 헌신적인 보살핌인가 하는 것을 배우게 되었다. 그녀는 이제 어머니들이 어린 아이를 낮에 몇 시간씩이나 아니 밤중까지 남의 손에 맡기는 마음을 전연 이해할 수가 없었다. 부모들이 아이들을 혼자 내버려두고 자기들끼리 여행한다는 것은 그녀의 입장에서 본다면 '신을 두려워하지 않는 경솔한 행동'이었다. 그럼에도 불구하고 그녀는 두 아이를 잃었다. 이제 알게 되지만 그것은 숙명적인 사건이었다.

이 병을 앓고 있는 동안 막스의 머리는 눈에 띄게 커졌다. 그런 반면에 몸은 여전히 여자 아이처럼 작고 연약해지기만 했다. 의사는 뇌수종이 되든가 그렇지 않으면 이 커진 머리가 장차 많은 지식을 포용할 수 있게 되든가 둘 중 하나일 것이라고 예언했다. 그 후에 여러 가지 신경적인 불안이 그에게 나타났다. 네 살이 된 아이에 대해서 헤레네는 이렇게 말했다.

"이 아이의 신경 이상과 쉽게 두려워하는 증세는 서서히 어느 정도 줄어들고 있었습니다. 지금도 내 말에 따라 혼자서 마당에서 집으로 들어갔다가 다시 나왔지만 2, 3주일 전에는 전연 하지 못했던 일입니다. 그 마당에는 닭이 있었는데 이 아이는 그것이 무서운 것 같았습니다 ……. 다른 아이들과 같이 노는 일도 이제는 전보다 훨씬 쉽게 하게 되었습니다."

어머니는 볼큼에서 이렇게 하면 아이를 튼튼하게 할 수 있다고 믿고 다섯 살난 아이를 안고 바다로 들어갔는데 그때 아이는 다른 해수욕객이 그러지 말라고 말릴 정도로 맹렬하게 울어젖혔다. 그리고 성인된 후에도 그는 이 해수욕의 무서움을 잊지 못했다.

*

1869년에 새로운 국면이 열렸다. 아버지 베버는 유급의 시 참사회원으로서 벨린에 초빙되었고 곧 국민자유당의 의사로서 의회인 생활을 하게 되었다. 얼마 동안 그는 지방 의회와 제국의회에서 의석을 갖게 되었던 것이다. 가족은 처음에는 집을 빌리려 했지만 곧 시의 경계인 샬로텐부르크, 라이프니쓰슈트라세 19번지에 있는 1모르겐 정도의 마당이 달린 예쁘장한 작은 빌라로 옮겼다. 이 때문에 아이들은 도시와 인연을 끊게 되었다. 그들은 일광과 자유로운 공기를 만끽하며 거의 시골과 같은 조건 아래서 성장했다. 정성을 들여 가꾼 과수와 채소가 있었으며 닭과 고양이가 놀고 있는 마당은 기쁨의 샘이기도 했다. 가족은 늘어났고 대도시의 눈부신 변화와 정치에 집중된 생활은 크고 빠른 흐름으로 다가왔기 때문에 여간 커다란 노력을 기울이지 않고는 단란한 시간을 얻기가 어려웠다. 헤레네는 남편에게 자신의 정신적 종교적 관심을 전달하는 일이 더욱더 곤란하게 되었다. 왜냐하면 그러한 것은 그의 생활에는 전연 필요가 없는 것이었으며 공직과 정치와 사교와 같은 세속 생활이 그를 독점하려 하고 있었기 때문이다. 이제는 온종일 회의가 있고 선거 유세가 있었으며 휴가 때에도 혼자서 여행하는 일이 많아졌으며 나중에는 아이들만 데리고 여행을 했다. 그리고 그는 가정 내에서 그녀에게——자신은 그 자명(自明)의 중심이라고 그는 생각하고 있었지만——사랑의 행복과 동시에 편안함과 봉사까지도 기대하고 있었다. 헤레네는 매일 처리해내기 어려울 만큼의 많은 일을 짊어지고 있었다. 언제나 '어린 아이'가 요람에 있었으나 그녀의 체력은 새로운 과제에 부딪힐 때마다 강해지는 것처럼 보였다. 젖먹이를 돌보는 일은 절대로 다른 사람에게는 맡기지 않았으며 통학하는 아이들의 교육에도 극도로 정성스럽게 시간을 배려했다. 더구나 그녀는 힘든 일을 하인들에게 떠맡기지 못했다. 그렇게 하기에 그녀는 조직적으로 지시하는 재능이 없었을 뿐만 아니라 애초부터 그렇게 하려는 마음을 가지고 있지도 않았다.

"나는 내 대신 남을 부릴 수가 없습니다."

젊은 아내로서 그녀는 이른 아침 여섯시에 일어나 애기의 기저귀를 세탁했으며 늙은 후까지도 모든 종류의 집안 일을 도맡아서 처리했다. 물받이가 줄에 매여 있을 때 지붕 위로 올라간 일도 있었다. 그녀가 할 수 없는 일은 없었다. 어떤 일이건 그녀는 할 수 있었다. 모든 일을 즐 거운 마음으로 여기며 일했다. 심심치 않게 삶의 보람을 느낀다는 것만 이 일에 대해 이 여자가 기대하는 보수였다. 특히 아름다웠던 것은 그녀 의 대담한 걸음걸이였다. 그녀는 집에서는 걷는 것이 아니라 뛰어다녔 다——남편과 아이들을 돌보기 위해 계단을 뛰어오르고 뛰어내리면서 ——마치 마리아와 마르타를 한꺼번에 구현한 것이라고나 할까. 거리에 나와도 그녀는 천천히 달리고 있는 합승마차에 뛰어오르고 뛰어내렸다 ——자기 자신 때문에 말에게 쓸데없는 고생을 시키지 않으려고. 그녀 가 조카들에게도 그렇게 하라고 말했을 때 그 어머니들은 어지간히 걱 정을 했다. 그녀의 호의에 찬 감독을 받고 있는 하인들도 그녀의 왕성한 행동력 때문에 자신의 책임을 다했다는 만족스러움을 좀처럼 느낄 수가 없었다.

집안 일은 몹시 복잡했다. 부친인 베버는 전연 엉뚱한 시간에 식사를 하러 왔으며 사교는 넓어지고 의사들을 규치적으로 초대하는 일이 직업 상의 의무가 되다시피 되었다. 헤레네는 남달리 강한 체력을 매일 쓰러 질 정도로 소모했다. '밤에는 머리가 언제나 텅 비게 됩니다.'라고 많은 편지에서 되풀이해서 쓰고 있다. 유년 시절을 벗어난 후부터 그녀는 언 제나 대여섯 시간의 수면으로 만족을 했다. 그 대신 그녀는 낮에 참을 수 없을 정도의 졸음을 느끼곤 했다. 1875년 31세로 이미 여섯 아이를 낳았을 때 그녀는 자신의 하루의 일과를 다음과 같이 기록하고 있다.

"그래서 여섯시에는 일어나며 일곱시가 조금 지나 막스(아들 쪽)가 깨면 아침을 먹게 됩니다. 그리고 막스는 도시락을 가지고 학교에 갑니 다. 다른 아이들과 막스의 큰 빵에 버터를 발라주고 램프를 소제하고 식 료품을 부엌으로 내주면 대체로 아홉시가 됩니다. 그러고는 젖을 먹는 아기를 목욕시킵니다. 그 후에 내가 아래로 내려가면 흔히 아버지인 막 스가 이른 점심을 들고 있는 것을 보게 됩니다. 나도 함께 한 잔의 커피 를 마시면서 부산하게 신문을 훑어보고(그 이외에는 전연 읽을 것이 없 기 때문에) 그와 간단한 잡담이라도 해보려고 애를 씁니다. 요즘은 회 의가 많아서 그 밖의 시간에는 얼굴을 보기가 아주 어렵습니다. 그리고 다시 부엌으로 가든가 또는 그 밖의 집안 일을 합니다. 열두시에는 아기의 식사를 준비하고 큰 아이들에게도 세시나 다섯시에 하게 되는 우리들의 점심에서 조금 나누어줍니다. 우리들의 식사는 지금 말한 시간이지만 아버지 막스는 대체로 늦게 오기 때문에 나는 피로 여하에 따라서 그를 위해서 무언가 만들어줄 때도 있습니다. 일곱시에는 아이들의 저녁 식사. 막스(아들)가 잠자리에 들고 우리들의 저녁 식사가 끝이 나게 되면 아홉시가 됩니다. 그 후에는 아무것도 할 일이 없습니다. 특히 남편이 집에 없을 때에는 이렇게 하루가 지나고 그리고 나는 '집안 식구들의 식사를 준비했다는 것과 아기를 돌보았다는 일 외에 내가 대체 무엇을 했을까?' 하고 자문해봅니다."

그 수년 후에 그녀는 아이들을 돌보는——아이들은 여섯이었다——일을 대단히 품위있게 묘사하고 있다.

"옆방에서 아직 공부하고 있는 막스를 제외하고 아이들은 모두 조용히 자고 있습니다. 그리고 나는 취침 전의 조용한 시간을 이용해서 당신에게 간단히 편지를 쓰려고 생각했습니다. 리리와 같은 꼬마까지도 하루 종일 숨을 돌릴 틈을 주지 않습니다. 특히 두 시간마다 그 작은 굶주린 배를 채우지 않으면 안 됩니다. 배가 부르면 리리는 유모차 속에서 조용히 자며 자신의 예쁜 손을 장난감으로 삼기도 하고 열심히 입으로 가져가 빨기도 합니다. 이제는 단단히 물건을 움켜쥐며 끌어당기기도 합니다. 아르투아는 최근에 리리에게 뺨을 긁혀 얻게 된 상처를 자랑스러운듯이 내게 보여주었습니다. 이 작고 뚱뚱한 느림보는 대단히 재미있는 아이로 아기를 좋아합니다. 늘 리리의 작은 손에 키스를 하려고 하며 제일 예쁜 노래를 리리에게 해줍니다. 어제도 '나는 네가 제일 좋단다. 너는 나의 보배 나의 작은 고양이 언제나 너를 좋하하지' 하고 노래해주었으며 그저께 리리가 울었을 때는 달래는 듯한 말투로 '그래 그래 귀여운 동생아 너는 착한 아이란다. 울어도 착한 아이란다. 오줌을 싸도 역시 착한 아이지.'라고 끝없이 말하면서 얼르고 있었습니다. 아마도 그 자신이 똑같은 일을 하게 되면 착한 아이가 못된다는 말을 듣게 된다는 것을 의식한 것이겠지만요. 메디는 벌써 다 자란 것처럼 언니로서 아기를 재우려고 합니다. 기저귀를 곧잘 갈아 채우며 작아진 재킷이나 못 쓰게 된 셔츠를 '내가 살아 있는 인형을 갖게 될' 때를 위해서 전부 자기가 챙겨두고 있습니다. 막스는 근래 더더욱 대학 신입생처럼 보이게 되었습니다. 대단히 기쁜 일은 동년배의 친구와 집에서도 예전보다 더 잘 어울리고 있다는 것입니다. 가끔씩 친구 중 누군가가 집으로 저녁 식사를 하러 오거나 차를 마시러 옵니다. 일주일에 두 번 펜싱 연습을 합니다. 나는 이 결투의 예행연습과 같은 운동에 대해서 호의를 느낄 수 없지만 그 아이의 몸을 위해서는 역시 좋다고 생각합니다. 그 아이는 수영이나 체조나 스케이트와 같은 다른 운동을 싫어하니까요. 칼은 여전히 덜렁거리지만 그래도 학교의 숙제에 대해서만은 약간 자발적인 열성을 보여서 그 전보다 덜 나의 애를 먹입니다. 여전히 눈치를 살피다가 기회를 보아 아무리 화가 난 사람이라도 맥이 풀어지는 우스개짓이나 우스갯소리를 합니다. 바지의 엉덩이 부분을 곧잘 찢겨져 돌아오기 때문에 내가 견디다 못 해 야단을 치니까 그 아이는 너무나 화가 나서 이렇게 말을 했습니다. '난 어떻게 할 수가 없어. 학교의 걸상이 엉망인걸 어떡해. 그 정도가 아니라 발에 찔리기까지 한다구. 왠지 알아? 내릴 때는 급히 미끄러져 내려와야 한단 말야. 올라갈 때는 천천히 해도 되지만. 우리가 그것을 무시하면 언제나 '빨리 내려와'라고 한단 말야. 그래서 바지가 언제나 이 꼴이 되버려. 엄마가 교장선생님에게 가서 항의하면 되잖아.' 칼에게는 내려온다는 것이 중요한 일이니까(놀러나가기 위해서) 어머니는 물론 얼마든지 항의할 권리가 있다는 것입니다! 알프레트는 집안에서 제일 자상한 아이며 또 제일 도움이 되는 아이입니다. 아기에 대한 것도 제일 잘 알고 있어서 요즘은 아기를 자기가 재웠다고 자랑을 합니다……."

그러나 헤레네는 이렇게 바쁜 일과 속에서도 내성에 대한 욕구를 하루도 잊고 않고 있었으며 아이들의 몸시중을 드는 것보다는 정신적인 지도를 하는 것이 어머니로서의 첫번째 임무라고 생각하고 있었다. 그러나 바쁜 하루의 일을 처리해나가면서 그만한 틈이라도 찾아낸다는 것이 얼마나 어려운 일이었을까! 언제나 아이들에 대해서 밝은 낯을 보인다는 것이 얼마나 어려운 일이었을까!

"아아, 아이들과 놀며 즐기기 위해서 좀더 시간을 쪼갤 수가 있다면! 그래도 나는 지금부터 전력을 다해서 그렇게 하도록 애를 쓸 것입니다. 당신의 한 마디가 그 점에서 나를 격려해주었기 때문입니다. '현재의 순간에 그 권리를 주어야 한다. 언제나 장래만을 목표로 살아서는 안 된다.'라는 말이. 그렇게 함으로써 남편과 아이들과 단란하며 조용히 보낼 수 있는 시간을 얻게 된다는 생각을 하면서 나는 일을 해왔습니다. 그것을 이미 크리스마스 전, 바로 그때에 얼마만큼 뼈아프게 느꼈는지 모릅니다. 그 당시는 불규칙적인 생활을 하고 있어서 여러 가지 걱정에 시달리면서도 언제나 크리스마스와 휴가를 기다렸으며 단 한 번이라도 정말 아이들과 즐겁게 놀고 싶다는 생각뿐이었습니다. 그런데……."

그렇다. 그런데 1876년의 크리스마스 바로 후에 날로 재롱이 늘어가는 네 살 먹은 딸이 죽은 것이다. 그것은 헤레네가 13년간의 행복한 부부생활을 보내고 있는 가운데에서 처음으로 겪게 된 죽음의 괴로움이었다.

*

이미 그녀는 결혼 생활 첫 해에 아기 —— 안나 —— 를 잃은 일이 있었다. 그 아이는 정말 덧없이 녹아서 사라지는 눈처럼 땅으로 돌아가서 어머니의 마음에는 그렇게 큰 상처를 남기지 않았다. 그러나 네 살이 된 딸은 벌써 사람을 매혹하는 존재가 되고 있었다. 그리고 불과 며칠을 앓다가 너무도 갑작스럽게 죽은 것이다. 크리스마스 이브에 이 아이는 축시를 낭송했었다. 목소리가 약간 쉬어 있었다. 그 다음 날에는 벌써 악성 디프테리아의 증상이 나타나고 있었다. 저항도 없이 죽어가는 사랑하는 아이의 머리맡에서 보낸 시간은 어머니의 마음에 영구히 새겨졌다. 그녀는 하늘을 저주하지는 않았다. 그러기에 그녀는 너무도 경건했다. 그녀는 운명에 복종했으나 이미 그 아이가 없는 세상은 이전과 같은 세계는 아니었다. "봄은 내게는 꽃을 가져다주지 않습니다. 장미의 봉오리가 떨어져버렸기 때문입니다."──그녀는 잊을 수 없는 고통 때문에 심각하게 고민을 했다. 아니 그녀도 아이의 뒤를 따라서 영원한 조용함으로 들어가기를 바랐지만 다른 아이들을 생각하면 자신에게 그런 권리가 있다고는 생각할 수 없었다. 다른 면으로서도 이 사건은 운명적인 생애의 한 기점이 되었다. 아이의 아버지는 처음에 그녀와 함께 깊은 슬픔에 잠겨 있었으나 곧 생사간의 괴로움 싸움을 계속하고 있는 그녀를 그냥 내버려두었다. 언제까지나 계속되는 개인적인 슬픔에서 벗어나 다른 아이들의 기쁨을 더이상 방해받지 않으려 하는 그의 성격은 다른 많은 남자들과 공통되는 성격이었다. "그는 함께 괴로움을 나누려 하지 않았습니다." 그로 인해 처음으로 헤레네의 의식 속에 남편과의 내면적인 교환에 대한 뚜렷한 틈새가 생겨났으며 그 틈새는 다시 좁혀지지 않았다. 슬픔과 싸우는 아내는 너무도 사심이 없었다. 또 남편을 자신의 고민 세계로 끌어들일 수 있다고도 생각하지 않았다. 그의 앞에서는 본심을 감추었고 멀리 떨어져 있는 언니나 동생에게 자신의 걱정거리를 털어놓았다. 이미 훨씬 전부터 그녀의 내부에서 조성되고 있다고도 생각했지만 이제는 의식의 문지방을 넘어 직접 얼굴을 내밀게 되었다. 자기가 젊어서 사랑한 남자가 자신과는 전연 다른 종류의 정신적 의식을 지닌 인간이라는 것 그리고 그녀 자신도 또 이러한 운명도 그를 바꾸어놓을 수 없다는 것이 뚜렷해진 것이다. 그리고 일반적으로 언제나 자기 비하로 기울어지는 겸허함을 보였는데도 불구하고 타인의 감정 생활을 그녀 자신의 흔들리지 않는 척도──그녀의 남편은 이 척도를 만족시켜주지 못했다──에 본능적으로 맞추어보았다. 헤레네는 불가피하게 남편과 거리감을 두기 시작하였다. 그녀의 모친이 두 사람은 육체를 초월해서 연결되었다고 믿었지만──일찍이 그 어머니 자신의 부부 생활에 있어서처럼──그것은 잘못 본 결과라는 것이 증명되었다. 세월이 흘러 특히 헤레네의 어머니로부터의 유산 상속 때문에 외적인 생활 상태가 확대되었을 때부터 베버의 마음속에서는 집 안팎에서의 안락함과 부르주아적인 인생의 향락과 사교적 체면 등과 같은 것에 대한 그 계층 특유의 욕구가 강해졌다. 그러나 그의 곁에서 아내 쪽은 더욱더 그에게서 떨어져서 자기 자신의 심부(深部)에 또 그가 알 수 없는 그녀만의 관심사 속으로 빠져들어갔다. 그는 처음에는 그녀가 자기와는 다른 세계에서 살고 있다는 것을 깨닫지 못했다. 그녀는 예전과 다름없이 자진해서 그에게 복종하며 봉사하고 있었기 때문이다.

나이가 들자 헤레네는 남편을 자기의 세계로 끌어들이지 않은 것은 자신이 나빴기 때문이었다고 말하고 있다. 남편과 이별한 후 많은 세월이 흘러가자 그녀는 성인이 된 아이들에게 이렇게 말했다.

"아이가 죽는 것을 보아야 했습니다. 여러 가지 사정 때문에 또 일부는 건강과 인생의 기쁨에 넘친 남편의 성격으로서는 나와 함께 죽음이 가져다주는 고민을 마지막까지 감수한다는 것은 참을 수 없는 일이어서 나는 완전히 혼자서 이 역경을 참아내지 않으면 안 되었으며 그와 동시에 하나님에 대한 신앙과 모든 종교적 관심——그에게는 그런 관심은 없었습니다——을 굳혀나가지 않으면 안 되었습니다. 당시 나는 나 혼자 슬픔을 견뎌내야지 그의 성격에 거슬려서까지 그 사람을 무리하게 나와 함께 걷게 해서는 안 된다고 생각했습니다. 그리고 그렇게 하는 것이 그에 대한 사랑이며 하나님이 바라는 체념이라고 생각했습니다. 그러나 실제로 그것은 두려움이었습니다. 가장 중대하고 가장 내면적인 사항에 대해서 오해를 받게 되는 것이 아닐까 하는 불안이었습니다. 그리고 나는 어떻게 되어서 거기서부터 상황이 퍼져나가게 되느냐 하는 것은 짐작도 하지 못했던 것입니다. 왜냐하면 당시 나는 행복한 편이어서 내 주위 사람들이 왜 음산하면서도 진지한 듯한 눈초리를 하고 있는지 이해를 못 하는 수가 자주 있었습니다. 누구도 나를 보면 인생은 그런 것이 아니라고 생각했을 것입니다."

헤레네의 생명력과 신앙 깊은 겸허함은 이때의 슬픔을 이겨냈다. 게다가 또 그녀의 주위에는 언제나 새로운 희망에 넘친 생명이 개화하고 있었다——여섯 명의 육체와 재능이 모두 뛰어난 아이들이——. 그리고 그녀는 동기간의 아이들까지도 자기 자신의 아이처럼 귀여워했기 때문에 그녀의 애정의 힘은 더욱더 커질 수가 있었다. 그러나 그녀는 인생에는 무엇이 감추어져 있는가를 알고 있었다. 그리고 그 후 그녀는 모든 죽음에 대해서 나름대로의 의미를 찾아냈다. 남의 슬픔을 보고 마음에 두려움이 생기게 되면 그녀는 자기의 사랑하는 아이는 이미 이 세상의 고투에서 해방된 것이라고 생각하면서 마음을 달랬다.

"이와같이 무서운 괴로움이나 인간이 다른 인간의 몸이 되어서 생각하며 느낀다는 것은 불가능하다는 것만으로서 흔히 사람이 감수해야 하는 보다 큰 참기 어려운 슬픔을 보며 또 인간이 지니고 있는 최선의 것이, 세상에서 그 인간이 하려고 했던 또 하지 않으면 안 되었던 일에 갖추어져 있는 최선의 것이 얼마나 그것 때문에 못 쓰게 되는가를 보고 산다는 것의 행복과 기쁨에게만 바쳐진 —— 그러한 것은 이 세상의 거친 감정 속에서는 도저히 바랄 수 없는 것이 되어 있지만 —— 어린 생명에 대해서 생각을 하면 우리들에게는 정말 위안이 됩니다. 헤레네의 조용한 평화에 넘친 얼굴에 대한 추억은 언제나 내가 내면적인 곤란에 부딪히게 되면 그와 같은 위안이 되어서 나를 따라다닙니다. 그러나 내게는 산다는 것이 괴로워졌다고 판단할 마한 이유가 거의 없습니다. 물론 나 자신이 내게 요구하고 있는 것 —— 그리고 그것은 특히 아들 막스를 대하면 대단히 곤란하게 되는 것이지만 —— 을 완수하지도 못하며 또 그러한 인간이 될 수 없다는 마음에서 판단하는 것을 제외하고 하는 말이기는 하지만."

1880년에 씌여진 장자와의 관계를 암시하고 있는 부분의 의미는 이 아들의 성장을 더듬어보면 뚜렷하게 밝혀질 것이다. 여기서 우리들은 그에 관해서 관심을 가져보자.

*

샬로텐브르크로 이사하게 되자 집안의 공기는 더욱더 농후하게 정치적 관심으로 충만되었고 젊은 아들들은 탐욕스럽게 이 관심을 흡수했다. 이제 부친은 벨린 시 참사회원으로서 건설 부문을 관장하고 있었다. 그는 훌륭한 가로수 계획을 실시했다. 프로이센 지방 의회에서 그는 재정위원회 문교부회의 보고위원이었다. 그에게는 변설의 재능은 없었다.

따라서 그는 지도적 정치가는 아니었지만 총명하고 판단력이 뛰어난 정치가였다. 집에는 반은 개인적인 친구로서, 반은 습관적인 '사교'로서 국민자유당의 지도자들, 귀족적인 베니그젠, 쉽게 분노하는 미크웰이 출입했다. 그 밖에도 정계의 거물들과 의사 리카드, 또는 옛날 타입의 민주자유파 정치가 프리드리히 카프(그의 죽음은 친구들의 서클에 슬픔의 골을 만들었다)가 있었다. 그리고 재무상 호프레히트와 베버의 담당 부문에 배속되어 있는 유명한 건축가인 그의 동생, 대학교수인 동시에 비스마르크의 외교문제의 조수이며 외무참사관 에기디, 친한 친구이며 독창적인 문학사가인 유리안 슈미트 또 학계의 신예 델타이, 골드슈미트, 쥬벨, 트라이츄케, 몸젠 등이 있다. 이 서클 중의 몇몇 사람은 이 시대의 정신적인 면모를 만들어내는 최고의 권위자였다. 양친의 친한 친구들 특히 카프와 유리안 슈미트와 에기디는 이 집의 아들들에게 대단한 관심을 기울이고 있었으며 아들들도 이 만남으로 인해 여러 가지 면에서 자극을 받았다. 어른이 되기 전부터 의사들의 연회가 있을 때에는 식사 후에 시가를 권하면서 정치상의 토론을 듣고 무엇이건 자신들이 이해할 수 있는 이야기를 듣게 되었다. 특히 연상의 막스와 알프레트는 그 덕으로 일찍부터 정치에서는 어떤 것이 문제가 되는지 이해할 수 있게 되었고 정치 활동이라는 것의 특질을 구체적으로 배우게 되었다. 게다가 아버지는 매일 의회나 정당에서의 여러 가지 사건과 고등 정치의 지도자들, 특히 당시의 국민자유당원이 대단히 존경하고 있었던 비스마르크에 대해서 이야기해주었다. 젊은 막스는 이렇게 해서 움직이고 있는 세계사에 대해서 직접 이해한 사항을 40년 후까지도 눈앞에서 보듯 신선하게 그의 기억 속에 남겨두었다. 1870년의 전쟁(보불전쟁)의 발발까지도 잊을 수 없는 일로서 그의 마음에 새겨져 있었다. 당시 7세의 그는 후에 세계대전의 발발을 양친과 여름 휴가를 보내던 네칼 강변의 조부의 집에서 맞이했다. 결정에 이르기까지의 무서운 긴장, 자국의 입장이 옳았다는 것에 대한 소박한 신념, 대국으로서의 지위를 얻어내려고 희생을 무릅쓴 호전적인 민족의 기쁨에 넘친 진지함——더욱이 압도적인 승리의 환호와 드디어 획득한 제국 통일의 자랑스러운 감격

——이러한 모든 것을 소년은 충분히 의식적으로 자기 마음에 흡수했으며 전생애에 걸친 큰 감동으로 각인되었다. 그 다음이 샬로텐브르크의 학교 시절이다. 병세는 어느 정도 극복했지만 작은 막스는 자신이 연약하고 가냘픈 아이며 인생의 모든 문제에 대해서 겁이 많고 재간이 없다고 느끼고 있었다. 그의 가냘픈 목은 커다란 배 모양의 머리를 싣고 다니기 위해 고생을 하고 있는 것처럼 보였다. 그 대신 학교 숙제는 간단히 해치웠을 뿐만 아니라 일찍부터 지적 활동과 자주적인 지식욕이 활발했다. 모친은 9세 때의 그는 역사와 계보학을 대단히 열심히 공부하고 있었다고 말하고 있으며 조부 역시 다음과 같이 말하고 있다.

"막스는 벌써 대단히 높은 목표를 가지고 있다. 프랑스 말에 대단한 관심을 가지고 있어서 매일 매일 단어를 외우며 기뻐하고 암송을 시켜 보면 언제나 빈틈없이 해내고 한 번도 말을 뒤바꾼 일이 없다. 그러나 쓰는 법에 대해서는 소질이 없어서 대부분은 갈겨쓸 뿐만 아니라 온통 손을 더럽힌다. 그리고 그 아이는 자신의 외형이 남에게 어떠한 인상을 주는가에 대해서는 그 아이는 관심조차 가지고 있지 않다. 그러한 상태로 근처의 아이들과 마구 뛰어놀며 뺨을 붉게 물들이는 것은 기쁜 일이다. 게다가 오후에는 삼십분 동안 피아노 연습 시간을 마련하고 있다. 그것은 얼마 전부터 이곳의 선생에게 배우고 있는데 열심히 하고 있으며 손도 잘 움직이고 귀도 정확한 것 같다."

소년은 편지를 쓰는 것이 싫지 않았던 것 같았다. 양친이 여행을 가게 되면 신문의 뉴스와 같은 보고를 받아보았으며 그 자신이 아버지와 함께 여행을 하게 되면 어머니에게 상세하게 여러 가지 형태로 견문과 경험을 적어보냈다. 이 아이는 편지에 자기에 대해서는 극히 드물게밖에는 적어보내지 않았지만 집안 살림과 자신이 탐욕스럽게 자기 내부로 흡수한 외부의 아름다운 세계에 대해서는 많은 것을 기록했다. 그것을 읽어보면 작은 누이들의 기발하면서도 귀여운 말을 들을 수가 있으며 그녀들의 학교 생활에 대한 것을 알 수 있고 정성을 들인 과일이 익고 닭이 소란을 피우고 많은 고양이가 제멋대로 뛰놀고 있는 여름 정원의 향기를 맡아볼 수가 있다. 아래는 12세 때에 그가 쓴 글이다.

 "중대한 뉴스! 벌써 2주일 전에 적황색의 고양이가 쉘벨의 침대에다 새끼를 네 마리나 낳았습니다. 그리고 회색 고양이가 프로이라인 브름의 베란다 계단 밑에다 낳았는데 그중 검은 숫놈 한 마리만 집에 남았습니다. 그런데 이번에는 '할머니'가 아빠의 방에다 네 마리의 새끼를 낳았습니다. 검은 숫놈과 회색 숫놈과 회색의 암놈 두 마리입니다. 황적색 새끼들은 물에 빠뜨렸지만 다른 새끼들은 벌써 커서 빠뜨릴 수가 없었습니다. 그래서 또 일곱 마리가 늘어난 셈입니다. 막스."

 또 하이펠 호반 지역에서 여름의 하이킹을 한 일도 쓰고 있으며 겨울에 숯으로 만든 커다란 눈을 진지한 듯이 매달고 추위 속에서 두리번거리고 있는 커다란 눈사람에 대해서도 묘사하고 있다. 혹은 사촌——이 이종은 곧 화제가 되지만——에게 보낸 편지로 해서 우리들은 이 장남이 집안의 오랜 풍습에 따라서 크리스마스 트리에 자기가 금색으로 칠한 호도나 빵과자를 어떻게 매달았느냐——크리스마스 트리의 꼭대기에는 어린 예수가 안치되어 있었다——하는 것과 또 헤레네가——그녀는 딸이 죽은 후로는 이 축제에서 깊은 슬픔을 느끼게 되었지만——쉴 틈도 없이 일을 한 후 아이들과 함께 신비한 느낌의 어둠에 싸인 실내의 닫혀진 문가에 앉아서 아름다운 옛 노래를 부르는 모습, 그리고 아이들은 크리스마스 트리의 광선에 매료되고 점차 신성한 비적에서 현실의 자기로 돌아오는 모습을 알 수 있다. 막스는 이러한 일을 기술할 때 벌써 여러 가지 전문적 술어를 사용하고 있다.

 "클라라에게 보내준 인형을 알투아가 횡령하고 말았으며 그런 침해에 대한 클라라의 울음 섞인 강경한 항의에도 불구하고 결코 양보하지 않습니다. 그는 그 인형에 반해서 절대 내놓으려고 하지 않으며 마지막에는 인형을 침대로까지 가지고 갑니다. 클라라는 물론 탈회를 시도했으나 실패했으며 자기의 시도가 헛되었다는 것을 깨달았습니다. 그런 이유로 해서 인형은 결국 시효가 지나 알투아의 소유로 옮겨지게 될 것입니다."

 여름에 아버지는 위의 세 명의 사내 아이들을 여행에 데리고 가서 널리 각지를 구경시켜주고는 독일이라는 나라의 훌륭함을 아이들에게 일깨워주었다. 조카 한 명이 이것에 대해서 기술하고 있다.

"아버지라고 해서 누구나가 이만한 끈기와 관심을 가지고 있는 것은 아니다! 세 명의 장난꾸러기들이 얼마나 난폭하며 하루 동안 얼마나 싸움을 해야 직성이 풀리는지는 헤아릴 길이 없다."

14살의 막스가 쓴 일기와 같이 긴 편지는 튜린겐의 마을과 숲을 지나 라인 강까지 우리들을 인도해준다. 우리들은 이러한 편지에서 자의식에 전연 사로잡히지 않은 이 소년이 어떻게 이 세계의 아름다움과 그의 역사적 상상력을 충족시켜주는 것에 대해서 열중하고 있으며 그것을 어떻게 흡수하고 있는가를 느낄 수가 있다. 8세의 칼이 자신의 소견을 우습게 표현했을 때 일행이 터뜨린 유쾌한 웃음소리를 우리는 들을 수 있다. 또 처음으로 케른의 대가람의 광경에 싸였을 때 제일 연상의 아들이 어떻게 경이적인 감정에 몸을 떨었는지 우리는 느낄 수 있다.

"역에서 우리들은 대가람으로 갔습니다. 본관 현관이 될 예정인 곳에서 안으로 들어가자마자 장려한 건축물이 주는 풍부함에 정말 압도적인 인상을 받았습니다. 이루 헤아릴 수 없이 높은 이 기둥! 이러한 기둥을 보면 건물이 거대하게 모험적으로 만들어진 것처럼 느끼게 되지만 그 대신 장엄한 고딕 식 궁륭(穹窿)을 보면 어딘지 모르게 침착함과 확실한 느낌에 사로잡히게 됩니다. 마침 토요일 예배가 있어서 순람은 중지되고 말았습니다. 따라서 순람하는 것이나 대가람을 좀더 정확하게 감상하는 것도 기약할 수 없는 장래로 미루지 않을 수 없게 되었습니다. 우리들은 이 가람에서 어떠한 인상을 얻으려한데 지나지 않았습니다. 그리고서 우리들은 위로 올라갔습니다. 위로 가서 비로소 풍부한 건축술과 조형술의 모든 것을 그리고 또 건축 전체의 기본적인 의장을 바라볼 수 있었습니다. 그리고 지벤게비르게까지 여러 마일이나 계속되는 주위의 경치나 지리보다도 두 개의 당당한 탑 쪽으로 시선을 돌렸습니다. 여기서 탑은 커다란 의문부호와 같은 형태로 미래를 바라보고 있는 단편이 아니고 작은 4층의 정상까지 완성되어 있어서 그 미래를 완전히 결정하고 있는 것처럼 보입니다."

*

이 풍부한 소년기에 있어서 가장 중요한 것은 역시 책이다. 막스는 일찍부터 자발적으로 닥치는 대로 읽고 공부했다. 특히 역사물과 고대의 고전작가의 것, 또 철학—— 고등학교 제2학급에서는 스피노자와 쇼펜하워, 제1학급에서는 특히 칸트——에 관심을 두었다. 일찍이 12세 때에 그는 마키아벨리의 《군주론》을 빌려 읽었고 그 다음에는 《안티 마키아벨리》을 읽었으며 루터의 저작집을 훑어보고 있다고 어머니에게 말했다. 같은 해에 그는 하이델베르크의 할머니에게 사촌인 하우스라트에게서 나비 수집품을 받고는 그 답례로써 자기가 만든 메로빙거 왕조나 캐로빙거 왕조의 계도를 보내면 좋아할 것인가를 문의하고 있다. 14세 때에는 자신이 현재 1360년의 독일의 역사지도를 작성하고 있다고 할머니에게 말했다.

"이 지도는 만드는데 여간 힘이 들지 않습니다. 여러 종류의 계도나 지방사나 사전에서 그 자료를 모으지 않으면 안 되며 대단히 작은 마을 때문에도 때로——더구나 어느 정도 오랜 동안——백과사전이나 그 밖의 것을 뒤져보지 않으면 안 됩니다. 지금은 마지막 완성을 위해서 서두르고 있습니다. 그리고 나는 지도를 통해서 역사를 한번 완전하게 알게 되면 역사는 내게 대단히 흥미로운 것이 될 것이라 생각합니다."

어머니에게 보낸 14세 때의 편지에는 다음과 같은 대단히 특징적인 말이 있다.

"나는 열중하지 않으면 시도 쓰지 않는다. 그렇다면 독서 외에 무엇을 하면 좋을까. 그리고 실제로 나는 철저하게 독서하고 있다."

그 무렵 그는 이미 책을 읽으면서 발췌를 만들고 있었다.

1877년초 즉 만 14세가 채 되지 않았을 때 시기에 어울리지 않지만 크리스마스 선물로 소년은 두 편의 역사 논문을 썼다. '황제와 법황을 주안으로 삼은 독일사의 전개'와 '콘스탄티누스에서 민족 이동까지의 로마 제정시대'에 관한 '많은 사료에 의거한' 논문으로서 '미흡한 필자 자신이 그 양친과 그 형제 및 그 외의 사람에게 바친다'로 되어 있다. 후자에는 콘스탄티노플의 평면도와 콘스탄티누스 크로루스의 가계도 그리고 '카에살과 아우구스투스들'을 예쁘게 스케치한 두상——이것은 확실히 그가 당시 모으고 있었던 고대의 화폐에서 모사한 것이다——이 첨부되어 있다. 2년 후 그는——다시 크리스마스 무렵——'인도 게르만 여러 국민에 있어서의 민족 성격, 민족발전 및 민족사의 고찰'을 썼다. 이 논문은 이미 하나의——말하자면 '역사철학적' 사색의 성과인 것이다. 이것은 문화사 전체의 이해를 목표로 삼고 있는 것이며 그 '발전법칙'을 뚜렷이 밝히려고 노력하고 있다. 우선 그는 주요 민족의 '본질'과 문화수준을 서술했으며 종교와 민족사의 원천으로서의 '민족정조'와, 그것에 의해서 처음으로 참된 의미의 '문화'가 창조된 이지적 활동의 형식으로서의 '민족정신'을 구별하고 있다. 내용은 여러 종류의 문학작품이나 철학이나 종교의 비교 분석을 통해 구체적으로 언급되고 있다. 오리엔트와 오크시덴트도 언급하고 있으나 특히 문제로 삼고 있는 것은 그리스 인의 작품이다. 호메로스와 오시안의 대조는 그에게 강한 인상을 주고 있는 듯하며 그는 이 두 사람이 지니고 있는 이상적 생활에 대한 서로 다른 태도와 죽음에 관한 태도를 면밀하게 비교하여 단순히 이 논문에서뿐만이 아니라 얼마 후에는 우리가 지금도 볼 수 있는 편지속에서까지 그 문제에 대한 의견을 말하고 있다. 제2부에서 이 병아리 학자는 문화발생기에서 현재까지의 정치적 민족사의 제1법칙을 제시하고자 한다. 그는 이와 같은 법칙이——자연에 있어서와 같이——존재하고 있음을 그는 확신했다. 그는 여러 민족은 천체와 같이 일단 추진된 궤도에서 완전히 이탈해버릴 수는 없다. 이 경우 외부로부터의 방해(그러한 것이 있으면 별의 궤도도 바뀌고 만다)가 작용되지 않는다는 것을 전제로 삼아야 하지만 수천 년에 걸쳐서 좌우로 제멋대로 움직인 오리엔트와 오크시덴트의 싸움의 원인은, 코카서스 인종의 두 개의 대지맥인 샘 족과 인도 게르만 족이 없앨 수 없는 적의를 가지고 갈라져 있었다는 것에 있다고 생각하였다. 그의 생각에 의하면 이제는 설명 불가능한 이 반감이 고대에서 훨씬 후인 중세 시대까지의 역사를 결정하

50

고 있는 것이다. 그리고 언제나 그에게는 이 두 가지 요소의 뒤섞임이 '샘화' 즉 아리아 문화의 패배를 초래하고 있는 것처럼 보였다. 샘 인종의 전제주의와 종교적 파나티즘은 몇 번씩 되풀이 되어 인도 게르만 인종의 여러 나라를 위험에 빠뜨리게 했다는 것이었다. 천 년에 걸쳐 오크시덴트에서 아리아 인종의 패권을 확립한 사라미스의 회전도 영구하게 이 두 개의 인종을 분리시키지는 못했다. 고대문화는 세미틱 문화의 새로운 침투에 의해서, 특히 오크시덴트의 기독교화에 의해서 멸망되었다. 마지막으로 소년은 이것을 자신의 논문의 주안점으로 삼고 있다. 즉 인도 게르만 인은 정신적 혼효(混淆)나 샘 인 특유의 전제적 지배형식도 참아내지 못했다. 물론 그들에게는 공화주의적인 지배 형식도 바람직한 것은 아닐 것이다. 그들에게 있어서 참아낼 수 있는, 따라서 추구할 가치가 있는 단 하나의 국가 형태는 입헌제도라고 생각했다.

성인에 가까워지고 있는 그는 학교 공부는 거의 하지 않았으며 간혹가다 학업에 관심을 두었다. 가령 3학년 때에는 수업 중에 걸상 밑에 놓아둔 코타판의 괴테 전집 40권을 차례로 전부 읽었을 정도였다. 그는 학급 안에서 언제나 최연소였으며 제일 약했고 게다가 그 자신의 회상에 의하면 '대단한 게으름뱅이'여서 전연 의무감을 느끼지 않았으며 동시에 공명심이라는 것은 지니고 있지 않았다. 어떠한 '안달주의'도 그에게는 경멸할 만한 것으로밖에는 보이지 않았다. 교사에 대해서는 뻣뻣하게 굴지는 않았지만 진심어린 존경심은 없었으며 곧잘 대답하기 어려운 질문을 해서 교사들로서는 다루기 어려운 존재였다. 함께 스카트(트럼프 놀이)를 한다든지 담배를 피우는 친구들을 위해서는 학업을 도와주었다. 무엇이건 모르는 문제가 나오면 끝까지 연구하여 자신의 지식을 남에게 전달하는 것을 기쁨으로 삼았다. 좋은 친구이며 거만하게 참견하는 일이 없다는 이유로 같은 연배의 친구에게 그는 '신동'처럼 보였다.

학교시절 자신의 소행에 대한 기억은 그 후 자신이 어머니에게는 도덕적인 점에서 고민의 원인이 되는 아이였다는 감정으로까지 치달았다──물론 그 어머니는 미소로써 그것을 부정했지만. 그것에 반해서 많은 편지 속의 문장은 사실 그녀가 그의 성격, 성장하는 조숙한 장남의 더욱더 심해지는 폐쇄적인 성격에 접근할 방법을 찾지 못해 괴로워하고 있었다는 것을 증명하고 있다. 그녀는 물론 이미 성인이 되었고 친밀하게 접촉하고 있는 이다 바움갈텐에게 이런 편지를 써 보냈다. "내가 언니를 부럽게 생각하는 것은 오토가 이와 같은 편지를 쓰도록 언니에게 권했다는 그런 친밀한 모자관계입니다. 나의 아들도 언젠가는 그렇게 자신의 모친에게 조언이나 지지를 얻으러 올까요? 나는 자신이 그런 점에서 지나치게 '구식의 여자'가 아닌가 걱정하고 있습니다."

헤레네는 그 무렵 간접적인 방법으로 자기 아들의 마음속을 살펴보기로 했다. 1877년의 여름부터 겨울 동안 이다의 장남인 프리스는 벨린에서 공부하고 있었다. 그녀는 명랑하며 인사성이 밝고 따뜻한 마음을 지닌 이 젊은이를 자기 아들처럼 받아들여 그의 상쾌하고도 눈부신 젊음에 위안을 받았다. 젊은이도 그녀에게 자주 와서 솔직하며 사교적인 마음을 보였으며 젊은 이종 사촌들도 곧 그에게 반하고 말았다. 그는 교사를 지망했으며 헤레네는 아이들의 일을 그에게 의논했다. 이 대학생은 샬로텐브르크의 가족 생활 속에 끼어들어 자기 어머니에게 보낸 편지 속에서 이 집안 사람들과 약간의 특징적인 사건에 대해서 쓰고 있다.

"벌써 며칠씩이나 샬로텐브르크에 머무르고 있기 때문에 이 집안 사람들에 대해서 지금까지와는 전연 다른 것을 알게 되었습니다. 이제 나는 어머니가 곧잘 이모부와 싸우는 것을 이해할 수 있습니다. 그분이 내 이모부가 아니면 나도 싸울 것입니다. 이모부는 이모의 곁에 있으면 태평스럽기 한이 없으며 전제군주처럼 행동합니다. 그래도 마음은 너그러우며 주위 사람에게는 여러 가지로 도움을 주고 있습니다. 나 자신도 이모부에 대해서 얼마나 감사하고 있는지 모릅니다. 물론 이모하고는 잘 지내고 있습니다. 이모가 아이들을 다루는 방법은 참으로 훌륭한데도 이모는 자신이 어머니처럼은 할 수 없다며 언제나 한탄하고 있습니다. 우리들이 어머니에게 다정하듯이 아이들이 이모를 얼마나 의지하고 있는지 모르고 있습니다.

샬로텐브르크에서 이모부는 나에게 이런 설교를 했습니다. 파렌스타인 할아버지의 약력을 쓰는 것을 젊은 막스에게 맡기다니 너는 정말 교육자답지 않다고. 즉 막스가 만들고 있는 가계도에 대한 것입니다. 막스가 그렇게 쓸모 없는 것만을 읽으라고 강요당하고 있는데 대해서 나는 속으로 비난하고 있었는데 그것이 나 때문에 일어난 일로 되어버렸습니다! 식사 후에 그르네발트 속으로 멋진 메아리가 울리는 푸른 대전나무로 둘러싸인 호수를 따라 네 시간이나 산보했습니다. 막스와 알프레트도 같이 있었는데 때때로 그들은 흙덩이와 왜전나무 열매를 누구에게나 갖다줍니다. 알프레트는 거칠어서 마구 환성을 올리는가 하면 또 울어댑니다. 저녁이 되면 이모는 아름다운 목소리로 노래를 부릅니다. 보름달이 뜨고 별이 반짝이고 이모부와 이모와 조카와 아들이 즐거운 듯 노래하며 숲속을 거닐었습니다. 막스는 좀처럼 노래를 부르려 하지 않지만 알프레트는 열심입니다. 이 둘처럼 근본적으로 성격이 다른 형제도 찾아보기 힘들 것입니다. 돌아오는 길에 막스는 슈트라스브르크 방문에 대해서 아무렇지도 않게 내게 말했지만 알프레트는 열심히 귀를 기울이고 있었습니다. 나는 이 둘 때문에 항상 웃음을 참지 않으면 안 되었습니다. 이모 내외분도 뒤에서 작게 웃고 있었습니다. 특히 알프레트가 재미있었습니다. 내가 이야기해서 들려준 수렵 이야기를 모두 진짜로 받아들이는 점이 특히 그랬습니다."

프리스가 다시 벨린을 떠난 후에도 14세 반의 막스는 규칙적으로 그에게 편지를 보냈다. 때때로 그것은 집안에 있었던 이야기였으며 또는 자기를 사로잡고 있는 여러 가지 문제를 다룬 논문이었다. 헤레네는 성인이 된 조카가 막스를 자기의 울타리에서 끄집어내주는 것에 감사하고 있었으며 따라서 좋은 영향이 있으리라 기대했고 편지를 받게 되면 아들에게 조카가 보내온 그 편지를 읽어달라고 부탁했다. 그러한 편지는 15세에서 16세에 걸친 그의 정신이 무엇에 의해서 충족되고 있는지를 말해준다. 크르티우스의 그리스 역사, 몸젠과 트라이츄케의 여러 저서, 합중국의 역사, 헨의 《재배식물과 가축》. 독서법에 대해서 우연한 기회에 대해 그는 이렇게 기록하고 있다.

"읽어나가면서 많은 어학적인 메모를 하기 때문에 전연 진도가 없습니다.”

소설 중에서는 특히 W. 아레크시스와 W. 스코트가 그의 관심을 끌었다.

“최근 나는 스코트의 《에딘발라의 감옥》에 대단히 흥미를 느꼈습니다. 형이 그것을 읽었는지는 모르지만 내가 알고 있는 한에서는 가장 감동적인 소설 중의 하나입니다. 내 친구들은 여러 가지 통속소설만 탐독하고 있으며 이런 읽을 가치가 있는 소설을 전연 돌아보지 않은 것이 내게는 이상하게 생각됩니다. 이러한 젊은 친구들은 모든 양식적인 소설을 업신여기는—— 그러면서도 어느 점에서는 그와 같은 소설을 전연 모른다(그리고 흔히 알려지고 있는 것처럼 그들은—— 초기 황제시대의 로마의 귀족 독서가 그렇다고 상상되지만—— 쓸모없는 단편이나 추문 기사에서만 즐거움을 찾아내고 있습니다)—— 것은 결국 김나지움의 고학년 속에 나타나기 시작한 주목할 만한 특징입니다. 제2학급의 가장 나이 어린 풋내기에 지나지 않은 내가 이런 말을 히면 혹은 불손하게 들릴지도 모릅니다. 그러나 이와 같은 사정이 너무도 자주 눈에 띄이기 때문에 나도 무언가 잘못된 말을 하고 있지는 않은가 하는 우려없이도 말할 수 있는 것입니다. 물론 그것에도 예외가 있습니다만…….”

그리스와 라틴의 고전작가, 호메로스, 헤로도투스, 벨기리우스, 괴비우스, 키케로, 사르스티우스에 대한 비판은 조숙한 독자가 지니고 있을 법한 이해력과 놀라울 만한 정신의 강도를 보여주고 있으며 호메로스와 옷시안의 배교는 시에 대한 감수성과 ‘종말의 사건’에 의해서 심정을 뒤흔들어놓는 성격까지도 보여주고 있다. 키케로는 호언장담하는 말과 미사여구 때문에 또 그 정치적 동요 때문에 그에게는 ‘잡을 수 없는’ 것이었으나 몇 개월 동안이나 그는 바로 그와 씨름을 했다. 왜냐하면 학교에서 잡아놓은 키케로에 대한 틀이 잘못되어 있다고 생각했기 때문임에 틀림없다. 그는 키케로의 작품뿐만 아니라 키케로에 대해서 씌여진 작품까지도 가능한 한 모두 읽었다. 그리고 로마 세계의 무대에 등장하는 인물들의 행동 동기가 눈앞에 있는 것처럼 생생하게 그의 앞에 되살아났다. 6세 연상의 대학생인 사촌은 14세 반짜리 소년의 극단적이고 비판적인 판단에 불쾌감을 느끼고 누구로부턴가 그런 견해를 실례해온 것은 아니냐고 '완곡하게' 암시를 주었더니 소년은 조심스럽지만 단호하게 반박했다. 헤레네는 이미 날개를 퍼덕이고 있는 이 젊은 독수리의 일을 좋아해야 하는지 또는 이 소년답지 않은 학식과 논증법을 제 분수를 모르는 행동이라 판단하여 우려해야 하는지 확실히 알 수가 없었다. 읽어 보아도 그녀가 판단할 수 있는 사항이 전연 아니었다. 따라서 그녀는 가령 황제 암살의 시도가 있었던 후의 빌헬름 황제의 엄숙한 벨린 행행에 대해서 자세하고 생생하게 묘사한 것과 같은 정말 어린이다운 편지가 '때로는' 그의 편지에서 흘러나오는 것을 마음속으로 기뻐했다. 편지의 발췌를 두세 가지 해보자.

"……개개의 작가가 어째서 내 마음에 들었는지 보고하라고 하시는 군요. 호메로스에 대해서는 내가 지금까지 읽어본 것 중에서 그의 것이 가장 마음에 들었다는 것을 물론 알고 계실줄 압니다. 그 이유는 사실 그렇게 간단하게 떠오르질 않습니다. 그것은 단순히 그리스 말의 아름다운 울림 그 자체에서 오는 것은 아니며 무엇보다도 모든 행위를 이야기할 때의 감동적인 자연스러움에서 오는 것이라고 생각합니다. 적어도 나는 호메로스를 읽으면서 소설을 읽는 재미나 드라마의 최고의 매력이 주가 되어 그 위에 성립되고 있는 긴장감을 한 번이라도 느낀 일이 있다고 주장할 수가 없습니다. 확실히 드라마는 긴장과 매력을 불러일으키는 이외의 목적도 가지고 있습니다. 만일 그렇지 않다면 드라마가 그토록 고도의 방법으로 늙고 젊음에 상관없이 교양의 수단이 될 수는 없다고 생각합니다. 그러나 역시 나는 드라마 특히 비극은 긴장감을 주지 않으면 감명을 받지 못할 것이라고 생각합니다. 그러나 호메로스에 있어서는 이런 긴장은 완전히 결여되어 있었습니다. 따라서 호메로스로부터는 소설보다도 훨씬 용이하게 떠날 수가 있습니다. 소설을 읽게 되면 그것을 덮어버리는 것이 내게는 어려워집니다. 끊임없이 읽고 싶고 중단하게 되면 언제나 마음의 안정감을 잃게 됩니다. 그것에 반대해서 호메로스를 읽으면 언제나 중단할 수가 있으며 책을 옆에 밀어두었다가 또다시 읽을 수가 있습니다. 그것은 그의 작품이 생생한 보고가 아니고 하나의 이야기이기 때문입니다. 차례차례로 일어나고 있는 행위를 연쇄적으로 기술하는 것이 아니고 생성과 행위의 조용한 연속을 묘사하기 때문입니다. 어떤 파국이 일어나게 되면 독자는 훨씬 앞서서 그것에 대한 준비를 하게 됩니다. 가령 헤크톨의 죽음의 경우처럼. 그와는 반대로 엣케할트의 경우, 또 일반적으로 《선조》나 아마도 스코트를 제외한 기타 대부분의 소설에 있어서 파국은 별안간 일어납니다. 호메로스에서는 모든 것이 벌써 옛날에 운명에 의해서, 이제는 변경이 용서될 수 없는 상태로 결정되어 있으며 그 때문에 독자의 긴장과 괴로움은 대폭적으로 완화되고 있는 것입니다. 웰키리우스는 도저히 호메로스만큼은 좋아지지 않습니다. 그는 《아에네아스》 속에서 어떤 긴장을 불러일으키려고 노력하고 있지만 독자는 거의 그러한 긴장을 느끼지 못하며 또 느낀다 해도 전연 기분좋은 감정이 일어나지 않습니다. 이것은 디도오의 파악을 묘사하고 있는 제4권에서 뚜렷이 나타납니다. 부분적으로는 성공하고 있지만 그때 내가 느낀 감정은 기분좋은 것은 이니었습니다. 그 긴상은 소재 그 자체에서 자연스럽게 일어나고 있는 것이 아니고 여러 가지로 말의 표현을 이용해서 인공적으로 조성되어 있기 때문입니다. 물론 괴테의 〈헤르만과 도로테아〉 같은 조그마한 시민적 서사시는 아무런 목적을 가지고 있지 않으며 긴장이 없는 것은 서사시가 아니고 소경시(小景詩)라 해야 할 것입니다. 그러나 그것은 역시 시민적 서사시입니다. 그 소재는 일반적으로 한정된 것이며 주인공의 생애 중에서 하나의 에피소드를 취급하고 있는데 지나지 않습니다. 그러나 《아에네아스》와 같은 영웅시는 본래 주인공을 찬미하면서 동시에 아름다운 세부 묘사를 통해 독자를 기쁘게 해줘야 한다는 목적을 가지고 있습니다. 때문에 영웅시는 본래 지나치게 강한 긴장을 조성해서는 안 되는 것입니다……. 헤로도투스에 대해서는 그의 거의 믿을 수 없을 정도의 노력에 대해 존경을 아끼지 않는다고 말할 수 있습니다. 그의 역사서를 보면 그가 거의 모든 장소에 직접 가서 굉장히 상세하게 조사하고 있다는 것을 알 수 있습니다. 그는 그것 때문에 대체로 그 시대를 인간의 교양 상태로 생각하면 역시 연관지어 생각하지 않을 수 없는 경신(輕神)이라는 것으로부터 충분히 구제되고 있습니다. 헤로도투스는 비평가는 아닙니다. 실제로 그는 많은 비평을 하고 있지만 그의 비평은 흔히 우리의 관점에서 본다면 오히려 비평하고 있는 이론이나 견해보다 더한층 어리석을 수가 있습니다. 여러 가지 사건의 내적 원인에 더한층 깊이 파고드는 것도 아니고 또 그가 그것처럼 보이는 경우에도 그 원인은 자신의 머리에서 짜낸 것이며 그의 신앙 및 그것에서 나오는 미신 때문에 제약을 받고 있습니다. 그는 물론 완전히 신뢰할 수 있는 역사기술자는 아닙니다. 대단한 노력으로써 모든 것을 탐구하며 제시하고 있지만 그러나 그에게 있어서 제일 중요한 것은 운명의 발걸음과 역사 속에서 언제나 표현되고 있는, 그리고 모든 것이 그것 때문에 정해지고 있는 신성(神性)이라는 불변의 관념을 뚜렷하게 밝히는 것이었습니다. 그의 말투는 참으로 시적입니다. 그는 호메로스를 닮고 있습니다. 그의 역사는 산문으로 옮겨진 서사시입니다. 그의 것은 대단히 기분좋게 읽을 수 있는데 그것은 주로 그의 언제나 얼룩지지 않은 아름답고 조용한 문체와 페르샤 전쟁에 대해 쓴 책 속에서 수시로 흘러나오는 감격 때문입니다.

리위우스는 헤로도투스보다 4백 년 후의 사람인데도 불구하고 여전히 같은 결점을 가지고 있으나 같은 감정은 가지고 있지 않습니다. 그도 똑같이 범용한 비평가여서 어떤 식으로 자료를 이용했는지 또 어떠한 자료를 이용했는지 확실하게 밝히는 것은 어려운 일이라고 생각합니다. 당시 남아 있었던 옛 기록 모두를 이용했다고는 생각할 수 없습니다. 어쨌든 그것은 그에게는 너무도 고된 일이었을 것입니다. 대체로 그에게는 헤로도투스와 같은 근면성은 없었습니다. 그리고 또 헤로도투스의 소박함이나 감격도 결여되어 있었기 때문에 그것을 읽어도 나는 거의 매력을 느끼지 못합니다.

키케로에 대해서는 특별히 내 마음에 들었다고는 말할 수 없습니다. 나는 그의 최초의 카티리나 연설 같은 것은 정열이나 결단 모두가 결여되어 있는 것이라고 생각하고 있습니다. 지금까지 내가 읽은 대부분의 키케로에 관한 책은 그에 대해서 칭찬하고 있었습니다. 그러나 실제로 그 칭찬의 이유가 어디에 있는 것인지 나는 알 수가 없습니다. 그가 극도로 청렴 결백했다는 것은 확실하며 호의호식이나 향락욕에도 전연 동하지 않았습니다. 그러나 지금 거론한 이런 책에서 그러한 것은 전연 예시하지 않고 있든가 단순히 취급하고 있는데 불과합니다. 그러나 그의 최초의 카티리나 연설과 그의 정견이 없는 뚜렷하지 못한 정치관은 전연 내게 감명을 주지 못했습니다. 나라의 안위가 한 사람의 인간의 모습을 빌려서 그의 앞에 나타나 있었음에도 불구하고 그는 어떠한 뚜렷한 결의에도 도달하지 못했던 것입니다. 카티리나 연설 전체는 정말이지 지독한 장광설과 비탄의 노래였을 뿐입니다. 그것도 가장 위험한 인간, 음모의 괴수를 앞에 놓고서의! 더구나 그 연설 속에서 그는 카티리나의 품행이 방정하지 못함을 비난하고 있는 것입니다! 대체 그가 나라의 위험을 말하면서 탄핵을 일으켰을 때, 품행이 방정치 못한 방탕한 인간이 그러한 말에 귀를 기울이고 그 비탄의 노래 때문에 자기의 계획을 포기하리라고 믿었단 말입니까? 나는 그러한 것은 믿지 않습니다. 아니 그 반대입니다. 카티리나에게 원로원이나 시민 전체의 불안과 공포에 대해서 이야기를 해주면 그것 때문에 더욱더 카티리나의 계획은 굳어질 것이 아니겠습니까. 그리고서 그는, 이것이야말로 그의 연설의 주요 내용이지만, 제발 시에서 떠나 달라고 카티리나에게 부탁하고 있습니다. 아마도 그는 카티리나가 그것에 유의하리라고 생각했던 것일까요? 아니 반대입니다. 원로원과 집정관의 동요를 보고 키케로가 스스로 카티리나 자신에게 부탁하지 않을 수 없을 정도로 완전히 희망을 잃고 말았다고 생각한다면 카티리나와 그의 무리는 더한층 자신을 굳혔음에 틀림이 없습니다. 그리고 또 카티리나만을 로마에서 멀리하려고 했던 그의 근시안적인 정치란 대체 무엇을 말하고 있는 것입니까? 그렇게 하면 그는 다른 모사꾼들과 편하게 승부라도 할 수 있다고 생각했단 말입니까? 그것은 그의 오산이었습니다. 모사꾼 중에는 카티라나와는 전연 별개의 행동력과 정신적인 소양을 발전시키고 있었던 사람들이 있었습니다. 그리고 사실 키케로 자신도 모사꾼들을 알고 있다고 말하고 있지 않습니까. 그렇다면 그는 착각할 수가 없었을 것입니다. 그리고 또 설사 그렇다 하더라도 키케로는 마리우스와 파스라에서 반란이 일어나고 있다는 것을 알고 있었습니다. 지금 그가 카티리나를 시에서 내쫓았다 해서 그것이 그에게 어떤 이익이 된다는 것입니까? 카티리나는 곧장 마리우스의 진영으로 갔습니다. 그 때문에 시의 위험은 카티리나가 시에 머물러 있었을 때보다도 커졌습니다. 그는 카티리나를 시에 머무르게 해서 ‘죽일’ 수는 없었겠습니까? 음모는 말할 것 없이 세상이 모두 아는 일이었습니다. 어느 누구도 그것을 의심하지 않았으며 그 자신도 확실하게 그렇게 말하고 있습니다. 그렇다면 대체 그가 주저하는 이유는 무엇이란 말입니까? 카티리나를 변호할 수 있는 인간이 한 사람도 남지 않을 때까지 기다릴 생각이다, 그렇게 되면 카티리나는 죽지 않을 수 없을 것이라고 그는 말하고 있습니다. 그것은 어떠한 의미입니까? 그것은 벌써 단념을 뜻하는 것이 아니겠습니까? 그는 진실로 오래 기다리면 카티리나의 편이 탈락을 하게 된다든가 더는 그를 변호하지 않게 되리라고 생각했단 말입니까?

그래서 사실 그는 잘못을 하고 있는 것입니다. 반대로 자기 편의 수는 날로 늘어나는 것은 기정 사실이었는데 키케로는 실제로 자기 연설 가운데서 그 말을 하고 있습니다. 요컨대 나는 그의 제1의 카티리나 연설은 지극히 나약하며 무목적적인 것으로서 목적하는 바를 생각할 때부터 그의 정책은 동요하고 있었다고 생각합니다. 그리고 키케로 자신은 마땅한 행동력과 에네르기가 부족하고 수완이나 호기를 잡는 능력도 갖추고 있지 못한 인간이었다고 생각합니다. 왜냐하면 만일 그가 적절한 시기에 카티리나를 포박하여 교살하고 마리우스의 거병을 미연에 방지했다면 그처럼 수천의 사람이 내란으로 해서 쓰러지는 일도 없었을 것이고 처참하고 피비린내나는 피스토이아 싸움으로부터 벗어날 수 있었을 것이니까 말입니다. 형은 그렇게 생각하지 않습니까? 그렇다면 그렇다고 써보내주십시오. 만일 한가하면 그 이유까지도. 내가 때로 지나치게 지루하게 쓴다든가 혹은 지나치게 흥분하고 있다든가 또는 만족할 만큼 명석하지 않다 해도 용서해주십시오. 약간 시간이 늦어졌지만 어지간히 긴 이 편지를 급히 쓰지 않으면 안 되었습니다.”(1879년 9월 9일)

“……편지 고맙습니다. 내가 키케로에 대해서 말한 것이 좀 성급했다고 말하시는군요. 확실히 그럴지도 모릅니다. 그러나 사실은 형이 그렇게 하라고 한 것입니다. 독서가 인간에 미치는 영향에 대해서 형이 한 말은 완전히 옳습니다. 다만 나로서는 이 경우 형이 그것을 내게 적용하는 것이 옳은지 어떤지 모를 뿐입니다. 형은 마치 내가 어떤 책에서 그 내용을 베꼈든가 적어도 이전에 읽었던 책의 내용을 그대로 적은 것이라고 믿고 있는 듯이 쓰고 있습니다(그런 식으로 느껴집니다). 대체 장광설의 요점이라는 것이 정말 그러한 것입니까? 형은 그 핵심을 되도록 구체성이 없는 형식으로 나타내려고 하고 있습니다. 형은 내가 형이 말하는 것을 나쁘게 받아들이지나 않을까——적어도 내가 나 자신을 알고 있는 한——하고 잘못 생각하고 있기 때문입니다. 그러나 내가 자신에 대해서 알고 있는 것을 아무리 반성해보아도 지금까지는 내가 어떤 책이나 학교 선생님의 어떤 말에서 크게 공감을 받았다고 인정할 수 있는 구석을 찾아내지 못했습니다. 확실히 나는 대단히 서둘러 썼으며 반드시 나 자신의 생각이라고는 할 수 없는 여러 가지 것을 쓰기는 했습니다. 그러나 나처럼 연소한 사람은 대체로 형과 같은 선배——형을 선배로 보아야 하니까——가 모은 보배를 대폭적으로 이용해야 합니다. 그렇기는 하지만 나는 라틴 어 선생님에게서 키케로의 성격이나 정책에 대해서 중요한 말을 들은 기억이 전혀 없습니다. 어떠한 점에서 중요한 책, 예를 들면 몸젠의 로마사 등에서는 문제의 시대에 관한 부분을 이제 겨우 조사해보았을 뿐입니다. 모든 것이 간접적으로 책에서 나왔으리라는 형의 말은 인정합니다. 만일 그렇다면 책은 인간의 잘 모르는 것에 대해서 인간에게 깨우침을 열어주는 교시 이외의 어떤 목적으로 존재하는 것입니까? 나는 책에서 기술하고 있는 것과 추리에 대해서 특별히 예민한 인간이라고는 생각되지 않지만 이 점은 나보다도 형 쪽이 더 잘 판단할 수 있을 것입니다. 자기 자신보다 남에 대해서 더 잘 안다는 것이 실제로 어떤 점에서는 용이하니까 말입니다. 그러나 나의——혹은 완전히 잘못 판단한——주장은 결코 다른 책에서 직접 나온 것은 아닙니다. 물론 나는 형이 말한 것을 절대로 나쁘게 받아들이지는 않을 것입니다. 내가 확인해본 바로는 몸젠에도 완전히 똑같은 말이 씌어져 있으니까. 여하튼 내가 키케로에 대해서 말한 것은 당시 로마사에 대한 단순한 지식만 가지고 단정할 수 있는 것이고 또 처음의 3회에 걸친 카티리나 연설을 통독하고 그때 하나 하나의 문장마다 무엇 때문에 키케로가 그런 말을 했는지 깊이 생각한다면 누구나 같은 결론에 도달하게 된다고 나는 믿고 있습니다. 키케로의 웅변, 그의 훌륭한 말의 표현법, 언어상 철학상으로서의 커다란 업적에는 충분히 경의를 표하지만 그 이외의 점에서는 나는 그를 전혀 좋아할 수가 없습니다. 더구나 제3회의 카티리나 연설을 읽은 이래 더욱더 그렇게 느꼈습니다. 청렴 결백이라는 것도 전연 하자가 없는 것은 아니었다 해도 그 시대의 사정을 감안해볼 때 크게 인정할 만한 것이지만 그를 카투루스나 카토에 비하면 폼페이우스 또는 비브르스에 카에살을 비교하는 경우와 같은 결론이 나오게 됩니다……."(1878년 1월 25일)

"……다행스럽게도 이러한 강요된 독서(뷔란드의 시 〈사물의 본성〉만이 유일한 것이 아니며 그 이외에 두세 권을 읽었으며 그것이 나의 흥미를 돋구어주어서 대단히 즐거웠습니다. 우선 옷시안의 몇 개의 작품, 그것도 내가 지금까지 읽어보지 못했던 그의 최상의 작품이 그것에 듭니다. 형이 옷시안을 읽었는지 어떤지 모르지만 그는 현재 그리 널리 읽히고 있지는 않습니다. 그러나 그는 말과 시에서는 아마도 다시 없이 아름다운 작품을 썼다고 생각합니다. 그는 호메로스와는 비교가 안 될 정도로 거리가 있지만 나는 그를 호메로스와 같은 위치에 두거나 호메로스보다 우위에 두기까지 합니다. 그의 야성의 시는 간단히 훑어보아도 사람의 마음을 아주 흡족하게 해주며 받아들이는 마음가짐을 잃지 않으면 언제까지나 머리 속에서 울리는 듯한 여운을 남겨줍니다. 나는 다음과 같은 메멘트 모리(죽음을 잊지말라를 뜻하는 라틴 말)에 대한 것을 나는 여간해서는 잊을 수 없을 것입니다.

그대 뒤에 죽음은 아련히 서 있다.
아니 더해지는 달빛 그늘의
어두운 반면처럼 ——

애석하게도 내게는 아직 전체적인 감상력이 갖추어져 있지 않지만 어쨌든 내게는 아직 《프인갈》을 그리고 현재는 《세르마의 노래》나 《칼투운》, 《오이그타나》 등 읽었을 때처럼 즐거움을 가지고 읽은 것이 하나도 없습니다. 시인이 우리를 빠른 범선에 태워서 안개가 자욱한 바다 위를 달릴 때, 번쩍이는 번개 밑에서 요동치는 숲을 방황하며 말 위에서 휘몰아치는 비바람을 뚫고 안개에 싸인 황야를 걸어나갈 때, 우리가 맛보는 즐거움은 그 성질이 전연 다른 것이라 하더라도 호메로스가 푸른 바닷가를 지나서 부드러운 서풍이 부는 푸른 바다로 배를 띄우고 또는 따뜻한 실내에서 마음 푸근히 산해진미를 앞에 놓고 앉아서 즐길 때의 기쁨과 전연 다를 바가 없습니다. 이 두 시인은 노인의 입장에서 청춘에 대해 이야기하고 있습니다. 다만 이야기하는 방법은 전연 다릅니다만은. 호메로스는 청춘을 기쁨에서 포착하는데 반해서 옷시안은 사려가 깊은 노인의 입장에서 포착하고 있습니다. 그는 같은 생활을 꿈꾸는 청년은 행복하다고 보고 있습니다. 그 때문에 그는 싸움의 시 첫머리에서 우울한 듯이 이렇게 말하고 있습니다.

> 사람 세상의 봄은 드높고 헐벗은
> 들판에서 잠들고 있는
> 사냥꾼의 꿈과도 같다.
> 따뜻한 햇살을 받고 잠들었으나
> 불어오는 비바람에 눈이 뜨인다.
> 이곳 저곳에 벼락의 불기둥이 서고
> 나뭇가지는 모진 바람에 흔들린다.
> 휘황찬란함이여
> 빛에 넘치는 낮이여
> 상쾌하고도 달콤한 꿈이여

이 시를 통해 우리는 나이 든 남국인의 소박하고 쾌활한 부드러운 시와 대조적으로 북국의 노시인의 감상적인 안개에 갇힌 거친 관조법을 분명하게 볼 수가 있습니다. 그것과는 달리 눈이 먼 노인이 된 자신으로서는 태양의 아름다운 광선을 이제는 볼 수 없다고 옷시안이 한탄하고 있는 대목은 감동적입니다. 그러나 이것은 시인의 한탄 중에서는 최소의 것입니다. 그것보다도 그는 미쳐날뛰는 편갈을 이제는 볼 수 없다는 것과 자신의 청년 시절의 비력과 예기를 이제는 잃었다고 한탄하고 있는 점입니다. 남방과는 얼마나 큰 대조입니까! 남방의 인간에게 생명이나 태양의 아름다운 광선 이상 높이 보아야 하는 것은 없습니다. 고대 그리스 인에게 피안은 회색이며 어둡지만 생명이 넘쳐 있는 곳입니다. 명부에 있는 망령들을 지배하는 것이 죽은 영웅들의 소임입니다. 고대 이탈리아 인들에게 죽음은 적어도 그 정도로 무서운 존재는 아니었습니다. 고대 이탈리아 인은 가축을 기르는 고대 그리스 인과는 반대로 모든 재물을 토지에서 얻는다는 일에 익숙해 있었습니다. 그것에 반해서 북방의 여러 민족은 죽음이 공포나 슬픔을 감추고 있는 것으로는 보이지 않았습니다. 죽음은 그들에게는 때로는 바람직한 것으로 보였던 것입니다. 이미 이것만 가지고도 양자의 싸움을 설명할 수 있습니다. 호메로스의 경우는 도망감으로써 생명을 건질 수 있다면 도망가는 것이 창피한 일로 되어 있지 않은데 반해서 옷시안의 경우는 도망감으로서밖에 죽음을 면할 길이 없다면 죽을 수밖에 다른 도리가 없는 것입니다. 프리스 형, 이번에도 또 전처럼 장광설을 늘어놓게 된 것을 용서하시기 바랍니다. 이미 말한 것처럼 두서없이 써서 이야기를 가늠조차 할 수 없게 되었을 뿐만 아니라 이야기가 엿가락처럼 늘어져서 이렇게 되어버린 것입니다……."(1879년 12월 19일)

헤레네는 이러한 편지를 읽고 장남의 정신생활에 대해서 어떤 이미지를 얻었다. 그러나 예전처럼——특히 그녀가 아들과의 내적 교류를 위해서 더욱더 애를 썼던 견신례의 시기처럼——이 소년이 어머니에게 마음을 털어놓지 않으려고 해서 그녀는 여전히 괴로웠다. 학교 수업은 인습적인 교육만을 되풀이할 뿐이어서 굶주린 머리에는 무엇 하나 가져다주는 것이 없었다. 막스는 불손하다고까지는 할 수는 없어도 학교에서의 교육을 냉담하게 넘겼다. 그러나 1년 후 그는 어느 존경할 만한

'자유주의적인' 교사의 종교사 강의에 감동되어 구약성서를 원고로 읽기 위해 자발적으로 헤브라이 어를 배웠다. 어머니는 견신례 전에 자신의 종교적 감동을 아들에게 이해시키려고 했다.

"지난 일요일 아들과 함께 조용히 보낼 시간적 여유가 생겨서 〈일요일에 대해서〉라는 립프 목사(독창적인 알자스 사람)의 설교를 낭독해 달라고 막스에게 부탁했습니다. 처음에 그는 흥미를 느끼지 않고 오히려 역사에 관한 것이나 그렇지 않으면 호메로스나 단테를 읽고 싶어했지만 그래도 결국은 그것을 읽었습니다. 그리고 나는 이 현실주의적인 강력한 표현이 어떻게 그의 마음을 잡고 흥미를 일으키고 사색을 유도하고 있는지를 확실히 알았습니다."

이렇게 해서 그녀는 불안을 느끼면서도 자신이 살고 있는 세계에 대한 관심을 어떻게해서든지 아들에게 갖게 하기 위해 나름대로 부단히 노력했지만 15세의 그에게는 보다 깊은 종교적 감동이 결여되어 있다는 것 그리고 무엇보다도 그가 어머니의 영향을 받는 것을 피하려 하고 있다는 것을 느끼고 고민하지 않을 수 없었다. 그녀는 견디기 어려운 괴로움을 느꼈다.

"막스의 견신례가 다가옴에 따라서 그가 제단 앞에서 자신의 신조로서 말하지 않으면 안 되는 사항에 대해서 골똘히 생각하며 모든 시대에 걸쳐서 느껴야 할 어떤 깊은 영향을 받고 있으리라고는 전혀 생각할 수 없게 되었습니다. 얼마 전에 둘이서만 있었을 때 나는 그가 기독교도 의식의 주요 문제에 대해서 어떻게 생각하며 어떻게 느끼고 있는지를 들을 수가 있었습니다. 첫째로 그는 영혼 불멸이나 인간의 운명을 인도해 주시는 하나님의 지인(至仁) 등에 대한 신앙은, 생각하는 능력을 지니고 있는 모든 인간에게 있어서 견신례 준비 속에서 당연한 결과로서 나오지 않으면 안 되는 것이라고 내가 전제하고 있다는 사실에 대해서 완전히 놀라고 있는 것 같았습니다. 나는 전연 형상화된 현실에 의존하지 않고 가장 생생한 확신이 되고 있는 것을 자신의 내면에 분명하게 느끼고 있었지만 사랑하는 이다, 그것을 내 아들에게 어떤 감명을 줄 수 있게끔 표현한다는 것은 불가능했습니다! 따라서 프리스가 '아무리 작은 샘이라 해도 사람이 마시는데는 부족이 없다.'라는 옛 말을 되풀이해도 헛일입니다. 여하튼 샘은 흐르지 않으면 안 됩니다!……그리고 내게는 타인이나 시대나 온갖 경험의 영향을 전해주는 것을 여기서도 단념하지 않으면 안 된다는 것이 괴로운 일이 되고 있습니다.”

확실히 그녀의 부탁을 받고 연상의 이종 형도 열어보이지 않은 이 영혼 속에 들어가 보려고 애를 썼다. 그리고 소년의 그것에 대한 대답은 그가 자기의 성격과 어머니를 애타게 하고 있는 이유를 뚜렷하게 자각하고 있다는 것을 보여주고 있어서 여하튼 헤레네는 그것으로 해서 다소의 안심을 느끼게 되었다.

“……나의 견신례 준비가 어떠했느냐는 질문과 동시에 형은 자신의 강화에서 받은 아름다운 인상에 대해서 써보내주었습니다. 우리들의 목사는 아직 한창 나이이지만 이것이 실제로는 견신례를 강화하는데 특별히 유리한 사항은 못됩니다. 나이가 많은 사람은 행동력에서 뒤지기는 하지만 위엄을 보일 수 있어서 충분히 메꾸어 나갈 수 있으니까 말입니다. 왜냐하면 언제나 치기어린 거동으로 수업을 허사로 만들기 좋아하는 어리석은 인간들이 있기 때문입니다. 그러나 그들도 존경을 불러일으키는 목사에 대해서는 감히 그렇게는 못 할 것이라고 생각합니다. 우리에게는 이 시간 중 얼마 안 되는 성서의 구절에 대해서 질문을 받는 (대체로 그것도 지극히 천박한 대답을 할 뿐입니다만)일 이외에는 전연 아무것도 할 일이 없다는 것도 기묘한 일입니다. 형이 종교를 조소하는 것에 대해서 말하고 있는 것은 확실히 옳을 것입니다. 실제로 나도 스스로를 절대로 어떠한 확신이나 피안에의 희망도 가지고 있지 않다고 거짓없이 주장할 수 있는 인간은 다시 없이 불행한 인간임에 틀림없다고 믿기 때문입니다. 왜냐하면 그처럼 아무런 희망도 가지지 않고 자신이 걷는 한발 한발은 다만 완전한 소멸에, 모든 존재에게 있어서 결정적인 종국을 이루는 소멸에 다가서는데 지나지 않다고 믿으면서 인생을 편력한다는 것은 실제로 무서운 일이며 인생의 모든 희망을 인간에게서 빼앗아버리는 일임에 틀림없기 때문입니다. 어떠한 인간이라도 회의를 품을 수 있다는 것은 당연한 일입니다. 그리고 나는 이 회의가 일단 극복됨으로서 그만큼 더한층 신앙을 굳히는데 도움이 되는 것이라고 생각하고 있습니다. 형은 견신례 때에 느낀 압도적인 인상에 대해서 적어보냈지만 나 역시 지금 인생의 중대한 전환기에 서 있다는 것을 자각하고 있다는 점을 믿어주시기 바랍니다. 내가 아직 이러한 것에 대해서 형에게 아무것도 말한 일이 없었고 그것에 대해서 내 의견을 말한 일이 없다는 이유로 나의 감수성이 무디다고는 생각하지 말았으면 합니다. 여간해서는 자신의 감정을 남에게 말하지 않는 것이 나의 천성적인 성질이며 그것을 말하려면 때로는 내 기분을 억제해야만 합니다. 또 어떠한 기쁨이라도 흔히 나는 내 혼자서 맛보지만 그렇다고 해서 나의 감정이 남보다 희박한 것은 아닙니다. 지금 말한 것처럼 그것에 대해서 내가 느끼고 있는 것을 남에게 말한다는 것이 내게는 어려운 일입니다. 그리고 또 내가 생각하고 있는 문제에 대해서도 대체로 남들이 내가 어떤 일에 대해서도 사색 같은 것은 하지 않는다고 생각한다는 것을 알면서도 내 가슴속에만 넣어둡니다. 그와 똑같은 이유로 나는 또한 사교에 서툰 인간이며 그것은 굉장히 슬퍼하는 일입니다. 여러 사람이 모여서 즐겁게 시간을 보낼 때 나는 완전히 쓸모없는 인간이 되어버립니다. 지금까지 내가 아무리 노력을 해도 고칠 수가 없었던 나쁜 버릇이니까요……."

그 위에 또한 그 후의 하나의 자료 —— 그의 동생의 견신례를 맞이해서 쓴 편지는 그가 물론 어머니와는 다른 기원을 품고 있었다 하더라도 역시 이 '소년기의 축복'에 의해서 엄숙한 감동을 받았다는 것을 보여주고 있다.

"견신례란 독특한 것이다. 내 경우에도 엄숙한 일막이 그런대로 나를 감동시켜주었다. 그때는 그것을 인생에 있어서 하나의 단락과도 같은 것으로 느꼈기 때문이다. 나는 그 단락이 어떤 종류의 것인지 그 본질은 대체 어떠한 곳에 있는지 하는 것을 확실하게 설명할 수는 없었다. 왜냐하면 당연한 일이지만 나의 생활에는 실제로 무엇이든 인정할 수 있을 만한 변화가 일어나지 않았으니까……. 따라서 우리와 같은 사회적 계급에 속하는 소년에게 견신례와 같은 것이 지니는 의미나 내용을 확실하게 밝혀준다는 것은 손쉬운 일은 아니다. 내게 있어서 견신례는 하나의 커다란 공동체에 대한 공식적인 참가를 의미했다. 물론 이 공동체의 이론적인 교설이나 사고는 내가 견신례 주보의 강화를 받음으로써 처음으로 배운 것은 아니었지만. 당연한 일이지만 사람들은 그 후 그 행위의 의미를 실천적인 면에서 얻어내려고 했다. 그러나 한편으로 인간은 그 정도의 나이로서는 이 실천적인 면을 위해 자신을 관철해나가는 능력이 전연 없으며 또 한편으로는 일상 생활 속에서 기독교의 실천적 의미의 이해라는 것은 대체로 무언가 다른 기회가 왔을 때 비로소 얻어질지도 모르는 것이다. 따라서 그날(견신례의 날)이 그에게 가져다주는 의미를 생각하며 그려본다는 것은 처음으로 견신례를 받는 사람에게 있어서는 용이한 과제가 아니니만큼 이 문제에 대해서 커다란 요구를 할 수는 없을 것이다……."

베버에게 주어진 견신례의 성구는 '주는 성령이다. 그러나 신의 영이 있는 곳에는 자유가 있다.'라는 것이었다. 이 소년이 그것에 따라서 인생의 행로를 밟아나간 법도를 그 이상 훌륭하게 표현할 수 있는 구절은 달리 없을 것이다.

*

헤레네는 밑의 아이들에 대해서도 그녀의 노력이 헛되이 끝나는 슬픔을 맛보았다. 알프레트에 대해서는 다음과 같이 기술하고 있다.

"그 아이는 대단히 고민하고 있습니다. 그것은 다른 어떠한 견해라도, 적어도 기독교와 같은 근거와 진실함을 지니고 있다는 것을 모든 기회를 포착해서 증명해보이려고 하는 격렬한 태도와 완강함을 보면 알 수가 있습니다. 그리고 그는 슈트라우스의 《예수전》이나 칸트의 철학을 끄집어냅니다. 그렇게 되면 나는 그 자리에 선 채로 내가 적절한 때 적절한 말을 하지 못했기 때문에 그의 힘이 되어주지 못한다는 것을 느끼고 가슴 아파합니다. 그러나 그는 나를 이해하지 못하고 힘이 되지 못한다고 느낍니다. 내게는 그것이 참으로 견디기 어려운 일입니다……. 그러나 다른 면에서는 그는 훨씬 다정해서 내게 와서는 무언가를 읽어주는 일까지 있습니다. 그러나 공교롭게도 나는 밤에는 완전히 지쳐 있습니다.”

이 젊은 아들은 성장기 소년의 여러 가지 난문을 그녀에게 호소해왔지만 장남은 모든 것을 자기 혼자서 견디며 대체로 무엇을 생각하고 있는지를 결코 남에게 보여주지 않은 성미였으며 그녀가 염려하고 있다고 느끼면 느낄수록 고집스러울 정도로 자기의 울타리 안으로 기어드는 것 같았다. 그의 마음은——후에 그가 말한 것처럼——당시 반항과 절망의 덩어리였다. 그러나 그녀의 애정은 물러서지 않았다.

“나는 막스에게는 하루 중에서 전연 시간을 쪼개줄 수가 없어서 이야기하든가 책을 읽게 시키거나 해서 그가 관심을 지니고 있는 세계를 조금이라도 엿보기 위해 티 타임 전후에 시간을 내주기로 하고 있습니다. 그는 내게 그러한 것을 엿보게 해주고 싶은 욕구는 가지고 있지 않지만 우리들의 타고난 소질이 전연 틀려서 나는 아이들이 나와 내면적으로 거리를 두지 않도록 부단히 노력하고 있습니다. 기쁘게도 요즘은 나와는 신지한 이야기는 한 마디도 하지 않는 상태에서 조금은 벗어난 것처럼 보입니다. 그리고 지금은 그가 눈치를 못 채고 현재의 상태를 계속하도록 노력하고 있습니다.”

사람의 마음을 사로잡을 정도로 품위있고 자상하면서도 내면적으로는 엄격하며 또 대단하리만큼 매력적인 활기를 갖추고 유머에 넘치는 외향적인 성격의 이 여성이 아이들을 위해서 물불을 가리지 않고 돌보아주면서도 성장기 아이들의 마음을 접하지 못했던 이유는 대체 어디에 있었을까? 그 이유는 다른 아이들도 그녀를 반드시 친밀한 관계로 받아들이지 않았기 때문이다. 장남——그녀는 그를 ‘큰 아이’라고 부르고 있었다——은 당시 자신과 어머니의 관계에 대해서 어떤 확실한 기억을 가지고 있었다. 그가 사람을 가까이 오지 못하게 하는 태도를 취했던 이유는 결국 그 나이 또래의 아이들이 흔히 갖는 지적인 자만심에서 비롯된 것이다. 어머니는 실제로 조숙하고도 남달리 뛰어난 이 지성에게는 아무것도 보태줄 것을 가지고 있지 않았으며 그의 심정은 굳게 닫혀서 봉오리를 열려고 하지 않았다. 어머니가 어떤 사람이냐 하는 것을 그는 알지 못하고 있었다. 그뿐만이 아니라 양친은 확실히 교육을 잘못하고 있었다. 조숙한 아이들 자신보다도 지력에 뛰어난 소년에 대해 그럴싸한 태도를 갖기에는 그들 자신 역시 아직 젊었고 또 권위주의적인 관습에 지나치게 집착하고 있었다. 실제로 장남에 대해서는 언제나 지나친 훈계나 힐책을 가하는 일이 많다. 대학생 프리스 바움갈텐은 가족의 인상을 하이델베르크의 할머니에게 보고하였으며 자기에게 베버는 아직 수수께끼라고 썼을 때 그녀는 이렇게 대답하고 있다.

"샬로텐브르크의 집이 네 마음에 들 것이라는 점을 처음부터 나는 확신하고 있었다. 헤레네는 확실히 속마음부터 친절한 사람이다. 이미 세 살 때부터 그 사람은 천성적인 아름다움으로 내 마음을 사로잡았었다. 그리고 육체적으로나 정신적으로도 그녀는 전혀 변하고 있지 않단다. 다만 나이를 더해감에 따라 더한층 사려가 깊어졌을 뿐이란다. 이모부도 마음속으로부터 선의를 지니고 있는 동시에 활기에 넘쳐서 싸우고 있으며 젊은 사람들——너도 그 속에 포함된다——을 교도하고 있는 사람으로 내 눈에는 보인다. 그 집은 모든 것이 대단히 단순하며 그러면서도 부모뿐만이 아니라 아이들까지도 각각 전연 다른 성격이란다. 막스는 어쩌냐 하면 내 생각에 그 아이는 격렬한 마음을 지닌 인간이지만 야간 폐쇄적이라고 생각한다. 그래도 그는 대단히 머리가 좋으며 선의를 지니고 있다(좋다는 것은 다른 의지로 해서 상태가 부서지지 않았을 때를 말하는 것이지만). 우리가 여름에 이곳 저곳으로 갈 때 그는 언제나 식탁용 포도주를 지하실로 가지러 가는 책임을 맡고 있었으며 또 기꺼이 그 소임을 다하고 있었다. 물론 명령한 것을 가지고 오지 못해서 야단을 맞으면 약간은 욱하고는 했다. 나는 그가 어린 아이 때 에르푸르트에서 자기 혼자서 몇 시간이고 노는 것을 본 일이 있단다——그때는 무어라 말할 수 없을 정도로 귀엽게 보였다. 우리들은 매일 산보를 했단다——그러면 그 아이는 굉장히 기발한 생각을 말하곤 했다. 나는 (이것은 우리만의 이야기지만) 그 아이가 자기 자신으로부터 해방되기 위해서는 좀더 애정을 가지고 보살핌을 받을 필요가 있다고 생각한다."

아버지 베버는 자기에게는 당연히 정신적 권위가 있다고 생각해서 젊은 사람이 자기와 다른 의견을 가지면 참지 못했다. 충돌이 일어날 때마다 그는 언제나 자기가 옳다고 생각했다. 그러나 반대로 헤레네는 언제나 실패의 이유가 자기에게 있다고 생각하여 그것 때문에 몹시 괴로워했다.

"머리가 지끈지끈하는 이 기분은, 대체 나는 이러한 많은 문제에 대해서 올바른 생각을 지니고 있으냐 하는 걷잡을 수 없는 생각과 〈아아 나는 세상 살이에 싫증이 났다〉라는 노래를 마음속에서 부르게 하는 내적 권태에서 오는 것입니다……."

한 아들과의 관계에 대해 그녀가 하고 있는 말에서 그녀 자신도 모르는 사이에 그녀를 잘못되게 한 상황이 어떠한 것인지 어느 정도 엿볼 수 있다.

"나는 언제나 이렇게 자문합니다. 그에게 그렇지 않기를 바라는 여러 가지 점에 대해서 시끄럽게 공격을 하면 또다시 잘못된 방법을 취하게 되는 것이 아닌가 하고. 그도 또한 막스와 같이 폐쇄적으로 되어버리시나 않을까 하고."

문제는 바로 이것이다. 그녀에게는 아이들이 그렇지 않기를 바라는 것이 지나치게 많았다. 무의식 속에서 그녀는 겸허한 인간이면서도 그녀의 부친과 똑같은 방식으로 젊은 아이들의 영혼을 자신의 이미지에 따라서 형성하려고 고투하고 있었다. 그렇게 하는 권리를 그녀는 신이 가진 규칙의 의식에서 얻고 있었다. 그렇게 해서 그녀는 자신을 본보기로 하는 한편 그것을 뚜렷하게 요구함으로써 그들에게 그 연령과 각자의 천성을 위해서 무엇보다도 먼저 그것을 이해하는 것도 실현하는 것도 할 수 없는 것과 같은 마음가짐과 도덕적 태도를 아이들에게 기대하고 있었던 것이다. 전연 종류가 다른 성질의 것인지도 모르는 너무도 연약한 어린 나무에게 그녀는 일정한 종류의 과일을 기대하고 있었다. 게다가 그녀는 설교하는 버릇이 있어서 때로 남 앞에서도 야단을 쳤는데 감수성이 예민한 장남은 그것을 대단히 원망스럽게 여겼으며 마음속으로 반박을 하고 싶은 마음이 싹텄다. 그녀는 어떠한 작은 잘못까지도 모두 중요시했기 때문이다. 그리고 마지막으로는 그녀의 모범적인 행동방식이 귀찮게 되었다. 입 밖으로 내지는 않았지만 사람들은 바로 그 점에 불만을 느꼈으며 그녀의 영역에는 아무도 도달할 수 없다는 것을 인정했다. 그렇게 되어서 아직 성인이 되지 않았던 아이들은 자신의 열등의식으로부터 방황으로 도피한 것이다. 이상한 일이었다. 타인 —— 나이를 묻지 않고 —— 에게는 그렇게까지 매력적인 이 여성에게는 성장기의 아이들을 행복하게 하며 그들의 젊은 영혼을 자기에 대해 개방시켜놓는 것이 용서되지 않았던 것이다. 특히 맏아이의 고독에 부딪치고서 그녀의 애정의 흐름은 부서져 없어질 것처럼 보였다.

그래도 역시 정서가 풍부한 그의 소질은 때에 따라 나타나고 있었다. 그는 동생과 누이를 마음속으로부터 사랑했으며 그들이 하는 것을 호의를 가지고 지켜보았고 그것에 대해서 어머니를 기쁘게하지 않고는 못배기는 편지를 쓸 수가 있었다. 가령 1879년에 그녀가 제일 아래 아이 둘만 데리고 하이델베르크에 체재하고 있었을 때 그는 이런 편지를 보냈다.

"여기에 클라라와 알투아가 없다는 것이 대단히 서운하게 생각됩니다. 때로 아래층의 내 방에 앉아 있으면 마당에서 즐거운 듯이 소리지르는 것이 들려오는 것만 같을 때가 있습니다. 그러나 이러한 유쾌하기도 하고 불쾌하기도 한 착각에 나를 빠지게 하는 것은 샬로텐브르크의 거리의 아이들입니다. 집안은 요즘 언제나 생명을 잃고 만 것처럼 느껴집니다. 그렇게 작은 패로 그렇게 큰 소동을 일으킨다는 생각을 하니 약간 놀라워집니다. 물론 알프레트가 수탉 소리를 내면서 그 공백을 메우려고 대단히 바쁩니다. 그 외에는 모든 것이 잘 되어나가고 있습니다. 우리는 학교에 가며 장난을 하고 아무 지장도 없이 말하자면 전보다 침착하게 지내고 있습니다. 이곳 생활이 더한층 목가적으로 되었습니다. —— 물론 샬로텐브르크가 시적인 흥취 —— 목가적인 흥취를 안으로 간직하고 있다면 말입니다……. 나는 이 샬로텐브르크의 시적 정적 속에 있는 것보다는 어머님과 함께 하이델베르크의 혼란 속에 있고 싶다고 생각하지만."

*

　이 시기에는 '큰 아이'가 아버지와 같은 타입으로 되는지 어머니와 같은 타입으로 되는지 아직 정해지지 않았다. 이미 그는 언젠가——그가 자신을 확실하게 파악하고 자신의 인격을 나타내야 한다는 것을 의식하기 시작하자마자——그와 같은 선택을 하지 않으면 안 된다고 막연히 느끼고 있었다. 한편에는 모친이 있다. 이 어머니의 마음을 지배하는 것은 복음서의 정신적 힘이며 봉사하는 사람과 함께 자기 희생을 하는 것이 제2의 천성으로까지 되어 있지만 한편으로는 답답하고도 숭고한 원칙에 의해서 생활하며 과중한 하루하루의 일을 도덕적 에네르기의 부단한 긴장으로 처리하고 결코 '너그럽게 보아준다'는 식으로 처리하지 않으며 모든 중요한 문제는 조용히 하나님의 뜻에 돌리고 있다. 매일의 일을 처리하는 것을 보고 있으면 참으로 적절하고 힘차며 인생의 모든 슬거움에 지극히 쾌활하게 마음을 터놓고 있다고 느낀다. 그녀는 얼마나 사람의 마음을 편하게 만드는 웃음을 지을 수가 있는가! 그러면서도 그녀는 매일 존재의 가장 깊은 곳으로 들어앉아서 상상의 세계에 닻을 내리고 있었다. 그것에 비해서 부친은 매우 솔직했으며 정치와 직무에 있어서 사심이 없었고 사려가 깊었으며 기질이 좋아서 자기가 바라는 대로 일이 진행되고 있을 때에는 정이 많아지며 명랑했다. 그러나 자기 자신에 대해서나 세상에 대해서도 무엇 하나 불평이 없는 전형적인 부르주아였다. 그는 곤란한 인생 문제가 있다고 인정하는 따위를 원칙적으로 거부하고 있었다. 중년이 된 후에 그는 마음의 평온을 사랑했으며 고민이라든가 사람을 동정하는 일 따위는 피하려 했다. 그는 자유주의적인 정치 이상을 실현하지는 않았으나 그에게 어떠한 방향으로든 자기 포기를 명령하는 새로운 이데올로기는 그의 마음에 불을 지르지 못했다. 명랑한 개방성, 자연 애호, 조촐한 향략의 가능성, 처음부터 어떠한 일이건 잘 되어나간다, 즉 언제 여행을 해도 맑은 날에 덕을 보는 행운아라는 의식, 어떠한 일이 일어나도 좋은 면을 인정하는 능력과 의지 등

이러한 모든 것 때문에 성장기의 아들들은 아버지를 좋은 친구로 대할 수 있다고 생각했다. 실제로 그는 교육에 대해서까지도 대부분을 아내에게 맡기고 있었지만 아이들과 함께 빈번히 하이킹이나 여행을 하므로써 아이들을 격려하고 있었는데 그러한 격려를 받을 수 있는 아이들은 세상에 그리 흔하지는 않은 것이다. 여행 중에 그는 다시 없이 인자했다. 이때에 그는 아이들을 위해서 자기에게는 습관이 되고 있는 안락함까지도 단념하고 그들과 함께 젊어졌다.

　이 아버지와 아들은 서로 빈틈없이 보충하고 있었을까? 그리고 아들이 부친——아버지의 성질은 자기는 미흡한 인간이라는 불안한 생각을 느끼게 하지는 않았다——과 보다 가까워지는 것은 자연의 이치라 할 수 있지 않은가? 물론 조숙한 아이에게 '좋은 친구'가 된다는 것은 쉬운 일이 아니었다. 게다가 그는 전통적인 가부장제 집안의 아버지로서 너무도 스스로가 위대하다고 믿고 자기는 당연히 어디까지나 존중되고 존경을 받을 권리가 있다는 생각에 너무나도 굳어 있었다. 여러 가지 버릇 가령 아내에게 모든 것을 시중들게 하는 부분은 표면화된 것은 아니지만 아이들에게는 비판의 대상이었다. 그러나 그들 자신도 그 점에서는 부친의 예에 따르고 있었다. 또 사고와 표현 형식의 차이도 일찍부터 나타났다. 그래서 아버지와 함께 처음으로 이탈리아에 간 16세의 막스는 감격을 말로 표현하라고 요구하자 참을 수 없는 생각이 들어서 베네치아에서 별안간 혼자 집으로 돌아가고 싶다고 생각한 일도 있었다. 그래도 이 소년은 당시는 자기의 성격이 어머니보다도 아버지 쪽에 가깝다고 느끼고 있었다.

제3장 학생시대와 병역시대

I

막스 베버는 1882년 봄에 치른 졸업시험에서 친구들을 완전히 깜짝 놀라게 만들었다. 교사들은 뛰어난——그러나 아깝게도 학교 공부에 전념한 것은 아니지만——그의 지식 습득도를 확인했지만 경의심을 지니고 있지 않은 이 귀찮은 소년의 도덕적인 성숙에 대해서는 내심 의혹을 표명했다. 키는 크지만 여윈 몸에 항상 처져 있는 어깨의 '견해 후보사'인 그는 왕성한 지식욕과 같은 정도로 '신뢰할 수 있는 남자'가 되겠다는 소망을 지니고 꼭 만 18세에 하이델베르크 대학에 입학했다. 그는 그리운 할아버지의 고장 바로 옆에 있는 당시의 발트호른(현재는 쉐펠하우스)의 성을 마주보고 있는 방을 하나 물색해서 즐거이——그러나 전연 감상적인 구속은 없었다——아름다움과 자유를 누렸다. 양친에게 보낸 편지에서 벨린 식의 거친 유머와 개방된 인생의 기쁨을 엿볼 수 있다.

아버지처럼 그는 제1의 전공과목으로서 또 직업 준비를 위해서 법률학을 선택했으며 그 밖에 역사, 경제학, 철학을 공부했고 나아가서는 문화철학의 영역에서는 누구든 훌륭한 교수가 강의하는 것이면 무엇이든지 들었다. 당시 그 명성이 절정에 달해 있던 임마뉴엘 벡카에게 로마법, 판덱틴과 인스티듀션 강의를 들었고 고르프스 유리스에도 파고들었다. 경험적·교조적인 학문 중에서 우선 확정된 증명에서만 진리를 얻고 교묘한 가설을 돌아보지 않으려 했던 이 학자는 병아리 법률학자의 비판적인 회의에 안절부절했다.

"벡카는 논쟁점이나 의문만을 늘어놓을 뿐 확정된 사항은 전연 가르치지를 않습니다. 이 점에서 그는 항상 아직 학설이 완전히 체계화되어 있지 않으며 법정은 아무런 확정된 실제적인 판례를 내지 않고 있다는 것만 말하고 있을 뿐입니다. 또한 뷘샤이트는 이렇게 생각하며 이에린 그는 이렇게 해석하고 있다고 말할 뿐 자료의 규명이 끝날 때를 대비한 자신의 견해를 말하지도 않고 있습니다. 그것 때문에 법률이라는 것이 실제로 그러한 것 이상으로 유동적으로 보입니다. 그리고 최초의 결단을 내리지 않으면 안 되는 부분에서 이것은 아직 커다란 공백으로 되어 있다는 설명을 들음으로써 만족해야 한다면 법률을 만든다는 대작업은 실제로 대단히 가치가 없는 것처럼 보입니다."

처음에 그는 연로한 석학 크니스의 극도로 무미건조한 경제학 강의에도 참지 못했다. 그 대신 그는 이 학문의 기본 개념을 오히려 롯샤 및 크니스의 저서에서 읽고 자기 것으로 소화했다. 그것에 반해서 엘트만 델파의 '중세사'와 그 사학 세미나에 흥미를 느꼈으며 그는 곧 그 세미나의 청강자가 되었다. 한편 그는 랑케의 《로마 민족 및 게르만 민족의 역사》와 《근세 역사가 비판》을 읽었다.

"이 두 저서는 그 스타일에 있어 지극히 독자적인 것으로서 처음에 나는 읽을 수가 없었고 또 내가 여러 가지 사실을 몰랐다면 이해할 수도 없을 것이라고 생각할 정도였다. 이 문장은 《베르타》나 《빌헬름 마이스터》의 그것을 연상케 했다."

그는 철학에 대해서는 고등학교 시절에 기초를 배웠지만 그 지식을 구노피셔의 강의를 듣고 더욱 넓혀보려고 했다. 아침 일곱시에 그 논리학 강의를 들었으나 그처럼 이른 아침부터 정력을 낭비하면서 공부를 하고 헤겔의 관념실제론을 듣는 것만으로는 계산이 맞지 않는다는 생각을 했다.

"여섯시 반에 기상할 것을 강요하는 사람을 나는 미워합니다."

게다가 이 젊은 대학생은 대학의 선생들이 자기를 자랑하려고 하는 허영적 분위기에 극도로 민감했다. 2학기가 되어서 철학사 강의를 들었을 때 비로소 비판은 비판으로써 인정해야 한다는 점을 충분하게 이해할 수 있게 되었다.

베버의 지식욕은 그가 다른 한편으로 대학 생활에 마음을 여는 것을 방해하지는 않았다. 여러 대학생 단체가 그에게 가입을 권유했다. 그러나 그는 곧 학생단에 반발을 느꼈다. 왜냐하면 그것에 가입하면 그것이 '출세하는데' 있어서 뒷받침이 된다고 생각했기 때문이다. 처음에 그는 가까이 오는 자를 거부하지 않는다는 태도로 누구의 권유를 받아도 응했으며 그들과 함께 어울렸는데 얼마 후에 아버지의 연고지인 라인 지방 출신의 사람들 밑에서 펜싱 연습을 시작했다―― 오전의 판넥틴과 논리학 사이에서 '땀을 한번 흘린' 것이다――. 후에 그가 이 사람들과 어울려 여러 가지 관찰을 했지만 처음에는 깊은 교제를 맺을 생각은 전연 없었다. 그렇지만 원한다면 개인적인 우정을 맺을 기회도 얼마든지 있었다. 할아버지 소유의 옆 집에는 지금은 하우스라트 가가 살고 있었다. 염세적인 음산함에 싸여 있었으나 아직은 재치가 뛰어나고 사회적인 지위도 있는 이모부는 그 성격 때문에 점점 은지치럼 되어가고 있었으나 이 총명한 대학생에게 홍미를 느껴 그를 상대로 불유쾌한 동료들의 비행이나 나쁜 시절에 대해서 한탄을 곧잘 했다. 이모인 헨리에테는 그의 모친처럼 아름답고 놀라울 정도로 두터운 인정과 따뜻하고 깊이 있는 인품의 사람이어서 그에게 애정과 동정을 품고 이해를 해주고 있었다. 게다가 어린 아이 시절의 놀이 상대였던 이종사촌들이 있었으며 또 그보다 서너 살 위인 이종, 이다 이모의 차남인 오토 바움갈텐이 하이델베르크에서 신학과의 마지막 학기를 보내고 있었다. 그 청년은 교의에 사로잡히지 않은 신학의 한 학파에 속해 있었으나 정신적으로 심하게 흔들리고 있었으며 섬세한 성격을 지니고 인간적으로 성숙해서 곧 나이 어린 이종사촌을 자기의 종교적 세계로 끌어들이고 말았다. 베버는 다시, 그리고 그것이 마지막이었지만 자기보다 연상인 우수한 친구의 영향을 받게 되었다. 그들은 정오의 식탁에서 만났으며 밤에는 신학과 철학에 관한 책을 읽었다. 그들은 로체의 《미크로코스모스》, 프라튼, 피이타만의 교의학, 슈트라우스의 《낡은 신앙과 새로운 신앙》, 프후라이델라의 《파오로의 사상》, 슈라이아마하의 《종교에 대한 강연》 등등을 섭렵했다. 막스는 오토의 시험 설교를 들으러 갔을 뿐만 아니라 오토 학우들의 설교도 함께 읽었다. 함께 읽은 책에 대해서 그는 집으로 이렇게 써보냈다.

"슈트라우스의 《낡은 신앙과 새로운 신앙》에는 새로운 것이 거의 포함되어 있지 않으며 채 읽기도 전에 모르는 것이 거의 없다는 것을 알 수 있습니다. 자유주의적인 세계관의 소백과사전이라 할 수 있어서 그 때문에 간혹 천박하게 보이는 것을 면하기 어렵습니다. 슈라이아마하의 《종교에 대한 강연》은 말할 것도 없이 처음부터 별로 공감을 느끼지 못해서 내게 전연 감명을 주지 못하고 있습니다. 아니 참으로 불유쾌한 인상밖에는 주지 못하고 있습니다. 저자의 의도를 대략 알고 있음에도 불구하고 그 책의 고색 창연한 키케로적인 문장 때문에 내게는 이해 불가능한 것이 되고 있습니다. 그러나 나는 그 핵심이 되는 점은 꼭 알고 싶다고 생각하고 있으며 심심치 않게 나타나는 이 인간의 대단히 따뜻한 마음을 결코 무심히 지나치지는 않고 있습니다. 프후라이델라의 《파오로의 사상》은 어쨌든 대단히 재미있는 책이며 서문에서부터 중요한 것을 기대할 수 있습니다."

로체의 책은 수주일 후에는 '비과학적인 어리석은 사적 잠꼬대와 체계화되지 않은 정서 철학벽에 대해서 마음속으로부터 불만을 느껴' 포기하고 그 대신 랑케의 《유물론의 역사》를 읽기 시작했는데 이것은 로체의 조잡한 물건——몇 가지 특출한 부분을 제외하면 이런 종류의 학설은 달리 말할 방법이 없다——을 읽은 후라서 그의 뛰어나고 냉정한 논리의 전개 방법 때문에 신선한 인상을 받았다고 했다.

그는 법률학, 경제학, 역사, 철학, 신학 등 대단히 광범한 지적 의욕을 채우기 위해 온종일 시간을 투자하는 수밖에 없었다. 그래서 그는 규칙적인 일과를 세우지 않을 수 없었으나 대학생 조합 활동에 참가하는 일도 늘어나게 되어서 이 일과도 깨지는 경우가 많아졌다.

"일곱시의 논리학 강의 때문에 일찍 일어나지 않을 수 없었으며 매일 아침 한 시간 동안 펜싱장에서 연습을 하고 그 후는 얌전하게 모든 강의를 청강합니다. 한시 반에 일 마르크의 점심 식사를 하고 때로는 포도

주나 맥주를 약간 마십니다. 그리고 두시까지 오토와 이클라트 씨(집주인)를 상대로 스카트를 한판 진지하게 합니다. 스카트 없이는 오토는 살 수가 없습니다. 그 후에 우리들은 각각 자기 방으로 돌아가 나는 강의 노트를 통독하고 슈트라우스의 《낡은 신앙과 새로운 신앙》을 읽습니다. 어떤 날 오후에는 함께 산에 가는 수도 있습니다. 밤에는 팔십 프훼니히로 지극히 훌륭한 저녁 밥을 파는 이클라트의 가게에서 같이 어울리고 그 후는 규칙적으로 로체의 《미크로코스모스》를 읽습니다. 그리고 이 책에 대해서 우리는 다시 없이 맹렬한 논쟁을 하곤 합니다."

그리고 인물이나 사건의 특징적인 성격을 솜씨 좋게 포착해서 생동하는 듯한 일화로 만들어내는 그의 뛰어난 재능 때문에 교수 집에 자주 불려갔다.

성령강림제의 휴가 때 베버는 이종 형 오토를 따라서 슈트라스브르크에 있는 그의 양친 집으로 갔다. 그 수주일 동안 그와 바움갈텐 가 사이에 정신적인 유대가 맺어졌다. 리프 목사──그가 일찍이 소년 시절 그의 설교를 어머니에게 읽어서 들려주지 않으면 안 되었던 그 목사──의 성령강림제 설교에 대해서 어머니에게 쓴 긴 편지는 오토가 얼마만큼 강하게 그에게 종교적 관심을 갖게 했는지를 말해주고 있다. 그 자신이 종교적 감동에 움직여졌는지 그렇지 않으면 종교라는 정신적 현상에는 굉장한 흥미를 느끼면서도 잠시 머물 동안만 사로잡혀 있었던 인간의 거리가 그곳에 놓여 있었는지 그것은 지금까지도 알 수가 없다. 그러나 한 가닥의 빛──그것은 당시의 그에게는 기독교의 본질로 보이고 있었던 것이지만──은 또 하나의 자료가 된다. 그 무렵 비레펠트의 할머니가 나이 든 미혼의 딸을 혼자 남기고 죽었을 때 그녀의 운명에 깊이 감명을 받은 18세의 대학생은 자기 어머니에게 이렇게 썼다.

"누군가를 앞서 보냄으로써 한 사람의 인간이 자신의 생명, 적어도 자기의 내적인 생명을 묘지로 보냈다는 이러한 무어라 말할 수 없는 슬픈 상황에 대해서는 동정과 경의를 맹서하는 이외에 그 사람에게 무슨 말을 할 수가 있겠습니까? 뿐만 아니라 나이에서나 경험 면에서도 나보다 훨씬 위에 있는 고모에게 그 이외의 어떤 말을 했어야 했겠습니까?

그러한 인간에 대해서는 당신의 신앙이 당신에게 안정을 되찾아주며 어떠한 형태의 것이건 당신에게 희망을 주고 위로의 말을 하는 것 이외에 다른 말은 할 수 없습니다. 나는 오직 기독교와 참된 관용의 정수라고 생각되는 '믿음을 갖고 있다는 것이 그대의 몸과 그대의 마음에 일어나리라.' 하는 그 아름다운 말을 할 수밖에 없습니다. 내가 고모를 위해서 기도하는 것은 그것뿐이라는 것을 나는 알고 있습니다. 고모는 마음속으로 신앙을 가지고 있으며 그것만으로도 그 신앙은 약함을 노리고 외부로부터 숨어들어오는 모든 것을 단호하게 몰아내는 견고한 요새이기 때문입니다."

*

이제 하이델베르크의 2학기에 오토는 없었다. 한가한 시간에 그의 상대가 되는 것은 좀더 단순한 사람들과의 대화나 좀더 세속적인 관심뿐이었다. 실제로 베버는 그의 성격이 또 다른 면으로 다가가는 것처럼 보였다. 이제 그는 라인 지방 출신의 사람들과 보다 친밀한 관계를 맺고 그들과 오찬을 함께 하고 일주일에 두 번은 술집 출입을 하면서 점점 대학생 생활에 익숙해져갔으며 드디어 3학기에는 관례로 행하는 결투를 해서 벨트를 수여받았을 정도였다. 그는 순수한 대학생의 놀이에 열중해서 유쾌한 친구로 알려지게 되었으며 얼마 후에는 대단한 애주가로 두각을 나타나게 되었다. 그 시대에는 그것이 시시한 일이 아니었다. 실제로 당시는 태도를 흐트리지 않고 되도록 많은 알코올 음료를 마시는 것이 대학생 조합의 일원으로서 갖추어야 할 기본 중의 하나였다. 게다가 학기 중에는 날이 감에 따라 식사의 질이 떨어지기 때문에 아무래도 맥주를 마시지 않을 수 없었다. 이러한 생활의 영향으로 그의 체격도 곧 몰라보게 달라지고 말았다. 그가 대학에 들어왔을 때의 소원이 충분히 만족되었다. 체격이 좋아진 것이 정신적 성장보다도 눈에 띄게 드러났다. 여위고 크기만 했던 그는 살이 붙고 건장해졌을 뿐만 아니라 비만의 경향을 보이기 시작했다. 이러한 변화 속에서 어머니는 뺨에 큰 칼자국이 난 그를 처음 보았을 때 뺨을 세게 때리는 방법 이외에 그 놀라움과 불안을 나타내는 방법을 알지 못했다.

그가 공부를 소홀히 한 것은 아니지만 이런 장남의 변화에 양친으로서는 단순히 기뻐할 수만은 없었다. 왜냐하면 조합의 의무, 붉은 학생모, 학생조합원의 예장, 술집, 연회, 결투를 위한 원정, 그리고 왕성한 식욕은 매달 집에서 보내오는 것보다 훨씬 많은 금액을 필요로 했기 때문이다. 검소함을 전혀 모르는 이 대학생은 수시로 아버지에게 추가 지출을 바라지 않으면 안 되었으며 그것이 아버지의 화를 돋구는 원인이 되었다. 또한 누구나 하는 방법으로 돈을 꾸는 일——이것은 아버지들의 전통을 이어가는데 지나지 않은 것이지만——이 유일하게 남아 있었다. 그리고 선배들이 창립 기념일 등에서 마시고 먹은 것의 지불 때문에 각자에게 돌아온 할당금도 내지 않으면 안 되었다. 이런 할당금 제도는 모든 조합에서 인정을 받고 있어서 돈을 쉽게 꿀 수가 있었는데 이는 하나의 '계급적 관습'이라고 할 수 있었다. 점심 식사비와 학생모, 그리고 드라이브 비용은 몇 년이 지나서 고율의 복리계산으로 변제하는 것이 일반적인 관례였다. 베버도 그 예에서 벗어날 수 없었다. 그 때문에 그의 수입과 지출은 그가 다음 학기에 대학생 조합을 물러난 후까지도 결코 균형을 이룰 수가 없었다.

그러나 이 청년의 외적인 것만이 아니라 내적인 기풍도 조합 생활로 인해 강한 영향을 받게 되었다. 학생 조합은 규모가 작았다. 따라서 각자 나름대로 조합의 명예에 책임을 느끼고 있었다. 조합원간의 교제 방법도 우정이 있는 따뜻한 것이 아니었고 얼음처럼 차가웠다. 우정은 남성적인 것이 아니었다. 서로 거리를 두고 엄격하게 감시하고 비판하고 밖으로 나타나는 태도만을 중시하는 남성 이상의 것을 요구했다. 시적인 것이라고는 멋진 학생의 노래와 애국가 합창 이외에는 없었다. 이러한 멜로디는 마지막까지 막스 베버를 따라다녔다. 이 공동체의 내부에서 자기를 주장할 수 있었던 사람은 다른 사회에 놓여져도 대단한 자신감을 가지고 자신의 우월감을 나타낼 수 있고 의연할 수가 있었다. 대학생 조합은 어떠한 상황에 처해도 준칙을 갖고 있었다.——'우리에게 문제는 존재하지 않았다. —— 우리는 어떠한 일이 일어나도 어떠한 형태의 결투로 해결될 수 있는 것으로 믿고 있었다.'

후일 이 시대의 영향을 회상해서 베버는 다음과 같이 단언했다.

"학생 조합생활과 하사관 시대에 평소 '과감하라'고 교육받은 것이 당시 내게 강렬하게 영향을 주어서 소년 시절에 두드러졌던 내적인 두려움과 매사에 자신이 없어 하는 성격을 고쳐주었다."

Ⅱ

1883년 가을에 베버는 병역의무를 끝내기 위해서 슈트라스브르크로 옮겼다. 장소를 선택함에 있어 바움갈텐 가와 베넥케 가가 크게 고려된 것인지도 모른다. 3학기에 걸친 멋진 학생 신분의 자유를 만끽한 후라서 이렇게 새롭고 남성적인 생활 형식은 처음에는 아무런 매력도 느끼지 못하게 했다. 특히 근무와 교련은 이 19세의 청년을 굉장히 긴장시켰다. 그는 펜싱 이외에는 다른 운동을 하지 않았다. 피복창고에 있는 군복은 몸에 하나도 맞지 않아서 결국 취사반장의 허리띠로 매지 않으면 안 될 정도로 몸이 불어 있었다. 가는 다리와 발의 관절은 무거운 몸을 지탱하기가 힘들어 몇 시간에 걸치는 연습을 참아내기 어려웠다. 선천적으로 여장부인 모친은 단순히 모든 '당위(當爲)'뿐만 아니라 모든 '필연'에서도 —— 이미 그것이 '필연'이기 때문에 —— 좋은 면을 끌어낼 것을 요구했으며 필요한 것은 실제로 불쾌하다는 것을 인정하려고 하지 않았으나 그 어머니의 완곡한 질문에 대해서 그는 약간 퉁명스럽게 대답했다.

"지금까지 살아온 내 방식이 어떠한 점에서나 유익하다는 것을 어느 정도 느끼고 있을 것이라는 어머니의 확신은 처음부터 나에게 뿌리 깊은 불신감을 심어주었습니다. 그러나 그러한 느낌이 있었다 하더라도 부어서 아픈 발로 매일 일곱 시간을 뛰어다님으로써 오게 되는 고통 때문에 그런 것은 사라지고 맙니다."

그러나 육체적인 불쾌감 이상으로 더욱 괴로운 것은 참을 수 없는 강도의 병영 훈련과 하급 사관의 미움의 대상이 되는 것이었다. 특히 금후의 정규 학업을 위해서 머리를 쓸 수 없다는 것을 곧 알게 되자 그것은 더욱 심해졌다.

"아홉시에 집에 돌아오면 요즘은 곧 자리에 들어갑니다. 물론 바로 잠을 자지는 못합니다. 눈은 피로하지 않으며 정신적인 부분은 전연 시달림을 받지 않았지만요. 아침부터 시작되어서 근무가 끝날 때까지 더욱더 고조되어가던 기분이 서서히 가장 깊은 어둠 속으로 가라앉는 그것이 내게는 모든 것을 포함해서 가장 불쾌하게 생각됩니다."

다만 바움갈텐의 사학 세미나의 출석만은 끝까지 계속해서 그것이 사막 속의 오아시스가 되고 있었다.

이러한 생활——그것이 언제 끝나게 되는지 전연 상상할 수 없는 것처럼 생각되었지만——을 어떻게 견뎌내느냐? 처음에는 베르제브브에 의해서 악마를 몰아내는 이외에는 방법이 없는 것처럼 보였다. 그래서 이 1년짜리 지원병은 어느 모로 보아도 결코 건강에 좋지 않은 습관을 만들었다. 처음의 서너 주일처럼 일찍 자리에 드는 대신 베버는 밤이 되면 고생을 같이 하는 친구들과 함께 술집으로 가서 한밤중까지 마시고 그 후에 괴로운 잠을 자고 아침에는 근무하기 위해 달려갔다. 이렇게 되면 꿈을 꾸고 있는 것 같은 몽롱한 정신 상태, 즉 '숙취'의 덕으로 '순수한 기계적인 기술'의 수천 번은 물론이고 수만 번의 반복도 견딜 수가 있었다. 무슨 일이나 단 한 가지의 상념도 떠오르지 않아서 시간은 깜짝할 사이에 지나갔다. 집에서는 하숙집 여주인이 커피를 진하게 끓여주었다. 그것을 마시고 정신을 차린 후 오후에 듣게 되는 교련은 다시 정신적인 에너지의 남은 부분을 흡수해버리는 것이었다. 그는 편지를 쓰지 않는다는 양친의 비난에 군대 생활의 결과인 기묘한 정신 상태와 육체 상태에 대해 말을 하면서 해명을 했다.

"어떠한 종류의 사고 능력도 완전히 소멸시키고 마는 상태입니다. 배낭, 외투, 취사도구를 짊어지고 다섯 시간에서 여섯 시간의 오전 동안의 진중 연습을 마치면 오후에는 언제나 자리에서 빈둥거리게 됩니다. 밤이 되어도 몸은 피곤하지만 그래도 바클, 기본 또는 피타만을 읽으면서 즐거운 한때를 보낼 수 있습니다. 그러나 오전에 세 시간, 오후에 두 시간의 체조나 행군 연습을 하고(이것은 지금 일반적으로 일과가 되어 있지만) 점호, 총의 손질, 학과, 기타 여러 가지(화가날 정도로 어리석은) 일이 있어도 몸은 어느 정도 가눌 수 있지만 정신은 완전히 모든 능력을 잃고 맙니다. 정신적 에네르기는 완전히 흔적도 없어지고 맙니다. 그러므로 그만한 희생을 지불해서까지 분발하여 편지를 쓰든가 어떤 공부를 할 생각이 나지 않습니다. 안락의자에 앉아서 마음 내키는 대로 시가를 피우고 아무것도, 실제로는 아무 생각도 전연 하지 않고 있습니다. 왜냐하면 자신은 불과 얼마 안 되는 시간을 앉아 있었다고 생각되는데 시계를 보면 세 시간이나 그렇게 아무 생각도 하지 않고 보낸 것을 알게 될 때도 있었으니까 말입니다."

이렇게 하는 동안에 여러 가지의 것이 몸에 익숙하게 되었다. 신병 시절을 거칠 무렵에는 육체도 군무에 익숙해졌다. 베버는 대부분의 동료 일 년 지원병보다도 뛰어난 지구력을 지니고 있었다. 그러나 그는 체조에는 전연 소질이 없었다.

"야, 이놈아 마치 백 헥토리틀이나 되는 맥주통이 철봉에 매달리고 있는 것 같구나!"

벨린 태생의 하사관은 그렇게 말했다. 그러나——그것은 그가 약간 자랑스럽게 한 말이지만——그의 분열 행진 때의 정확하고 모양 좋은 걸음걸이는 상관까지도 만족했으며 또 진중 요무연습 때에는 아무리 행군을 해도 지치지 않은 그의 모습은 타의 추종을 불허했다. 물론 야간 근무는 대단히 괴로웠다.

"밤에 대단히 낮은 온도에서 옷을 흠뻑 적시며 뛰어야 하는 것을 나는 참을 수가 없습니다. 그럴 때는 언제나 심한 열이 있는 것 같은 느낌이 들고 오래도록 완전히 지친 몸을 회복하지 못해서 근무를 할 때 과연 견뎌낼 수 있을까 하는 생각을 하게 됩니다."

그가 되풀이해가면서 제일 참기 어려운 생각은 '사고하는 인간을 자동적인 정밀함으로 명령에 순응하는 기계로 만들기 위해서 사용되는 가공할 만한 시간의 소비법'이었다.

"일 년 지원병들은 거의 생각할 수 없을 정도의 무의미한 일——그 사이 그들은 한 시간 가까이 따분하게 서서 바라보는 것 이외에는 무엇 하나 해야 할 일이 없지만——에 참가시키는 그것을 칭해서 '군사 교육'이라고 합니다! 그것으로 '인내'를 배우지 않으면 안 된다는 것이지만 만 4개월 동안 매일 몇 시간이나 총의 조작법을 배우고 게다가 가장 혐오할 만한 상사들에게 가능한 모든 모욕적인 말을 들었는데도 아직 인내가 필요하다고 생각하고 있는 것처럼! 원칙적으로 일 년 지원병에게서는 병역 기한 동안 지적 관심을 갖는 기회를 주지 않는다는 것입니다. 그래야만 군대는 좋아진다는 것입니다."

그는 불만을 느끼면서도 실제로 육체적 메커니즘이 모든 사고의 능력을 차단함으로써 가장 정확하게 작용한다는 것을 인정할 만한 객관성을 잃지 않고 있었다.

그래도 베버는 시들지 않은 유머와 미지의 사상(事象)과 새로운 인간 타입을 관찰하는 기쁨에 자극을 받아서 이러한 상태 속에서도 여러 가지 경험을 축적했으나 사실을 알려는 갈망에 괴로움을 받은 후에도 이러한 경험을 버리지 않았다. 그는 모든 사상에서 인간의 특성에 대해서 또 그것이 지배적 질서나 지배적 관념에서 받게 되는 표식에 대해서 구성적으로 변화해가는 직감을 얻고 있었으며 여러 가지 일에서 유쾌한 일화적인 자료를 얻어내는 능력도 있었다. 프로이센 출신의 하사관이나 하급 장교의 전형, 폴란드 신병, 노동계급 출신의 3년병, 병영내에서나 초소에서의 행동, 야전진중 근무——모든 것이 편지 속에서 몇 마디의 말로 그 특징이 잘 표현되었으며 또 굶주린 두뇌의 창고에 저축되고 있었다.

병역 기간의 후반에는 이 1년 지원병이 분대장이 되어 다시 새로운 여러 가지 경험을 쌓았다. 책임이 주어지고 다소의 발언권이 주어졌다는 것이 그의 마음을 만족시켜주었지만 이제는 더욱더 시간과 체력을 소비하게 되었다. '가정 생활 계획'과 같은 여러 가지 직무도 있었는데 그는 선천적으로 믿지 않았다. 가령 그것은 '폴란드 새끼 돼지들'의 군장뿐만 아니라 아담 복장(나체)의 청결에도 유의할 것 등의 일이다. 그리고 부하의 생활 모든 면에도 신경을 써야 해서 편한 날이 없었다.

'삼일 정도 나는 장으로 높다고 느꼈지만 결국은 복통과 식욕 부진이 양심적으로 분대장의 직무를 집행한 것의 유일한 결과입니다. 고마웁게 도 이 시련도 끝나게 되겠지만 그러나 현재로서는 나는 순수한 근무 기 계에 지나지 않으며 근무 외의 나의 일이란 먹는 것, 마시는 것, 잠자는 것뿐입니다."

어쨌든 그래도 이 기간도 끝을 보게 되고 책 곁으로 가게 된다고 기 대할 수 있게 되었을 때 베버는 자신의 군대 교육의 실상과 경험을 정 리해서 다음과 같이 총괄했다.

"군대 생활이라는 것은 결국 한 마디로 말해서 지나치게 불쾌하고 따 분한 것입니다. 특히 마지막 기간이 되면 다른 어떤 것도 생각할 여유도 없어지게 되니까 그렇습니다. 나의 분대장 기간도 실제로 얼마 남지 않 았습니다. 그러나 지난 4주일 동안 나는 아침부터 밤까지 병사 내에서 비틀거리고 지내왔지만 기회 있을 때마다 여러 가지 물건이 없어지는 것을 막아낼 수가 없었습니다. 게다가 그것에 대한 고자질을 듣게 되고 만일 벌을 받게 되면 곤란하니까 자비로 보충해야했습니다. 자기의 능 력이라는 점에서는 사람을 열광시키는 것과 같은 위대한 이념을 위해서 자신을 희생시키는 것도 더러운 발싸개(양말 대신 병사의 발을 감는 형 겊)를 위해서 희생하는 것도 원래는 동일한 것이라 생각합니다——실 제로 그것도 '희생'입니다. 의식해서 그 이상은 다시 없는 백치 상태에 몸을 빠뜨리는 것보다도 굴욕적인 성격의 자기 학대는 거의 있을 수 없 기 때문입니다——. 그렇다 하더라도 인간성의 제단에 그러한 희생을 바치는 경우, 같은 희생을 바치더라도 나는 주변의 하사관들보다도 훨 씬 바보스럽게 바치고 있다는 것, 그리고 그렇게 하더라도 나 자신을 위 해서나 독일 육군을 위해서도 대단한 의미가 없다는 것을 알고 있는 만 큼 견디기 어렵습니다. 게다가 배울 것도 별로 없습니다. 왜냐하면 우리 들이 우리보다 우위에 있는 하사관들이 행하는 유일한 기술을 배울 수 는 있지만 실행할 수는 없기 때문입니다……. 부하를 구타하든가 발길 질을 하든가 등등."(84년 5월 31일)

그러나 베버 자신은 이미 그 대상은 아니었으며 현직 장교 사회로 들어가게 되자 그 순간부터 군대교육은 다른 면모를 띠게 되었다. 1년이 지나(1885년 봄) 제1회 장교훈련 때문에 다시 2개월간 슈트라스브르크에 소집되었을 때에는 이러한 것이 그의 마음에 들게 되었다.

"이번에는 전과는 전연 다른 입장에 놓이게 되었습니다. 그리고 내가 이제는 틀림없는 것이라고 생각하고 있지만 2, 3주 안에 승진된다고 하면 군대제도의 실리적인 면을 생각해 유쾌한 면도 알게 될 것입니다."

그는 사람 위에서 명령하며 교육하는 능력을 선천적으로 지니고 있었다. 게다가 그의 뛰어난 화술과 훌륭한 유머 감각 때문에 다른 장교 사이에서 좋은 친구로 평가를 받게 되었다. 그는 곧 다음과 같이 집에 소식을 전할 수 있게 되었다.

"이미 써보낸 것처럼 이곳에서는 만사가 잘 되고 있으며 하숙집 주인 부부에 대해서도 나는 만족하고 있습니다. 군대생활은 지난 얼마 동안은 굉장히 괴로운 것이었지만 지금은 대단히 즐거우며 따분하지도 않습니다. 전에도 말했지만 동료 사관들은 대부분 내게 대단한 만족을 보여주고 있습니다——내가 체조하고 있는 것을 중대장은 다행스럽게도 아직 보지 못했음에 틀림없습니다——그 밖의 사소한 일은 나도 적당히 해낼 수 있습니다. 젊은 장교들의 태도는 대체로 상냥하며 우의적입니다. 중대장은 이 8주간을 체중조절 기간으로 생각하라는 것입니다. 그의 말대로입니다. 왜냐하면 가죽 혁대의 구멍 세 개 정도분을 줄여서 이제는 아무도 나를 비만인에 넣지 않게 되었으니까요. 중대장은 중대가 이제는 나를 기준으로 해서 정렬할 수 있어서 만족하고 있습니다. 이전에는 언제나 도중에 내 배가 방해를 하고 있어서 중대의 모든 추태의 원인이 되었다고 하니까요. 이제는 나도 틀림없이 훌륭한 군인으로 보이게 되어서 중대장은 어지간히 내게 대해 만족한 것 같으며 나의 굉장한 정력도 의심치 않는 것 같습니다. 어제는 내게 와서 나의 우수한 성적에 대해서 듣기 거북할 정도로 아첨을 늘어놓고 갔습니다."

군사교육의 최후의 성과, 뿐만 아니라 그에게 자기의 중대의 선두에 서서 출진하고 싶다는 열망을 일으키게 한 군인적 애국적인 정신에 이

르러서는 무엇보다도 이 '기계'에 있어서는 커다란 놀라움이 아닐 수 없
었다.

*

이 슈트라스브르크에서 보낸 1년 동안 베버는 견디기 어려운 정신적
일과 때문에 고통을 받았다. 그러나 또 반대의 의미로 이 해에는 그의
내적 발전을 위해서 뜻깊은 해이기도 했다. 두 사람의 친척인 지질학자
E. W. 베넥케와 역사학자인 헤르만 바움갈텐의 양가와의 친밀한 접촉은
이 시기에 있어서 마음의 위안이 되었으며 한가한 때에 가벼운 놀이나
술집 순례로 시간을 보내는 일로부터 청년을 지켜주었다.

'일요일은 물론 지도를 받아야 하는 말이 마사나 마장에서 보내야 하
는데 이런 생활 속에서 만일 그런 오후를 언제나 친절한 친척 집 중 어
느 한 집에서 보낼 기회가 없었다면 대체 어떤 결과가 일어났을까요!
'가족의 모임' 같은 것은 그 자체가 결코 나의 이상은 아니지만 여기서
는 아들처럼 대접을 받는 동시에 한편으로는 규칙적으로 출입하는 모든
학생과 같이 대접을 받고 있어서 친척 관계라는 것이 여기서는 다른 곳
에서라면 이야기할 수 없는 것을 얼마쯤이라도 자유로 이야기할 수 있
게 해주는 하나의 가교라고 생각하게 되었습니다."(1883년 1월 22일)

이 두 학자의 아내는 그의 어머니와 동기간이었다. 이다에 대해서 우
리는 이미 헤레네가 마음을 연 친구이며 조언자로 알고 있다. 헤레네는
이다와 성격이 통하는 것을 느끼고 있으며 종교와 도덕에 철저한 삶을
그녀에게서 본받고 있었다. 자매 중에서 가장 나이가 어린 에미리에는
아이들이 많은 집의 중심이 되어서 난청으로 괴로움을 받고 있는 고상
한 남편의 위안이 되고 있었다. 이 양가에는 사심이 없는 따뜻한 마음과
관대하며 고결한 정조(情操)가 지배하고 있었다. 하이델베르크에서 함
께 휴가를 보내며 가까워진 사촌들은 이 두 집에서 생활하고 있었다. 바
움갈텐 가의 아이들 중에서 프리스와 오토는 훨씬 전부터 친밀한 사이
였었다. 에밀리 파렌스타인(조부의 초혼으로 태어나 해외로 나간 아들

중의 한 사람을 아버지로 한다)과 오토가 일찍 결혼한 것이 베버의 머리를 대단히 혼란스럽게 만들어 어려운 마음의 문제에 대한 깊은 통찰을 비로소 그에게 가능하게 해주었다. 젊은 바움갈텐보다 훨씬 연상인 이 처녀는 어느 모로 보나 정상이며 미인도 아니고 병약했으며 중대한 정신적인 장애를 지니고 있었지만 순수한 종교적 소질과 마법적인 힘을 갖추고 있었다 —— 그녀는 투시의 힘을 지니고 있었던 것이다. 게다가 그녀는 모든 일에 재능이 있어서 시도 짓고 노래도 했으며 날카로운 판단력과 타는 듯한 강렬한 정신력을 지니고 있었다. 그 지나친 강렬성 때문에 이다와 그 아이들만이 아니라 바움갈텐 가를 출입하고 있는 우수한 젊은 청년들까지도 그녀에게 지배당하고 있을 정도였다. 두 형제는 훨씬 연상인 이 여인을 사랑했다. 그것에 반해서 부친과 그녀의 종교적 천재성에 마음이 끌리지 않았던 사람들은 그를 어쩐지 기분이 언짢은 병자로 보고 있었다.

24세의 오토가 일곱 살이나 위인 이 여인과 결혼을 하겠다고 했을 때 부친은 극도로 흥분해서 반대했다. —— 어느 모로 보나 완전히 병자인 이런 처녀하고라면 —— 아들을 위해서 불행한 일이 아니겠는가? 그러나 아들과 친구처럼 마음을 트고 있는 어머니 이다의 입장은 달랐다. 그녀는 이 처녀의 천재적 힘을 믿고 있었으며 그녀에겐 영적 결함이 있을 뿐 어떤 것도 문제가 되지 않는다고 생각했다. 그리고 또 그녀는 오토가 피할 수 없는 숙명의 힘에 끌리고 있으며 이 결혼을 단념해야 한다면 부모를 버리고 사라질 것이라고 느끼고 있었다. 잘못하면 이것은 모두에게 마음에 깊은 상처를 남기게 되며 부친과 아들, 부친과 모친의 사이를 가르는 심각한 충돌이 될 것이다. 그러나 얼마 시간이 흐르지 않아서 사태는 피할 수 없다는 것에 의견 일치를 보았으며 결혼이 거행되었다. 젊은 부부는 발트키르히의 조용한 목사관으로 옮겼다. 그러나 일 년 후 죽음이 고투 끝에 겨우 맺어진 이 부부의 인연을 끊어놓았다. 에밀리는 생명을 이어나갈 수 없는 아이를 낳은 동시에 죽었다. 그러나 젊은 남편에게 있어서는 그녀는 죽지 않았다. 다만 모습을 바꾼데 지나지 않았다. 그는 가끔 무덤 앞에서 그녀에게 이야기를 하는 일이 있었다. 그러나 다른 사람들은 그것을 보고 전율을 느꼈다.

그러나 죽음에 대한 상처가 엷어지자 그는 그녀가 만들어낸 형태대로 그녀와의 정신적 결합 속에서 삶을 이어나갔다. 그리고 그의 전생애 동안 그녀는 사라지지 않는 실제성으로 그의 곁에 남아 있었다. 뜨거운 피를 지니고 있으며 사람과 원만하게 교제하는 능력을 가졌고 친근감이 있으며 헌신적인 그는 그 후 다시 아내를 얻지 않고 메마르지 않은 사랑에 넘친 마음을 무수히 고민하는 사람들을 위해서 쏟았다. 그는 그렇게 하는 것이 가능한 경우는 언제나 자기가 헐벗을 때까지 진심으로 남을 도왔다. 그는 동생의 아이들에게는 제2의 아버지가 되었다. 이렇게 되고 보니 과연 어느 쪽을 옳다고 해야 하는가? 생활력에 넘쳐 있는 청년이 죽음이 예상되는 처녀와 부부가 되는 것을 불행하다고 본 사람이었을까, 그렇지 않으면 그러한 결혼을 영원한 법칙으로 받아들인 청년 쪽이었을까?

베버는 친구의 운명에 감동을 느끼고 관심을 기울였다. 이 일은 이미 하이델베르크에서 이 집을 방문했을 때부터 화제가 되어 있었다. 그에게는 상대방 편에서 객관적으로 생각할 수 있는 힘을 가지고 있었다. 문제의 여성은 그에게도 대단한 관심사였다. 그러나 그는 마음속으로는 부친의 우려가 옳다고 생각했다. 그렇기 때문에 그는 슈트라스브르크로 옮기기 전부터 아이들뿐만 아니라 양친과도 친구가 되었다. 이야기를 좋아하면서도 고독에 빠져 있었던 학자는 모든 정치적 사건에 대해서 조카에게 마치 동년배의 사람에게 하듯이 의견을 말하고 싶은 욕구를 느껴 80년대의 정치적 동향을 보고 자주 느끼게 되는 분격을 조카에게 털어놓았다. 틀림없이 그의 그러한 사고는 조카에게 영향을 주게 되었다. 따라서 여기서 잠시 이 바움갈텐에 대해서 이야기하기로 하자. 바움갈텐은 일체의 선입견없이 진리를 추구하는 학자인 동시에 어느 정도 정열적인 정치가였으니까——후년의 막스 베버처럼.

*

이 탁월한 인간은 당시 노령기에 접어들려 하고 있었으며 인생의 싸움과 개인적인 곤란한 번민의 무거운 짐 때문에 벌써 지쳐 있었다. 이제 그는 국사에 대한 비판적인 관찰보다도 실천적으로 국가를 움직이는 일에 관여하고 있었다. 청년시대와 장년기에 그는 도덕적이고 정치적인 정열을 가지고 다알만, 두윈가, 게르비누스, 요리, 쥬벨, 트라이츄케 그 밖의 사람들과 함께 프로이센 지도하에 독일의 통일과 강국화를 위해서 전력했다. 이 국민적 투쟁은 그 세대에 속하는 사람들에게 고매한 열정을 불어넣었다. 그리고 새로운 독일의 영광스런 꿈이 실현되었을 때 바움갈텐은 "이와같이 위대하고 장대한 사업을 체험하는 것이 허용되다니. 어떤 자격이 우리에게 있어서 이 영광을 얻을 수 있었단 말인가?" 하고 환호하였으며 다시 어떤 예감을 가지고 이렇게 덧붙였다. "나와 같은 연배들은 어디에서 새로운 '인생의' 의미를 가져와야 할 것인가?"

그렇다. 그것이야말로 비극이었다. 그들에게는 자유주의적이고 시민적인 애국자들의 세대에 적합한 사명, 즉 그들 자신이 힘을 합해서 외형을 만들어낸 제국의 내적인 완성에 참가한다는 사명은 주어지지 않았다──비스마르크 혼자서 노를 잡고 있었다. 그리고 자유주의가 그 시대에 기대를 건 프리드리히 황제의 치세는 벌써 앞이 보이고 있었다.

정치적 협력에 대한 새로운 길은 바움갈텐에는 열려져 있지 않았지만 투철한 명석함 때문에 그는 새로운 사태에 수반되고 있는 어두운 면을 보고 있었다. 그는 권력 행사와 국가의 신성화 및 그 결과인 제국주의가 단순히 독일인의 인간으로서의 정신에 위험을 가져다줄 뿐만 아니라 프로이센적 성향을 강하게 나타냄으로써 정치의 영역에 있어서도 숙명적인 오류가 범해지고 있는 것을 보았다. 그는 에르자스인의 끊임없는 실책을 자신의 눈으로 목격했다. 이러한 실책은 이 민족을 독일 민족 속으로 다시 끌어들이는 그의 희망을 잃게 했다. 게다가 거인 비스마르크에 의해서 그가 지니고 있었던 헌법의 이상이 위협을 받게 되자 더욱 견디기 어렵다고 느끼게 되었으며 그를 불안하게 만들었다. 그리고 그는 젊은 세대가 무조건 우상 숭배적으로 이 천재에 귀의하는 것을 위험하기 짝이 없는 과격함으로 보았고 그 대가로서 다른 많은 면에서 가치에 대한 감각을 잃게 되는 것이 아닐까 하고 두려워하고 있었다.

'이 위인은 우리에게 커다란 곤란과 재액을 남길 것이다.'

이러한 생각은 센세이션을 불러일으킨 그의 옛 친구 트라이츄케와의 논쟁 속에서 폭발적으로 나타났다. 남독일의 여러 작은 나라와 자유주의적 이상의 대변자로서의 그는 프로이센 정신과 호엔쏘레른 왕가의 찬미에 대해서 엄격한 비판을 가지고 싸웠다. 그러나 트라이츄케의 《19세기 사》는 그 저술의 '빛나는 듯한 화려함'과 1870년(보불전쟁의 해)에 성취된 것에 대한 정열적인 긍정으로 사람들의 마음을 매료하는 듯한 효과에 대해서는 옛 동지들 중에서도 흥취없는 이 경고자의 말에 귀를 기울이려고 하는 사람은 불과 얼마되지 않았다. 늙어가는 바움갈텐은 고립되었으며 그뿐만 아니라 경멸당하고 있는 느낌마저 들어서 참기 어려운 괴로움에 시달리지 않을 수 없었다.

그 당시 시민계급의 청년층 일부에서는 사회 정의와 계급간의 융화 사이에 새로운 이념이 싹트고 있었다. 이 이념에 아내와 아들도 열광을 보였지만 그는 이제 아내와 자식에게도 마음을 보이려고 하지 않았다. 이와같이 사회의 여러 가지 사건이 그가 나이를 먹어감에 따라 그에게는 암담한 모습으로 나타나게 되었다. 청년인 조카는 이모부의 비관론에 찬동하지 않으면서도 끊임없이 그의 마음을 밝게 해주려고 애를 썼다. 그러나 비스마르크의 정치에 대한 이모부의 비판에는 전폭적으로 동의했다. 왜냐하면 실제로 그는 자기 집을 지배하고 있는 정치적 신념에 처음부터 영향을 받고 있었기 때문이었다. 그러한 이유로 해서 그는 이모부와 이야기하며 많은 것을 배우게 될 것이다.

*

당시 바움갈텐 가의 중심 인물은 탁월한 여성인 이다였었다. 정치와

학문에 대한 관심에만 마음을 쓰고 있었던 그녀의 남편은——자기에게
스스로 생겼다기보다는 부모에게서 이어받은——프로테스탄트교회의
신앙을 지니고 있었다. 그는 목사의 아들이었다. 어쨌든 이 신앙은 그의
내적 생활에서는 별로 커다란 의미를 지니지 못했다. 이다는 그와 지적
흥미를 같이 하고는 있었으나 그녀의 본래 생활은 깊은 내면 속에서 그
녀가 믿고 있는 하나님의 면전에서 이루어지고 있었다. 그녀는 모든 인
간의 행위를 기독교 윤리의 준엄한 척도에 의해서 판단했다. 따라서 결
코 만족하는 일이 없었으며 언제나 긴장을 지닌 생활을 하고 있었다. 자
기 충족적인 학문이라는 것과 전형적인 학자라는 것에서부터 그녀는 더
욱더 떨어져 나왔다. 생각한다는 것과 행동하는 것에 차이가 생긴다는
것은 그녀에게 있어서는 충격이었다. 그녀에게는 복음서가 동포애의 이
상에 의해서 판단한다면 학문적인 세계는 사회적인 사랑이 부족하며 거
만하고 이기적이며 때로는 인간적으로도 비참할 정도로 비겁한 것으로
보였다. 허영심과 투기심에서 빠져나올 수 없다는 것이다. 끊임없이 늘
어나는 책은 얼마나 많은 가치를 지니고 있단 말인가, 만일 지식이 예지
와 선을 높이며 일상의 행위가 정신의 고상(高翔)에 뒤받침되고 있지
않다고 한다면? 그녀는 교양에 가득 차 있는 이러한 생활 양식의 한가
운데서 복음의 정신을 본받으려 했으며 그것을 실현할 수 없다는 사실
때문에 늘 괴로워했다. 산상 수훈에 따라서 이 세상을 살아가는 것이 실
제로 불가능하다는 말인가? 강력한 사회적 책임감에 쫓기어 그녀는 가
난한 사람을 위해서 돈을 내놓지 않을 수 없었다. 남편은 여러 차례나
그러한 것을 보고 불안을 느꼈지만 이다를 마음속으로부터 사랑하고 있
었으며 대단히 높이 평가하고 있었으므로 그녀는 쉽게 자신의 양심의
소리에 따라서 행동할 수가 있었다. 게다가 그녀는 남들이 본다면 그녀
자신에게나 가족에게도 지나친 요구가 되는 일을 여러 가지로 떠맡았
다. 성홍열에 걸린 어린 자매를 집으로 데려와서 돌보았기 때문에 그녀
가 지극히 사랑했던 딸을 하나 잃었다. 자기의 아이들을 위해서나 자기
자신을 위해서도 감당하기 어려운 무거운 짐이었음에도 불구하고 가족
을 잃은 친척 한 사람을 몇 년씩이나 집에서 함께 지내게 했다. 그녀의

강한 정신은 끝이 없는 번민들과 혼자서 싸웠다. 그러나 그녀는 그것 때문에 결코 다른 사람을 괴롭히지는 않았다. 그녀는 언제나 다른 사람들에게 즐거우며 명랑한 태도를 보여주었다. '극기'가 그녀의 생활 속의 격언이었다. 이다는 나이가 들자 남편과 자기와는 다른 법칙 밑에서 살 수 있다는 것을 인정했다. 그녀는 자기 내부에 갇히어 자신의 엄격한 내적 고투를 혼자서 견뎌나갔다. 그녀와 종교적 사회적 관심을 함께 한 사람들은 아들과 젊은 친구들이었다. 그녀는 동생 헤레네와 본질적으로 깊은 유사성을 지니고 있으며 두 사람 모두 모친의 윤리적이고 종교적인 유산을 그대로 이어받고 있었는데 이다가 더한층 어두운 색을 지니고 있었다.

바움갈텐 가의 공기는 고상하며 정신적인 것으로 넘쳐 있었다. 젊은 베버는 얼마 지나지 않아서 이 집의 기조가 되고 있는 인생관——다시 말해서 이다의 인생관——과의 대결을 강요당하고 있는 것 같은 느낌을 받게 되었다. 왜냐하면 그의 어머니는 자기의 집을 지배하고 있는 것에 비해서 이 집이 지나치게 훌륭하다고 느끼고 있었기 때문이다. 헤레네는 확실히 언니보다도 정신적으로 나약했으며 그녀의 집에서는 남편의 방식이 바움갈텐 가에서보다 훨씬 강하게 일관되고 있었다. 그것에서부터 생기는 것은 진지한 동시에 인생을 즐기는 폭넓은 재능을 지닌 청년과 이 집의 정신을 지배하고 있는 절대적인 윤리적 노력과의 충돌이었다. 이 청년은 모든 행동을 윤리적 법칙에 종속시켜 절대자에 의해서 저울질하게 하려는 것은 지나치다는 아버지의 의견에 동의하고 있으며 자신의 약점을 웃고 받아들일 수 있는 여유를 가지고 있지 않아서 '모든 것이냐 또는 무냐'를 가지고 인간의 본성을 강압하려는 것처럼 보이는 압력에 반발했다. 어쨌든 그에게는 이 '과도한 긴장'이 그 당시 인생에서 얻어내려고 했던 천진난만한 행복이라는 것의 적이라고 생각되었다.

"바움갈텐 가의 인생관에 대해서 내가 무엇을 비난할 수 있단 말인가? 비난할 것은 무엇 하나 없습니다. 물론 현재의 내게는 이 인생관이 이유는 어떻든 당연한 것으로 생각되는 어떤 일정한 사물에 대한 판단법과는 어쩐지 쉽게 일치하는 것은 아니었지만. 나는 다만 그 인생관이 자칫하면 당사자의 인생의 행복을 해칠지도 모르는——해를 입게 되는 것으로 정해져 있다는 것은 아니고——어떤 종류의 편벽함에 유도될 수 있는 위험이 있는 것처럼 보인다고 말했을 뿐입니다……. 그것의 우선적 특징은 현실적인 것에서 눈을 돌리는 것과 현실적인 것에 대한 고려를 경시하는 것입니다——요컨대 나는 다음과 같이 주장하고 싶은 것입니다. 바움갈텐 가에서는 사람을 있는 그대로의 모습으로는 취급하지 않는다. 그들이 놓여 있어야 할 모습으로, 또 다른 경우에는 논리적 연역으로 한다면 이렇게 생각하지 않으면 안 된다는 모습으로밖에는 취급하지 않는다.'라고 말입니다. 이 집의 정신으로 본다면 사건이 그와는 다른 형태로 낙착된다는 것은 있을 수 없다고 나는 믿고 있으며 따라서 다른 모든 정신처럼 이 정신 또한 위험을 내포하고 있으며 자체의 약점을 지니고 있다고 생각합니다. 어떻게 보면 다른 정신은 그렇게 심오한 것이 아닌 것처럼 보이고 그만한 자기 완결성을 가지고 있지 않은 동시에 그것과 같은 위험을 안으로 지니고 있지는 않습니다."

그로부터 일 년이 지난 후에도 그가 분명하게 주장한 그의 입장은 변하지 않았다.

"바움갈텐 가에서 떠날 때 이 집에서 많은 것을 얻어 가지고 나왔습니다. 그것에서부터 내가 끄집어내는 귀결이 이 집의 대다수 사람들의 생각과 일치하지 않다고 하더라도. 나는 이 집을 지배하고 있는 어떤 종류의 근본적인 사고법에 의식적으로 커다란 대립을 하고 있습니다. 자신을 완전하게 바꾸어버리지 못하는 한 이 대립을 포기할 수는 없으며 또 포기할 이유도 없습니다. 대립하는 것이 나쁘다는 것을 아직도 납득하지 못했으니까요. 이런 사실을 감추어보려는 생각을 나는 한 번도 한 일이 없었으나 거의 모든 관계자는 너그러운 관용으로 나를 맞아주었습니다."

그러나 청년은 인생의 염리(厭離)와 현실 무시와 같이 느껴지는 엄격주의에 대해서 자신을 지키려 하면서도 바움갈텐 가에서 지내는 것이 마음편했다. 그리고 확실하게 그것을 의식적으로 느낀 것은 아니었지만 그의 내적 발전면에서 이다의 비중은 늘어나고 있었다. 그는 후에 그가 어머니에 대해서 늘 이해할 수 있었던 것은 그녀의 덕이라고 감사해했다. 사실 그때의 그는 어머니의 도덕적인 존재와 요구의 압력에 접하고 있지 않았다. 그리고 이제 그는 어머니가 스스로 자신의 입장을 설명하는 것을 단념하지 않으면 안 되는 경우에는 이다와 만나 그녀의 특징을 이해함으로써 헤레네의 성격을 생각해볼 수가 있었다. 이다의 더욱더 깊어가는 내적 고독은 주로 그녀 자신이 어렵게 만드는 삶의 방법에서 오는 것이라는 걸 느끼게 되자 그는 헤레네가 어째서 아버지의 곁에서 필연적으로 고독하지 않을 수 없었는지를 이해하게 되었다. 그리고 그는 특히 이다의 영향을 받아서 이전에는 단순히 막연하게 느끼고 있었던 것을 비로소 뚜렷하게 의식하게 되었다. 그것은 즉 양친 중 어느 쪽을——두 사람의 인간이 지니고 있는 각각 상이한 내용이라고까지는 할 수 없어도 그들을 대표하고 있는 인격의 어떤 쪽인가를——선택하지 않으면 안 되며 이 선택은 감정의 문제인 이상, 하나의 도덕적인 결단이며 정신이 걸어나가야 하는 길은 자기 자신의 본질의 형성을 좌우하는 것이어야 한다는 것을 깨달았다. 베버는 평생 동안 우리의 천성은 피할 수 없는 법칙에 따라서 이미 형성되어 있다는 의견을 강하게 부정했다. 자기 자신은 대조적인 성격이 우위를 차지하게 되었을지도 모른다고 믿고 있었기 때문이다. 가령 그는 남달리 뛰어난 지력의 덕으로 다른 사람들은 생각하지 않고 자신의 목적을 위한 도구로 삼아도 의심을 받지 않은 고집센 이기주의자이며 본질적으로 비도덕적인 향락가가 되는 가능성, 그렇지 않으면 일찍부터 정신적 활동을 정지시켜 영속적 지위——가령 소도시의 구 재판소 판사——의 안온함 속에서 만족을 찾아낼 수 있는 인간이 되는 가능성을 믿었다. 그가 올바르게 자기를 보고 있었느냐 어떠냐 하는 것은 지성과 윤리적 특성 속에서 이미 일찍부터 안정되어 있는 인격밖에 모르는 사람들로서는 언제나 알 수 없을 것이다. 그는 기본적 인간구조에서는 완전히 완성된 인식이나 경험을 쌓음으로써 폭을 넓힐 수는 있어도 개조할 수는 없게 된, 자기 완결을 이룬 24세의 인간이었다.

*

이 청년은 내적 발전면에서 무엇을 이다 바움갈텐에게서 얻었을까. 그는 그것을 이다의 사후 그녀의 딸에게 보낸 편지에서 다음과 같은 문장으로 밝히고 있다.

"이모가 내게는 제이의 어머니였다고 말할 때 그것이 얼마만큼 깊은 내면적인 의미의 진실이었다는 것을 당신은 다른 누구보다도 뚜렷하게 알고 있습니다. 결국 현재의 나는 슈트라스브르크의 당신들의 집에서 받은 그 지워버릴 수 없을 정도로 강한 인상과 인격 형성적인 윤리적 감화 그리고 여러 가지 영향의 모든 것을 내 생애에서 제외시켜 생각할 수는 없습니다. 현재의 나로서는 그것을 제외시켜버리면 인생에 있어서 귀중하며 존중해야 하는 모든 것이 흔들리게 되는 결과가 될 것입니다. 나는 인간에게는 단순히 외적인 직업의 의무를 다 하는 이외에 다양한 일과 여러 가지 과제가 있다는 것을 처음으로 당신 어머니의 인격에서 감명을 받는 중에 막연하게 예감하기 시작했으며 그 후 나의 가족 속에서 내 눈이 트이게 되었을 때 비로소 충분히 이해하게 되었습니다. 그러나 나는 나와 친밀한 사람들이 얼마만큼 이모의 덕을 입었는지를 글로써 나타낼 생각이 있다 하더라도 대체 무엇부터 써야할지 잘 모르겠습니다. 이모는 여러 차례 내게 자신의 생활은 곤란한 생활이었다고 말하셨는데 그것은 넋두리가 아니고 '나는 최선을 다했다.'라는 뜻으로 말하신 것입니다. 그 싸움은 무의미한 것이 아니었습니다. 이모가 당신들의 집에서 그것을 나타냈습니다. 진지하며 청결한 공기를 다소라도 호흡한 일이 있는 당신들의 모든 친구가 이것을 증언할 것입니다."

*

그러나 당시 20세였던 그는 이다 덕분에 자신의 마음이 어떤 신조와 가치 기준(그의 내부의 어느 부분은 그것에 반발하고 있었지만)에 대해 자신도 모르는 사이에 외경심이 더욱더 늘어나고 있다는 것을 아직은 뚜렷하게 느끼지 못했다. 그가 병역 복무 기간 동안 지속된 건초염 때문에 정신적인 것에 마음을 쓸 수가 있게 되었을 때 이다는 종교적인 책을 읽도록 유도했는데 그 부분에 대해서 그는 자세하게 모친에게 말하고 있다.

"내가 병실에 있었던 기간과 그 밖의 기한에 공부한 것이라고는 철학적인 것과 챠닝의 논문을 모아놓은 작은 책을 한 권 읽은 것뿐입니다. 이 챠닝의 것은 이다 이모가 친절하게도 내게 빌려주신 것인데 그것이 도달하고 있는 정신의 비범함이 그런대로 비판의 여지가 없을 만큼 높은 자리를 차지하고 있어서 어느 것과도 비교할 수 없을 만큼 나의 흥미를 끌었습니다. 종교의 본질에 대해서 시야가 넓은 독자적인 견해와 특히 기독교적이라고는 거의 말할 수 없는 해석은 사랑스러운 인격과 결부되어서 이 인간을 파카 이상으로 호감을 느낄 수 있는 인물로 생각되게 했습니다. 어쨌든 그가 훨씬 더 보편적입니다. 파카에게 있어서는 지극히 중대했던 이론적이며 종교철학적인 문제의 해결에 지나치게 열정적으로 관여하지 않았다는 것만으로도. 그는 그 결과로서 윤리적 도덕적 문제의 해결과 심리학적 논증을 위해서 그만큼 많은 시간과 명찰의 힘을 얻은 것입니다. 그는 몇 개의 철학적 논문으로 그 문제의 논증을 끝내고 있습니다. 이 이론적 입장은 약간 소박하며 순진하다고 할 수 있는 것이지만 그가 거기에서 끌어내고 있는 실제적인 성과는 부분적으로는 지극히 직접적으로 인간을 개발시키는 모습을 갖추고 있으며, 그의 말을 빌리면 '인간 영혼의 무한한 가치'에 대한 고찰에서 그가 얻어낸 맑고 조용한 이상주의는 명상 같은 상쾌한 것으로 인연이 없는 인간까지 포함해서 모든 인간에게 납득이 가게 하며 그것이 해석의 보편성과 인간 정신 생활의 참된 요구에 바탕을 두고 있다는 점에서는 완전히 의심할 바가 없는 것입니다. 내 기억으로는 종교적인 것이 내게 있어서 객관적이라는 것 이상의 흥미를 갖게 해준 것은 이것이 처음입니다. 그리고 나는 이 위대한 종교적 인물을 안 이상 전연 헛된 시간을 보낸 것은 아니라고 믿고 있습니다."(1884년 7월)

이것이 이 청년의 종교적 감동을 미루어볼 수 있는 단 하나 남아 있는 이 시대의 문헌이다. 따라서 이다와 헤레네에게도 대단히 가르친 바가 많았던 챠닝의 근본 사상 몇 가지를 여기서 소개하려고 한다. 챠닝은 19세기 초 슈라이마하나 독일 이상주의 철학의 동시대인으로서 미국 동부의 설교자로 활동했다. 기독교 및 종교 일반에 관한 그의 견해 —— 그것을 그는 일련의 대단히 영성에 넘치며 투명할 정도로 맑고 쾌활한 강연과 논문 속에서 말하고 있지만 —— 는 당시 지배적이었던 신학에서 본다면 교의와 파벌을 무시한 것이었다. 그는 자기 자신을 '자유로운 혼의 공동체'로 간주했으며 이성과 계시의 조화와 '어떠한 인간의 오성도 양심도 사랑도 반발하지 않은' 기독교를 믿었다. 종교와 도의는 동일한 것이다. 우리는 신을 황홀한 감정의 도취 속에서가 아니고 명료하며 단순한 의무의 이행 속에서 포착한다.

"어떤 욕망을 신의 의사 때문에 희생할 수 있는 것은 어떠한 법열보다도 중요하다. 최고의 선은 종교적 결단이 지니고 있는 도덕적 에네르기, 즉 정신의 자유다. 그 본질은 관능에 사로잡히지 않은 것, 물질에 사로잡히지 않은 것, 숙명이나 일체의 공포나 관습에 사로잡히지 않은 것이어야 하며 일체의 권위로부터의 독립이어야 한다. 언제나 자신의 자유와 독립을 마음에 새겨서 지키고 다른 것에 흡수되지 않으려고 하는 영혼, 또는 수동적인 신앙에 만족하지 않고 모든 새로운 진리를 하늘에서 내려온 천사처럼 순수히 받아들여 자신을 지배하는 것을 전세계를 지배하는 것보다 귀하게 여기고 자신이 지니고 있는 모든 능력의 발달을 위해서 양심적으로 노력하고 시간과 죽음의 제약을 초월해서 부단한 진보에 기대를 걸고 행동하며 고난을 받아들이기 위한 힘을 죽음을 각오한 기대 속에서 찾아내는 영혼이라는 것, 이것을 나는 자유로운 것이라고 한다."

챠닝은 인간과 국가와의 관계에 대해서도 몇 마디 언급했다.

"신의 모습을 닮은 인류의 발달과 보호가 모든 사회적 제도의 궁극적 목적이다. 인간의 정신은 국가보다도 위대하며 성화된 것으로서 결코 국가의 희생이 되어서는 안 된다. 시민적이며 정치적인 자유는 정신의 자유에 봉사하는 것이라야 한다. 기독교적 개인윤리와 국가윤리 사이에는 아무런 적대 관계도 존재하고 있지 않다. 공동 사회의 생명도 개인의 그것도 같은 윤리적 법칙에 따르고 있다——국가 권력을 그 자체로 긍정하는 것은 용서될 수 없는 일이다. 개인을 희생으로 한 국가 권력은 악이다——전쟁은 타기해야 하는 것이다." 등등.

챠닝이 발표한 이런 사상 중에서 이 청년을 내면적으로 뒤흔들어놓은 것은 아마도 자유 사상의 표현이었을지도 모른다. 그는 이 사상을 칸트를 연구했을 때 엄밀한 논리적 논술의 형태로 배우게 되었다. 그러나 챠닝의 확고한 신앙은 개념과 이념 오성의 요구와 이성의 요구가 격렬하게 싸움을 하게 되는 바로 직전에 놓여 있는 것이며 또한 그는 단적으로 종교적인 여러 전제를 자기 인식을 일으키는 영혼의 궁극적이며 논리적인 증명을 필요로 하지 않은 통찰로서 제시하며 자연스럽게 흘러나오는 종교의 따뜻한 샘에 그것을 적셔야 한다고 했다. 종교심에서 본다면 그러한 전제의 실현은 엄격한 계율에 대한 복종만이 아니라 영혼이 신에게 가까이 가는 길, 영혼이 신의 모습을 닮게 되는 길이기도 했다.

막스 베버가 그 교설에 대해서 어떠한 입장을 취했던 간에 정신적 도덕적 자유의 '당위'에 의한 인격의 '자기 결정'은 평생 동안 원칙이 되었으며 의식적으로 그는 이 원칙에 따라서 자기 검토가 끊임없이 이어져 나가고 있는 것을 확인했다.

국가 및 사회의 여러 제도의 목적은 자율적 인격의 발전에 있다고 하는 것은 칸트 및 젊은 시절의 피히테에 의해서 대표되었고 챠닝에 의해서 이어졌으나 자기 자신에 의해서 발전되어야 한다는 신조는 베버에게서 일생 떠나지 않았다. 물론 그는——곧 확실하게 알게 되지만——이 신조만을 유일한 것으로 삼지 않았다. 따라서 그는 챠닝의 국가관, 특히 평화주의를 배척했다. 1885년 12월에 그는 그것에 대해서 헤레네에게 다음과 같이 썼다.

"일요일에 무엇을 하느냐고 물으시지만……늦게 일어나지 않은 경우는 (공부를 시작하기 전에) 챠닝이나 스피노자를 조금 읽고 있습니다. 챠닝의 책은 특히 재미있는 것을 가져오지는 못했습니다. 이 책 속에 있는 전쟁에 대한 논문은 내게는 비실제적인 것, 단순히 정리에 머물고 있는 것으로 생각될 뿐만 아니라 전쟁에 관계가 있는 모든 인간과 행위를 교수형 집행인의 일보다도 훨씬 하등(下等)한 것으로 삼고 타기할 만한 것으로 규정하려는 것처럼 생각됩니다. 직업군인들을 살인자와 동일 선상에 놓고 군중의 모멸의 표적으로 삼아서 대체 어떠한 결과를 기대하는 것인지 나는 도저히 납득할 수 없습니다. 그렇게 말하지 않았다 해서 전쟁이 인도적인 것이 될 수는 없습니다. 그래서 챠닝은 도덕적이고 보편적인 인간 권리의 옹호를 위해서는 최종적으로는 전쟁도 피할 수 없는 것으로 말하지만 우선 전쟁으로 가는 것을 요구하는 각 개인의 양심이 그것에 대해서 판단을 내리지 않으면 안 된다고 말함으로써 자신 특유의 퇴로를 마련하고 있습니다. 그리고 그는 사람보다 신의 말에 따르라는 심히 범상치 않은 신약성서의 말을 여기에 맞추려고 하고 있습니다(그뿐만 아니라 양심의 동요를 느낀 인간이 도망친 죄로 사살되든가 감옥에 갇히게 되는 경우를 고대 기독교의 순교의 관점에서 보아 도덕적 명예로 여기고 있습니다). 그러나 챠닝은 확실하게 이런 종류의 문제에 대해서는 전연 아무런 이해도 갖고 있지 못했으며 또 미국 정부가 멕시코를 상대로 약탈전쟁을 일으켰을 때 그가 미국의 군대 사정을 모르고 있었다고 한다면 이 논의는(그 자신이 언젠가는 각 개인이 이와 같은 논의를 실제로 하게 되는 일이 있을 수 있다고 믿고 있었다는 것을 전제로 하고) 세상에 둘도 없이 무가치한 것이라고 말하지 않을 수 없습니다. 그렇다 하더라도 거기에는 미국의 사정으로 보면 결코 옳다거나 무해하다고까지도 말할 수 없다 해도 이 문제에 관한 한 실제의 생활과 멀리 떨어져 있는 인간의 극단한 사변으로서는 이해할 수 있으나 기독교 일반의 기본적 견해로 본다——이러한 일은 실제로 흔히 있는 일이지만——는 생각은 잘못입니다. 그러나 그와 같은 이론을 제기하는 것은 위험한 일입니다. 왜냐하면 그것은 자칫하면 인간의 감정 속에서 기독교의 이른바 요구라는 것과 여러 나라와 세계의 사회적 질서를 그 귀결과 전제 속에 필연적으로 포함하고 있는 것과의 사이에서 분열을 이끌어내기 쉬우니까. 그리고 부분적으로는 이미 일어나고 있기 때문입니다. 이른바 중세의 모든 불행은 신의 질서와 인간의 질서 사이에 만들어진 깊은 간격 때문에 일어나고 있는 것입니다."

이 문장에서는 일체의 힘의 행사 특히 정당방위만이 아니라 권력국가의 팽창을 위해서 일어나는 전쟁이라는 것을 복음서의 계율과 일치시킬 수 없다는 챠닝의 바람직하지 못한 이론이 이 대학생의 불만으로 나타나 있다. 왜냐하면 대단히 괴로움을 당하기는 했으나 군대 훈련의 필요성을 인정하고 또 자신의 내부에도 전사의 정신을 간직하고 있었던 그는 동포애의 윤리와 이웃을 위한 헌신에 쉽게 끌려 있던 만큼 능동적인 영웅윤리와 순국정신의 위대함에 끌리기 쉬웠기 때문이다. 그리고 그는 복음서의 정신에서 개인의 영혼의 완성이라는 것을 의심해서는 안 되는 '법칙'으로 깊이 실감하고 있었을 뿐만 아니라 개개인을 포함하는 세속적인 현세 문화의 실현이라는 것에 대해서 똑같이 강하게 그와 같은 법칙을 느끼고 있었다. 그는 국민적 권력국가를 이러한 현세 문화에 없어서는 안 될 노복으로 보고 있었던 것이다. 게다가 그는 조국의 위신과 힘은 의문의 여지 없는 재보이며 그것에 비해 다른 재보 등은 보잘 것 없는 것으로 생각했던 것이다.

그러나 당시의 그는 여러 종류의 평가 사이의 안티노미라는 것을 몰랐으며 알고 있었다 하더라도 그것을 견뎌내지 못했을 것이다. 뿐만 아니라 그는 챠닝이 국가를 개인의 노복으로 삼고 복음서의 이름으로서 엄격한 평화주의를 신봉할 것을 천명했을 때는 부당한 '수미 일관성'에 의해서 신의 질서와 인간의 질서와의 사이에 '깊은 간격'을 '만들었다'고 믿었던 것이다. 그가 30년 후 세계대전 전후에 몇 번씩이나 이 문제에 대해서 자기의 태도를 나타내 보이려고 했을 때 이 두 개의 가치계열에서 유도되는 각각의 요구가 일치되지 않는다는 것을 철저한 연구 끝에 이론화시켜 그렇게 상이한 '법칙'을 조화시키려 하는 일체의 시도를 자기 기만이라 하여 배척했다.

"전쟁에 대한 복음서의 입장은 결정적인 여러 점에 있어서 절대적으로 일의적(一義的)인 것이다. 복음은 전쟁 그 자체 —— 복음서는 전쟁에 대해서는 특히 언급한 바 없으나 —— 에 대립하고 있을 뿐 아니라 사회적 세계라는 것이 현세적 '문화'의 세계 즉 '피조물'인 인간의 아름다움, 존엄, 영예, 위대함의 세계의 상태로 머물고 있으려고 하는 한 이 사회적 세계의 모든 법칙에 대립한다. 이러한 결론을 끄집어내지 않은 사람은……예상할 수도 없는 미래까지 권력 전쟁의 가능성과 불가피성을 내포하는 지상 세계의 법칙에 자기가 묶여 있다는 것과 그리고 그 법칙의 내부에 있어서만 '그때 그때의 시대의 요구'를 다 할 수 있다는 것을 알고 있어야 한다."

이때에 베버는 이 인식에서 챠닝이나 또 그의 뒤를 이어 훨씬 철저해진 톨스토이와도 다른 결론을 이끌어냈다. 동포애에 대한 깊은 존경은 결코 그의 마음에서 사라지지 않았으며 개인적 생활에 있어서 그는 그 요구를 긍정했다. 그러나 그는 모든 공격에 저항하는 자존의 감정이나 능동적인 영웅윤리나 현세의 생활을 높이는 초개인적인 문화재에 대한 봉사라고 하는 세속적인 여러 가치까지도 긍정했다. 그에게 있어서 복음서의 신은 인간의 영혼에 대한 독점적인 지배권을 요구할 수 있는 것이 아니며 다른 '신'은 그 중에서도 조국의 요구 및 과학적 진리의 요구와 절충하지 않으면 안 되는 존재였다.

"(기독교의 의미에 있어서) 현세 속에 있는 인간은 그 하나 하나의 구속력을 가지고 있는 것처럼 보이는 많은 가치계열 사이의 갈등 이외에 어떤 것도 자기 자신에 대해서는 느끼지 못한다. 그러한 신 사이에서 어떤 신에, 언제 어떤 신에, 언제 다른 신에게 봉사하려고 하는지 또는 봉사하지 않으면 안 되는지를 선택해야 한다. 그러나 이 경우 언제나 그는 이 세계의 신 중에서 다른 하나 또는 여러 신과 싸우게 되며 그리고 무엇보다도 기독교의 신——적어도 산상 수훈으로 알려져 있는 신——하고는 언제나 떨어져 있게 될 것이다."(1916년)

*

청년기의 베버 이야기로 돌아가자. 이다의 영향도 있었고 멀리 떨어져 있다는 것도 이유가 되어서 이 슈트라스브르크 시대에는 그의 어머니와의 관계가 달라져 있었다. 장남과의 서먹서먹한 관계에 크게 괴로워하고 있었던 헤레네에게 있어서 자신의 인생관을 그리고 훨씬 그 이상의 것——그녀의 존재 그 자체가 그에게 있어서 무엇을 의미하는가를——을 아들이 비로소 표현하게 되었다는 것이 얼마나 큰 감동이었을까.

"……어머니가 지금까지도 여러 번 그랬지만 또다시 우리들의 정신적 발전을 위해서 자신의 무엇인가를 주지 못해서 우리들에게 정신적으로도 어머니일 수 없다는 '무능력'에 대해서 적어보내신 것에 대해서 나는 그것은 오해로 인해서 그렇게 된 것이라고 분명히 말해야겠지만 어머니가 그렇게 생각하게 되신 것에는 나의 책임도 있다는 것을 솔직하게 인정합니다. 그것은 내가 가장 가까운 사람들과 여러 가지 일에 대해서 말로 의사를 소통시키고 의견을 교환하지 못했으며 그러한 사람들과 만날 때에는 진심에서 우러나오는 친밀감뿐만 아니라 단순한 사교성도 보이지 못했다는 것 요컨대 나의 '무뚝뚝함'과 사람을 대하는 나의 방법의 비상냉함에 비롯된 것입니다. 진심으로 어머니께 말하지만 어머니가 우리에게 주고 있는 영향은 어머니 자신이 언제나 의식하고 계시지는 못하시지만 아니 아마도 그 때문에 다른 많은 부모가 그들의 아이들에게 미친 영향보다도 컸습니다(나는 이제 경험으로 미루어서 그렇게 확언할 수가 있습니다). 내가 무뚝뚝했다고 한다면 그것은 그때 내가 자신의 일에 대해서만 마음을 빼앗기고 있고 그 상태가 아마 너무 지나쳐서 자기 자신을 시인할 수 없고 자신에게 불만이면서도 그것을 솔직하게 말할 수가 없었으며 동시에 그런 고민을 밖으로 나타내지 않을 수가 없었기 때문입니다. 어떤 것에 대해서 생각을 할 때 나는 때로는 완전히 정상에서 벗어난 생각을 하기도 했지만 이제는 좀더 침착하게 생각을 할 수 있게 되었으며 경험이라는 것을 중히 여기고 타인의 사상이나 인격을 편견없이 관찰하며 그것에서 배울 수 있게 된 것은 어머니의 감화의 덕이라고 인정하지 않을 수 없습니다. 나는 지금까지의 대학 생활 동안 대단히 경솔했던 일을 참으로 많이 저질렀지만 절대로 나쁜 장난은 하지 않았습니다. 그리고——그 당시나 지금도 아직 이렇게 젊고 더구나 유혹은 언제나 가까이에 있었음에도 불구하고——그러한 일을 하지 않았던 것은 그러한 일을 할 때마다 언제나 어머니의 모습을 생각했기 때문입니다.”

그랬다. 이 젊은 학생은 대학 생활 동안 거칠고 방종했으며 정신을 잃고 많은 술을 마시고 필요 이상으로 양친이 예상한 것보다도 훨씬 많은 돈을 낭비했다. 그리고 슈트라스브르크에는 그 이상의 욕망까지도 야비하고 무책임한 형태로 충족시키고 있는 친구들도 사귀었다. 그러나 어머니 덕분이었다. 말로써가 아니고——즉 당시의 인간은 자기 생활의 어두운 이면이나 거기에 내포되어 있는 야릇한 문제를 굳게 감추고 있었기 때문에——주로 그녀는 본능적인 것에 대한 확고한 자제와 신성한 인격을 그에게 심어주었기 때문이다. 그는 다른 친구들을 따라가지 않았다. 당연한 욕망에 몸을 맡기기보다는 건장한 육체에서 오는 정신적 유혹에 심하게 몸을 학대하는 방법을 택했던 것이다.

*

그때 그에게 있어 구원이 된 것은 육감적인 것이 밖으로 드러나 있지 않거나 또는 그것이 완전히 영적인 힘으로 전화되어 있는 것 같은 여성적 우아함의 청순한 매력에 깊고 풍요한 즐거움을 찾아낸 것에 있었다. 동년배의 친구에 대한 우정은 열정적인 감정으로 도취되어 있지 않은 모습으로 좋은 관계를 유지하고 있었다. 다만 슈트라스브르크의 두 1년 지원병에게만은 한때 애정을 느끼고 있었다. 오토 바움갈텐을 제외한다면 다른 친구들 사이에서 그는 가장 정신적으로 뛰어났으며 누군가를 지도자로 삼고 싶다는 욕구를 전연 느끼지 않았다(그것이 그의 어머니에게는 걱정이었다). 그는 언제나 정직했으며 무엇이든 혼자서 결말을 지었다. 그러나 그가 얻어내려고 하는 것에 대해서 언제나 모든 것을 이해했으며 온몸으로 받아들여서 터득하는 것을 거부하지 않았다. 일찍부터 그에게는 인간에 관한 것은 어떠한 것이라도 인연이 많았다. 가족의 권위에서나 혹은 여성들과의 교제에 의해서 감정적 욕구의 만족을 얻는 따위는 전연 그의 성미에 맞지 않았다. 그는 친척 관계에 의해서 가까워진 사람들하고만 마음놓고 친밀하게 지낼 수 있는 소지가 유년시대부터 마련되어 있었던 경우에만 우정을 다져 나갔다. 그런데 그와 같은 연장자나 연소자의 자연스러운 관계에는 무엇 하나 결여되어 있는 것이 없었다. 이 대가족에는 모든 연령층이 있었다. 아이들이 크자 같은 연배의 이종들이 몇 주일씩이나 와서 묵어서 손님을 좋아하는 샬로텐브르크의 집은 언제나 떠들썩했다. 헤레네는 어머니와 같은 애정으로 질녀들을 감싸주었으며 남편도 그녀들의 젊음에 위안을 받았으며 그녀들과 함께 대도시의 활기를 즐겼다. 아들들은 그녀들 하나 하나의 특색에 활발한 흥미를 보였고 때로는 '향기 없는 꽃' 같은 벨린의 아가씨들보다도 남부에서 자란 이 처녀들 쪽에 강하게 끌리는 듯했다. 젊은 질녀들에게는 놀기 좋아하는 이모부와 천사처럼 다정하고 활기에 넘친 이모 그리고 대단히 뛰어나며 당당한 아들들, 우수한 남자 친구들이 있는 이 집은 마음을 사로잡을 만한 즐거운 경험이 되었다. 시대의 고동이 이곳에서는 다른 어느 곳보다도 빨리 전해졌으며 넘쳐흐르는 흥분은 억제하기 어려울 정도였다. 젊은 베버는 그녀들 한 사람 한 사람에게 기쁨을 느꼈고 그 중 몇몇에게는 다정한 우정을 바쳤지만 그렇다 해서 그러한 젊음에 완전히 매료된다든가 마음을 빼앗기지는 않았다. 다만 고등학교 최고 학년에 있었던 얼마 동안 종자매의 한 사람을 진심으로 사랑했던 일이 있었을 뿐이다.

바움갈텐 가의 매력도 똑같이 품위있는 두 딸로 해서 높아지고 있었다. 베버가 슈트라스브르크에 갔을 때 18세였던 에미는 한창 나이의 대단히 사랑스러운 처녀로 변해 있었다. 그녀는 대단히 아름답고 자상하고 게다가 총명하고 활발했으며 희고 갸름한 얼굴에 금발 머리를 가진 젊은 마돈나라 할 수 있을 정도였으며 그 정신과 기풍은 완전히 파렌스타인 가의 바로 그것이었다. 한 점의 흐림도 없는 영롱한 청순함과 깊이와 무아의 마음을 지니고 있었다. 그러나 어머니와 할머니의 신경장애를 그녀 역시 이어받고 있어서 그녀의 청춘은 일찍부터 허탈 상태와 우울의 그림자에 갇혀 있었다. 젊은 지원병은 그녀의 사랑스럽고 발랄한

우아함에 깊이 마음이 움직여 다정한 형제와 같은 우정으로 그녀에게
관심을 쏟았다. 그녀는——그러한 것은 꿈에도 모르고——이 시기에
그의 수호 천사의 한 사람이 되어 있었다. 그 후 여러 차례 그는 군사훈
련 때문에 슈트라스브르크에 갔다. 처음에는 1885년 봄이었고 다음은
1887년이었다. 그 기간에도 그는 헤르만과 이다와의 편지를 통해 바움
갈텐 가와의 교섭을 유지하고 있었다. 1886년에 그는 에미하고도 편지
를 교환하기 시작했다. 그리고 두번째 장교 훈련 때 이 젊은 두 사람이
재회하게 되자 그들 사이에는 조심스럽기는 했지만 사랑이 싹트기 시작
했다. 베버가 23세에 사법관 시보가 되었을 때였다. 비로소 사랑이 그
의 존재의 깊은 곳을 자극한 것이다. 어머니 이다는 거기에서 일어나고
있는 것을 눈치챘으며 서로 모순되는 여러 가지 감정을 맛보았다. 그녀
는 남편처럼 이 비범한 조카를 사랑하고 있었지만 이렇게 친밀한 집안
사람들 사이가 애정으로 연결된다는 것이 불행을 낳는 결과가 되지 않
을까 해서 두려워했다. 더구나 그것만도 아니었다. 그녀의 섬세한 딸이
이 젊은 덩치 큰 사나이의 손——물론 무신경한 손은 아니라 해도
——으로 다루어지기에는 너무도 나약한 것은 아닐까 해서. 그가 딸에
게 정신적 걱정을 주지나 않을까? 뿐만 아니라 그는 젊은 인생의 길을
내딛는데 불과하다. 결혼은 가늠할 수 없을 정도로 먼 장래의 일이다.
그래서 이다는——위험을 예방하는 의미로——얼마 동안 발트키르히
의 오빠 오토에게로 보냈다. 그러나 베버는 그녀의 뒤를 쫓아가 그곳에
서 시적 향취가 넘친 봄의 경치 속에서 사랑하는 사람들이 서로 가까이
지낼 수 있는 즐거움을 며칠 동안 맛보면서 보냈다. 그들은 서로 애정을
느꼈지만 그것에 대해서는 아무 말도 하지 않았으며 서로 정결한 사이
를 깨는 어떠한 행동도 하지 않았다. 다만 이별할 때 청년의 눈에 뜨거
운 눈물이 고였을 뿐이었다. 그 이외에는 무엇 하나 밖으로 표현하지 않
았다. 무언가를 느끼고 있었던 양쪽의 모친도 입을 봉하고 있었다.
　베버는 당시 언제 끝날지 모르는 무미건조한 시기가 지나면 직업상
독립을 얻어 에미를 아내로 맞이할 수 있다고 생각하고 있었다. 물론 한
편으로는 이러한 의혹의 소리도 들려왔다. 내게는 이와 같은 결혼을 저

지하는 모든 방해를 이겨낼 수 있는 충분한 힘이 있는 것일까? 이 연약한 처녀의 생활에 대해서 책임을 질 수가 있을까? 그래서 그는 결단을 내리지 못하고 모든 것을 미결정의 상태로 놓아두었다. 그러는 사이에 어두운 그림자가 에미에게 드리워지게 되었다. 그녀는 더욱더 병약하게 되었다. 그러나 운명을 일전하는 일이 있을 수 있는 것처럼 남 모르는 희망은 아직 사라지지 않았다.

*

병역기간은 끝났다. 20세가 된 베버는 처음에는 양친의 희망에 따라 벨린에서 다시 학업에 임했으며(1888년 가을) 1년간 양친과 함께 집에서 지냈다. 무엇보다도 학생조합 시대와 군대 시대의 많은 비용을 보충하지 않으면 안 되었기 때문이다. 헤레네는 그가 내면적으로 성장하고 있다고 생각했다. 특히 그녀는——이것이 그녀에게는 제일 중요한 것이었지만——그의 정서가 풍부해졌으며 넓어진 것을 느끼고 그것이 자기 언니들의 감화 때문이라고 생각했다. 따라서 그녀는 하이델베르크와 슈트라스브르크에서 보낸 몇 년 동안이 그렇게 희생만 있었던 것으로는 보지 않았다.

"막스가 헨리에테와 오래된 그 집에서 보내면서 언니들에게서 자기의 아이처럼 대우를 받았다는 것이 내게는 다시 없는 고마움이었습니다. 나는 언제나 이 일을 언니에게 감사하는 말을 되풀이하고 싶다고 생각하며 이제와서 그 애를 하이델베르크에 보내고 또 슈트라스브르크에 있게 한 것이 잘못된 일이었다고(그곳에서 그 애는 약간 호화로운 생활을 했으니까요)고 남편은 말하지만 나는 언제나 언니들의 고마움을 생각해서 마음을 달래고 있습니다. 확실히 그 애는 무책임하게 많은 돈을 허비했습니다. 만일 튜빈겐으로 갔다면 그 애도 여러 가지 일로 해서 초연할 수 있었겠지만 이 년간 그 애에게 가져다준 정신과 정서는 다른 어느 곳에서도 얻지 못했을 것입니다."

무엇보다도 어머니의 마음은 아들이 이제는 내심 자기 쪽으로 기울고 있으며 그녀의 내면 세계에 공감을 보이고 있는 동시에 자기의 내면까지도 그녀에게 보이려고 노력하고 있는 것이 즐거웠다.

"막스는 정말 침착하게 자리를 잡고 있습니다. 그리고 나는 막스의 내적 발전에 대단한 즐거움을 느끼고 있습니다. 그는 놀라울 정도로 사려가 깊어졌으며 마음을 터놓고 있습니다. 더구나 그렇게 하면 내가 기뻐한다는 것을 의식하고서 강의가 시작되기 전에 내가 하던 일을 끝내게 되면 우리는 둘이서 한 시간 정도 챠닝을 읽습니다. 우리는 사회교육과 자기 교육에 대해 다른 입장에서 출발하고 있음에도 불구하고 대단히 우리들의 흥미를 끌고 감격시켜주었습니다. 다른 입장이라고 하는 것은 어떤 사람은 실제로 다른 사람을 위해서 노동을 하며 자신의 호구지책을 위해서만 존재하는 기계적인 것이라는 막스의 이론에는 나는 동의할 수 없었기 때문입니다."

그렇다. 헤레네는 자신의 목적을 위해서 대중이 희생된다는 것을 자명한 것으로 요구하는 이러한 견해에 찬성할 수가 없었다. 게다가 그녀에게는 개인 개인의 영혼이라는 것이 너무나도 중요한 것이었으며 '대중'도 노력하며 고뇌하는 개개인에서부터 성립한다는 것을 너무도 깊이 느껴졌던 것이다. 옛날부터 그녀의 내부에 감춰져 있었던 것이 챠닝의 교설과 이다의 영향으로 해서 급격하게 밖으로 나타나게 된 것인지도 모른다. 그녀는 대도시의 빈곤이 자기 집의 문을 두드리는 것을 거부하지 않았으며 곤궁자로부터 눈을 돌리지 않았다. 그리고 그녀가 거기서 본 것 때문에 그녀의 양심은 아픔을 느꼈다.

"우리들의 눈에 띄지도 않으며 귀에도 들려오지 않은 채 우리 주위에 존재하고 있는 많은 비참, 그것을 눈앞에 두고 아무 도움도 주지 못하고 있는 무력함이 나의 가슴을 무겁게 짓누르는 일이 자주 있습니다. 그것은 모든 향락과 소유가 부정한 것처럼 보이게까지 합니다. 나는 수시로 어머니의 일을 생각하지 않을 수가 없습니다. 그리고 어머니가 이와같이 대도시의 주변에 널리 깔려 있으며 이 샬로텐브르크에서도 우리를 둘러싸고 있는 이러한 정신적인 불결함을 보시지 않을 수 있었다는 것을 기쁘게 생각하고 있습니다. 이러한 것은 어머니에게는 참을 수 없는 일이었을 것이니까요.”

이러한 사회적 책임감은 이제 더욱더 깊이 그녀의 마음에 새겨지게 되었다.

헤레네는 자기의 ‘큰 아이’가 자기의 집을 좋게 생각하고 있다는 인상을 받았다. 그는 열심히 공부했으나 그래도 숨돌릴 새가 없는 정도는 아니었으며 ‘언제나 공부도 적당하게 하지 않으면 안 된다고 설교한다고 해도’ 집안 사람과 상대하는 경우도 있었다. 그는 이제 법률학을 전공으로 삼고 그것에 전념하고 있었으며 베제라(그 조예의 깊이가 강의의 무미건조함을 구해주고 있다)에게서 독일 사법(私法)을, 에기디에게서는 국제법을, 그나이스트에게서 독일 국가법과 프로이센 행정법을, 브른나와 기르게에게서 독일 법률사를 들었다. 그리고 한편으로는 몸젠과 트라이츄케의 사학 강의도 들었다.

“우연히 이야기가 강의에 미치게 되어서 말하지만 강의에 관한 한 나는 참으로 근면한 학생이었다고 생각합니다. 나에게 유익했습니다. 특히 그나이스트의 강의는 나에게 유익했습니다. 이 강의는 참으로 걸작이라고 생각합니다……. 게다가 내가 참으로 경탄한 것은 그가 직접적으로 오늘의 정치 문제에까지 접근하는 방법과 그가 개진하는 엄격하리만치 자유주의적인 견해입니다. 물론 이 경우 그는 트라이츄케가 국가와 교회에 관한 강의에서 지금도 보여주고 있는 것처럼 선전적 혹은 선동적이 되는 일은 없습니다만.”

자신의 모든 정치적 인격을 내걸고 강단에 서서 열정적으로 평가를 내리는 이 역사가의 강의에서 받은 여러 가지 감명은 후에 대학 교사의 자격에 대한 베버의 사고에 커다란 의미를 갖게 되었다. 따라서 우리들은 다른 문제와 관련해서 이것으로 되돌아가기로 하자.

헤레네는 슈트라스브르크 시대의 젊고 발랄하지만 성격은 단순한 친구들이 집으로 찾아와 기뻐했으나 그녀는 이다에게 이런 편지를 보냈다.

“나는 이러한 만남에 좀더 깊은 내용이 깃들여져 있었으면 하고 생각합니다. 언니가 막스와의 만남에서 그러한 내용을 줄 수 있었던 것이 무엇보다도 뚜렷하게 나타나고 있기는 하지만. 그러나 S.C.H(이름의 이니셜)를 제외하면 아무도 그러한 욕구는 가지고 있지 않습니다. 이것은 막스의 교제를 보면서 내가 대단히 애석하게 느끼고 있는 것입니다. 그는 슈트라스브르크의 두 친구와 상당히 진심이 담긴 관계를 맺고 있는데 일종의 아버지와 아들의 관계와 같은 것입니다. 이 두 사람은 나이도 아니 그 이상으로 관심사에서도 그보다 아래이니까요. 언니의 오토를 제외하면 지금까지 언제나 그랬지만 그는 위를 쳐다보기 싫은 것입니다. 그러나 그것은 대단한 약점입니다."

누구에겐가 의지하며 지도를 받아보려는 욕구가 자기 아들에게 결여되어 있다는 것을 헤레네가 여기서 말하고 있는 것이 옳은 일인지 어떤지? 또한 그것은 자신의 연령층에서 자신보다도 우수하다는 것을 인정할 만한 인간을 한 번도 만나본 일이 없으며 자기 만족 속에서 그러한 인간을 찾아보려고도 하지 않은 젊은 영재의 힘인지도 모르는 것이다. 그리고 그는 지성이 아니고 그의 감성에서 부언가를 기대하고 있는 소박한 인간들을 상대할 때에는 완전히 마음을 열 수가 있었다. 천성적인 의협심 때문에 그는 자기보다도 약한 사람들을 돌보는 일을 떠맡았다. 따라서 그에게 있어서 동생과 누이들은 '생명의 샘'이었다. 15세 때 이미 동생과 누이가 죽자 그는 '그들의 즐거운 듯한 떠들썩한 소리'가 그리워 못 견디겠다고 말했지만 이제는 클라라와 리리라는 귀여운 동생이 그의 장난감이자 기쁨이어서 이 둘을 무척 귀여워하면서 남의 눈에 띄지 않게 지도하기 시작했다. 그는 그의 마음속에 간직되고 있는 따뜻한 마음씨와 보살핌을 그녀들에게 쏟았던 것이다. 헤레네는 말했다.

"이제 아직 네 살인 리리가 모든 권리 및 의무를 떠맡게 되었습니다. 리리는 아침에 잠을 깨워주는 일을 맡았습니다. 그래서 막스가 일어날 생각을 하게 될 때까지 그 옆에서 뛰어 놀며 혹시 다른 사람이 그녀를 돌볼 수 없을 때는 그대로 그의 옆에서 시간을 보냅니다."

그의 정신집중 능력은 대단한 것이어서 누이나 동생이 그의 곁에서 어떤 장난을 하고 놀아도 공부의 방해가 되지 않았다. 귀여운 누이들은 그에게는 '마르지 않은 기쁨의 샘'이었다.

동생들에 대해서 그는 그때부터 어머니와 함께 고생을 나누게 되었다. 그는 동생들과 함께 공부하고 성장기의 그들의 고통이나 괴로움을 들어주는 상대가 되어주었다. 특히 그와 가까웠던 동생은 알프레트였다. 알프레트는 네 살 아래였는데 자기가 존경하는 이 조숙한 형의 의견을 기꺼이 들었다. 둘은 여러 가지 점에서 닮은 점이 많았지만 어떤 점에서는 전연 달랐다. 동생은 속깊은 마음의 소유자로서 일찍부터 정신적인 생활을 구하고 있었다. 그의 흥미는 다방면에 걸쳐 있었으며 시적 재능도 있었기 때문에 예술적인 일에 대단히 이해가 깊었다. 그에게 있어서는 많은 소질 중에서 무엇을 선택하느냐 하는 문제는 형의 경우보다 힘들었으며 자기가 무엇을 택해야 하느냐에 대한 내적 갈등이 더한층 복잡했다.——그는 처음에 미술사를 배웠으나 그 후에 법률학과 경제학을 배웠다——두 형제 사이의 관계에서 가장 오래된 자료는 슈트라스브르크 시대의 20세의 학생 막스가 알프레트의 견신례 때에 보낸 긴 편지가 있다. 1년 지원병이었던 그는 자기보다도 더욱 많이 생각하는 버릇이 있는 동생에게는 이 성년식에 대해서 어머니나 목사가 줄 수 있는 것과는 다른 설명의 방법이 필요하리라는 추측을 하고 있다. 그래서 회의에 싸여 있는 젊은 마음에 긍정적인 감정을 불러일으키려고 하는 그의 노력은 기독교에 대한 자신의 입장까지도 간접적으로 조명하기에 이르렀다.

청년기에 있는 헤레네의 아들들에게는 그 시대의 아이들로서 또 그 가정의 아이들로서 의식에 대해 자기의 태도를 결정한다는 것이 여간 용이한 일이 아니었다. 그들은 원래 이해력에 뛰어났으며 내면적이고 사색적 소질이 있었다. 그들은 양친의 집에서 자기들의 모친이 싸움 속에서 끊임없이 새롭게 다져지는 복음의 신앙을 함께 호흡하고 있었으며 어머니가 이 보배를 자기들에게도 전하려고 얼마나 강한 집착을 가지고 있는지를 느끼고 있었다. 한편 그들은 종교를 존경하고는 있으나 세월이 흘러감에 따라서 그 인격에서 종교의 영향이 줄어들고 있는 아버지의 실제가다운 냉담함도 느끼고 있었다. 또한 환경의 영향도 있었다. 교회가 지식층이나 노동자층 속에서 공동체를 형성하는 힘을 잃어가고 있다는 것, 통일적 세계관의 배경이 더욱 퇴색하고 있다는 것, 대도시 젊은 학생층의 시니시즘. 자각한 오성은 교회의 교의를 부정했으며 지성을 희생하는 것을 바라지 않았다. 그러나 무상한 것 속에서 영원자를 표현하기 위한 새로운 형식은 아직도 발견되지 않았다. 베버의 장문의 편지는 약간 괴로운 듯한 느낌을 엿볼 수 있으며 오성에 호소하고 있었다. 개개인에 있어서의 종교적 가치내용이 아니고 일체의 서양 생활, 사고, 감정을 형성하고 있는 현세적 힘으로써의 기독교의 일반적이고 문화적인 의미를 동생에게 이해시키며 그것 때문에 풀기 어려운 수수께끼에 오성이 부딪히게 된다 하더라도 이 커다란 동포집단에 들어가는 것을 거부하려고 한다는 것은 불손한 짓이라고 동생에게 이해시키려고 하고 있었다.

"사랑하는 동생에게, 오늘 내가 쓰려는 것은 너의 두 통의 편지에 대해 감사의 말과 그보다 중요한 것은 네가 현재 서 있는 중대한 생활의 전기에 관련해서 현재 기독도 신봉자로서 적어도 몇 마디를 하더라도 내가 그 중요한 책(성서)을 어떻게 이해하는가, 내 생각으로서는 그 가르침을 실행하는 사람에게 있어서 성서가 어떠한 의의를 가지고 있는가를 말하는 것과 마지막으로 또 이 기회에 나의 마음속으로부터의 축복을 말하는 일이다.

너는 옛날부터 우리 나라의 교회에서 유지되어왔으며 믿어지고 있었던 기독교의 교의를 배워왔다. 그러나 이번 기회에 그 교의의 참된 의미와 내면적인 의미에 대한 견해가 각 개인에 있어서 대단히 상이하다는 것, 이 종교가 우리의 정신에게 가져다준 커다란 수수께끼를 각자 자기 나름대로 해석하려고 노력하고 있다는 것을 너도 알았으리라 생각한다. 그렇게 되면 이번에는 다른 모든 기독교도와 같이 네게도 기독교의 공동체에 속하는 한 사람으로서 그것에 대해서 자기 자신의 생각을 만들어내지 않으면 안 된다는 요구가 따르게 된다. 그것은 각자 해결하지 않으면 안 되며 자기 나름대로 해결해야 하는 과제인 것이다. 물론 해결한다고는 하지만 한 번에 할 수 있는 것은 아니며 자신의 생활을 통해서 여러 해 동안 걸치게 되는 경험에 바탕을 두어야 하지. 지금 비로소 네 앞에 나타나게 된 이 과제를 어떻게 해결하느냐는 것은 네가 다만 혼자서 너 자신, 네 양심, 너의 오성, 너의 마음씨에 대해서 책임을 져야 하는 문제다. 왜냐하면 내가 믿는 바로는 기독교의 위대함이라는 것은 늙고 젊음을 묻지 않고 행복하냐 아니냐를 묻지 않고 모든 인간을 위해서 동등하게 존재하며 설사 이해의 방법은 다르더라도 모든 인간으로부터 이해를 받고 있으며 더구나 2천 년의 오랜 세월에 걸쳐서 이해되고 있다는데 있기 때문이다. 기독교는 이 세상 속에서 만들어지고 있는 모든 위대한 것을 뒷받침해주고 있는 제일의 기반인 것이다. 이 세계에서 성립된 여러 국가나 그러한 국가가 수행한 모든 대업과 국가가 제정한 우수한 법칙도 질서도 뿐만 아니라 학문이나 인류의 모든 위대한 사상도 주로 기독교의 영향하에서 발생하고 전개된 것이다. 사람들이 사고하는 것을 배운 이래 인간의 사상과 마음씨는 기독교의 신앙과 기독교의 인간애의 이념이 가득 차서 움직여졌을 뿐 다른 어떤 것에 의해서 움직여진 사실은 단연코 없단다. 이런 사실은 인류의 역사 연표를 보면 볼수록 명확해질 것이다……. 이 인류의 공동체 속에 너는 이제 기독교에 속하는 사람으로 들어가게 되는 것이다. 그리고 적어도 어느 정도까지는 너도 자신에 대해서 자각하게 될 것이다. 네가 신앙 고백을 함으로써 이 세계를 포괄하는 커다란 현재의 집단에 들어가고 싶다는 소원을 표명한 이상 어떠한 권리나 의무를 자기 몸으로 받아들였다는 것을 나처럼 너도 뚜렷이 알게 될 것이다. 너는 기독교 공동체의 일원으로써 응분의 기여를 한다는 권리와 의무를 짊어지기 위해서. 그리고 조만간 너나 나도 그 의무와 사명을 자신에게 부과하고 최선을 다해서 그것을 실현하는 것이 자신의 행복을 위한 불가분의 조건이라는 것을 이해하게 될 것이다. 우리들에게 있어서 우리들 자신의 만족과 마음의 평화는 이 의무를 실현시키려는 노력과 굳게 연결되어 있다는 것을 우리가 빨리 인식하면 할수록 좋고 우리들은 하나의 커다란 사업에 참가하는 인간으로서 이 아름다운 대지에 생을 이어가고 있다는 즐거운 마음을 빨리 가지면 가질수록 좋은 것이다. 그래서 나는 마지막으로 부모들을 기쁘게 해주고 네 자신은 마음의 평화를 얻기 위해서 네가 참된 기독교의 성과를 더욱 뚜렷하게 인식하기 바란다는 희망도 덧붙이고자 한다.”

이 경우에 베버는 모든 사색적인 성향의 청년들을 괴롭히는 자신의 존재 목적은 무엇이냐 하는 문제에 대해서 종교적으로는 대답하지 않고 ‘역사적으로’ 기독교의 문화적 의미와 초개인적인 사명에 봉사하는 각 개인의 의무만을 시사함으로써 대답을 대신하고 있으나 그 후 동생이 고등학교에서 최상급으로 진급했을 때(1885년)에 쓴 편지에서는 그 자신이 그때까지와는 전혀 성질을 달리하는 ‘가장 가까운 혈연자’의 개인적 의무를 다하는 것의 의미까지도 이해했다는 것도 보여주고 있다.

“그 이외에도 최근의 이 시대는 조만간 장기간에 걸쳐서 생활의 중심이 가족권 밖에 놓여지게 되는 직전에 우리에게 부과된 제1의 현실적인 의미를 알고 이해하는 기회를 마련해주고 있다. 인간이 살아가는 테두리 안에서도 가장 좁은 테두리인 가족에서의 의무라는 것은 아무리 단순히고 보잘 것 없는 것으로 보인다 하더라도 그것을 실제로 충족시키기는 어려운 일이다. 나는 사람들이 얼마만큼 이 점에 대해서는 잘못을 범하기 쉬운가를 경험으로써 알고 있다. 왜냐하면 외견상으로는 작은 것으로 보이는 이 의무는 그 작음과 자명함 때문에 언제나 번거롭고 귀찮은 것이며 그 의무를 다하지 않으면 안 된다는 것을 지극히 평범한 것으로 생각하게 된다. 실제로 인간은 이러한 요구에 마음을 쓸 필요가 없다고 믿음으로써 그것을 충족시키지 못하며 그것에 견뎌내지 못하고 있다는 것이 증명되고 있다. 또 이것에 대해서 배우는 것은 이미 말한 것처럼 이 시기가 대단히 유리할 것이다. 왜냐하면 이 시기에 옳은 것을 찾아낸다는 것은 사람들이 생각하고 있는 것처럼 쉬운 일이 아니며 옳은 것에 대한 의식과 감각이 그보다 훨씬 후에 이르러서야 비로소 일어나게 되는 수가 종종 있기 때문이다…….”

그로부터 반 년 후(1886년 봄) 슈트라우스의 《예수전》을 읽고 한없이 견디기 어려운 고민과 의혹에 차 있었던 알프레트는 편지로 형에게 호소했다. 형은 그때 사법관 시보의 시험을 목전에 두고 있었지만 상당한 시간을 내어서 대단히 자상하게 대답을 해주었고 슈트라우스의 종교철학의 기초 개념은 이미 학문적으로 과거의 것이 되었다는 것을 증명하여 동생의 힘이 되려고 하고 있다. 이 편지는 훌륭한 논문이 되었는데 여기서는 그 일부만을 인용한다.

"공부에 쫓기고 필기 시험 공부에 대비한 라스트스퍼트를 공부하고 있지 않았다면 너의 친절한 편지에 벌써 답장을 썼을 것이다. 이제는 어쨌든 밤에는 한 시간 정도 편히 지낼 수 있는 여유를 되찾았지만.

너는 실제로 여러 가지 중요한 문제에 대해서 적어보냈지만 나 자신도 너와 같은 나이에 너와 같은 식으로 그 문제를 생각하기 시작했기 때문에 그러한 이야기를 듣자 내게도 커다란 흥미가 생겼다. 이제는 이미 오래된 일이지만 슈트라우스의 《예수전》을 처음으로 알았을 때 받았던 비상한 감명을 아직도 생생하게 기억하고 있다. 그 책은 확실히 생명이 약동하고 있는 것이었으며 '그대는 나의 편인가? 그렇지 않으면 그대는 위선자다.'라는 총을 모든 사람의 가슴에 겨누고 있는 것처럼 보이는 확신에서 오는 솔직함과 성실함으로 씌어져 있다. 물론 이와 같은 단정적인 양자택일은 인간의 정신사 및 윤리사의 여러 가지 커다란 문제를 결정적으로 해결하고 마는 것은 아니다. 그렇다고 해서 이와 같은 양자택일을 제출하는 용기있는 선구자적인 힘도 사라져 없어지는 것도 아니다. 그리고 슈트라우스 사상의 경우도 그랬다. 이 사상은 그때까지 있었던 일체의 불완전한 것을 일소하고 모든 것을 명백하게 했지만 학문은 그 이후 다른 방향으로 진로를 잡았으며 슈트라우스가 생각한 것처럼 그의 견해를 궁극적인 해답으로는 결코 인정하지 않고 오히려 새로이 한층 깊게 파헤쳐진 문제에 대한 유인으로 간주하게 되었다. 사람들은 슈트라우스의 이 책에서 이 책은 해답이 아니고 많은 문제를 포함하고 있다는 것, 대상의 보다 중요한 다른 측면이 여기서는 밝혀지고 있지 않다는 것, 따라서 슈트라우스가 당시 기초로 한, 또 기초로 할 수 있었던 개념과는 다른 개념을 기초로 삼지 않을 수 없다는 것을 발견했다.

가까운 장래에 직접 그에 대해서 이야기할 기회가 생기게 될 것을 나는 기대한다. 왜냐하면 여기서는 문제가 되고 있는 것을 확실하게 해두는 일은 무의미한 일이 아니며 일방적인 모든 문제를 일률적으로 재단하여 그 결과 거기에 나타나게 되는 해결이 곤란한 모든 문제를 자기 자신이 조금도 고려해보지 않았다. 왜냐하면 적어도 뚜렷하게 고려해보지 않았던 개념으로 처리해버린다는 위험이 존재하기 때문이다. 가령 슈트라우스가 제시하고 있는 '신화'의 개념이 그렇다. 이 개념은 나도 분명히 알아차렸으며 또 쉽게 이해할 수 있었던 것이지만 우리의 오성적 개념과 우리의 논리로서는 처리할 수 없는 문제를 해명하는 알기 쉬운 열쇠를 제공해주고 있는 것처럼 보여서 너도 대단히 마음에 든 것 같구나. 그러나 엄밀하게 규명해보면 이 개념은 아무런 명확한 의미도 가지고 있지 않으며 사실을 뚜렷하게 밝히고 있지 않고 예수가 구체적인 인격으로서 역사상의 기독교와 어떻게 관련하고 있느냐 하는 것도 전연 해명하고 있지 않다. 그리고 근본적으로 여기서 문제가 되고 있는 인간 정신과 인간의 문화와 많은 변화라는 것은 적용할 수 없는 개념인 것이다.(한편으로는 신화의 본질과 그 발생에 대한 설명, 다른 한편으로는 역사적 인격으로서의 예수에 대한 기독교의 발생은 그 뒤에 오게 된다) 높은 재능을 타고난 민족의 자연스런 시적 소산인 헤라클레스나 페르세보스의 신화를 고향에서 쫓겨나 오랫동안 가난과 싸우고 있었던 모든 군주의 나라에서부터 잡다하게 끌어 모아진 최초의 기독교 신도단 속에서 살고 있었던 사람들과 같은 것으로 언급하려고 한다면 그것은 노동계급의 답답한 상태와 그 상태를 일으키게 했다고 생각하고 있는 것에 대해서 확실한 논쟁이나 풍자적인 감상이 떠오르지 않아 순간적으로 머리에 스친 감상과 망상으로 대신하려 하는 신문의 주필과 같다고 할 수 있다. 그것은 또한 여러 가지로 예시할 수가 있다. 어떤 하녀가 검은 액체 속에 악마가 숨어 있는데 다시는 나올 수 없도록 밤에 잉크병의 마개를 닫고 그 위에 두 개의 성냥을 십자형으로 놓으려고 한다면 우리는 웃을 것이다. 또 루터가 발트브르크에서 그의 생애 중 가장 곤란한 시기에 위험한 적을 향해서 잉크병을 던졌다고 한다면 우리는 역시 웃을지도 모른다. 그러나 그것은 완전히 별개의 웃음이다. 더욱이 마녀재판에 대한 것을 생각한다면 우리의 웃음은 완전히 사라지고 만다. 그러나 거기에 나타나 있는 미신은 순간 어느 경우에나 같은 것으로 보인다. 그러나 실제로는 모든 경우 미신은 인간 정신의 여러 다른 면에서 나타나며 각각 다른 의미를 지니고 있는 것이다.

너는 그 이외에도 가령 '경험과 오성만에 의한' 인식의 가치에 대한 것 등 문제가 될 수 있는 것에 대해서 여러 가지를 적어 보냈다. 확실히 고대인만큼 이 경험과 오성이라는 것의 가치와 넓이를 높이 평가하는 경향을 가진 사람은 없었다. 그러나 인식의 조건과 현실의 기초 및 우리 인식의 능력에 대해서는 밝혀진 사실은 한 번도 없었다……. 우리는 이제는 좀더 깊이 문제를 제기한다. 즉 우리는 '경험'만으로는 만족하지 않으며 무엇 때문에 경험이 우리에게 진리를 주게 되느냐 하는 이유, 경험이 주게 되는 진리와 경험이 줄 수 없는 진리의 성질이나 가치를 다시 묻게 된다. 똑같이 너의 주장의 근거가 되고 있는 종교적인 사상의 '이해 불가능성'이라는 것 또한 그것만으로는 정리할 수 없다. 왜냐하면 이 이해 불가능한 것에 대해서 우리가 어떠한 태도를 취해야 하느냐 하는 의문이 나오게 되기 때문이다. 그것은 역사 속에서 인간이 어떠한 가치를 지니고 있었으냐 또 자신을 위해서 어떠한 가치를 지니고 있느냐 —— 혹은 이해 불가능성 그 자체는 자신에게 있어서는 아마 아무런 의미도 지니고 있지 않은 것이 아닌가? ——이 후자의 경우는 내 생각으로서는 어떠한 경우에도 긍정할 수 있는 것은 아니지만 대체 그 의미는 어떠한 것이냐 하는 물음은 각 개인이 자기 마음속으로 당장 대답할 수 있는 것은 아니다."(1886년 3월)

동생이 인습적인 기독교적 사고에서 탈피하는 과정과 형이상적 문제를 밝히려고 하는 고투가 때로는 데카르트적인 회의나 자기 자신에 대한 절망이라는 형태로 나타나게 되면 그는 더욱더 거칠게 동생을 뒤흔들어 그러한 곳에서부터 끄집어 내려고 했다.

"왜냐하면 나는 대체로 대규모의 원리상의 이론 같은 것은 별로 좋아하지 않지만 너의 편지는 여러 점에서 나를 정말 기쁘게 해주었기 때문이다. 물론 여러 모로 내게는 기묘하게 생각되는 것도 있었지만, 이 기묘한 것부터 이야기를 시작한다면 너 자신의 표현에 따라 나는 이제 끝장이 났다든가, 나라는 것에 절망하지 않을 수 없다고 시종 자신에게 일깨워주려고 하고 있는 것이 아무래도 내게는 잘 이해가 되지 않는다. 그래서 나는 단적으로 그 이유를 생각해보았지만 그 끝에 어떤 종류의 일반적인 이론 파악의 곤란함 외에 —— 그리고 실제로 그 이외는 나로서는 뚜렷하게 생각나지 않지만 —— 아무것도 생각할 수 없다고 한다면 이론이라는 것은 이 세상에서나 또 개개인에 대해서 완전히 터무니 없는 과대평가로밖에는 생각할 수 없다. 지옥의 접벌(劫罰) 등과 같은 것의 영원성에서 출발해서 문제를 생각하지 않은 인간이 이론적으로 사물을 보는 경우 나는 살아갈 수 없다든가 살아가는 것이 무거운 짐이라는 생각에 빠져버리는 것은 엄밀하게 판단한다면 아무래도 이치에 어울리지 않는다. 누군가가 실제로 그러한 고민을 가질 수 있다는 것을 나는 대단히 잘 알고 있다. 그러나 거기까지 가기 전에 우리의 인식수단은 —— 절대적인 견지에서 보아서 —— 참으로 보잘 것 없는 가치와 나약함을 평가할 수 있게 되고 그것을 체득한 인간은 우리의 경험에 결코 종속되어버리지 않는 현실적 사실에 대해서의 이론속에서 오류를 범하는 가능성을 알게 되어도 결코 새삼스럽게 인식 그 자체에 대한 노력을 단념해버리려고 생각하지 않는다. 여하튼 이러한 종류의 사고를 한번쯤 정면에서 확실하게 바라보고 거기에 어느 정도의 자기 기만이 없는지 그리고 또 페시미즘이라는 것이 반드시 갖추어져 있어서 거의 모든 사람이 한 번은 어느 기간 동안 그것에 끌리게 되는 어떤 매력도 거기에 작용하고 있는 것이 아닌지 규명해보고 싶구나. 이러한 종류의 사고가 네게 있어서는 특출하게 강한 힘으로 군림하고 있으나 확실히 그것은 수시로 네가 빠져들고 있었던 사도란다. 그것이 사도라고 하는 이유는 거기서는 아무것도 나올 수 없기 때문이다. 물론 기타 다른 점에 대해서는 내게는 옳다고 생각되는 길에서 네가 지나치게 벗어나 있다고 생각한 일은 전연 없지만 말이다.”

　1887년의 여름에 이와같이 뚜렷하게 기술한 사항으로 미루어보아 23세의 그는 오성 활동의 한계를 훨씬 전에 인식하고 있었으며 인식할 수 없었던 것에 대해서는 일단 무언의 경의를 표하면서 그 앞에 머물러볼 생각을 한 것 같다. 신적인 것을 감싸는 베일을 들추어보는 일을 단념했다는 것이 그의 인식에 대한 욕망을 잠들게 하지는 않았다. 그러나 물론

그는 그 욕망을 학문적인 사고의 영역 속에서 경험적인 것으로 한정시
켰던 것이다.

제 4 장 상승의 일보

I

베버는 사법관 시보 시험 전의 최종 학기(1885년에서 86년에 걸친 겨울)를 게틴겐에서 보냈다. 그는 엄한 학습계획을 지키며 미리 짜놓은 시간에 따라 생활을 하고 여러 가지 과목을 엄밀히 나누어 하루 시간을 각 과목에 할당시켰으며 저녁에는 간을 맞추지 않은 잘게 썰은 쇠고기 한 파운드와 계란 프라이 네 개를 손수 요리하여 그 나름대로의 '절약' 을 했다. 잠자리에 들기 한 시간 전에는 대단히 소박한 성격의 한 친구 와 스커트를 했다. 그 친구는 시험에 실패하여 다음 시험에 대비하면서 베버의 지도를 받고 있었다. 그 이외는 방울을 울리면서 지나가는 겨울 놀이의 즐거움이나 봄의 산과 들을 산보하는 즐거움도 그의 마음을 끌 어당기지 못했다. 펜싱을 하지 않게 되고서부터 그는 전연 운동을 하지 않았다. 아버지가 그와 함께 여행을 가고 싶다고 말했다 하더라도 자연 을 즐기면서 휴양하기보다는 그의 지식욕을 만족시키는데 시간을 투자 하겠다는 생각을 했다.

"북해나 자연이 내게서 도망해버리지 않는 한 그런 것을 보고 즐길 수 있겠지만 시간은 사라져버립니다. 그 시간 동안이라면 나는 법률학 이외에도 여러 가지 것을 공부할 수 있습니다. 자연을 즐기며 관찰한다 는 것은 지금의 내게는 전연 생각할 수 없는 일이었으며 또 그러한 것 을 생각하는 능력도 결여되어 있습니다. 그러나 나는 단순히 그런 이유 로써 자연을 구경하는 것보다도 다음과 같은 이유에서 현재 중요시하지 않을 수 없는 그와 똑같은 비중의 다른 즐거움을 알고 있습니다. 그 이유라는 것은 나도 아마 한 번쯤 진정으로 괴로운 시간을 보낸 후라면 더욱 깊게 자연을 즐길 수 있게 되겠지만 정신적인 즐거움을 위한 시간을 찾아낸다는 것은 이후의 내게는 더욱 어렵게 되리라는 생각 때문입니다."

청년은 오직 공부에만 정진하기로 작정을 했으므로 다양한 모든 종류의 지적 흥미를 희생하고 가장 가까운 목표에 전념했다. 그때 그는 비로소 처음으로 완전하게 '의무를 다 하는 것'의 만족감을 맛보게 되었다. 당시 그 상태에 대해서 그는 "요컨대 지금의 나는 스스로가 몇 번씩이나 손을 댄 개정판이라는 기분이 듭니다."라고 해학적으로 말했었다. 휴가 때 집으로 돌아와도 그는 이제 다른 일에 마음을 빼앗기지 않았다. 헤레네는 자신의 '커다란 아기'가 '현재의 요구'에 따라 철저하게 열중하고 있는데 놀랐으며 전체적으로 생활에 조화가 이루어지기를 바라는 그녀의 여성적 심정은 그의 이러한 자기 한정의 모습에서 새로운 우려의 원인을 찾아냈다.

"이제 사법관 시보에 당당하게 합격하지 않으면 안 됩니다. 그리고 막스는 이제 완전히 그것에 몰두해버려서 다른 일은 전연 안중에 없습니다. 그뿐만 아니라 나도 정말 놀랐지만 이전의 문학적인 태도는 거의 팽개쳐버렸다는 것입니다. 매일 아침 식사 때에도 아버지가 늦게 나타나면 그 동안 호주머니에서 포켓용 해사법이나 수형법에 관한 책을 꺼내서는 마치 그것이 소설이기라도 한듯 탐독을 하는 것입니다. 이번 여름은 여기서 학위를 받을 작정인 것처럼 보입니다. 그렇게 되면 다른 것에 대한 흥미가 다시 무미건조한 법률학을 밀어내게 될 것입니다. 법률학은 전연 그 아이의 성격에 어울리지 않은 것입니다. 게다가 또 관리가 된다 하여도 상당한 기간 동안 평소의 업무를 재치있게 처리해나가기에는 힘에 부칠 것입니다. 더구나 훨씬 전부터 그 아이는 법률의 적용보다는 법률의 역사적 발전 쪽에 흥미를 지니고 있습니다."

그러나 그는 같은 또래들에게는 여전히 좋은 친구였으며 즐겁고 재치있는 말과 유쾌한 말을 했으며 인간미가 넘친 단순한 이야기 상대를 갖는 것을 좋아했으며 자신은 결코 주어진 생활 양식에서 벗어나려고 하는 특별한 기질의 사람이라고는 생각하지 않고 있었다. 그에게는 자기의 힘을 인식하기 위해서 관습과 대립할 필요가 없었다. 물론 청년 남녀를 위해서 많은 시간을 허비해서 준비하는 오락 특히 무도회 같은 것에는 전연 홍미가 없었다. 그리고 인습의 안경을 쓰지 않고 이 덩치 큰 사나이가 춤추고 있는 것을 보게 되었다면 어울리지 않은 편이 더 나았다고 그에게 말해주었을 것이다. 그러나 헤레네는 그렇지 않았다. 그런 생각 때문에 그의 그러한 점에 대해서 씌어진 것이 여러 가지 남아 있다. 어머니와 아들은 몇 번씩이나 그것에 대해서 의견을 교환했다. 대단히 진지하면서도 한편으로는 활동적이며 개방적이기도 했던 모친은 많은 젊은 사람들이 즐기는 여러 놀이에 대해서 일찍부터 아들이 등을 돌리고 있는 것을 이해할 수가 없었다. 뿐만 아니라 그녀는 청년이 젊은 처녀에게 커다란 의미가 있는 즐거움을 준다는 것이 인간으로서나 기독교도로서의 의무라고 생각하고 있었다. 그녀가 그 의무의 성격을 강조하면 힐수록 아들은 그것에 반내하는 마음을 상하게 나타내서 한때는 다른 동생들에게까지 이러한 영향을 주었을 정도였다. 젊은 남녀가 이러한 형식의 교제를 한다 해서 그는 뚜렷하게 생명감을 앙진시키지는 못했다. 그리고 그는 정신이나 감정이 서로 통하지 않은 상태에서 일상생활의 모습과는 다르게 지나치게 관능적인 차림의 처녀를 껴안는 것에 홍미를 느끼지 못했다. 청년은 무의식적으로 이러한 즐거움이 있을 때 얻게 되는 가장 평범한 회화나 남다른 매력을 주는 연애 유희에 대해서 아무런 홍분과 감정을 느끼지 못했다. 게틴겐에서 있었던 무도회 후에 그는 시간적 손실과 그것으로 해서 얻은 즐거움을 유머러스하고 면밀하게 대차계산을 해보임으로써 그 자신이 즐거울 수가 없는 것이 당연하다는 점을 어머니에게 설득시켰다.

"지금까지 답장을 드리지 못했는데 그것은 지난 주 부질없는 어떤 일로 해서 시간을 낭비했기 때문입니다. 첫째, 폰 발 씨의 무도회에 초대되어서 화가 났음(15분). 둘째, 참석하기 전에 오페라 해트를 샀음(30분과 많은 돈). 셋째, 그때 장갑을 잃어버려서 다시 가서 같은 것을 샀음(30분과 또 돈). 넷째, 옷을 입다보니 셔츠의 단추가 몇 개 못 쓰게 되고 조끼의 단추가 헐거워진 것을 발견하고 알제리 제의 바지걸이가 두 조각이 남(거의 1시간). 다섯째, 이미 그 전에 약간 꽉 끼게 꿰매둔 연미복의 소매가 터졌음(15분). 여섯째, 이발소에서 면도를 하고 여러 향유와 향수를 머리에 바름(15분). 일곱째, 30분 정도 늦을 요량으로 폰 발 씨 댁으로 달려감. 여덟째, 일찍 오고 말았다(15분). 아홉째, 30분 정도 잡담을 하다. 쓸모없는 이야기만을 골라서. 열번째, 밥을 먹음(1시간 15분). 열한번째, 몸을 움직이고 지껄이고 땀을 흘린다(10시에서 거의 3시간 30분 정도). 열두번째, 도베의 강의를 들으면서 졸았다(1시간). 열세번째, 그 보충을 한다(1시간). 합해서 거의 12시간 가까이를 소비했습니다. 아니 그뿐만이 아닙니다. 배를 채우기 위해서 방문이 있었는데 이것은 오늘 일입니다. 적는 것을 잊을 뻔했습니만 이만한 시간이라면 제국형법전의 총칙의 부를 완전히 읽고 적어도 '공안을 해치는 범죄'까지 읽을 수가 있습니다. 댄스나 댄스의 장점에 대해서 아무리 설명을 늘어놓아도 좋습니다. 댄스를 좋아하며 몸이 약한 인간에게는 여가의 10분의 1 정도는 댄스를 하는 것도 좋겠지요. 그러나 나는 그 어느 쪽도 아닙니다. '인간은 모두 자신이 출생했을 때 만들어진 법률에 따라서 살아간다.'라고 작센슈피겔은 말하고 있습니다. 그러나 애석하게도 우리는 이미 우리의 부조의 법률에 따라서 생활하고 있지 않습니다. 그리고 로마법은 그보다 훨씬 엄해서 'ultra pose nemo obligatur(능력 이상은 누구에게도 강요하지 않는다).'라고 말하고 있습니다. 즉 이제는 할 수 없는 경우에만 그만두는 것을 용서받게 되는 것입니다. 그러나 이 한계조차도 젊은 부인들(그 몸을 움직이는 점에서 말하면 대단히 부당하게도 '약한 성'이라고 불리워지고 있지만)은 언제나 고려하고 있지 않습니다. 그것을 제외한다면 나는 예상했던 이상으로 즐길 수 있었습니다. 젊은 부인들 중 몇몇하고는 실제로 어지간히 잡담을 나누었으며 그러는 사이에 여러 부인에게서 몇 가지 사항에 대해서는 여러 측면에서 조금씩 그들의 의견을 받아들여 완전한 지식을 얻을 수 있었습니다. 스케이트장, 노래 모임, 또는 사서보의 약혼, 코치온 춤, 방 안의 더위, 일기의 변화 등등. 이것을 소요하기 위해 1시간에서

1시간 반의 댄스가 필요하다면 나도 기꺼이 응하겠습니다. 다만 연미복이나 실크 모자와 흰 장갑으로 몸치장을 한데다가 잡담까지 갖추고서 가는 것이 아니고 보통의 정장을 한 인간의 자격으로 참가하는 것이라면 말입니다.”

그 후 그는 은둔적인 인간이 되려는 것은 아닐까 하는 모친의 걱정을 덜어드리기 위해 ‘사교’의 문제를 긍정적인 면으로 보았다. 가족끼리의 오찬에 초대된 후에 그는 어머니에게 이런 편지를 보냈다.

“만일 내가 여기서 또 쓸데없는 이론을 늘어놓으면 어머니가 내게 한 비난이 옳은 것이 되고 맙니다. 그러나 내 생각으로는 무도회라는 가치는 인간을 교화하는 내용면에서나 이러한 종류의 기분좋은 회합이 아니라 사리가 분명한 사람들과 하는 제일 돈이 덜 드는 아침 술만큼도 못한 것입니다. 폰 발 씨 부부는 굉장히 사교적이며 남편되는 분은 뛰어난 기질을 발휘하여 정치의 영역 전반에 걸쳐서 이야기를 펼쳐나갑니다. 세 시간 동안이나 여러 가지 일반적이며 흥미로운 이야기를 나누고 게다가 배불리 먹은 후에 집으로 돌아와서 파이프를 필 수 있다는 것이 교회 법전에서 말하는 ‘Sine figura et strepitu(체모도 돌보지 않고 떠들 일도 아니다)’ 즉 ‘연미복을 입지도 않고 발을 흔들어댈 일도 없다.’가 됩니다. 이런 방법처럼 고생해서 뛰어 보이지 않으면 고기 덩어리 하나도 못 얻어 먹게 되고 담배 한 개나 맥주 한 모금을 맛보기 위해서 조심스럽게 계단 쪽으로 가서 인파를 헤쳐나가지 않으면 안 되는 것보다 훨씬 편하다고 생각됩니다.”

1년 후 벨린의 사법관 시보가 된 그는 당시 대도시의 전형적인 사교에 대한 것을 진지하게 생각했다. 그리고 그는 여기서 슈트라스브르크의 여자 친구에 반대하는 의견을 훗날까지도 고수했다.

“우리들 사이는 관계자 모두에게는 기분이 나쁘겠지만 본질적으로 사교라는 것을 의무로밖에는 보지 않고 있습니다. 될 수 있는 한 즐거운 의무인 것처럼 보이게 하고는 있지만. 보통 일을 한 후에 쉬는 것은 좋은 일이라고 말하지만 매일 매일의 일에 대해서만 그렇게 말하는 것은 근거가 없는 일입니다. 그것은 생애의 일에 대해서도 똑같이 해당됩니다. 그러고보니 사교계의 주요한 부분은 사업의 일부를 모두 끝마치고 일생의 자기 업적을 회고하는 사람들에 의해서 형성되지 않으면 안 된다고 생각해야 할 것입니다. 그와 같은 사람들을 중심으로 사교가 이루어져야 한다, 그들이 그 중심이며 다른 사람들은 단순히 보조에 지나지 않는다고. 그러나 그렇지는 않습니다. 그것은 잘못입니다. 사교로서의 최대 중심은 젊은 사람들의 관심입니다. 일은 그들을 중심으로 해서 꾸며지며 그들이 좋아하는 것에 대한 관심이 모아지는 것의 범위나 성격도 결정되는 것입니다. 이렇게 되지 않으면 사교라는 것은 그들에게 있어서는 심한 노동과 더위 다음에 오는 휴식이라는 의미를 가질 수 없게 되므로 그것은 그들의 목적이 될 수 없으며 그 자체 때문에 사람이 좋건 싫건 가장 즐거운 면을 보지 않으면 안 되는 하나의 관습이 생기지 않게 됩니다. 이러한 생각을 아무도 내게서 빼앗을 수는 없지만 단순히 인간으로서의 인간에 대한 흥미를 가지고 무도회로 가는 일은 없을 것입니다. 무도회에서는 때로 누군가와 두세 마디 기분좋은 말을 거의 언제나 비슷하게 교환할 뿐이며 인간에 대한 지식을 넓힐 수도 없고 기껏해야 재치만 넓히는 것이 고작이니까 말입니다. 그 자리의 단란함을 깨지 않는 한도에서 단순히 의리를 지키기 위한 노력이 일어나게 됩니다. 왜냐하면 사교적인 면에서도 단란함이 조성되어야 한다는 것이 필요하기 때문입니다. 그리고 이 벨린 사람들은 그것에 의해서 멋진 성공을 얻어내려고 하기까지 합니다. 그것도 주로 모든 사교적인 회합을 장식하고 있는 사람들의 갈채를 받아내서 말입니다. 놀라울 만한 말솜씨를 지니고 있으며 비평적인 말을 하는 이러한 처녀들 앞에 나가면 나 같은 인간은 아마도 당황하게 될지도 모릅니다만 '수줍음'은 느끼지 않습니다. 수줍음이라는 것은 그 내칙에서 사교적인 교제가 일어나게 되는 한계의 의식이니까 말입니다."

　젊은 사람들의 요구가 모임의 성격을 이렇게까지 크게 결정하고 있다는 사실을 23세의 청년이 이만큼 신랄하게 비난하고 있다는 사실에 우리는 놀라지 않을 수가 없다. 자신이 '청년'이라고 해서 우월감을 지니는 오늘의 청년층의 자세와는 대조적으로 무엇보다도 그는 지식이나 생활 경험에서 성숙한 사람들을 사교계에서 만나는 일에 마음이 끌렸다. 따라서 그는 나이 든 사람에게는 유머러스한 말을 곧잘 했으나 예의에 어긋나는 태도를 보이는 일은 거의 없었다. 사람을 사귈 때 도가 지나치지 않은 기사적인 정중함과 친절함이 그의 특색이었다. 물론 학문상으로나 정치상으로 토론이 벌어지는 가운데 그가 강한 충동을 받게 되면 경우에 따라서는 존경할 만한 대가 앞에서까지 자신의 의지를 보이는 기탄없는 솔직성으로 자기 주장을 내세우기는 했지만——.

Ⅱ

1886년 5월에 베버는 사법관 시보 시험을 보았으며 그것으로 해서 더한층 확실한 독립성을 얻었다. 22세의 그는 학생 생활은 벌써 오래 전에 졸업했다. 학생 생활이 끝나기 얼마 전에 그는 어머니 앞으로 이런 편지를 써보냈다.

"다시 한 번 이 시기를 경험할 수는 없습니다. 그것은 확실합니다. 그러나 나는 이 정도가 좋은 기회다, 이 시기도 이제는 끝이다라는 생각이 듭니다. 그리고 다시 미련을 느끼게 되지도 않습니다."

그러나 하이델베르크 시대 학생조합의 유일한 친구이며 시험을 보기 전 책상 앞에 매달려서 함께 보낸 친구가 '늙은 여우여, 우리는 떠난다'라는 애수가 담긴 노래를 플랫폼에서 부르면서 환송해주었을 때 그의 눈에는 눈물이 맺혔다. 그것은 청춘과의 이별이었다. 그러나 길은 아직도 끝이 없이 계속되고 있었으며 자기 영향의 완전한 발휘나 생활의 자립이라는 그 길의 목적지는 아직 미지에 싸여 있었다.

베버는 아직 소득이 없던 관계로 양친의 집으로 돌아와서 그곳에서 7년, 즉 결혼할 때까지 지냈다. 목표로 한 것을 모두 얻게 될 때까지의 7년의 긴 세월을 다시 직업을 위한 준비 기간으로 삼았다. 그는 우선 법학 학위를 얻으려고 생각했는데 당시 벨린에서는 대단한 노력이 필요한 것이었다. 그래서 그는 사법관 시보로서의 일을 하는 한편 골드슈미트와 마이센의 세미나에서 연구를 계속했다.

그가 골드슈미트에게 제출한 학위청구 논문 〈중세 상사회사사 서설〉은 법률사와 경제사의 경계에 속하는 영역이었다. 그것은 '의외로 많은 시간과 까다로운 연구' 끝에 완성된 것으로 훌륭한 학문적 저작이 되었으며 베버는 그 성과를 그의 최후의 사회학상의 저술 속에 집어넣기까지 했다.

"그 때문에 나는 수백 권의 이탈리아와 스페인의 법규집을 통독하지 않으면 안 되었는데 그에 앞서 우선 그 책을 어느 정도 이해하기 위해서 두 외국어를 습득해야 했다. 그러나 스페인 어의 경우는 다소 시간이 걸렸다. 그것은 옛날의 지독한 방언으로 씌어져 있어서 무슨 소리인지 모르는 이러한 말을 이해하는 사람이 있다면 신기한 일이라고 생각되었을 정도였다. 그렇게 되니 해야 할 일이 산더미처럼 많아졌다. 그리고 거기에서 대단한 성과가 나타나지 않았다 해도 그것은 이탈리아와 스페인의 시 참사회원의 책임이었다. 내가 법규 속에서 찾고 있었던 바로 그것을 법규 속에 집어넣지 않은 것은 그들 시 참사회원이니까."

학위 심사는 엄숙하고 까다로운 것으로 준엄심문이라는 이름에 부족함이 없었다. 수험자는 7개의 법률학 분과에 걸친 시험을 받았다. 게다가 수험자가 제출한 세 가지 논점에 대한 공개 토론이 있으며 반론자는 당사자의 친구 세 사람이 초대된다. 베버는 테오도르 몸젠, 오토 바움갈텐, 발타 모쓰에 부탁했으며 이하의 기술은 모쓰가 기술한 것이다.

"우리의 논박을 막아내자 막스 베버는 이제 자신의 논점은 훌륭하게 논증되었으나 청중 속에서 감히 논박을 할 사람이 있는가를 라틴 어로 묻지 않으면 안 되었다. 이때 윤기 나는 백발과 깊은 인상을 주는 노신사가——거미처럼 메마른 느낌의——청중 속에서 일어났다. 그는 테오도르 몸젠이었다. 나는 그때 처음으로 그를 보았으며 그가 논박하는 말소리를 들었다. 그는 제2의 논점에 대해서 수험자는 colonia(식민도시)와 municipium(로마 이외의 도시에서 주민이 로마시민권을 가지고 있는 것)의 개념에 대해 평생을 통해서 이 문제를 생각해온 자기로서는 기이하게 생각되는 단정을 내렸는데 그것에 대해서 설명을 바란다고 했다. 이렇게 해서 몸젠과 청년 베버와의 사이에 자세하고 소상한 토론이 시작되었다. 몸젠은 마지막으로 이렇게 말을 했다. '자신은 베버의 논제가 옳다는 것에 아직 완전히 승복하지는 않았지만 이 수험자의 전진을 방해할 생각은 없으며 이 이상 반론을 계속할 생각도 없다. 젊은 세대는 기성 세대가 그 자리에서 곧 찬동할 수 없는 새로운 생각을 지니는 일이 흔히 있는데 이 경우도 아마 그와 같은 경우라 생각한다. 그러나 내가 무덤으로 가게 될 때 누구에게나 말하고 싶은 것은 내가 높이 평가하는 사람은 막스 베버라는 말일 것이다.'라는 말로(그 후에 수험자는 정중하게 학위를 수여받음) 청중이 열렬하게 주시하는 가운데 공개토론을 끝맺었다."

최초의 학위 논문이 완성되자마자 대학강사 자격심사를 위한 논문 준비가 시작되었다.

"나의 가장 존경하며 가장 친절한 은사 중 한 분인 유명한 농업사가 마이센이 로마시대의 경지 분배와 소작자유농민에 대한 내 생각으로는 아직 발표의 단계에 이르지 못하고 있는 논문을 심하게 재촉한다."

이것이 계기가 되어서 《로마제정시대 농업사》를 저술하게 되었는데 이것은 몸젠과의 활발한 논쟁 또는 수없이 이루어진 구두의 토론으로 발전했다. 베버는 이 업적으로 벨린에서 1892년 봄에 로마법, 독일법, 상법의 강의자격을 얻었다. 그 무렵 그는 숨돌릴 새도 없이 사회정책협회에서 위탁 받은 동 에르베 지방의 농업노동자에 대한 조사를 승낙했다. 법률학적 연구에 경제학적 연구가 첨가되었다. 그러나 그것에 대해서는 나중에 말하겠다. 우리들은 베버의 발전의 또 하나의 면을 살펴보기로 한다. 학문적인 문제와 함께 정치적인 사건이 그의 마음을 열정적인 흥미로 가득 채우게 했다. 그 증거를 1884년에서 1892년에 걸쳐 헤르만 바움갈텐에게 보낸 일련의 편지에서 알아볼 수 있는데 그의 생애에서 이런 방면의 관련을 알아보는 것도 우리의 목적의 하나라 할 수 있을 것이다.

*

그의 정치적인 의견 형성의 전제는 부친이 몸담았던 국민자유당적 사상이었다. 그러는 사이에 이 사상이 발전을 계속해서 새로운 여러 요소가 숨어들게 되었다.

여기서 우선 그것에 대한 그의 의견 표명이 남아 있는 1880년대의 중요한 정치적 사건에 대해 생각해보기로 하자. 우선 이러한 사건은 국민의 운명을 독단적으로 이끌어나간 비스마르크의 영향하에 있는 것이다. 자유주의의 전성시대는 지나고 말았다. 오이겐 리히타에 의해 통솔되고 있었던 진보당은 정부의 반대 입장에 서는 한편 베니그젠과 미그웰이 이끄는 국민자유당은 재상에게 원칙적으로 '추종도 항쟁도 하지 않고 다만 영향을 주려고'만 하고 있었다. 그들은 재상이 문화 투쟁을 일으키는 것을 도왔으며 그 위에 다시 사회주의자 진압법 즉 사회주의로 유도되고 있는 노동대중의 정치적 상승의 억압을 지지했다. 그들은 자신들의 자유주의적 이상에 등을 돌리고 비스마르크 편에 선 것이다. 그래도 그들은 비스마르크에게는 불쾌한 존재였다. 이제 문화 투쟁을 위해서 그들이 필요없게 되자 비스마르크는 그들의 대열 속에서 분열을 조장하여 힘을 약화시키려 했으며 마침내 보호관세와 자유무역의 문제로 인심이 뒤숭숭해졌을 때 그것에 성공했다. 베니그젠은 비스마르크의 보호무역정책에는 긍정했으나 프랑켄슈타인 조항 앞에서는 망설이지 않을 수 없었다. 그 결과 그를 따르는 사람 중의 일부, 그 중에서도 특히 트라이츄케는 우익의 자유보수파로 돌아섰다. 그러나 무엇보다도 중대한 사건은 폴켄벡, 리카트, 라스카, 반벨가의 지도하에 '분리파'가 좌익으로 분열하여 곧(1884년) 진보당과 합동으로 독일 자유주의당을 형성한 일이었다. 이 새로운 정당은 정부의 반대 입장에 서서 보호관세와 사회주의자법 연장을 거부했으며 비스마르크가 중앙당을 자신을 따르게 하기 위해서 문화 투쟁을 종결시키려는 방법을 공격했다. 이렇게 되어서 자유주의의 분단은 비스마르크가 희망한 대로 이루어졌다. 이제 그는 자기 마음대로 중앙당과 상징보수파의 도움을 얻거나 또는 국민자유당과 자유보수당과 제휴하여 정치를 할 수도 있었고 그 양 파를 마음껏 싸우게 해서 어부지리를 얻을 수도 있었다. 축소된 중간 정당은 옛날의 국민자유당의 방침 즉 그때 그때에 따라서 비스마르크의 지지와 온건한 자유주의적 원칙의 대변이라는 방침을 견지하려고 했다. 이 당은 국가의 사회적 업무에 관한 '황제질서'(1881년)에 의해서 준비된 사회정책에 협력하는 것도 거부하지 않았지만 재정정책상의 여러 계획을 추종하는 것은 거부했다. 비스마르크는 혼자서 노를 잡았으며 그의 주위에 가까이 갈 수 있는 자는 그의 앞잡이든가 충성을 다하는 인물뿐이었다. 국민자유당원은 더욱더 그의 국가관의 지배를 받게 되었고 이전의 개인주의적인 자유 이상은 그 대열 속에서는 퇴색하게 되자 그들은 그 자유의 깃발을 제위 교체와 재상 경질로 내세워 독일 자유주의당에 양도했다. 그들은 그들 의회의 정치적 꿈에 대항해서 비스마르크가 입헌군주국가의 하나의 새로운 타입을 관철하려는 것은 감수한 것이다. 따라서 그들은 비스마르크의 정책에 더욱 접근하여 사회주의법의 연장에 동의했으며 비스마르크가 사회정책에 의지하는 것을 지지했고 관세법을 굳게 지켰으며 대 프랑스 전쟁에 위험을 느끼고 군의 증강을 찬성하여 비스마르크가 배를 저어나간 곳에 함께 상륙한 것이다. 온건보수파와 함께 '제 2종 군장'의 여당으로서. 자유주의적 이상은 그들에게 실망을 안겨주고 말았다. 자유주의가 희망을 건 프리드리히 황제는 짧은 재임 기간 중에 서거하여 구스타프 프라이타크가 '그의 죽음과 더불어 그의 아버지(빌헬름 1세)에 대한 보색(노황제의 반동주의에 대한 프리드리히 3세의 자유주의를 비유한 것)도 사라지고 말았다.'라고 한탄했다. 부르주아 계급은 정치적 지배권을 얻을 수가 없었다. 자유주의의 지도자 중에서는 적응 능력이 있는 미그웰만 대신이 되었을 뿐 그 이외에는 한 사람도 대신이 된 사람이 없었다. 젊은 군주 빌헬름 2세는 종교적이고 봉건적 경향을 띠고 있었다. 극단적인 보수파와 군정교회적 그룹인 슈테카와 하마슈타인은 그를 농락하려고 했다. 그러나 비스마르크의 저항이 훨씬 강했다. 빌헬름 2세는 지금까지의 현실을 고수할 생각이라고 언급했다.

그는 비스마르크의 제파 영합 정책에 공공연하게 기운 것이다.

*

　의사 막스 베버(아버지)는 베니그젠 일파에 속해 있어서 엄격하게 중도를 지켰으며 자유주의를 위해서는 좌익의 분열은 유해한 것이라고 한탄하며 당내의 통일을 위해서 노력했다. 아들은 근본적인 점에서는 공공연하게 부친에 동조했으나 그렇다고 해서 당파적인 입장을 뚜렷하게 하지는 않았다. 그는 자유주의만을 고수하지 않았다(왜냐하면 경고한 국민적 권력국가는 그에게는 다른 모든 것의 불가결의 기초로 보였으니까). 그러나 그는 정신의 자유와 개개인의 인격권을 희생으로 하는 국가 사상의 찬미에도 찬동하지 않았다. 우선 그는 무엇보다도 배우고 관찰하고 생각하려고 했으며 여러 가지 사조를 이해하려고 했다. 헤르만 바움갈텐에게 보낸 그의 편지 속에서는 일방적인 당파 찬미나 청년다운 완강한 흔적도 찾아볼 수 없으며 모든 사상을 자신의 생각대로 이해하고 객관적으로 파악하며 정치적 행동의 여러 동기에 대해서 공정하려고 하는 노력밖에는 읽어볼 수가 없다. 그리고 그는 비스마르크의 시대를 더욱더 환멸과 비판의 눈으로 볼 수밖에 없었던 이모부가 적극적인 평가를 하도록 도와주는 노력을 아끼지 않았다.

　이러한 방관적인 태도를 보여주고 있는 것은 국민자유당이 사회주의자 진압법을 연장하려는 의도에 대한 이 20대 청년의 의견이다.

　"이것을 정당화하려고 생각한다면 공적 생활의 많은 기득권리 즉 언론의 자유, 집회 결사의 자유 등 일반의 엄격한 제한을 피하기 어렵게 된다는 올바른 입장에 서지 않으면 안 될 것입니다. 이때에 사회민주주의자는 그들의 독자적인 방법으로 공적 생활의 기본적 제도를 철저하게 위협하려고 했습니다. 일반적으로 이렇게 되면 공공의 자유를 위해서 불가결한 것으로 간주되는 이러한 기본권을 제한해야 할 것인가, 또는 그보다 오히려 예외적인 탄압 조치라는 양날의 칼을 휘둘러야 할 것인가를 결정해야만 합니다. 물론 조용히 생각해보면 나도 만인에 있어서 일반적인 평등 권리가 무엇보다도 우선한다면 몇 사람만 사슬에 묶는 것보다도 만인의 입에 자갈을 물리는 것이 좋다고 때로는 생각했을지도 모릅니다. 그러나 근본적인 오류는 비스마르크의 무단적 전제정치의 위험한 선물인 보통선거권, 말의 참된 의미에 있어서의 만인의 동등한 권리의 파괴인 것입니다."

베버의 정의감은 더욱 귀찮은 존재로 변하고 있는 프롤레타리아들의 이익을 얻으려는 투쟁을 곤란하게 하는 특별법에 항의했다. 또 한편으로 그는 만인의 정치적 동등 권리의 상징을 부여했다(확실히 그것은 비스마르크가 그 당시 보통선거권에 의해서 국내의 자유주의를 마비시켜 버리려고 했다). 그는 전체적인 상황은 물론 독일을 지배하는 이 강력한 사나이 '비스마르크'와의 지속적인 대결이 필요하다고 판단했다. 그리고 비스마르크에 대한 평가는 30년 후에도 변함이 없었던 방향으로 일찍부터 정해져 있었다. 즉 이 유례없는 천재의 강대한 독일과 통일을 목표로 하는 정책을 승인하고 감탄하는 것, 그러나 그와 동시에 무비판적인 귀의와 우상화를 거부하는 것 그것이다. 그와 동년배의 청년 대부분에게 강요된 'Bismarck sans phrase(군말없이 비스마르크를 따르라)'라는 말은 그에게는 단순히 정치적 판단력을 흐리게 하는 하나의 수단일 뿐 아니라 나아가서는 군사나 그 밖의 것에 대한 저돌적인 찬양, 내적 야비와 천박화까지도 의미했다. 게다가 그는 부친이 지니고 있는 구체적인 의회정치의 경험은 그 반신(半神=비스마르크)이 단순히 정치적 오류를 범할 뿐만 아니라 여러 가지 인간적 약점까지 지니고 있다는 확신을 일찍부터 굳게 믿고 있었다. 이러한 약점이 국민에게 주게 되는 피해는 그 자신이 책임을 지지 않으면 안 되었다.

청년 베버가 무엇보다도 우선적으로 비난한 것은 비스마르크의 사람을 대하는 태도——그가 자신의 독재를 확보하기 위해 자기 주위에 중립을 지키는 우수한 정치 인물의 존재를 용서하지 않은 것, 따라서 부하들을 서로 싸우게 하고 그럼으로써 그들을 도덕적으로 상처를 입혀 사심이 없는 인물(예를 들면 베니그젠과 같은)이 책임있는 지위에 오르게 하는——의 비열한 면이었다. 그들은 자기들의 협력자들의 신뢰가 취임 때부터 이미 완전히 상실되어서 약간의 충격만 받아도 그 자리에서 전락해버리고 말든가 만약 국외자라면 누구의 손이 작용하고 있을지도 모른다는 것을 예기하고 있어야만 했다.

"우수한 정치적 협력자 및 가능한 후계자 모두를 전멸시키든가 또는 전연 말도 안 되는 옆길로 몰아넣는 일에 비스마르크가 대단히 능할 뿐만 아니라 거의 성공하고 있다는 것이 명백하게 되었다. 그러니 처음부터 그와 다른 신조를 지니고 있었던 많은 사람들이 그와는 아무런 관계를 가져보려고 하지 않았다는 것은 전혀 이상한 일이 아니었다."

따라서 비스마르크의 행동에 대해서 당시나 그 후에도 그가 특히 비난한 것은 끝날 줄 모르는 권세욕이었다. 그 권세욕 때문에 비스마르크는 어떠한 훌륭한 인물도 자기 옆에 서는 것을 용서하지 않았으며 그렇게 함으로써 자신을 더욱 필요불가결한 존재로 만들었고 국민이 정치적으로 자기의 보호하에 놓이도록 하는 습관을 만든 것이다. 물론 베버는 제위 교체의 운명적인 시기에 이러한 바람직하지 못한 영향의 책임은 비스마르크 한 사람에게만 있던 것이 아니고 인간의 전제적 지배를 감수한 국민 모두에게도 있다고 보았다.

"비스마르크가 우리 나라에 가져다준 자주적인 신념의 가공할 만한 파괴야말로 우리 나라 현상의 모든 폐해의 주요 원인의 하나이다. 따라서 그것에 대해서 우리는 적어도 비스마르크와 똑같은 책임을 져야만 한다."

정치적 사고의 자주성과 정신의 자유에 대해서 국민을 교육하는 것이 청년 베버에게는 무엇보다도 중요한 것으로 생각되었다. 따라서 그는 트라이츄케의 교육법을 몇 번이고 반대한 것이다. 이 훌륭한 교사의 영향하에 있는 서클 중에서는 현대에 이르는 역사는 정치 교육의 수단으로 보아야 하며 따라서 과거의 역사와는 반대로 학문적 객관성을 포기해도 상관없다는 견해를 주장하는 사람도 있었다. 트라이츄케 자신에게서 이러한 것이 일어나고 있었다. 그는 자기의 청강생을 정치화시켜 비스마르크와 호엔쏘스레른 왕가에 대한 충성을 불러일으켰으며 그들의 반유태주의를 자극했다. '보수주의자의 반유태주의의 함성'이나 호엔쏘스레른 충성에도 혐오를 느끼고 있었던 23세의 베버는 '학생들의 조심스러운 의견, 판단력, 정의감에 개인적으로 어떻게 보아도 바람직하지 못한 감화를 미치는 결과'를 비난했다. 그리고 그는 청년들이 받는 이런 영향은 '그들이 아직 자기 자신의 관점을 찾아내지 않으면 안 될 때까지'는 유해하다고 생각했다. 아마도 트라이츄케 강의에서의 이러한 인상이 정치적 가치 판단을 강요함으로써 미숙한 청년을 의식적으로 틀에 박는 것은 대학교수가 할 일이 못 되며 선동가 또는 '예언자'로서 아직 인격이 형성되어 있지 않은 청년층에 영향을 주는 교사는 월권 행위를 하고 있는 것이라는 확신을 처음으로 마음에 새기게 되었다. 그럼에도 불구하고 아직 베버는 격정에 불타고 있는 이 역사가에 대해서도 그 —— 비스마르크의 경우처럼 —— 자신만의 책임이 아니고 그를 둘러싸고 있는 사람들의 책임이기도 하다고 말함으로써 공정해보려고 노력했다. H. 바움감텐에게 트라이츄케의 '이상주의'를 이해시키기 위해서 베버는 한 권의 작은 시집을 그에게 보내면서 다음과 같이 기술했다.

"만일 나와 같은 연배의 사람들에게 있어서 군사, 저돌적인 찬양, 현실주의라는 것의 배양, 인간의 나쁜 면 특히 야만적인 면을 무시하고 그 목적을 달성하는 것을 기대하는 것에 대한 모든 경멸이 시류에 적합한 것으로 되지 않았다면 천박한 편협성, 반대되는 의견에 대해 싸우는 열광성, 성공 등을 강력하게 마음에 새겨두었기 때문에 몸에 배어버린 오늘날의 현실주의적 정치에 이끌리게 되는 것이 사람들이 트라이츄케의 강의에서 배운 유일한 것이 되지는 않았을 것입니다. 그렇지 않았다고 한다면 그들도 이와 같은 현상을 앞에 놓고 자신의 의견을 삼가했든가 또는 그것을 바람직하지 못한 악폐로 보았을 것입니다. 그렇다 하더라도 그들 중 일부는 이러한 정치적인 일시적 앙분과 편협성의 교격함 속에서 사상적인 기반을 얻으려는 인간의 위대한 열정적인 노력을 인정하고 거기에서 많은 것을 배우고 있는 사람도 있을 것입니다. 그 결과 이렇게 주로 진실만을 얻으려 하며 그 결과에는 마음을 쓰지 않는 일은 가치가 자꾸 떨어지게 되며 여기서 남과 이야기를 하고 있으면 때로 견디기 어려운 건방진 suffisance(자만)와 일체의 '편의주의적'이지 못한

사물의 관찰에 대한 어리석은 조잡성만이 고개를 쳐들 수밖에 없을 것입니다."(1887년)

이 청년이 정치적 판단에 대해서 비판을 할 때에는 언제나 그가 평생 동안 고수한 하나의 전제에서 출발했다. 그에게는 정신의 자유가 최고의 선이며 각자가 그 자유를 달성하려는 노력이 어떠한 사정하에서도 정치적 권력 투쟁의 희생이 되는 것을 바라지 않았다. 그는 정치적인 편의에서가 아닌 양심의 이름으로써만 자신과 다른 것을 지향하는 양심의 내용과 싸울 권리를 가질 수 있다고 보았다. 이런 입장에서 그는 당시의 문화 투쟁을 부정했다. 후에 폴란드 인에게 독일어를 강요하는 프로이센의 언어정책을 부정한 것처럼. 물론 그는 뜻하지 않게 교황청에게 모든 것을 양보함으로써 완전히 막을 내리게 된 비스마르크 특유의 방법도 좋아할 수 없었다. 왜냐하면 거기에는 카톨릭 교도에게 부당한 처사를 한 것을 자인하는 것이 내포되어 있었기 때문이다.

"이제는 교회정책에 대한 법률안이 승인되고 있습니다. 이때 비스마르크의 연설 중 몇몇은 사실상 커다란 세계사적인 성격을 지니고 있었으며 어떻든 지금까지의 사태에 결말을 주지 않을 수 없었기 때문에 다른 많은 사람들이 지금까지 말한 것과는 대조적으로 훌륭한 것이었습니다. 그러나 역시 남의 눈에 띄지 않게 몰래 맺어진 '강화'는 어이없는 일이며 투쟁(문화투쟁)은 주로 우리 쪽의 '정치적' 이유에서 일어난 것이라고 사람들이 지금에 이르러서야 말하지만 무어라 변명을 하든 거기에는 부정이, 더구나 중대한 부정의 자인이 포함되어 있습니다. 만일 이 투쟁이 실제로 우리에게 있어서 양심의 문제가 아니고 그때 그때의 사정 문제였다고 한다면 다시 말할 것도 없이 카톨릭 교도가 주장하는 것처럼 외적인 이유에서 카톨릭을 신봉하는 인민의 양심에 폭행을 가한 것이 되는 것입니다——왜냐하면 카톨릭 대중에게 있어서는 이것도 역시 양심의 문제였기 때문이니까——. 물론 이렇게 되면 우리가 언제나 그들에게 반론한 것처럼 양심 대 양심의 싸움은 아니라는 것으로 됩니다. 따라서 우리는 양심적이지 못한 행동을 한 것이며 도덕적으로도 패자입니다. 더구나 패배 중에서 가장 참을 수 없는 패배인 것입니다. 왜냐하면 이것은 우리가 언젠가 다시 싸움을 시작하지 않으면 안 될 때, 그것을 승리로 이끌어 나가지 않으면 안 될 때 취해야 하는 전법을 써야하는 것을 방해하기 때문입니다."(1887년)

그러나 그는 우익보다도 훨씬 큰 힘을 가지고 낡은 자유주의적 인격의 이상을 주장하고 있었던 당시의 좌익 자유주의의 정책에도 동조하지 않았다. 그는 분열(자유주의 세력의 좌우 분열)을 한탄했으며 비스마르크에 대한 자유주의파의 정석적인 반대, 특히 예산안 심의에 대한 반대는 자유주의에 있어서 손실이 되는 것이라고 생각했다.

"왜냐하면 국가에 지출 요구가 제출될 때마다 그 재원이 제시되어 있지 않다고 해서 그것을 거부하거나 또는 그 재원을 얻었다고 한다면 그 필요가 증명되어 있지 않다는 그럴듯한 이유를 들어서 배척한다——어느 쪽으로 낙착이 되어도 손해가 없다——는 것과 같은 일을 몇 년씩이나 계속하고 있는 성낭에 대해서 대체 무어라고 말해야 합니까."(1887년 재정정책안 제출시)

또한 자유주의파에는 위대한 지도자가 없다고 했다.

"그와 같은 인물이 언젠가 추대되어 비스마르크의 뒤를 이을 수도 있다는 생각을 하게 되면 역시 전율을 느끼지 않을 수 없습니다……."

프리드리히 황제 재임 중에 비스마르크가 사임했으면 하는 좌익의 희망은 그의 비판을 불러일으켰다. 왜냐하면 그것은 그에게 이 파의 지도자들은 정치적 책임 능력이 결여되어 있다는 결론에 도달하게 했기 때문이다.

"따라서 예전의 적극정책에 대한 희망은 이런 사람들과 함께 포기하지 않을 수 없게 되며 그리고 그와 함께 자유주의의 분열과 동일 인물이 판에 박힌 광신적인 선동가와 다른 한쪽의 맹목적인 비스마르크파의 쌍방으로부터 공격을 받게 된다는 연극이 항구화되고 맙니다. 실제로는 사람들이 일찍부터 시간이 흐름에 따라서 좌익에서 적극적인 협력으로 복귀하는 것을 절실하게 기대하고 있었는데 말입니다."(1888년)

*

1888년의 여러 사건 중에서도 특히 프리드리히 황제의 죽음은 젊은 베버의 마음을 뿌리째 흔들어놓았다.

"나는 언제나 국정에 대해서 생각하고 있습니다."

그는 외국인인 동시에 남달리 뛰어난 인물이었기 때문에 인기가 없었던 황후에 깊은 동정을 표했다. 더구나 이 황후는 비스마르크와의 인간적으로는 결코 그녀의 불명예가 되지 않은 충돌——그녀는 자신의 딸의 행복을 국가의 이익을 위해서 희생하지 않으면 안 되었다——때문에 보수파의 증오를 받게 되었다. 프리드리히의 짧은 재위 후에 빌헬름 2세가 등극했을 때에 그는 무엇보다도 이 젊은 군주가 궁정교회와 봉건적인 영향에서 빠져나오는 것을 중요시했다. 그리고 그는 비스마르크의 권세가 유지되는 것에만 이러한 영향이 유효하다고 보고 있었던 것이다.

"그것 이외의 여러 가지 징후도 또한 그에 대한 비스마르크의 영향이 더욱더 독점적인 것으로 되었다는 것, 사태는 근본적으로 황태자(빌헬름 2세)의 몸에 배어 있는 반동적인 경향을 무력화하기 위해서 비스마르크가 얼마나 오래 살 수 있느냐에 달려 있다고 말하고 있습니다. 왜냐하면 비스마르크는 이러한 경향을 그 경향 자체 때문에 환영하지 않는다는 것이 틀림없기 때문입니다. 이러한 경향의 위험성이 그의 눈에서 벗어날 리가 없었습니다. 그의 정책의 문제가 되는 점은 그가 그러한 경향을 자기의 목적을 위해서 이용하려고 했다는 것과 또 그러한 것 자체가 그러한 경향 때문에 이용될 가능성을 벗어날 수 없었다는 것이었습니다."(1888년 4월 30일)

그것은 그렇다 하더라도 다음에 사태가 정상화되어감에 따라서 그는 비스마르크가 자신의 후계자에 대해 생각하는지 어떤지 그리고 정치적인 요소를 가지고 움직이기 시작하는지 어떤지가 국가의 장래를 위해서 결정적인 것처럼 생각되었다.

"만일 그렇게 되지 않았다면 급진파의 반대의 흐름에 따르고 로마 교황파와 결탁한 프로이센의 윤카들의 손으로 독일 제국의 깃발이 게양되지 않으면 안 된다고 할 것 같으면 중부 독일 및 남부에서 국민민주주의적 분자의 후퇴에 의해서 심상치 않은 위험이 발생된다는 것도 생각할 수 있다. 이것은 아무도 부정할 수 없는 일이다."

빌헬름 2세의 권력 의지에 대한 경향 중에서 특히 자신의 개성을 공적인 장소에서 나타내 보이려고 일찍부터 노력해온 무서운 욕구를 보았다. 1889년 말에 그는 이 점에 대해서 이렇게 말했다.

"이러한 프랑췌 장군을 닮은 포나파르트적인 성명은 결국 바람직하지 못한 것입니다. 고속 열차를 타고 있기는 하지만 다음 정거장에서 원래 선로로 가게 되는지 아무래도 안심이 가지 않은 느낌입니다."

1년 반 후 비스마르크 실각 후에 그는 이렇게 말했다.

"이런 사태 중에서 고마운 것은 한 사람의 카에살——황제——이 또 한 사람의 카에살에게 얌전하게 순종한 일이 없이 서로 싸우기 때문에 각자가 자신의 판단을 포기하는 것을 방해받고 있다는 점입니다. 왜냐하면 황제의 앞에서 자신의 판단을 포기한다는 것은 아무도 생각하지 않고 있으니까 말입니다. ……황제의 일을 가장 호의적으로 생각하고 있는 사람 중에서도 지극히 이해성이 많으며 비스마르크에 충성하는 사람 중에 반드시 갖추고 있었던 것과 같은 하나의 교의처럼 그를 열광적으로 변호하는 태도는 현재로써는 어디에서도 찾아볼 수 없습니다. 그 견지에서 본다면 황제가 어떠한 당파에게도 완전하게 만족감을 주지 않는다는 것, 그리고 지금까지 기회가 있을 때마다 차례차례로 각 당파의 화를 돋구었다는 것은 참으로 황제의 장점인 것입니다."(1819년)

물론 1년 후(1892년)에는 베버에게 있어서 황제의 이런——간접적인——장점도 그 정치의 결함 때문에 상쇄되고 말았다. 다음과 같은 판단은 결정적인 것으로써 그 후의 정치적 사건은 주로 이것을 강화시켰을 뿐이다.

"그(황제)에 관해서는 지극히 나쁜 평가가 더욱더 널리 퍼지고 있습니다. 확실히 그는 상식에서 벗어난 하급 장교적인 사고로 정치를 다루고 있습니다. 이 경우에도 그에게 봉사의 관념 때문에 정력적인 의무 이행을 부정하게끔 하지 못할 것입니다. 그러나 거기에 뒤섞여 있는 편협함이나 그를 움직이고 있는 음산한 권력 감정은 최고의 문제에 도가 지나친 혼란을 가져왔으며 전체 행정에 대한 반동이 나타나지 않을 수 없었습니다. 그렇게 되어서 그는 인간으로서는 크게 존경할 수 있는 카프리뷔를 표현하고 말았으며 국가를 통치하는 권위 같은 것이 문제가 되지 않게 되고 말았습니다. 우리는 이번에도 기적처럼 외교적으로 참으로 중대한 상황을 뚫고 나갔습니다. 그러나 유럽의 정치가 이제는 벨린에서 만들어지고 있지 않다는 것을 의심할 여지는 없는 일입니다."
(1892년)

Ⅲ

그러나 외교 및 내부의 밝은 전망이 더욱 흐려져갔음에도 불구하고 베버는 헤르만 바움갈텐의 노인같은 페시미즘에 동감할 수는 없었다. 왜냐하면 그는 젊었으며 그에게는 군주 정치의 명성이 쇠퇴해가면서 희망에 넘치고 완전히 새로운 내용의 사명이 신선하게 움트고 있었기 때문이다. 베버는 사법관 시보시절(1886년부터)에 어떤 청년 서클에 가담하고 있었다. 경제학자, 사회정책에 관심을 가지고 있는 여러 경향의 관리들, 그리고 그 중 일부는 사회적 이상에 관심을 두고 있는 강단 사회주의자들의 제자였었다. 이 서클에서는 이미 선대의 정치적 유산에 집착하지 않았으며 정치 사상과 목표 설정의 선풍이 일고 있었다. 베버의 생각으로서는 이 사람들은 반유태주의자의 '불쾌한 타입'이나 자칭 현실주의자로서 기사적 기풍의 호언장담을 히는 국가주의의 광신자에도 속하지 않으며 '70년대의 국민자유주의와는 본질적으로 다른 거점, 그리고 국민자유주의와 같은 계급적 욕망이나 궁정 교회적 경향에 침투되고 있지 않은 거점'에 서서 입신출제주의나 기타 불순한 배려를 조금도 지니고 있지 않았다.

"요컨대 나는 그들에게서 정신의 자유를 인정하지 않을 수 없었다.

그들도 1867년에서 1877년까지의 시대를 예전의 사람들이 일반적으로 보고 있었던 것과는 본질적으로 다른 면에서 보고 있었다. 그들의 대부분은 주로 경제학자이며 사회정책학자였는데 따라서 사회문제에 대한 국가의 간섭이 다른 사람에게는 사태의 현상으로 보여서 당연하게 보였지만 그들에게는 중대하게 보인 것도 이상한 일은 아니었다."

이러한 사회적이고 사회정책적인 관심에 대한 자각——그 최초의 관심은 1887년의 한 편지 속에서 찾아볼 수 있다——은 큰 기업가들의 수중에 서서히 빠져들어가 경제적 요구를 대변한 아버지 세대 사람들의 국민자유주의적 정책에서 베버를 분리시켰다.

"1870년대의 자유주의에 있어서 국가의 사회적 책무는 본래 당연하게, 적어도 현재 우리가 당연한 것으로 보는 이상으로 다른 의무의 그늘에 가리워지고 있었다는 것, 자유주의자들은 현재도 사회적 입법이 이루어지는 것을 아직, 때로는 그 자제로서는 획실히 정당하지만 붉신의 마음을 품으면서 방치하고 있으며 그것에 간섭하여 수정함으로써 그 자리에서 중대한 의혹을 제거하려고 하지 않았다는 것, 일반적으로 ——그리고 그것은 내 생각으로는 확실히 무리도 아니지만——그들로서는 법률안에 대한 관심은 다른 일체를 배제할 정도의 것도 아니었다는 것——, 이 부정할 수 없는 사실이 이러한 정치가들로 하여금 국민자유주의의 시대를 커다란 국가의 책무에 대한 이행의 시기로 보이게 하였던 것이다……."(1888년 4월 30일)

그가 처음으로 한 투표는 국민자유당의 후보에게 한 것이 아니었으며 자유보수파를 선택했다. 왜냐하면 그는 사회적 이해의 주장에 대한 이 당의 깊은 의지를 기대하였으며 동시에 권력정치 속에서의 많은 문제에 관한 이 당의 태도에 매력을 느낀 때문이라고 생각할 수 있다. 그러나 그는 어떠한 경우에도 당인은 되지 않았다. 그는 후에 이 최초의 투표에 대한 이야기를 곧잘 말했으나 그 동기에 대해서는 한 번도 말하지 않았다. '세대의 전환'은 끝나고 있었다. 문화의 빛은 더욱더 높이 빛났으며 젊은 세대 사람들에게는 부친들과는 다른 문제가 표면화되어 있었다. 그와 함께 그들은 행동과 탐구에 대한 새로운 책려도 얻게 된 것이다.

'새로운 욕구를 자각하는……'

*

　이러한 관심은 베버에게는 처음부터 이중의 표식을 띠고 있었다. 하나는 민족정치의 이념이고 다른 하나는 사회적 책임감과 정의감의 표식이다. 그는 우선 첫째로 경제나 기술이나 국가제도에 대해서 그러한 것이 어느 정도까지 독일이 강국으로써의 지위를 지탱하는 목적에 적합한가를 문제로 삼았으나 이 문제로 해서 또 하나의 문제에서 도피하려고 하지는 않았다. 그것은 농민으로서건 공업노동자로서건 자신의 손으로 나라의 강력한 토대를 구축하려고 하는 독일 사람들이 어떠한 제도에 의해서 인간다운 생활이나 건강이나 행복을 보장받을 수 있느냐 하는 문제였었다.

　강국에 대한 국민적 정열은 확실히 천성적인, 어떠한 반성에 의해서도 해를 입지 않은 본능에서 솟아나는 것이다.――강력한 국민은 강력하게 태어난 인간의 육체의 연장이며 그 긍정은 자기 긍정 이외에 아무것도 아니다――새롭게 싹튼 사회적 관심은 그의 주변 사람들 즉 그의 모친에게 비롯되었다. 바움갈텐, 그녀의 아들 오토의 마음을 사로잡고 있었던 것이라는 사실에 의해서 다정한 분위기를 띠고 있었다. 베버는 오토 바움갈텐이 목사에 대한 사회적 계목을 목적으로 하는 새로운 신문을 창간하는 일에 협력했다. 목사도 사회정책학자나 관리와 접촉하여 각각 상반되는 세계 사이에서 상호 이해를 다져나가지 않으면 안 된다. 베버는 이 사업을 헤르만 바움갈텐에게도 이해시키려고 노력했으며 그것에 대해서 다음과 같이 기술하고 있다.

　"이 문제에 관여하고 있을 때처럼 신학자들이 다른 인간들이 하는 말을 비교적 냉정하게 이야기하는 것을 강요당하고 있다는 것은 확실히 그들 자신에게도 유익하며 그들의 신분에 대한 존경을 위해서도 바람직한 일입니다. 반대로 속세 사람들 특히 젊은 세대의 관리들은 교회에 대한 존경을 외적으로 편리하게 취급하는 동시에 전면적인 무관심주의는 별도로 하더라도 성직자의 실천상의 능력에 대해 결정적인 의혹을 품는 습관을 심히 우려할 정도까지 느끼고 있지만(더구나 사회정책에 왕성한 관심을 지니고 있는 사람들이). 복음 교회에 대비한 경우 카톨릭 교회의 사회적 세속관계나 실천능력에 대해서 젊은 사회정책학자들 사이에서 일어나고 있는 판단——만일 이 복음 교회 사람들이 그들을 단념한 카톨릭 승려와의 협력 활동을 한다는 생각에 저항을 느끼지 않게 된다는 전제로서이지만——에 대한 것을 생각해보아도 그것은 유익한 일이라고 생각됩니다."(1891년)

*

사회적 관심은 벌써 훨씬 이전부터 일반적인 풍조 속에서 느낄 수 있었다. 근대적이고 실제적인 분세가 사려 깊은 사람들의 양심에 이런 관심을 불러일으킨 것이다. 이미 1870년대에도 사회문제로 다루지 않으면 안 된다는——닥쳐오고 있는 불상사를 피하기 위해서——것을 몇몇의 작은 시민계급 그룹은 뚜렷하게 의식하고 있었다. 벼락부자를 윤택하게 만드는 포말(泡沫)회사 난립시대, 공업 발전에 따르는 새로운 부의 성립, 영리본능의 자유로운 지대는 유산계급의 생활양식과 육체노동에 종사하는 대중의 그것과의 거리를 예전보다 더한층 뚜렷하게 갈라놓았다. 그리고 사회주의의 천재적 사상가들은 소수의 목적을 위해서 수백만의 다수를 기계에 묶어놓고 더구나 그 대가로 겨우 입에 풀칠할 정도의 것밖에는 주지 않은 사회질서와 싸우기 위한 정신적 무기를 무산계급을 위해서 내걸었다. 자신의 노동력 이외에는 팔 것이 없으며 '자신을 묶어놓은 사슬 이외에는 잃을 것이 없는' 사람들의 정당으로서의 사회민주당은 이와 같은 상태를 정당화하는 소유제도나 법률제도의 구조를 뒤흔든 동시에 유산자의 양심에 위안을 주고 무산자에게는 내세에 대해 설법하여 국가를 위해서 '비밀경찰'의 역할을 하고 있는 교회의 주박에서 벗어나 새로운 '가치표'에 의해서 대중을 해방시키려 했다.

아돌프 와그너, 슈모라, 브렌타노, 크납프 기타 일련의 우수한 경제학자와 함께 그나이스트와 같은 법학 교수가 사회주의적인 사회비판의 정당성을 인정했다. 그들 중 몇 사람은 자유무역주의가 자유방임주의(laisser faire, laisser passer)와 분별이 없는 이윤추구를 긍정하는 맨체스터 학파의 사상이 계급대립의 격화에 일단 책임이 있는 것으로 보았으며 국민경제학이 다시 윤리적 이상으로 향하고 국가가 자유로운 노동계약을 규제할 것을 요망했다. 적대자들로부터 조소적으로 '강단 사회주의자(Kathedersozialistem)'라고 불리웠던 이러한 사람들은 강의와 논문으로써 젊은 학도들에게 영향을 주었다. 그들은 더한층 활동 범위를 넓혀 국가에게도 영향을 주려고 해서 사회정책학회(Verein für Sozialpolitik)를 설립하여(1873년) 상인, 공업가, 관리들이 이에 가입했다.

여러 경향의 사람들이 참가한 아이제나하에서의 준비 협의 때에는 노동문제에 대한 관심이 중심이 되었다. 구스타프 슈모라는 강령의 윤곽을 제시했으며 학회는──그 후 여러 차례 확장을 거듭하면서──근본적으로 그 강령을 지켜나갔다. 슈모라는 그 자의(恣意)를 포함해서 개인을 자연권에 따라서 찬미하는 것으로부터 모든 것을 삼켜버리는 국가권력의 절대주의적인 이념에서부터도 똑같이 거리를 둔 국가관에 서 있다고 말하고 국민경제의 성과면에 있어서 기술의 눈부신 진보를 승인하면서도 재산 및 소득의 불평등의 증대와 그 영향에서 생겨나고 있는 심각한 폐해도 인정했다. 그 악폐의 첫째 원인으로써는 분업의 발달이나 입법의 진보 경우에는 언제나 생산의 상승이라는 것만을 문제로 삼고 인간에 대한 영향을 생각하지 않았다는 점을 들었다. 학회는 사회의 평균화를 바라지 않으며 사회주의의 실험을 거부하며 현존의 생산 및 소유의 형태를 승인하지만 노동계급의 상태 개선을 위해서 싸운다는 것이다. 이 서클은 우선 국가가 노동계약을 규제하고 공업법을 발표하며 은행업과 무역을 감독하여 노동자의 교육, 교양, 주거의 개선에 배려할 것 등을 요구했다. 학회는 학자와 전문가를 결부시켜 학문적인 일을 실제 생활에서 적용하려고 했다. 그 때문에 사회적·경제적 '문제'의 공동연구가 조직되었다. 이렇게 해서 문제가 된 재료가 구두 토론의 기초를 제공하게 되었다. 성립 후 10년 동안 학회는 직접 입법자에 대해서 권고를 했다. 그리고 당시 그 회의는 활발한 선전을 전개하여 사회정책의 정신을 더한층 넓은 범위로까지 침투시키려고 노력했다. 그러나 비스마르크가 80년대 초부터 사회정책을 실행하기 시작하는 동시에 국가 기관에 직접 영향을 줄 수 있는 가능성을 잃게 되자 학회는 선동적인 활동과 선적적인 토론 형식을 중단하고 아카데믹한 형식으로 전환했다. 실제적인 문제의 엄밀한 학문적인 검토 쪽으로 옮겨졌다.

베버는 이 단계에서 학회에 참가했으며 오래 그 회원으로 머물렀다. 당시는 농업문제가 절실한 것이었다. 왜냐하면 지금까지 늘 국가에 의한 보호 특별히 대행할 권리를 요구하는 계급이었던 대토지 소유자들이 이번에는 자기 자신들이 곡물 관세의 인상과 국내 이주 금지 등 기타에 의해서 자기의 경제적 이익에 대한 특별한 국가적 보호가 이루어질 것을 요망했기 때문이다.

베버는 1890년과 91년에 학회의 의뢰를 받아 농업노동자의 사정에 대한 연구를 맡았다. 조사가 계획되었고 그것을 위해서 그는 지주들에게 물을 질문표 초안을 만들었다. 들어오는 자료는 몇 사람의 젊은 사회정책학자에게 할당되었다. 베버 자신은 〈독일 동 에르베 지방의 농업노동자의 상태〉라는 가장 중요 부분에 손을 댔다. 거의 9백 페이지에 달하는 국민경제학상의 처녀작은 최초의 법률학 강의와 평행해서 일사천리의 속도로 1년 만에 완성되었다. 그는 이렇게 되어서 곧 자기 전공 외의 학문에서 젊은 학자들의 신망을 굳혔다. 그 이래 그는 농업문제의 전문가로 인정을 받게 되었다.

국민경제학 중에서도 특히 농업사의 태두 중 한 사람인 G. F. 크납프는 1893년 봄 학회의 회합 석상에서 앙케이트의 결과에 대해 보고를 하면서 이렇게 말을 했다.

"마지막으로 에르베 동부의 노동사정에 대한 연구가 막스 베버 박사의 손으로 작성되었는데 이것은 그 사상의 깊이와 이해의 깊이로 인해 모든 독자를 놀라게 했다. 특히 이 연구는 우리가 가지고 있는 전문지식은 이미 과거의 것이니만큼 우리도 새로운 마음으로 공부를 다시 시작하지 않으면 안 된다는 감명과 배움을 주었다.”

이것이 기회가 되어서 베버는 학자나 사회정책가의 보다 큰 서클 앞으로 직접 나아갈 수 있었다. 그는 자기 일의 성과에 대해서 자유로운 보고 연설을 했다. 옛날부터 현물 수익을 얻는 대신 지주 귀족을 위해서 수경이나 축경의 소임을 맡아오던 농업 인구 중 가장 좋은 보수를 받고 있었던 사람들이 고향을 떠나 해외로 이주하든가 비스마르크가 뜨내기 노동자에게만 대도시를 개방하였고 이로 인해 이주자에게는 봉쇄하고 있었던 동부국경으로부터 폴란드 인과 러시아 인이 수천 명이나 들어왔다. 비스마르크의 후계자는 지주귀족의 압박에 저항할 만한 힘을 가지고 있지 않았다. 그래서 외국인들은 계절노동자의 자격으로서 아무런 방해도 받지 않고 밀려들어왔다. 그리고 그 일부는 정착하여 수백년 전에 이 두 민족에게서 빼앗은 독일 동부의 변경지방을 점령했다. 그 원인이 어디에 있는가? 그 위험이 어디에 있으며 어떻게 그것에 대처할 수 있는가? 이러한 문제는 단순히 그것에 가장 밀접한 관계를 지니고 있는 사람만의 관심사가 아니라 정치가의 관심도 끌 수 있는 문제였다. 우선 첫째로 그 원인은 어디에 있는가? 조사는 동부지방의 인구 감소의 가장 중요한 원인이 대규모 농업 경영 때문에 오랜 공동 경제적인 농업구조를 해체한 데 있다는 것을 밝혀냈다. 지주들은 더욱더 많은 토지를 자기 것으로 했으며 소작농의 권리나 현물 수익을 중지하고 임금을 주기로 했으며 팔기 위해서 경영을 하여 가부장적인 지배계급에서 상업적인 기업가계급으로 변모했으며 그로 인해 예전처럼 자기들의 밑에서 일하는 노동자와 이해를 같이 하는 체제를 파기했다. 이미 토지의 수익에서 오는 할당을 받을 수 없게 되었으며 자신의 토지를 가짐으로써 독립할 수 있다는 소망을 바라볼 수 없게 된 소농은 부역을 그만둔다. 그것은 제일 좋은 보수를 얻고 있었던 사람들이 떠나는 것이므로 물질적인 이유에서가 아니고 자유로워지고 싶다는 정신적인 이유에서였다. ‘그들의 환상은 경제 생활 중에서도 물질적인 문제보다도 커다란 힘을 가지고 있었던 이상이 존재한다는 것에 대한 예증이다.’ 영주에 대한 인격적 예속은 개개의 노동자에 대한 영주의 인격적 책임이 상실해버리면 유지될 수 없

는 것이다. 값싸고 순종적인 노동력에 대한 지주귀족들의 관심은 여기
에서 나오는 것이다. 폴란드 인과 러시아 인이 수천 명씩이나 이 나라로
들어왔다. 그것은 동부에서 적지 않은 국가적 위험을 의미하게 된 것이
며 외국인의 유입은 더욱더 이주에 대한 욕구에 박차를 가했다. 뿐만 아
니라 이 지방의 독일 주민의 영양 상태나 문화는 그보다 낮은 동방의
문화 단계의 수준으로까지 떨어지게 되었다. 베버는 자신이 해명한 이
과정 전체를 정치가적인 관점에서 보았다.

"나는 여기서는 농업노동자의 문제를 주로 쌍방의 문제로서 고찰한
다. 즉 농업노동자가 곤란을 받고 있느냐 그렇지 않으냐 하는 문제로서
나 어떻게 하면 대 토지소유자에게 염가의 노동력을 공급할 수 있느냐
하는 문제로서도 취급하지 않는다."

그의 의견은 이러했다. 농업정책을 지도한다는 것이 세상에 대한 관
심이어서는 안 되며 국가적 관심, 국민적 국방력의 표시로서, 또 오스트
마르크(동부변경 지방)를 무력에 의지하지 않고 방위하기 위해서 향토
에 충실하고 치밀하며 강력한 지방주민을 유지한다는 관심으로서 나타
나지 않으면 안 된다. 결론은 새롭게 국경을 봉쇄할 것과 농민의 토지가
대 토지소유자에 흡수되는 것을 저지하는 것이었다.

"우리는 법률의 사슬로써가 아니고 심리적인 사슬을 가지고 소농을
조국의 토지에 결부시켜야 한다고 생각한다. 우리는——나는 확실하게
말하지만——그들을 땅에 머물러 있게 하기 위해 그들의 토지에 대한
갈망을 이용하려고 생각한다. 그리고 나라의 미래를 지키기 위해서 한
세대를 토지에 군말없이 묶어두려고 한다면 우리는 우리 스스로 그 책
임을 떠맡지 않으면 안 된다."

이 젊은 정객이 현재의 과제를 관찰할 때의 태도에는 그만의 독특한
체감적인 것이 있었다.

"나와 동년배인 사람들이 현재 이것에 대해서 나처럼 강렬하게 느끼
고 있는지 어떤지 모르지만 광범한 대중에서 최고의 상층부에 이르기까
지 국민 전체에 깔려 있는 것은 말류시대(에피고넨도움)의 무겁고 괴로
운 저주이며 우리는 다른 종류의 과제 앞에 서 있는 이상 우리 이전의

세대를 움직이고 있었던 소박한 열광적인 행동력을 다시 불러일으킬 수는 없다고 생각한다. 국민 통일과 자유로운 헌법을 만들어내려고 했을 때처럼 전국민이 공감하는 커다란 감동에 호소하는 것을 우리는 할 수가 없다."

그러나 그래도 그의 눈앞에는 어떤 국민적 미래상이 아른거리고 있었으며 미래를 위해서 모든――부조의 사업에 비한다면――외소한 것으로 보이는 국내의 정치적 과제 해결을 위해 힘을 기울여야 했다.

"우리는 후일에 지금을 회고해서 지금 프로이센 국가는 자신의 사회적 사명을 때를 놓치지 않고 인식했다고 말할 수 있기를 희망한다. 그러나 물론 우리는 미래에 대해서 보다 높은 요구를 제출한다. 우리는 우리가 미래를 향해서 발행한 어음이 부도가 나지 않을 것이라고 믿고 있다. 우리는 언젠가 우리 생애의 마지막을 맞이하여 청년시대가 우리에게 기부한 기쁨을 맛볼 수 있을 것을 희망한다. 그때 그것은 국가와 인민의 확고한 사회적 조직화 위에 서서 국민의 미래를 조용히 바라보면서 우리에게 과해진 문화적 과제의 해결을 위해 착수할 수 있다는 기쁨인 것이다."

'저녁에는 밝아질 것이다.' 이것이 이미 그때부터 책임있는 국민 지도자들의 거동에 대단한 우려를 느끼고 있었던 정치적 본능과 날카로운 판단력이 뛰어난 이 청년의 희망이었다.

*

사회정책학회가 베버에게 그 학문적인 활동을 국민경제학의 영역까지 넓힐 수 있는 계기를 준 것과 같은 시기에 그의 사회주의적 관심은 그것과는 다른――그러나 인접한――서클 속에서 높아가고 있었다. 사회정책학회가 포기하고 있었던 사회적 활동의 선동가적인 태도를 강단 사회주의자의 사상적인 작업에 자극을 받아 그들과 유대를 맺고 있었던 프로테스탄트 신학자가 내걸고 나섰다. 프로테스탄트 교회는――카톨릭 교회처럼――프롤레탈리아의 빈곤에 대해서는 단순한 사랑의 활동만으로는 충분하지 않다는 것을 인식하고 있었다. 교회는 또 스스로의 존재에 대한 위험까지도 간파하고 있었다. 사회민주주의의 뒷맛이 개운치 않는 팽창은 정신의 '전복'을 기독교로부터의 이탈과 전통적인 권위로부터의 해방을 절박한 문제로 삼고 있었다. 이 위험은 사람들을 자각시키는데 기여했다. 사람들은 기계화시대의 영향을 인식했으며 지금까지 보지 않아도 되었고 또는 보지 않으려고 했던 여러 가지 현상을 앞에 놓고 아연해했다. 성서는 이제 새로운 눈으로 철저하게 연구되었으며 사회주의 요구의 일부가 복음서에 의해서 정당화되고 있다는 것을 알았다. 몇 사람의 성직자가 강당 사회주의자와 함께 협회를 만들었으며 그 협회는 교회에게는 '제4계급의 정당한 요구를 결연히 대변할 것'을, 정부에게는 '단호한 사회적 개혁의 정책을 위해 노동자측에 선 강력한 정책이나 인물을 요구'했다. 슈텍카는 목사들에게 사회문제 연구와 기독교 사회주의 정당에 의한 세휴를 호소했디. 이 서클에서는 국가 사회주의를 기독교에 적합한 경제상태인 것처럼 보았다. 훌륭한 선동적 재능을 지닌 이 설교사는 기독교 국가에 그 의무를 상기시켰으며 유산자에게 무산자의 정당한 요구를 받아들이도록 권고하여 군주주의와 기독교의 지반에 선 노동자 정당을 설립하여 그 정부에 의해서 마르크스주의적인 방향을 지향하는 사회민주주의로부터 분리시키려 했다. 그러나 헛된 소망이었다. 정부는 노동자에게 인기가 없으며 따라서 지나치게 보수적인 색채를 띠어 농민 및 중산계급의 이해를 따르는 '서민'의 정당이 되었다. 그것은 유태인과 교회를 소홀히 생각하는 자유주의자에게 방향을 돌려 시민계급에 대한 영향력을 좁히게 되었다. 외부적으로 이 정당은 비스마르크의 연합정책에 의해서 심하게 몰리게 되었다. 종교청은 종교와 정치의 혼동에 대해서 경고를 내렸다. 그러나 역시 교회를 민중의 생활에 접근시키며 보수적인 층에게 국가사회주의의 이념을 이해시키려고 한 시도는 영속적인 의미를 갖는 것이었다. 슈텍카는 이번에는 정치의 외각에서 영향권을 만들려고 했다. 1890년 그는 제1회 복음사회 회의를 개최했다. 이 회의는 정당과 정파를 초월하고 긴급한 사회적·도덕적 문제의 공동 토론을 위해서 모든 경향을 지닌 신학자와 사회적 관심이 강한 관리, 정치가, 경제학자가 서로 모여서 담화실과 같은 구실을 할 수 있도록 의도된 것이었다. 제1회의 회합은 1890년 성령강림제 주간에 열렸으며 '국가의 호지와 종교의 옹호를 입각점으로 하며' 종교상과 정치상의 모든 경향의 사람들이 초대되었다. 여러 방면의 명사들이었으며 그 중 서너 명은 고위직에 있는 신학자들이었다. 노동자 보호법의 완성을 요구하는 1890년 2월 4일의 모임에는 황제측에서 우파에 속하는 사람까지도 그들이 이 회의에 참가하는 것이 잘못이 아니라는 보증을 주게 되었다. 뿐만 아니라 사회진압법의 철폐가 요구되고 있어서 혁명의 위협을 예방하기 위해서 무언가를 하지 않으면 안되는 상황에 놓여 있었다. 그래서 슈텍카, 나두지우스, 크레마, 드리안다와 같은 궁정 교회파의 권위자와 카프탄, 폰 조덴, 하르낙크와 같은 자유인이며 학구적 경향의 신학자들, 나아가서는 젊은 층의 라데, 바움갈텐, 케레, 보누스들이 손을 잡게 되었다. 몇 명의 고급 관리와 정치가도 참석했다. 우파에서는 고령의 목사 폰 보델슈빙크의 청결한 모습이 감동적인 인상을 주었다. 그의 단순한 신앙심과 동포애는 참된 그리스도의 사도 정신을 구현하고 있었다. 우선 정통파와 자유파의 권위자들 사이에서 신학적이고 교회정책적인 토론이 장시간에 걸쳐서 벌어졌다. 사람들은 주로 '카난의 말'을 인용했으며 일체의 과격한 언동을 피하고 목사로부터 그 양들을 빼앗아 불신앙과 권위와 적대시 하는 황야로 끌어내려고 하는 사회민주주의를 날카롭게 공격했다. 그러나 모인 사람들은 참된 자비심에 넘쳐 있어서 사회민주주의 세력 신장의 숙명적인 원인을 지금까지도보다도 깊이 파헤쳐보려고 결의하였다.

회의는 종교와 경제 위기를 전체의 책임으로 보고 거기에서부터 '각 계급이 타자에 대한 자기의 사회적 책무를 의식하며 그것에 응할 수 있도록, 특히 고용자는 노동이라는 것에 대해서 도덕적으로도 동등한 가치를 인정하도록'할 것을 결의했다. 공업 프롤레타리아트의 정신 생활 및 그 환경을 스스로 체험하기 위해서 P. 케레는 노동자로서 수개월 동안 어느 공장에서 일했으며 크게 평판을 자아낸 어느 문장 속에서 그 인상을 공표했다. 제2회 회의는 유물사관이라는 노동자의 새로운 '종교'

와의 대결을 시도했다. 그 극복이 교회의 가장 중요한 사회적 과제로 선언되는 동시에 또한 노동자가 사회민주주의의 지도하에 추구하고 있는 경제 목표에는 교회의 이름으로써는 반대하지 않으며 또 반대해서도 안 된다는 것이 확인되었다.

청중 속에는 헤레네 베버와 그녀의 장남 막스도 끼어 있었는데 막스는 이와같이 말하고 있다.

"때로는 약간 속박하고 있지만 대체적으로 독자적인 생각을 지니고 있는 목사들의 토론하는 것을 듣는다는 것은 어머니에게는 대단한 기쁨이었다. 게다가 우리는 머리를 짜야하는 경제적 문제를 그들은 참으로 부러울 정도로 쉽게 하나님의 슬기로운 이해에 의지해 정리하는 것(그러나 그 경우 사실상 그들의 천박함을 문책할 수는 없는 것이지만)을 본다는 것은 차라리 시원하기까지 했다."

이 무렵 정통파의 어느 종교국 병정판이 게레의 문장과 인격을 공격했을 때 베버는 〈기독교 세계〉에서 그를 변호했다.

"케레의 연구는——자신의 경험 때문에 그것을 확인할 수 있는 것은 나 한 사람만은 아니지만——젊은 신학자와 사회정책학자와 장래의 관리와의 이해를 위해서 교량적 역할을 한 것이다……."

그와 동시에 베버는 교회 신앙의 지배에서 노동자를 해방하려고 하는 지적 노력에 대해 연배의 신학자 사이에서 아직도 빈번하게 일어나고 있는 거만스러운 독선을 공격하고 있다.

"근대의 노동자는 관대함과 온정적인 이해나 자선과는 별개의 것을 구하고 있다. 이른바 그들은 교양있는 사람들처럼 똑같이 생각할 권리가 자기들에게도 있다는 것을 인정하라고 요구한다. 그들의 사고력이 전통의 속박에서 벗어났다는 것을 우리는 이해하고 관용을 가지고 판단할 뿐만 아니라 그것을 고려에 넣어서 옳다고 인정하지 않으면 안 된다."

제3회 회의에는 당시 프랑크푸르트 암 마인의 회원 목사이며 이미 가난한 자의 목사로서, 젊은 세대의 기독교 사회주의적 경향의지도자로서 알려져 있었던 프리드리히 나우만이 등장했다. 그는 이 서클에서는 과감하고 질풍노도적 인물이었는데 사회적인 것에 대한 감동을 학식있는 사람들의 신중한 신학적 결의론을 사회적 빈곤과 기독교계의 책무와의 무조건적인 승인으로 몰아붙였다.

나우만은 처음에는 자신이 주로 프롤레타리아의 대변자라고 생각하고 있었다. 그는 내적으로는 민주주자였으며 참으로 종교적이었으나 교의에 구속되어 있지 않았고 교회 정책에도 무관심했으며 개인적으로나 당파에 결부되어 있는 권력적 목적을 좇지 않았다. 그는 다만 무산자가 그들의 현세에서의 권리를 주장하는 일에 힘을 빌려주려 했으며 그와 동시에 그들의 마음에 새로운 희망과 신앙을 채워주려고 했다. 그가 사회민주주의의 대열에 참가하는 것을 막은 것은 그의 종교심뿐이었다. 그는 생동적으로 자기 형성을 계속하는 기독교에 의해서 마르크스주의의 내면 극복과 사회민주주의를 해소시키는 기독교 사회주의시대에 기대를 걸었다. 기독교 사회주의라는 것은 우리에게서 생성되어 우리의 영혼을 충족시키는 강한 참가인 것이라고 했다. 그도 또한 구체적인 점에서 슈텍카와 같이 사회민주주의 노동운동과 평행해서 마르크스주의에도 국제적 결합에 구속되지 않고 똑같은 규율을 지닌 기독교적 노동운동을 내거는 것이 가능할 것이라는 희망에서 출발하고 있다. 예수는 민중의 한 사람으로써 부활되지 않으면 안 되고 기독교적 심정은 변혁으로 움직이지 않으면 안 된다.

나우만은 사회주의를 세속내적인 천복년설(千福年說)로 인용했다. 이 천복년의 실현은 확실히 인간의 죄업 때문에 방해되고 있지만. 그러나 기독교도는 지상에서 지복의 재건을 목표로 하는 자신들의 노동의 진보를 믿지 않으면 안 된다. 그렇지 않으면 그들의 노동은 아무리 도덕적인 것이나 사람을 감격시키는 것도 지닐 수가 없다고 했다. 그는 복음서 속에서 이상적인 경제 질서에 대한 지침을 찾아내지는 못했지만 기본적인 원칙을 확실히 찾아내고 있었다. '빈곤의 극복은 신약성서에 의한 기독교의 제일의 과제이다.' 이와 같은 해석과 주장에 신학의 권위자들은 고개를 저으면서 반대했지만 그의 이런 지향은 특히 젊은 사람들을 매료시켰다. 연배의 사람들은 나우만과 함께 계급간의 심연을 그것으로 싸서 감추려했던 교화적 방법을 배척했다. 그는 복음의 강렬한 밝은 빛을 우리 경제 상태 위에 조명하여 그 빛 속에서 상태를 개선시키고 우리의 도덕적 질환의 쾌유의 길을 찾고 싶다고 외쳤다. 나우만을 지지한 사람들은 〈복음과 사회의 시사문제〉를 발행하고 있었던 오토 바움갈텐, 교의에 사로잡혀 있지 않지만 종교심이 넘치는 주간지 〈기독교 세계〉의 발행자 마친 라테, 누구보다도 먼저 프롤레타리아의 내적·외적 숙명을 자신의 견지에 보고 배우려 했던 파울 케레와 그 밖의 신학자들이었다. 모두 고매한 의욕으로 일치된 순수한 사람들의 집단이었다.

사회민주당과는 별도로 노동자를 정당으로 묶어서 단결시켜보려고 했던 나우만과 케레의 희망은 슈텍카처럼 그들에게는 실현 불가능하다는 것이 판명되었다. 그러나 나우만과 친구들은 시민계급의 사회적 지향의 형성에 대해서 이전의 방향보다도 보다 더 지속적인 영향력을 획득했다. 왜냐하면 나우만은 논쟁적으로서가 아니고 주로 실증적으로 행동했으며 또 단순히 사람을 열광시키는 예언자의 자리에 머무르지 않고 구체적인 사실을 자신의 가능성에 의해서 파악하여 형성하려고 하는 '존경할 만한 냉정함'을 갖추고 있는 선입견에 사로잡히지 않은 현실 인식에 대한 부단의 노력을 하는 사상가였으며 언제나 새롭게 배우는 것을 싫어하지 않았기 때문이다. 그는 언제나 전문적 훈련을 거친 학자들에게서 조언과 교훈을 얻고 있었다.

나우만과 베버는 초기의 복음사회 모임에서 서로 알게 되었다. 그 만남은 곧 우정의 양상을 띠게 되었으며 특히 나우만에게는 소중한 것이 되었다. 그는 이 연하의 인간에게서 자신에게는 없는 선천적이고 정치적 본능을 느꼈던 것이다. 게다가 곧 그는 이 젊은 전문가를 정치와 경제의 문제에 대한 산 지식의 공급원이며 길잡이로 선택했다. 두 사람은 처음부터 대국가와 증대하는 인구의 불가결의 존재 조건으로서 기계와 공업가를 규정하는데 의견을 일치시키고 있었다. 그들은 역사의 수레바퀴를 역전시키려 하지 않고 근대의 자본주의적 경제의 경영 위에 서서 그 폐해를 극복하고 싶다고 생각하고 있었다. 그리고 두 사람은 에르베 강 동방의 여러 주의 대 토지소유자가 자본주의적인 발전 방향을 취하는 것은 국민적·사회적 불행이라고 보고 있었다. 나우만이 막스 베버에게 이어받은 것 중에서 무엇보다도 큰 것은 국민적 권력이라는 것의 평가였다. 그는 베버의 영향으로 해서 독일의 견고한 지위를 유지하며 밀고 나가는 것은 단순히 과거의 역사에 의해서 부과된 의무일 뿐만 아니라 나아가서는 대중이 인간다운 생활을 하기 위한 조건이기도 하다는 것을 인식했다. 정치적으로 충분히 성숙함으로서 자기의 권리를 유지하는 능력도 나라의 향방을 결정하는 책임도 맡을 수 있는 자격도 주어지며 노동을 즐기는 발전적인 국민과 강력한 국가로서 조직된 조국, 이것이 그들 두 사람에게 있어서는 모든 정치적 목표로 하는 방향이었다. 나우만은 후에 이것에 관해서 '데모크라시와 제정'이라는 슬로건을 내걸었으며 빌헬름 2세가 '사회적인 황제'가 되려는 결의를 할 것을 기대했다.

케레와 베버(이 두 사람도 역시 친해지고 있었다)의 발의에 의해서 제5회 복음사회 회의에서는 농업 문제의 토론이 계획되었다. 친구들은 농업노동자 사정에 대해서 대규모의 조사를 새롭게 하기 위해 힘을 합치게 되었다. 더구나 이번에는 질문표를 사회정책학회 때처럼 고용자에게만 배포하지 않고 농촌의 목사에게까지 배포했다. 여기에는 농촌의 목사들은 판단을 내리는데 부정적이라는 것을 간파하고 이렇게 해서 목사들의 눈을 사회활동 쪽으로 눈뜨게 할 의도도 있었다.

이번의 경우는 단순히 농업노동자의 경제 상태뿐 아니라 정신적·도덕적·종교적 상태 및 그 양자의 상호 작용도 뚜렷하게 밝혀보려는 데 있었다. 다시 방대한 자료가 모아졌으며 그것을 케레와 베버가 프랑크푸르트 암 마인에서 열린 제5회 회의(1894년)에서 보고했다. 기본적으로 그 성과는 이전의 조사의 성과와 다른 것이 없었으며 귀중한 보충을 덧붙인 데 지나지 않았다. 이때 베버가 취급한 여러 가지 관점 중에서도 다음 관점은 재미있는 것이다. 그는 어떤 구체적 자료를 실례로 해서 경제사관이라는 것의 한계를 뚜렷하게 밝혔다.

임금철칙은 농촌에서는 통용되지 않는다. 생활비가 높은 곳에서도 얕은 임금은 있으며 소박하고 낮은 곳에서도 노동자의 생활수준도 낮은 것을 찾아볼 수 있다. 그리고 또 그 반대의 경우도 있다. 농업노동자의 운명이나 일반적 상태를 결정하는 것은 그들을 둘러 싸고 있는 세계의 전반적인 경제 관계가 아니고 역사적으로 만들어진 사회적인 성층이며 이 성층을 농촌에서 결정하는 것은 기술적·경제적인 조건이 아닌 주인이 어떠한 집단을 이루고 있느냐 하는 것과 경영 및 경작지의 분배법, 노동법의 법률 형태인 것이다.

베버 논술의 배후에는 또다시 나라의 이해에 대한 개인의 운명적이고 엄숙한 종속이라는 것이 억제된 열정으로 감추어져 있다. 뿐만 아니라 그는 나우만에 도전하여 이 청중을 앞에 놓고서 대중의 행복을 도모할 수도 있으며 또 그 행복을 바란다는 생각을 단호하게 거부했다.

“우리는 인간의 행복을 도모하기 위해서 사회정책을 세우는 것은 아닙니다. 우리는 어젯밤 나우만 목사의 발언에서 인간의 행복에 대한 한없는 동경을 들었습니다. 그것은 확실히 우리 모두에게 감동을 주었습니다. 그러나 우리는, 특히 나 자신은 무엇보다도 내게는 훨씬 중요하다고 생각되는 어떤 관점에 도달했습니다. 우리는 어떠한 사회적 입법에 의해서 실제의 행복을 사람에게 주려고 하는 것을 단념하지 않으면 안 된다고 나는 믿고 있습니다. 우리가 바라는 것은 다른 것이며 또 우리는 다른 것밖에는 바랄 수 없는 것입니다. 즉 우리가 바라는 것은 인간에게 있어서 귀중하다고 생각되는 것, 즉 발전하려고 하는 인류의 정신적·도덕적 재화를 얻어내려고 하는 깊은 갈망을, 가령 그것이 가장 원시적인 형태로 우리 앞에 나타났을 경우에도 품어 기르는 것입니다. 우리의 힘으로 가능한 것은 인간이 행복을 느끼는 상태가 아니고 피할 수 없는 생존 경쟁의 괴로움 속에서 인간의 곁에 있는 최선의 것, 우리가 국민에게 유지시키고 싶다고 생각하는 몇 가지 특성 —— 육체적인 것도 정신적인 것도 —— 을 잃지 않도록 확고한 상태를 만들어내는 일입니다.”

제 5 장 결 혼

I

1892년 봄에 부친 막스 베버의 조카의 딸 마리안네가 독립적인 직업을 가지려고 벨린으로 왔다. 그의 조부 칼 다비트 베버는 시 참사회원(베버의 부)의 형이며 따라서 마리안네의 어머니는 아이들의 종매에 해당한다. 칼 베버는 기계에 의한 방직의 발명 때문에 필레펠트 사업이 몰락한 후에 가내공업 생산에 의지하여 농촌을 상대로 트이트브르크 숲 가운데 어느 조용하고 아름다운 마을에서 삼베를 판매하기 시작했다. 이 에링그하우젠이라는 땅은 루벽(壘壁)처럼 이어져 있는 텐베르크의 북사면에 있는 대지 위에 펼쳐져 있었다. 이 텐베르크의 정상에서는 훌륭한 독일 국토의 전망을 바라볼 수 있었다. 동과 서쪽으로는 폭넓은 벽을 만들다가 갑자기 평야로 튀어나와 부드럽게 융기한 구릉의 숲에 덮인 정상으로 되어 있고 남으로는 넓고 조용한 적송들만 나 있는 황지(荒地) —— 젠넨이라 불린다 —— 를 이루어 몽상적인 푸르름으로 하늘과의 경계점에서 끝이 없는 바다로 흘러내려간 것처럼 보인다. 그러나 북쪽은 그와는 대조적인 경관을 보이는데 서서히 고도를 이루는 베스트파렌 평야가 있다. 한눈으로 들어오는 것은 숲과 떡갈나무의 수림에 둘러싸인 잘 손질이 된 밭이었고 나무 사이로는 베스트파렌 지방에 산재하고 있는 농가의 인상적인 맞대지붕이 엿보였다. 참으로 즐거운 인생의 한폭의 그림이다. 근대적인 기계 기술이 쇠퇴한 필레펠트 상가에 활동력을 불어넣어 감자와 모밀을 모래땅에서 수확하고 있는 젠넨의 비참한 소농민들을 물레 앞에 앉히고 실을 가지고 아무것도 없는 무에서 새롭게 그 사업을 일으킨 것이다. 그는 가내 노동에 의해서 생산된 삼베의 판매를 위해서 부자들이 점잖치 못하다고 해서 손을 대지 않았던 근대적·자본주의적인 판매 방식을 다른 사람보다 앞서서 이용했다. 즉 그는 매입자가 오는 것을 기다리는 대신 견본을 가지고 스스로 돌아다녔던 것이다. 그 때문에 그는 필레펠트의 같은 신분의 사람들 사이에서 대단한 불만을 사게 되었다. 나중에는 그들도 그의 흉내를 내기 시작했지만 그의 조카 막스가 후에 '자본주의의 정신'에 대한 논문에서 그의 신식 상업 거래방식과 성격을 근대적인 기업가 정신의 예로서 분석하고 있다.

칼 베버는 천천히 시간을 활용하면서 대단한 노력을 기울여 안정된 부와 상인으로써의 부를 구축했다. 그의 생활은 검소했으며 수렵과 알뜰하게 정성을 기울여 가꾼 산을 보는 것을 즐거움으로 삼고 보양하고 있었다. 그는 많은 사손들을 남겼는데 이 아이들과 손자들은 그를 가장으로서 존경했으며 생활의 모든 영역에 걸쳐서 그의 권위에 복종했다. 그는 마을에서도 왕이었다. 왜냐하면 단순히 그가 다른 사람보다도 부자이며 사람들에게 취업의 기회를 주어서가 아니고 인품의 고귀한 성격 때문이었다. 그는 마을 사람들과 쉽게 어울리지 않고 아래 사람에게는 권위를 보였으나 거만한 태도는 보이지 않았다. 같은 신분의 사람에게는 철저하게 예의를 다했고 여성에게는 기사도적인 태도를 보였다. 따라서 사람들은 경외와 두려움을 가지고 그를 대했으므로——그가 나이를 먹어감에 따라서——그에게는 신화적인 분위기가 감돌았다. 장년이 되자 그는 대단히 사랑했던 총명한 반려를 잃었고 그 후 여생을 혼자서 보냈다. 장녀 안나는 18세에 새로이 이주해온 레므고 출신의 젊은 의사 에듀알트 슈니트가와 결혼했는데 자산이 없는 이 청년은 이와 같은 명문의 아내를 맞은 것이 대단한 명예로 느껴지게 되었다. 행복은 짧았다. 안나는 두 번째 아이의 출산 때 죽었다. 에듀알트가 환자의 집에서 산욕열의 병을 옮겨온 것이다.

그녀의 죽음으로 남편에게는 불가사이한 정신병의 징후가 나타나게 되었다. 그리고 그의 특이한 원인이 병으로 인정되지 않았기 때문에 불행은 더욱더 참기 어려운 것이 되었다. 에듀알트는 직업상으로 그 지위를 유지하고 있었으나 심한 피해망상 때문에 이곳 저곳을 전전했다. 한 때는 가장 가까운 육친이 그의 모든 불안과 괴로움의 원인이 되기도 했다. 가족도 안나의 죽음에 절망하고 있었다. 에듀알트는 얼마 후 자기의 노모에게 어린 딸을 맡겼다. 그녀는 아름다운 옛 막대지붕의 집이 유서 깊은 과거를 이야기하고 있는 립페의 소도시 레므고 고등학교 교장의 미망인이었다. 인생은 계속해서 이 부인에게 비운을 가져다주었다. 병과 곤궁에 쪼들려가는 다시 없는 곤란 속에서도 그녀는 힘들게 여섯 명의 아이를 길렀으나 계속해서 세 아이들이 정신착란에 빠지게 되었다. 남자 아이 하나와 딸 아이들은 건강하고 총명하며 꿋꿋한 기질을 갖고 있었다. 딸들은 교사가 되어서 생계를 이끌어갔고 병약한 노모와 함께 숙명적인 무거운 짐을 짊어지고 살아나갔다. 유머와 수더분함과 인생에 대한 관용, 그리고 모든 재액을 신이 주신 특별한 시련이라고 받아들이려 흔들림없는 겸양한 정신이 그녀들의 힘이 되었다. 그녀들이 싸워야할 괴로움은 컸지만 마음은 비굴해지지는 않았다. 그녀들의 생활은 가난했고 엄했지만 봄이 찾아올 때마다 새로운 꽃이 피었고 사람들의 경애의 정은 두터워져갔다. 마리안네는 이런 부인들의 보호 아래 성장했다. 고모는 엄격했으나 여러 가지 걱정스러운 일에 괴로움을 당하고 있었고 언제나 일에 쫓기고 있었다. 그러나 아이는 따뜻한 애정을 느끼고 감사한 생각을 하고 있었고 또 괴로움 속에서도 미소를 잃지 않은 이 부인들의 위대함도 지니고 있었다. 그녀는 여러 종류의 괴로움을 당했다. 좁은 집에서의 두 숙부의 발광, 여자들의 비탄, 그녀들의 어깨에 걸려 있는 참기 어려운 무거운 짐 그리고 전율과 무서운 소리와 영상이 그녀의 마음에 새겨졌다.

그러나 젊은 생명의 기쁨은 악영향도 받지 않고 모두를 압도해 나갔다. 대지는 참으로 새롭고 아름다웠으며 무엇보다도 사랑에 넘쳐 있었다. 게다가 부자인 에링그하우젠 집의 할아버지가 후견인으로 있었기 때문에 그 조부를 통해서 그녀는 명망있는 일원이 되었다. 언젠가는 더 한층 넓고 밝은 생활의 문이 그녀 앞에 열리게 될 것이다. 유년시대가 끝이 났을 때 비로소 지금까지 경험한 것이 이 소녀의 마음에 무겁게 작용하게 되었다. 이제 그녀는 모든 기쁨에 대해 마음을 열고 생에 대한 갈망을 가졌으며 어떠한 괴로움도 과감히 해결하고 노력하는 성격을 지닌 숙녀로 성숙해갔다. 그녀가 17세가 되었을 때 할아버지 베버는 이 손녀 딸을 소도시의 소요 속에서 끌어내 좀더 큰 도시의 훌륭한 학교에 입학시켜 그 신분에 알맞는 교양을 지니게 해야 한다고 생각했다. 마리 안네는 이렇게 해서 다시 많은 것을 배웠고 정신적 갈급을 느끼기 시작했으며 야심을 갖게 되었고 진정한 예술에 접하게 되었다. 그리고 언제나 다른 사람과 자신을 비교했다. 19세가 되어갈 쯤 하노바를 떠났을 때에 그녀는 모든 점으로 보아 상당한 교양인이 되었으며 소도시의 빈약한 상태를 참기 어렵게 되었다. 그녀는 이제 그 테두리에는 맞지 않았다. 조모는 죽었다. 또 아무도 그녀를 그곳에 붙잡아놓으려 하지도 않았다. 무잇이 그녀의 삶에 대한 욕망을 채울 수 있단 말인가? 이미 그녀의 학교 친구들은 소도시의 상류계급 중에서는 극히 소수 사람에게나 주어지는 여자로서의 행복에 대한 끊임없는 동경에 서서히 몸달아하면서도 충족될 수 없는 청춘에 괴로워하며 싸우고 있었다. 왜냐하면 청년들은 이곳을 떠나 영영 돌아오지 않든가 돌아온다 하더라도 아내를 동반하고 왔기 때문이다. 처녀들은 나이를 먹어간 채로 양친과 함께 머물러 있어야 했다. 다만 그 중에서 특히 성격이 강한 처녀만이 딴 고장에서 형제들을 위한 만족할 만한 일을 찾아내기 위해서 집을 나갔다. 일찍이 한자도시였던 레므고는 잊혀진 미인과 같은 것이었으며 그곳 생활은 새로운 물의 흐름에 대한 조용한 늪 같았다. 때로 그 바닥의 진흙에서는 추한 소문이나 음험한 간계와 같은 것이 불쾌한 포말이 되어서 솟아오르곤 했다.

이제는 마리안네에게는 고향이 없었다. 그녀는 에듀알트의 어두운 숙명을 짊어진 생활에 자기를 결부시킬 수 없었다. 에링그하우젠의 집은 그녀를 그곳에서 뿌리내리게 하려고 했다. 안나의 동생인 아르뷔네 —— 그녀의 남편은 아버지 가게의 공동 경영자가 되어 있었다 —— 는 따뜻하며 깊은 마음을 지닌 여성이어서 애정을 가지고 마리안네를 맞이

했다. 그녀는 그렇게 화목한 가족들 가운데서 일손을 도우면서 주부 및 어머니로서의 장래의 일들을 배웠다. 지금이야말로 그 기회라고 생각되었기 때문이다. 시골 생활은 정신적인 요구가 많은 처녀에게는 결코 희망이 많은 것으로는 생각되지 않는다 하더라도 언젠가는 꼭 그녀에게 적합한 남자가 나타나게 될 것이다. 그러나 마리안네는 남다른 데가 있어서 내심으로는 전통적인 처녀의 운명에 반역하고 있었다. 실제로는 그녀의 힘이 필요로 하지 않은 가정 속에서의 잡다한 가사적 책임은 그녀에게는 시시한 일로 보였다. 그녀는 재간있게 손을 놀릴 수가 없었다. 사람을 위해서 봉사하며 돕기 위해서는 자기 극복이 필요했다. 남자들은 장사를 하고 여자들은 주로 가사와 아이들에게 매달려 있는 태평스럽기는 하지만 사건이 없는 시골 생활은 그녀에게 산다는 것에 대한 욕망을 충족시키려는 노력도 만들지 못했다. 거기에는 그녀 자신의 힘을 발휘할 수 있는 어떤 대상도 없었다. 그녀는 자신의 생명이 움직이는 것을 봉쇄당하고 있는 것처럼 느꼈다. 세월은 흘러가지 않고 살금살금 지나가는 것 같았다. 그녀는 진짜로 병이 걸릴 정도로 지루함을 느꼈고 한없이 슬펐으며 더구나 그것으로 해서 양심의 가책까지 받게 되었다. 가족들은 그녀의 마음이 그곳에 없다는 것을 알아차리고는 더욱 불안해했다. 그들은 할 수만 있다면 그녀를 돕고 싶었지만 대체 어떻게 해주면 되는 것인지 알지 못했다. 애석하게도 그녀에게는 남성들이 중요하게 생각하며 주위의 여성들의 성격을 결정할 만큼 신성시되고 있는 여성의 이상에는 전혀 어울리는 점이 없었다. 그리고 확실히 엄한 규율 아래서 공부를 해야 했던 자극 많았던 학생 시절이 그녀를 더욱더 시골의 생활에 맞지 않게 했는지도 모른다. 그렇다면 어떻게 해야 하는가? 직업? 그것은 역시 필요했다. 여성에 있어서 직업은 가난하며 결혼의 가능성이 없다고 단념했을 때에만 의미가 있는 것이다. 칼 베버의 손녀 딸은 돈을 벌 필요가 없으며 벌어서도 안 된다. 그러한 일을 하면 '세상'이 어떻게 생각할 것인가? 처녀 자신에게도 좋은 생각이 없었다. 언제나 일에 쫓기고 있는 고모들처럼 교사가 되느냐 혹은 간호사? 그녀는 그런 것에는 매력을 못 느꼈으며 또 그럴 필요도 없었다. 공부? 몇 명의 정

력적인 부인들이 스위스에서 의학을 배우고 있다는 소문을 들은 일이
있다. 그러나 그것은 너무도 상식에서 벗어난 일이며 또 그 직업이 요구
하는 것을 생각하니 마음이 내키지 않았다. 그녀는 꿋꿋했지만 신경질
적이었으며 여장부는 아니었다.

　마리안네가 21세 때인 겨울 샬로텐브르크의 사람들이 호응을 해서 수
주일 동안 머무르도록 그녀를 초대했다. 이렇게 되어서 그녀는 그 집의
정신적 분위기와 대도시의 풍부한 문화를 충족시킬 수가 있었다. 벨린
생활의 급속한 리듬은 그녀의 혈관 구석구석까지 흘러들었다. 드디어
생활이라는 것을 찾아냈다! 이러한 감정은 거의 억누르기 어려운 것이
었다. 아세솔 막스(시보 막스의 뜻)는 그녀에게는 난생 처음인 무도회
에 데리고 갔다. 그리고 자상하게 그녀를 돌보아주었다. 그녀는 처음으
로 흥분하고 있는 청년들을 접하게 되었다. 그 중에서도 특히 그녀에게
는 성인이 된 세 형제가 제일 당당하고 훌륭하게 보였다. 두 동생은 어
느 모로 보나 미남자였으나 아세솔은 그렇지 않았다. 그는 전혀 몸치장
에 신경을 쓰지 않고 있었다. 뚱뚱한 몸에 머리는 짧게 깎여 있었다. 섬
세한 곡선을 그리고 있는 입술은 커다랗고 볼품없는 코와 기묘한 대조
를 보이고 있었으며 검은 눈은 교차하고 있는 눈썹 아래 가려져 있었다.

　그러나 이 큰 사나이는 미남자도 아니고 젊게 보이지도 않았지만 모
든 일에 활력이 넘쳐보였으며 그 커다란 덩치에도 불구하고 몸놀림에는
우아함이 있었다. 상쾌한 걸음걸이와 웅변적인 손놀림, 그리고 눈에는
광채가 보였다. 다정한 눈의 번쩍임, 놀라움의 번쩍임, 장난기가 섞인
번쩍임을――. 그리고 때로는 그 특유의 남의 시선을 안중에 두지 않
는 태도를 깨고 마음을 녹이는 듯한 유머와 진심에서 우러나오는 이해
심과 기사도적인 친절을 보이기도 했다. 그러나 젊은 사람들과의 사교
생활 이상으로 마리안네에게 있어서 중요했던 것은 헤레네의 친어머니
와 같은 애정이었다. 헤레네는 이 질녀에게 모든 일에 있어서의 성실성
과 사람을 돕고 사람에게 봉사하는 것에 대한 가치를 가르치는 동시에
가정 외의 일과 가족으로부터의 이탈의 권리까지도 인정해주었다. 처음
으로 처녀는 자기 자신의 존재를 단순히 여성답지 않은 모습으로 보는

것이 아니라 있는 그대로의 모습으로 평가받고 있는 것을 느꼈다. 그녀는 진지한 계획을 마음에 지니고 에링그하우젠의 집으로 돌아갔다. 언젠가는 자기도 독자적인 생활에 대한 길을 찾아낼 수 있게 되리라는 위안을 삼고서. 사랑의 신은 아직 그녀를 점찍지는 않고 있었다. 그러나 시골의 조용한 생활로 돌아와도 그만의 독특함을 지니고 있는 막스의 모습이 그녀의 마음속에 떠올라 자기도 모르는 사이에 그 모습이 점점 커다랗게 확대되었다. 그는 대단히 순진하며 꾸밈이 없었고 실제로 거의 무미건조하다고 할 정도로 곧은 사람이었다. '생각에만 골몰해 있는' 것처럼 보이지 않았지만 그러면서도 많은 생각을 자아내게 했다. 그의 정신을 가늠해보려고 해도 그녀는 아직 그 척도를 가지고 있지 않았다. 그의 운명은 그녀로서는 가늠조차 하기 어려웠다. 그러나 그녀는 멀리 떨어져 있으면서도 그의 인간적인 무게와 영혼을 느꼈다.

여러 모로 의논을 거듭하고 다시 1년이 지났으나 아무런 변화도 일어나지 않아서 조부는 마리안네가 그림 그리는 재능을 살리기 위해 공부를 계속하는 것을 승낙했다. 1892년 봄에 그녀는 벨린으로 나왔다. 거기서 그녀는 겨우 자신이 필요로 하고 있는 것을 찾아낸 것이다. 실기 실력을 높이기 위한 힘겨운 공부와 또 샬로텐브르크의 집을. 그녀는 외적으로나 내적으로나 어떠한 형태로건 시달리기만 하면——또 실제로 그럴 기회는 끊임없이 있었지만——마음의 구석구석에서까지 넘쳐 흐를 정도의 정신적 만족감을 느낄 수가 있었다. 어떤 것에도 구속받지 않은 순간적인 향락은 자기 형성을 위해서 고투하고 있는 이 영혼에게는 좀처럼 용서되지 않았다. 그녀는 지나칠 정도로 자신을 상대로 해서 싸우지 않으면 안 되었으며 그녀에게는 자신의 청춘의 불행과 생활의 괴로움이 너무도 벅찬 것이었다. 따라서 그녀는 남의 괴로움에는 예민한 귀를 가졌는데 특히 헤레네에 대해서는 여러 면에 걸쳐서 이해를 했으며 그녀의 운명을 미루어 살피고 선량함과 순수성을 느껴 열렬하게 사랑하고 존경하였다. 그녀 자신은 신성할 만큼 훌륭한 이 부인과는 전혀 달라서 자진해서 그녀에게서 교육을 받으려고 했다. "당신의 곁에 있으면 언제나 마음이 전 인류의 생각으로 가득 차게 됩니다!" 헤레네의 딸

들은 아직 어렸다. 그리고 물론 이 딸들은 가사의 중책을 어머니와 나누
어 가질 수도 없었다. 그래서 헤레네는 마리안네와 마음을 터놓게 되었
다. 그녀가 장차 며느리가 되리라는 것을 헤레네가 예감하기도 전부터.

1년 반이 지난 후 처음으로 막스와 재회했을 때 그녀는 자기의 입장
이 어떻다는 것을 쉽게 알았으며 자신의 애정을 알아차리는 사람이 한
사람도 없을 동안만 그의 곁에 있을 수 있다는 것을 알았다. 그녀는 또
화사하고 사랑스러운 에미에 대한 것, 그 병에 대한 것, 또 그녀가 얼마
만큼 헤레네와 다정한지에 대해서도 들었다. 그녀는 그 이상의 것은 미
루어 짐작했다. 이 비밀은 전연 그녀의 마음을 어지럽게 하지는 않았다.
그녀는 아주 헌신적으로 사랑했으며 그런 마음으로 그의 주위에서 살고
싶었던 것이다.

1892년 가을에 베버는 어느 아름다운 휴양지를 마음의 고향으로 삼
고 있는 어느 여자 친구를 5년만에 만나기 위해서 남부로 여행을 했다.
그녀는 자기의 병을 어느 정도 극복하고 있었으며 이제는 다른 병고에
시달리고 있는 사람들의 모범이 되었고 의지가 되고 있었다. 그가 마리
안네에게 그 이야기를 했을 때 그녀는 그 여자 친구와 어떤 사이인지를
확실하게 하기 위해서 방문했다는 것과 그가 과거와 손을 끊고 왔다는
것을 느낄 수 있었다. 그녀는 또 어째서 다른 때도 아닌 지금 그가 그런
말을 했는지 그녀 나름대로 생각해보기도 했다. 이제 그녀의 감정은 어
두운 색을 띠게 되었다. 그녀는 가능한 희망을 지닐 수 있게 된 것이다.
그러나 그 실현을 위한 길은 몹시 험했다. 막스의 친구로 헤레네가 자상
하게 돌보아주고 있었던 어떤 사나이가 마리안네를 아내로 맞으려 했
다. 그러나 그녀는 그것을 전연 눈치채지 못하고 있었다. 그녀는 다만
막스가 성격이 바뀌었는지 다시 안으로만 파고 들어가고 있다는 것만
신경썼을 뿐이다. 헤레네는 자신과 친하게 지내고 있는 그 청년과의 결
혼을 바랐으며 그 속에서 커다란 행복을 찾아내려 했다. 그래서 그녀의
눈은 고정되어 있었다. 여전히 막스와 에미가 합치게 된다는 것을 기대
하고 있었기 때문에 더욱 그러했다. 실제로 아들은 에미를 방문했다. 그
리고 에미가 서서히 좋아지고 있다는 소식을 듣고 있었다. 마리안네의

의견도 듣지 않고 그녀를 아내로 주선해주겠다는 약속을 했다. 굉장한 혼란이 일어났다. 헤레네는 그 청년에 대해서 책임을 느끼고 그에 대한 미칠 듯한 죄책감에 사로잡혔다. 당면한 상황은 당사자 모두의 체념을 요구했다. 체면을 갖추는 것, 참고 견디는 것은 그 길밖에 없는 것처럼 보였다. 베버는 마리안네에게 편지를 썼는데 그 편지는 다른 모든 자료보다 훌륭하게 그의 청년 시절의 운명과 당시의 인품을 뚜렷하게 밝히고 있다.

"마리안네, 이 편지는 당신이 냉정한 상태로 있을 때 읽어주기 바랍니다. 이러한 것을 물으리라고는 나 자신도 생각하지 못했음을 말하지 않으면 안 되기 때문입니다. 당신은 우리들의 사이가 이것으로 끝났으며 내가 벌써 몇 년 전부터 닻을 내리고 있는 조용하며 차가운 체념의 항구로 당신을 보내려 하고 있다고 믿고 있습니다(라고 나는 생각한다). 그러나 그것은 사실이 아닙니다.

첫째로 이것을 말해두지 않으면 안 됩니다. 우리가 서로의 성격을 이해하고 있다면 내가 아무래도 상관없는 자선물처럼 아무 처녀에게 결혼을 신청하는 따위의 일은 결코 하지 않는다는 것을 새삼스럽게 당신에게 말할 필요가 없을 것입니다. 왜냐하면 나 자신도 완전하고 무조건적인 헌신을 하나님의 뜻에 의해서 강요되지 않는 한 구혼을 하든가 승낙하는 일은 할 수 없기 때문입니다. 이렇게 다짐하는 것은 지금부터 쓰는 것에 대해서 당신이 오해하지 않도록 하려는 데 있는 것입니다. 그러니 잘 들어주기 바랍니다 ——.

나는 당신에 대해서 잘 알고 있습니다. 오래 전부터 당신도 내심 그렇게 생각하고 있을 것입니다. 내게 있어 당신은 많은 점에서 수수께끼였지만 이제는 나도 이해하고 있습니다. 그러나 당신은 나를 알지 못하고 있습니다. 알 리가 없습니다. 내가 나의 내부에 심어진 불가항력적인 삶의 정념을 얼마나 노력해서 억제하려 하고 있는지 당신은 모릅니다. 그러나 어머니에게 물어보시면 알게 될 것입니다. 나에 대한 어머니의 애정이 —— 그것이 나의 입을 닫게 합니다. 나로서는 그것에 보답할 수가 없기 때문에 —— 내가 도덕적인 면에서 자신의 걱정거리였다는 것에 뿌리를 두고 있다는 것을 나는 잘 알고 있습니다. 젊은 처녀의 풍부한 감정이 나처럼 무미건조한 사람에게 기울 수 있다는 생각이 지난 수년 동안 내 머리에 있던 일이 없었습니다. 따라서 나는 맹목이었으며 당신 곁에 있어서도 내 생각은 흔들리는 일이 없었습니다.

그러나 내 친구의 당신에 대한 호의가 굳어감을 보고 당신이 그것에 응하리라는 생각을 하게 되자 당신을 바라보면서 그 남자나 또는 다른 남자와 생을 같이하게 되리라는 생각을 하게 되었고 그런 생각을 함에 따라 무엇인지 슬프고 우울한 감정이 나를 감싸는 것을 내 자신에게도 설명할 수가 없었습니다. 나는 처음에 그것을 체념한 인간이 타인의 행복을 보았을 때 느끼는 자기 중심적인 감정이라고 생각해서 억누르고 있었습니다. 그러나 그것은 무언가 다른 것이었습니다. 당신은 그것이 무엇인지를 압니다. 나는 차마 내 입에 그 말을 올릴 수가 없습니다. 왜냐하면 나로서는 지금까지의 일에 대해서 이중의 책임을 지지 않으면 안 되고 더구나 그 책임을 질 수 있는지 어떤지 모르기 때문입니다. 당신은 그 일에 대해서 알고 있습니다. 그러나 그럼에도 불구하고 나는 그 이야기를 하지 않으면 안 됩니다.

첫째로 괴로웠던 것은 최근 며칠 사이의 일 때문이었습니다. 당신이 지금 추측할 수 있는 것보다 더욱 비참하게 우리 두 사람은——그러나 책임은 나 한 사람에게 있지만——우리 친구의 행복에 상처를 입히고 말았습니다. 그의 깨끗한 모습이 우리 둘 사이에 있습니다. 내가 여기서 당신에게 편지를 쓰고 있는 것을 그는 알고 있습니다. 그는 남자다우며 명철합니다. 그런 그가 당신이 다른 남자와 손을 잡고 자기 앞에 나타났을 때 체념 같은 감정을 나타내지 않고 허심탄회한 모습으로 완전히 공감하면서 당신을 정면으로 바라볼 수 있게 될 때가 올 것인지 또 온다면 언제의 일이 될지 나는 알 수가 없습니다. 그렇게 되지 않는다면 나는 절대로 그의 체념 위에 내 행복을 구축할 수 없습니다. 왜냐하면 그렇게 된다면 내가 내 아내에게 바칠 수 있는 감정 위에 과거의 어두운 그림자를 떨어뜨리게 되기 때문입니다.

그러나 더욱 괴로운 이야기를 하지 않을 수가 없습니다.

내가 지금부터 6년 전에 당신과 많이 닮았으면서도 다른 점도 많은 어떤 처녀의 청순한 마음에——지금에 이르러 생각해보면——깊은 감정을 느꼈다는 것을 당신은 어머니의 입을 통해서 들었을 것입니다. 그러나 당신은 그 처녀와의 교제에서 어렸던 내가 떠맡은 책임의 무거움을 알지 못합니다. 나 자신도 그것을 나중에야 알게 되었으며 그것은 일생 동안 따라다닐 것이라고 생각합니다. 그녀는 나의 마음이 어떤지를 나 자신보다도 분명하게 느끼고 있었습니다(이것은 후에 겨우 알게 되었지만). 오랫동안 나는 그녀와의 관계가 결말이 났는지 어떤지 모르고 있었습니다. 나는 확신을 얻으려고 그 가을에 슈트가르트에 갔었습니다. 나는 그녀를 만났습니다. 예전과 같은 외모와 목소리였지만 무언지 모르는 그 어떤 것이 나의 마음에 그려진 그녀의 상을 씻어버리는 것 같았습니다. 나를 향해서 걸어오고 있는 것은 마치 다른 세계에서 온 것처럼 나의 내부에서 살고 있었던 것과는 다른 모습이었습니다. 그것은 어찌된 일일까? 나는 알 수가 없었습니다. 우리는 헤어졌습니다 ——영구히(나는 그렇게 생각했다).

그러나 크리스마스가 되어서 의사들은 그녀의 그토록 오랜 슬픔의 원인이 지금까지도 계속되고 있는 밝힐 수 없는 사랑 때문이라는 결론을 내렸다는 말을 들었습니다. 그리고 애정을(사실 애정이 있다고 한다면) 결말지우는데 힘을 빌려줄 생각을 하고 있었던 내가 그녀의 마음에 과연 희망을 가져다줄 수 있는지의 대답을 나의 마음속에서 헛되이 찾고 있습니다. 지금 그녀는 병에서 회복되어 있으며 또한 그녀 자신도 그렇게 생각하고 있다는 소식을 들었습니다. 그리고 그녀의 감정을 강인하게 해주는 것이 희망인지 단념인지 하는 의문이 이전의 어느 때보다 강하게 나의 마음을 억누르고 있습니다. 그러나 나는 이제 그것이 어떤 쪽이든 간에 그녀의 어떤 것도 받아들일 수 없습니다. 다른 여자를 위해서 살지 않으면 안 된다 해도 그녀에게서 그렇게 쉽게 죽어가는 존재가 될 수는 없습니다. 따라서 나는 그녀의 눈을 정면으로 바라보면서 볼품없는 시보인 내가 희망을 갖고 있지 못하다는 것과 이런 감정을 갖지 않았다면 그녀가 가져다주었을지도 모르는 행복을 다른 여성에게서부터

받게 될 때 그녀가 진정으로 공감해주는지 어떤지를 살펴보지 않을 수
없습니다. 그러나 대체 언제가 되면 그렇게 될 지 나는 알 수 없습니다.

그러면 여기서 나는 당신에게 묻겠습니다. 당신은 지난 며칠 동안 마
음속으로 나와 손을 끊었는지 혹은 그렇게 결심을 굳혀버렸는지 말입니
다. 혹은 또 지금 그런 결심을 하려는지. 만일 그렇게 하지 않았다면 이
제는 늦었습니다. 당신과 나는 벌써 맺어져 있습니다. 그리고 나는 당신
에게 분명한 태도를 취할 것이며 당신의 눈치를 보지 않을 것입니다. 나
는 감히 당신에게 말합니다. 나는 내가 가지 않으면 안 되는 그리고 지
금은 당신도 알고 있는 길을 간다고. 그리고 당신도 나와 함께 그 길을
가야 합니다. 그것이 어디로 통하는 것인지 어느 정도의 거리가 되는 것
인지 또 그 길이 지상에 있는 한 우리를 함께 가게 해주는지 어떤지 나
도 모릅니다. 그리고 나는 자부심이 강한 처녀인 당신이 얼마나 훌륭하
고 얼마나 강한 사람인지를 알고 있지만 그래도 그러한 당신이라 해도
허락을 받아야 한다고 생각했습니다. 왜냐하면 나와 함께 걷는 한 당신
은 단순히 당신의 짐만이 아니고 내 짐도 짊어지게 될 것이고 당신은
그와 같은 길을 걸어나가는데 익숙하지 않으니까. 따라서 우리 둘에 대
한 것을 잘 생각해주기 바랍니다.

그러나 나는 당신이 어떻게 결정을 내릴지 당신 자신은 잘 알고 있다
고 생각합니다. 정념의 노도가 높이 올라가고 우리들의 앞길은 어둡습
니다. 기품있는 마음의 반려자여! 나와 함께 체념의 조용한 항구에서
거친 바다로 향해 나가자. 정신의 고투 속에서 성숙한 인간이 성장하며
본질적인 것이 아닌 것이 인간의 몸에서 말끔히 씻겨지는 곳으로. 그러
나 잘 생각하지 않으면 안 된다. 바다가 거칠 때는 키를 잡은 사람의 머
리와 가슴이 명석하지 않으면 안 된다. 몽롱하며 신비적인 정신적 기분
에의 공상적인 탐닉을 우리의 마음에서 몰아내야 한다. 왜냐하면 감정
이 높아져 있을 때에는 노를 잡기 위해서 당신은 냉정한 의식으로 그것
을 억제하지 않으면 안 되기 때문입니다.

나와 함께 걸어나가볼 생각이라면 답장은 쓰지 않기 바랍니다. 그렇
게 하면 나는 당신과 재회했을 때 조용히 당신의 손을 잡고 당신 앞에

서 눈을 아래로 떨어뜨리지 않을 것입니다. 그리고 당신도 눈을 아래로 떨어뜨리지 않아도 됩니다.

그러면 잘 있기 바랍니다. 남의 심정을 이해하지 못하는 처녀여, 인생은 무겁게 당신 위에 덮쳐오고 있습니다. 지금은 당신에게 이렇게만 말합니다. 당신이 나의 생활을 윤택하게 해준데 대해 감사한다고. 그리고 나의 생각은 언제나 당신에게 있다고. 그리고 다시 한 번 나와 함께 동행하기를. 나는 당신이 와주리라는 것을 알고 있습니다."

마리안네가 이 편지를 읽었을 때 형용할 수 없는 영원한 기분이 그녀의 마음을 뒤흔들어놓았다. 그녀는 그 이상 아무것도 바라는 것이 없었다. 그 후 그녀의 생활은 끊이지 않는 감사로 가득 차게 되었다. 그러나 아아! 감격이 사라지고 보니 기다린다는 것이 얼마나 괴로운 일인가! 그것은 체념이 이제는 희망으로 일변했기 때문이다. 이다와 헤레네 사이에 편지가 교환되었다. 그리고 수개월 후──그 수개월이 오랜 세월로 생각되었지만──막스와 마리안네는 약혼을 하게 되었다. 헤레네의 마음은 아팠지만 이제는 새로운 현실을 받아들일 수가 있었다. 그리고 그녀는 사실 마리안네를 훨씬 이전부터 자기의 딸로 생각하고 있었다. 이렇게 해서 그녀는 자신을 버리고 아이들의 장래를 지켜보는 일을 남 모르는 즐거움으로 여기기 시작한 것이다.

아들이 친척 집으로 약혼녀를 방문하게 되었을 때 그녀는 다음과 같은 축복의 말을 그에게 부탁했다.

"곧 그곳으로 가게 되는 막스가 나의 마음속에서부터 우러나오는 축복의 말을 가지고 네게 갈 것이다. 나는 즐겁고 감사한 마음으로 나의 '큰 아이'를 보낼 것이다. 나는 그 아이를 잃은 것이 아니다. 두 배의 부(富)를 가지고 그 아이가 돌아오게 된다는 것을 나는 알고 있다. 그래서 헤어질 때에도 다른 많은 불쌍한 어머니의 경우처럼 괴롭지는 않을 것이다. 내가 지금까지 소홀히 했으며 또 잘못 알고 한 일이 무엇인지 너는 잘 알고 있을 것이고 그 아이도 잘 알고 있으니 너희 둘이 서로 노력하고 참고 견디어 그것을 완성시켜야 한다. 그리고 사랑하는 아이들아, 이 한 가지만은 알아두기 바란다. 기쁨도 괴로움도 둘이서 견뎌나가야 한다는 것을. 한쪽이 어떤 일로 해서 괴로움을 받고 있을 때는 다른 쪽이 도와주어야 한다는 것, 부끄럼 때문에 잘못된 짐작을 하지 말라는 것은 하나님이 이미 가르쳐주신 바 있는 교훈이다. 이런 점에 대해서는 스스로가 많이 배워야 한다는 것을 막스는 잘 알고 있으며 나를 기쁘게 해주기 위해서라도 그것을 염두에 두리라고 생각한다. 하나님의 보살핌이 언제나 너희에게 깃들기를! 애정이 언제까지나 계속되기를. 너의 어머니로부터."

물론 모든 행복 가운데는 고민이 있기 마련이다. 이 두 약혼자는 그 어떤 것도 자기들을 떨어뜨릴 수도 없었으며 또 그렇게 되는 것을 용서하지도 않았다. 그들의 젊음은 앞으로도 계속될 것이며 그들도 그것을 지각하고 있었다. 특히 남자 쪽은 새롭게 변한 생활 가운데 죄책감이나 체념 등의 억압으로 해서 생긴 굳어진 마음을 느린 속도로밖에는 풀어주지 못했나. 그는 어떤 일에 대해서도 수고를 아끼지 않았다. 약혼 후 베버는 그에게는 제이의 어머니였던 이다에게 모든 것을 털어놓기 위해서 슈트라스브르크로 갔다. 이다도 자기 딸의 장래에 대해서 심적 동요를 갖고 있는 것이 분명했다. 또다시 그의 진지한 청년다운 책임이 고개를 쳐들었다. 사랑의 괴로움을 받고 있는 착한 처녀가 결정적인 말을 애타게 기다리고 있는 것을 모르는 체하고 끝내 그 말을 하지 않았다는 책임이. 그는 괴로운 이 여행 도중에 약혼녀에게 이렇게 써보냈다.

"여행 중 나는 외투 호주머니에 쑤셔넣어두었던 뮨히하우젠의 둘째 권을 꺼내들었다오. 그리고 예정했던 비평 원고를 쓰는 대신 금발의 리스베트 이야기를 읽었소. 읽으면서 베스트파렌 처녀에 대한 생각을 하다보니 당신이 여러 가지 점에서 리스베트를 꼭 닮았다는 생각이 들더군. 물론 나는 어떠한 점에서나 오스왈드가 아니라는 것은 확실하지만. 당신은 쓸모없는 인물을 골라 잡은 것 같아. 그래서 마리안네, 나는 당신의 터무니없는 착각 때문에 그런 결과가 되었으니 언젠가 당신이 그러한 착각에서 깨어나 어쩌나 하는 생각을 갖게 되면 어떡하나 하는 생각에 내 마음이 우울해진다오. 그것만이 아니오. 하이델베르크에서 나는 베넥케의 집 근처를 가다가 붙들려서 저녁 식사에 초대받았소. 드물게 마음씨 착한 사람들의 한결같은 환대를 받았지. 다만 도라(에미의 친구)만이 지난 일이 마음에 걸리는지 친절하면서도 조심스러운 태도를 보이더군. 나도 과거의 일이 생각나서 네칼 강을 따라 돌아올 때 오랫동안 경험해보지 못했던 약한 마음이 나를 휩싸는 것 같았소. 달빛은 수없이 반짝거리는 빛이 되어 끊임없이 소리를 내며 수면에 부딪히고 성은 빛을 받아서 검은 그림자를 수면에 드리우고 있었소. 그 전면의 윤곽은 마치 미래를 암시하듯이 뚜렷하지 않아서 확실하게 분간할 수가 없었소. 침대에서 나는 밝은 달 가운데 어둡고 커다란 위협이 있는 듯한 양괴를 보았으나 잠에서 깨었을 때는 성을 에워싸고 있는 푸름 속에서 봄이 오고 있다는 것을 알리는 조짐을 보았소……. 이곳은 대단히 따뜻해서 슈트라스브르크의 여행은 여름을 연상하게 했소. 이모는 대단히 다정하게 나를 맞아주었으며 우리는 식사 후에도 오랫동안 정원에 앉아서 많은 이야기를 했다오. 내가 어떤 생각을 했느냐 하는 것이 이야기의 중점이었지만——그것에 대해서는 다시 쓰겠소. 우리의 이야기는 아직 끝이 나지 않았으니까. 나의 책임감은 아직 약화되어 있지 않아요. 그것은 여전히 강하게 남아 있소. 나도 그것을 모르는 바가 아니오. 그러나 걱정할 필요는 없소. 나는 벌써 옛날에 그 마음을 조정할 수 있어서 새삼스럽게 그 일 때문에 흥분하지는 않을 것이니까. 그것은 최근 사태의 결과 때문에 그렇게 된 것이니까. 나는 중대한 잘못을 범했지만 창피를 당할 일은 하지 않았다는 자신이 있으니까. 여름이 되면 당신도 슈르트가르트에서 이모와 에미를 만나야만 할 것이오. 이것은 내 생각이지만 당신이 나를 위해서 기꺼이 두 사람과 만나줄 것이라는 것을 알고 있소.”

“내가 지금처럼 지친 일은 태어난 이후 한 번도 없었소. 그 덕으로 슈트라스브르크의 하루하루가 빨리 지나가기도 하지만. 여기서는 가만히 앉아 있는 것 외에는 아무것도 하지 않는다는, 겪어보지 않았던 경험을 하고 있소. 이모와의 끝없는 정신적 교류 속에서 실제적 목적을 가지고서라기보다는 오히려 감정의 시점에서 과거와 현재와 장래에 대한 것을 이야기했소. 이것은 내 습관에는 크게 상반되는 일이지만. 따라서 당

신도 틀림없이 이것에서 오는 대단한 피로를 내 편지 속에서 찾아낼 것
이오. 그러나 이것은 이모에게나 내게 큰 도움이 되었소. 그리고 내가
지금 육체와 마음의 고문에서 벗어났다는 생각을 하게 되었다면, 사랑
하는 이여, 내가 다시 당신을 안았을 때 틀림없이 당신도 그것을 느끼게
될 것이오. 과거가 나에게 강요한 일체의 것의 소화를 위해서 내가 더욱
더 전진하고 있다는 것을. 그때는 당신도 지난 번 당신의 편지에 썼던
것처럼 '내게는 당신에게 갖추어두지 않으면 안 되는 것이 있습니다'라
고는 생각하지 않을 것이오. 대체 그것은 무엇을 말하는 것이오? 당신
은 사실 내 마음과 과거에 관계된 일에 대해서도 잘 알고 있으며 과거
와 현재와의 사이에서 되도록 성실하며 솔직한 관계를 갖추고 그렇게
함으로써 우리들의 행복이 다른 사람들의 괴로운 체념 위에서 구축되는
일이 만에 하나라도 있어서는 안 된다고 내가 생각하고 있는 것은 노파
심에 지나지 않는다는 것을 당신도 알고 있을 것이오."

그 후 여자 친구가 그의 약혼 소식을 듣고 진정어린 편지를 보내왔을
때 그는 다음과 같이 답장을 보냈다.

"사랑하는 에미, 어저께 내 생일을 축하해서 보내준 당신의 다정한
편지를 읽고 느낀 순수한 기쁨을 지난 수년 동안 나는 누구의 편지에서
도 맛본 일이 없었습니다. 왜냐하면 그 편지는——그것은 내가 희망한
바지만——우리의 사이가 예전과 다름없이 다정하다는 것과 동년배의
자매가 없다는 것을 늘 적적하게 생각하고 있었던 내게 당신이 이제부
터는 언제나 그런 자매가 되어 줄 것이라는 것을 증명해주었기 때문입
니다. 나는 언제나——이것은 당신도 알고 있지만——내 앞에 나타나
는 모든 여성, 모든 처녀를 당신의 인품과 비교해보면서 판단하고 있었
습니다. 그리고 내가 당신의 눈을 통해서 이성을 보아야겠다는 필요를
느끼고 있었다는 것은 천성이 거칠은 성격의 나로서는 행운이라 할 수
있었습니다. 나는 이번에 내가 생애의 행복의 책임을 지게 된 사람에게
대해서도 똑같이 했으며 또 앞으로도 그럴 것이라고 생각합니다. 우리
들은 작년 가을에 잠깐 만나서 이야기를 나누었을 뿐입니다. 당시 나는
내가 다른 사람의 생활에 대해서 그와 같은 책임을 지게 되리라고는 예

상조차 못 하고 있었습니다. 지난 수년 동안 견디기 어려웠던 적막함을 지겨운 기분으로 생각해보지만 그 기간 나는——당신도 나의 예전의 편지에서 그것을 짐작했다고 생각하지만——어떤 괴로움을 버리지 못 하고 완전한 체념 속에 잠겨 있었습니다. 그래서 윤택하며 아름다운 그 이전의 세월에 대한 추억이 나의 서재에서의 생활 속에 던져주지 않은 한 의무적인 직업상의 업무(라고 나는 말하고 싶다)에만 몰두해서 어머 니에게——당신도 그렇게 생각하겠지만——몹시 걱정을 끼쳐드렸습 니다. 이모님이 잠깐 그곳을 다녀가셨을 때 나의 약혼에 이르기까지의 여러 일에 대해서 내가 어느 정도 당신에게 이야기했는지 모릅니다. 그 래서 내가 체념으로 해서 또 한 사람에게 견디기 어려운 괴로움을 주었 다는 것을 당신이 알고 있는지 어떤지도. 천부적 재질이 뛰어난 처녀의 마음이 내게 기울어지고 있으리라고는 생각할 수도 없는 일이어서 나대 로 마리안네의 마음이 그녀에게 깊은 호의를 지니고 있던 나의 한 친구 에게 기울어지고 있는 것이라고 생각했던 것입니다. 그렇게 생각하니 나는 마음을 억제하지 않으면 안 되었는데 당시 그것이 무엇인지 정확 히 알 수가 없었습니다. 나도 찬성했던 이 친구의 구혼이 나의 어머니에 게나 마리안네에게 지나치게 충격적이 되었던 비극은 나의 눈이 흐려져 있었다는 것을 내게 깨우쳐주었습니다.

나는 여러 모로 반성하고는 있지만 여러 여러 점에서 나의 실제 나이 보다 늙은 신랑입니다. 내 신부는 과거의 사건과 그 사건 후에 이것을 깨달았습니다——당신도 깨닫게 되겠지만——만 그 점은 우선 어느 정도 너그럽게 봐주지 않으면 안 됩니다. 그러나 물론 내게는 세계가 작 년 가을과는 전연 다르게 보이게 되었다는 것도 알아야 합니다. 왜냐하 면 이제부터 내가 다루어야 하는 것은 순수하지만 인간적으로 곤란한 커다란 과제이기 때문이고 그 과제는 일생 동안 수행되는 남성의 직업 이 일반적으로 우리에게 목적으로서 부여하는 것보다도 외견상으로는 뚜렷하지 않은 형태로밖에는 나타나지 않는다하여도 자신의 노력을 기 울여 손해는 보지 않는 과제이기 때문입니다. 나는 특히 작년 가을 오티 리엔하우스에 체재했을 때(아깝게도 그것은 짧은 기간이었지만) 외견상으로는 사소해서 눈에 띄지 않는 일상 생활의 일이나 모든 사건 속에 숨어 있는 내적인 풍부함과 조용한 위대함을 존중하는 것을 배웠습니다. 그리고 나는 결코 '자기의 재능을 활용한다'는 의무가 문제가 되지 않은 한 남성이 갖는 직업의 가치 같은 것에는 외면적인 경의 이상의 것은 보인 일이 없었기 때문에 그와 같이 일상적으로 순수하게 인간적인 과제를 부여받고 싶다고 뼈저리게 절망하고 있습니다. 그리고 현재와 같은 세상에서는 우리들 남성에게 있어서는——당신들과는 반대로——자신의 가정 안에서만 그런 일이 있을 것입니다.

서로 자주 소식을 전할 수가 있다면 내게는 대단히 기쁜 일이 될 것이라 생각합니다. 그러나 나는 아직 당신에게 체력이 더 필요하다고 생각하고 있는 이상 이상 편지를 해달라고 당신에게 강요할 생각은 없습니다. 안녕히. 현재와 같은 사랑과 우정을 가지고."

당신의 막스

결혼식에 조금 앞서서 그는 다음과 같은 편지를 여자 친구에게 썼다.

"사랑하는 에미, 당신이 보내준 애정의 말에 직접 만나서 인사를 해야겠다는 희망을 최근까지 갖고 있지 않았다면 나를 깊이 감동시킨 그 편지에 대해서 훨씬 전에 답장을 보냈을 것입니다. 만나서 인사를 하는 것은 신혼여행 때로 연기하지 않을 수 없습니다. 그래서 이 편지를 씁니다. 당신은 나의 과거도 알고 있으며 내가 새로운 과제와 씨름하기에 앞서서 모든 것을 숨김없이 당신에게 이야기하지 않았다는 것이 무엇 때문에 불가능했는지도 알고 있습니다. 나는 결코 한 여성의 것이 될 수도 없으며 처녀에게 가까이 갈 수도 없다는 나의 생각은 당신도 알다시피 어떠한 것이었는지 또 현재는 어떤 것이었는지 하는 의혹 때문임을 알 것입니다. 그리고 우리들의 관계에 확신을 가질 수 없었다면 나는 이 깊은 체념에서 결코 빠져나오지 못했을 것입니다. 이제 우리들의 눈에는 과거의 일도 뚜렷하게 보입니다. 그리고 나는 내 마음에 그리고 있었던 미망(迷妄), 내가 범한 잘못, 나의 책임의 모든 것을 인정합니다. 그러나 동시에 나는 우리 두 사람이 다같이 이 과거를 지니지 못했다면 적적했을 것이라고 생각합니다. 나는 이 세상의 어떤 것하고도 나의 이 과거를 바꾸지 않을 것입니다. 왜냐하면 나는 이 과거에 의해서 형태는 바뀌더라도 결코 녹이 슨다든가 부패하지 않은 감정이 있다는 것을 알았기 때문입니다. 대체로 삭막했던 과거와 거의 희망이 없었던 세월 동안 어머니의 모습과 함께 당신의 모습은 내게 선을 이루는 힘을 주었으며 나는 그 힘을 마지막까지 잃지 않았습니다. 따라서 내게 생의 행복을 맡기는 여성과의 결합에서 내가 짊어지게 되는 커다란 책임을 느낄 수 있게 된다면 그것에 대해서도 당신에게 감사합니다. 내 처도 당신과 만나는 날을 진심에서 우러나오는 기쁨을 가지고 기다리고 있습니다. 그러면 건강하기를. 내가 마음속으로부터 당신을 위해서 기도하고 있다는 것을 알고 있을 것입니다. 당신의 처지를 생각할 때 느끼는 괴로움과 동시에 마음속으로부터의 감사와 기쁨과 우정이 섞여 있는 마음을 갖게 됨을 다른 사람의 경우에는 경험해보지 못했습니다. 사랑하는 사람이여, 나는 지금까지 당신의 우정을 자랑으로 여기고 있었습니다. 그리고 앞으로도 그럴 것입니다. 그리고 '예복'에 대해서는 걱정하지 않아도 됩니다. 나의 모든 반대에도 불구하고 내 처는 역시 내가 예복을 입을 것을 고집할 것입니다. 옛날부터의 변함없는 애정을 가지고."

당신의 막스

이렇게 해서 베버는 새로운 생활에 들어가기 전에 과거의 베일을 열어보임으로써 현재와 미래를 영원히 변하지 않은 과거와 연결시켰던 것이다. 그는 과거의 여자 친구에게 언제까지나 그에게는 귀중한 존재라는 것을 확신시켰던 것이다. 그녀도 젊은 시절의 경험을 버리려 하지 않을 것이라고 확신했다.

그가 자신에 있어서 어떠한 존재였었는가를 에미 바움갈텐은 베버의 죽음 후 이렇게 말했다.

"막스가 마음속으로부터의 우정, 친척 사이의 호의 이상의 것을 내게 대해서 느끼고 있는지 어떤지를 몇 년 동안이나 나는 모르고 지냈습니다. 1887년 그가 슈트라스브르크의 모임에 참가했을 때 나는 그의 전체

적인 거동으로 보아서 무언가 다른 것을 느꼈습니다. 내게 있어 그 시기
는 다시 없이 빛나는 추억이 되었습니다. 그 시기는 나의 청춘 시절 중
가장 아름다운 시기였습니다. 그 무렵부터 여러 가지 의혹이 끊이는 일
이 없었음에도 불구하고 나는 구름 위를 날아다니는 기분이었습니다.
지금 생각해보면 그의 덕분에 어쨌든 다시 없는 멋진 경험을 했으며 짧
은 동안이나마 인생의 정점에 서볼 수 있는 기회를 얻었던 것입니다. 그
러므로 나는 그것에 감사하지 않을 수 없습니다."

　그녀는 훨씬 이전부터 남을 위해서 헌신하는 것에서 자신의 마음의
중심(重心)을 찾아내고 있었다.

Ⅱ

　서서히 행복을 누릴 권리가 왔다. 약혼자들은 서로 함께 있다는 것에
기쁨을 느끼게 되었고 샘이 솟아오르는 듯한 유머와 장난기 어린 농담
이 생활을 화려하게 수놓았다. 약혼은 아직 공표할 단계는 아니었지만
베버는 분명히 말했다.

　"이곳에서는 많은 바보들이 무슨 속셈으로 나를 바라보면서 무슨 일
이 있느냐고 묻는다――이렇게까지 밖으로 나타나게 되는 것인지 나는
생각조차 못 했다."

　그는 자신의 가정을 성급하게 꾸며보려고 애를 썼다. 여름 내내 말만
있었던 프라이브르크 대학의 국민 경제학 강의는 아직 결말이 나지 않
았다. 그러나 그것은 아무래도 좋았다. 그렇다면 골드슈미트의 대리 임
명을 받고 강사 자격으로 결혼하면 되었다. 그는 몇 년 동안이나 부모의
집에서 말없이 갇혀 있었다는 것을 별안간 답답하게 느끼게 되었다.

　"매일 아침 신부의 화관과 나의 머리 위에 놓일 녹색의 봉을 보게 되
면 나는 어떤 호텔이든지 내 집이 아닌 곳에서 잠을 깬 것 같은 느낌이
든다. 일도 잘 되지 않는다. 모든 이행 단계에서 인간은 이러한 느낌을
갖게 되는 것이다. 그리고 나는 생각한다는 것이 몹시 귀찮아지는데 당
신도 내 편지를 보면 그것을 눈치채게 될 것이다. 이유는 참으로 간단하

다. 나는 몇 년 전부터 내가 독립해서 생계를 꾸려나갈 수 있는 직업을 가질 수 없다는 생각이 들어서 화가 나 있는 상태이다. 일찍이 나는 '직업'이라는 관념에 대해서 아무런 존경심도 갖는 일이 없었다. 나는 어지간히 많은 직업에 어느 정도 적응할 수 있다는 것을 알고 있었기 때문이다. 나의 마음을 끄는 유일한 것은 내 손으로 빵을 얻는 것이다. 그리고 그것이 지금까지 막혀 있었다는 사실 때문에 부모의 집에 있다는 일이 내게는 고통이 되었다. 그러나 이제 그것도 끝날 것 같다. 그것이 내가 편협하게 생각하고 있었던, 내가 일찍이 바란 일도 없었던 식으로. 그러나 지금은 우선 실제로 빨리 그렇게 되었으면 하는 초조 이외에 아무것도 없다."

물론 젊은 두 사람은 결혼 생활을 위해서 준비를 해야 했다. 특히 처녀 쪽은 남편의 건강을 책임지기 전에 우선 요리를 배워두어야 했다. 그녀는 잘 인수하여 일상 생활을 꾸려나갈 수 있을지 걱정하고 있었던 가족에게 가사 솜씨를 훌륭하게 보여주었다. 베버는 그렇게까지 걱정하지 않았다. 그는 그녀의 존재의 발전과 내적인 자유와 독립을 바라고 있었다. 특히 그녀는 처음부터 그를 '영광의 높은 별'로써 우러러 보아서는 안 된다, 머리를 들고 자랑스럽게 남편 옆에 서 있지 않으면 안 된다는 생각을 했다.

"에미를 제외한다면 나와 가장 친했던 종자매들의 편지 두 통을…… 시는 당신도 그 내용을 알고 있는 이야기에 대한 것이다. 그 시는 섬세한 감성을 지니고 있으며 독특한 우아함을 가지고 자신의 감정 생활을 너무 자제하고 있는 성격을 명확하게 그려내고 있다. 그것이 너무도 잘 나타나 있어서──라고 나는 생각하고 있지만──그 때문에 어느 한 점 즉 그녀가 당신과 관련해서 '자비'라고 부르고 있는 감정은 잘못 생각하고 있는 것이라고 나는 생각한다. 마리안네, 그렇게 생각하지? 그것은 옳지 않다고? 당신은 그것을 느낄 수 있지? 당신과 나는 서로 자유이며 대등하니까."

베버는 미래의 자기 아내가 가정 내에서 그에게 간섭받지 않은 지배권을 갖고 있다고 느낄 때에 평등의 의식을 가장 잘 확보할 수 있다고 믿고 있었다. 그녀가 가정(家政)의 선생을 하면서 그를 이해하는데 도움이 되는 책을 보내달라고 부탁했을 때——그녀는 당시 겨우 정신적 발전의 초기에 도달했을 뿐이었다——누구보다도 헤레네가 놀랐다. 신부는 한가한 시간에 자신의 옷이라도 바느질하는 쪽이 훨씬 어울리는 일이 아니겠는가? 설사 바느질하면서 꿈을 좇고 장래의 일을 생각한다 하더라도. 사실 헤레네는 자신의 약혼 시절에 그랬던 것이다. 그리고 현재도 그것이 부부 생활을 위해서 바람직한 준비가 아닐까 하고 생각했다. 신랑도 어머니의 걱정을 우려해서 약혼녀에게 다음과 같이 편지를 보냈다.

"……역시 베벨을 보내야할까보군. 필요한다면 바로 보내겠소. 내가 아직 당신의 보호자로 임명된 일은 없지만 말야. 그렇지 않으면 나중에 둘이서 같이 읽겠소? 아니면 아직 더 읽을 책이 필요한 것이오? 바울젠의 철학개론은 당신을 위해서 확보해놓았소. 이 책은 지지가 내게 보내준 책인데 손으로 들기에 알맞은 책이어서 나는 밤마다 잠자리에서 언제나 들추어보고 있소. 그러나 무엇보다도 지금은 건강에 유념해야 한다고 생각하고 있소. 당신은 더욱 체력을 늘려야 하며 내부——당신의 내면이나 나의 내면 모두——보다도 외부 쪽에 유의하지 않으면 안 된다고 생각하오. 그리고 '단순한 주부'로서의 임무를 그렇게까지 멸시해서 생각할 필요는 없다고 생각하오. piece de resistauce(중요한 젊은이라는 뜻)라는 말이 있소. 당신도 자신의 지배영역을 갖고 있지 않으면 안 된다고 생각하오. 나는 당신의 사고영역에 들어가지도 않겠지만 또한 그 지배영역에서도 당신과 경쟁하지는 않겠소. 내가 어느 정도까지 소위 말하는 '지적 교양'이라는 것을 존경하고 있지 않은지 당신은 전혀 알지 못할 것이오. 나는 감정이나 혹은 실제적 활동에 있어서의 강한 솔직성에 대해서 감탄하고 있으며——아마도 나 자신에게는 그것이 결여되어 있어서 그렇겠지만——또 나는 솔직하게 감탄하고 싶다는 욕구를 느끼고 있소. 아니 또 설교가 되고 말았군. 그러나 나쁘게 생각하지는 말아요. 당신의 특색이 어떤 것이냐 하는 것을 내가 훌륭하게 이해하고 있다는 것은 당신도 잘 알고 있지 않소? 나는 당신이 내가 간섭할 수 없는 영역이며 지나친 불쾌감을 느끼지 않은 한도 내에서 가정 주부로서의 의무와 노동의 범위를 가져준다면 정말 좋겠다고 생각하고 있소. 왜냐하면 이것은 몇 번씩 되풀이해서 말하지만 나와 함께 산다는 것은 당신이 생각하고 있는 것보다 결코 즐거운 일은 아닐 것이라는 이유 때문이오. 그리고 우리들의 가장 깊은 관심의 영역이 합치되고 동일한 것이 되면 될수록 당신은 나에 대한 독립성을 잃고 그만큼 내게서 상처를 입기 쉽게 되는 것이오. 내가 생각하고 있는 것이 무엇인지 알겠소? 그러나 자포자기하는 듯한 자기한정만은 하지 말기 바라오.

그런데 '설교'가 당신을 더욱 불쾌하게 만들었는지 모르겠소. 만약 그렇다해도 어찌 하겠소. 지적 교양에 대해서 경의를 갖지 않는다는 것의 의미는 지식욕의 충족이라는 것을 생활 본래의 내용이라든가 '인간으로 하여금 인간답게 한다는 것'으로 간파하고 자신이 직면하고 있는 경제적 과제를 단순히 살아가기 위한 무거운 짐으로만 느낀다면 그것은 누구에게도 행복이 될 수 없다는 것을 말하는 것이오. 사실 어느 부부가 그러한 견해를 갖고 있는가 내지는 자신의 현실적인 입장에서 자기 존재의 중심을 구한다는 것이 여성에게는 무의식중에 자연스러운 것이 되고 말았다는 기분이 남녀 관계를 결정적으로 바꿔버리고 마는 것이오. 나는 여러 가지 사정으로 허용되지 않았던 경제적인 독립을 이룬 실제적인 활동을 전부터 동경하고 있었소. 나의 경험에 의하면 학문상으로 유효한 새로운 사상은 언제나 시간을 흘려버리고 안락의자에 누워서 'Con amore'(이탈리아 말로 여기서는 '차분히'라는 뜻)하게 생각하고 있을 때에 본래 의미에서의 연구 결과로서 생겨나는 것 같지는 않소. 따라서 나는 가장 좁은 의미에 있어서의 본래의 이 정신적 생산을 주로 한가함의 소산 또는 인생의 부수물로밖에는 간파하지 않고 있소. 그리고 이후로도 나는 학자라는 직업의 즐거움은 언제나 실제적이고 교육적인 면에 있는 것이지 본래의 '학자적'인 면에 있는 것이 아니라고 말할 수 있을 것 같소. 우리들은 베스트파렌의 친척 부부로서 느끼는 커다란 행복 역시 남편 쪽에 충실하고 만족할 만한 직업 위에 구축되어야 할 것 같소. —— '지적인' 학자의 직업이 갖는 거만함보다 싫은 것은 내게는 다시 없소.──이것이 내가 언제나 생각하고 있었던거요. 그리고 나와 함께 생활하는 것이 전연 편안하다고만 할 수 없다고 말한 것은 나의 직업이나 업무가 주는 그 무의식적인 행복을 당신에게 가져다줄 수 있을 정도로 내게 적합하지 않다는 것을 의미하고 있는데 지나지 않은 것이오. 따라서 당신이 비교적 소박하며 실제적이 아니라는──이런 표현이 가능하다면──것이 당신에게 있어서는 곤란한 점이오.

 당신은 나의 '설교' 때문에 또 이것 저것 많은 생각을 할 것이오. 자신이 '올바른 인간'인지 아닌지에 대해서 또 내가 당신에게 어떤 부족감을 느끼고 있지나 않을까라든가 하는 생각 말이오. 그렇다고 한다면 나는 오히려 입을 봉하고 있어야만 할 것 같소. 그러나 당신도 알다시피 인간의 마음은 상대의 성격이 어떻다 하는 것은 문제 삼지 않으며 또 어떤 가르침을 받았다 해서 알게 되는 것도 아니오. 다만 오성은 내게 이렇게 말하고 있는 것 같소. 말하자면 당신의 중심이 순수하게 정신적이고 철학적인 영역에 놓여 있지 않고 당신이 내가 가까이 갈 수 없는 실제적인 업무의 영역을 발판으로 한다면 장래 당신은 더한층 견고하며 당신을 위해서도 더욱 편안한 상태가 될 것이라고. 이런 말을 하면 당신이 지적인 관심을 서로 주고 받으며 함께 지녀야 한다는 것에 대해서는 되도록 차원 높은 요구를 해주기 바란다고 말한 내가 예전에 밝힌 희망을 취소한 것이거나 또는 약화시킨 것이 아닐까 하고 판단할 것 같은 생각이 들어서 약간 걱정스러워지는군요. 그러나 사실은 이런 것이오. '지적인' 영역에서의 그러한 공동 생활이 당신의 입장을 위태롭게 하지 않게 하기 위해서 당신이 모든 점에서 내게 의존하고 있다──왜냐하면 나는 이 방면에서 당신보다 오래 공부하고 있는 덕분에 당연히 이 영역에서는 당신보다 지식이 풍부할 것이니까──는 느낌──무의식적으로라도──을 갖는 일이 있어서는 안 된다는 것을 말하고 있는 것이오. 그런데 내가 나의 교직 또는 내게 주어질 수 있는 다른 직업에 있어서 그러한 것을 지니는 것처럼 당신도 당신의 실제적인 영역 속에서 독립적으로 당신이 지배하며 당신의 실제적인 관심을 충족시킬 수 있는 활동의 장소를 갖고 있다는 의식을 내가 느끼지 못한다면 자칫 내가 앞에서 말한 바와 같은 느낌을 가질 수 있을지도 모른다는 생각이 들게 되는구려. '당신은 주로 나를 위해서 이 세상에 있다는 생각이 든다.'라고 마음속으로 말하지만 머리는 나 자신도 당신에게 있어서 그러한 존재가 되고 있느냐 어떠냐 하는 생각을 하는 것 같소. 이렇게 되면 나는 나를 상대해서 모든 일을 처리해 나가는 당신의 능력을 내가 과소 평가하고 있는 것이 아닐까 하는 생각을 하게 되오. 그래서 당신은 나의 습관적인 동요에 좌우되지 않도록 확고한 활동 범위를 지녀야만 하오. 당신에게는 가치있는 활동 범위를."

그러나 처녀는 그렇게까지 가사로 인해서 괴로움을 당하지 않을 것이며 부부 생활의 행복은 자신의 독립적인 정신 생활에 크게 의존하게 될 것이라는 식으로 느끼지 않았음에도 불구하고 그녀 자신의 의지가 명령하는 대로 따랐다.

베버는 이 시대에 아직도 많은 고역을 지니고 있었다. 강의, 복음사회 회의를 위한 농업 노동자에 대한 새로운 조사, 가을에 있을 목사를 위한 농업 정책에 관한 강습 준비, 수많은 비평 등등. 그 때문에 그는 언제나처럼 여름에 가족이 집을 비워주는 것을 좋아했다.

"곧 완전히 혼자 남게 되는 것을 기대하고 있소. 이렇게 되면 내게 미치는 영향이 많아지게 된다오. 수개월 동안 내게 붙어다니던 일에 대한 염증이 사라지며 오늘도 생리학과 심리학 백 페이지, 인식론 백 페이지 그리고 이탈리아 어, 법률학 논문을 하나 읽었는데도 머리가 복잡해지지 않으며 지난 얼마 동안 느끼지 못했던 정신능력도 되찾은 것 같소. 이것은 나와 같은 나이가 되면 부모의 집에 있는 것이 아니라는 결과가 아닐런지? 이러한 원기 회복은 6개월 동안 비평하지 않으면 안 되는 책이 거의 30권 정도가 밀려 있으므로 내게 꼭 필요한 것이오. 가차없는 편지가 오고 나도 역시 가차없는 답장을 쓰면 독자들은 본래 옳은 것이라고 말하면서 화를 낸다오."

그의 약혼녀는 결혼식을 올리기 직전에 샬로텐브르크에서 수주일을 보내며 그의 조사 자료의 발췌를 열심히 도왔다. 이런 종류의 일은 그녀의 일로 돌려진 것이다. 그리고 특히 그런 일은 무거운 짐을 진 남편과

의 연대 의식을 느끼는 하나의 형식이었다. 그녀는 이미 그와 내적으로
연결되었으며 많은 학문 분야의 경쟁자에게 지지 않으려면 그녀 자신도
되도록 빨리 학문과 친해지지 않으면 안 될 것처럼 생각되었다. 헤레네
는 기쁨과 동시에 걱정을 하게 되었다. 결혼 6주일 전인데 손가락에 잉
크 자국투성이라니? 대체 이 처녀는 주부로서의 일상 생활에서 '남을
위해 물건을 옮기고 나르고 만들고 갖추는 일'에 만족을 찾아낼 수 있을
까? 아내로서의 임무가 그녀에게는 참기 어려운 희생이 되는 것이 아닐
까? 마리안네는 '모든 것은 그것마다 적합한 시기가 있다.'고 생각하고
있었다.

＊

  초가을 에링그하우젠에서 사람들이 모인 가운데 성대한 결혼식이 거
행되었다. 신부가 고난에 찬 소녀 시절을 보내고 이렇게 아름다운 저택
을 굉장히 많은 유력한 손님들에게 개방할 수 있다는 것이 다시 없는
기쁨이었다. 에링그하우젠 가의 사람들은 약혼 이후 마리안네에게 대단
히 만족해했다. 여기 사람들은 헤레네와 그 가족들을 진심으로 좋아했
으며 대학 강사인 아들을 장래가 유망한 훌륭한 인물로 존경하고 있었
다. 이 기질이 남다른 처녀가 이와 같은 결과를 얻게 되다니 —— 그러
한 일을 누가 예상할 수 있었겠는가?
  장대한 풍경, 언제나 정적 속에서 꿈이라도 꾸고 있는 것 같은 이 풍
경에 꼭 알맞게 만들어진 훌륭한 정원은 이 축전의 무대장치에 아주 잘
어울렸다. 오토 바움갈텐이 마을 교회에서 두 사람을 맺어주었다. '사랑
은 모든 것을 믿고 모든 것을 바라고 모든 것을 참는다.' —— 학식있는
사람들도 연로한 사람들도 깊은 감동을 받았다. 보통때라면 이와 같은
기쁨에 넘친 행사에 참가하는 일이 거의 없는 신부의 친척들도 이곳에
모였다. 몹시 장소를 가리는 그녀의 고독한 아버지 에듀알트도 거기에
는 참가했다. 그에게도 자랑스러워하는 행복의 빛이 보였다. 사위는 호
의와 천부적인 인격을 보여서 그의 신뢰를 얻었던 것이다. 상인들도 많

은 가족을 거느리고 그곳에 왔다. 그들은 엄숙한 책임 이행의 규칙과 고귀한 사업 도덕에 따라서 직업상의 유능함을 섬세한 교양과 결부시키고 있는 참으로 사려깊은 사람들이었다. 샬로텐브르크의 가족들도 그곳에 와서 그 목가적인 풍경 속에서 행복에 넘친 화려한 생활과 높은 정신을 발산하고 있었다. 뷔나는 축전을 꽃으로 장식했으며 헤레네는 다정스러운 시로 답례했다. 이 두 부인의 사심없는 선의와 우아한 교양은 각각 다른 모습으로 나타나서 이 기쁨의 날에 알맞은 조화를 이루었다. 그리고 재미있는 유머도 있었다. 결혼의 축복을 해준 그 지방 목사는 축하연의 자리에서 십자가에 대한 신앙 고백을 했다(이 일은 '평신도'로서 그를 존경하고 있는 사람들에게 대단한 만족을 주었다). 이에 대해서 바움갈텐은 '신이 사랑하는 유쾌한 먹보'라는 표현으로 신랑인 그의 친구를 칭찬했다. 헤레네와 신랑 신부는 이 날의 행복으로 해서 지금까지 겪어온 고뇌에 구원을 받게 되었다.

제 6 장 젊은 교사·정치가
—— 1893년 가을~1897년 ——

I

"우리들은 지나치게 당당할 정도입니다."라고 젊은 아내는 신혼 여행 도중에 이렇게 기록했다. 그러나 약간 위험한 순간을 몇 차례 겪은 후 그녀는 남편이 신경이 예민하다는 것을 알게 되었다. 그녀가 앞으로의 여행 일정을 정하기로 되어 있었지만 어떤 것이 보다 좋은지 알 수 없었다. 그러자 베버는 진짜로 화를 냈다. 근본적인 문제에 대해서는 언제나 자신의 의지에 따라서 행동하는 그가 실제적인 문제의 해결은 자기 대신 반려자가 해줄 것을 이때 처음으로 요구했던 것이다. 그 후에도 이런 일은 예를 들어 그가 받은 초대에 응할 것인가 거절할 것인가 하는 중요한 사항의 결정까지도 흔히 되풀이되었다.

최초의 이 동반 여행은 베버에게 겨우 잠깐의 휴식만을 가져다주었을 뿐이다. 자신의 가정을 꾸미자 그는 복음사회 회의 위원회 주최의 목사를 위한 국민경제에 대한 강의를 시작하게 되었다. 그는 농업정책에 대해서 강의했다. 그것 이상으로 강력하게 그의 흥미를 끄는 것이 없었기 때문이다. 벌써부터 집에서는 먼 곳에서 온 친구가 묵게 되었다. 젊은 남편은 최대한의 호의를 베풀어 손님을 대접하고자 했다. 그리고 그는 친구들이 이제는 자기 집의 테이블에 둘러싸여 있게 된 것이 대단히 만족스러웠다.

물론 젊은 아내가 이러한 소임을 다 할 수 있는지가 문제였다. 집안 사람들은 모두 긴장해서 거의 매일 식사 때마다 누군가가 엿보러 왔다.

그러나 아무런 문제도 일어나지 않았다. 뿐만 아니라——참으로 이상하게도——마리안네는 다른 젊은 아내들처럼 모든 요구를 충족시켜주는 것을 명예로 알고 어떻게든 모든 일을 훌륭하게 처리해 나갔다. 게다가 그녀에게는 다행스럽게도 동부 프로이센 출신의 하녀 한 사람이 있었는데 그 하녀는 얌전하고 꾀를 피우지 않고 열심히 일하는 것이 신이 정한 생활 형식으로 알고 온갖 힘을 모두 쏟았다. 이 하녀는 헌신적인 마음으로 베버 부부에게 봉사했으며 그것은 23년 후에 그녀가 죽을 때까지 지속되었다. 헤레네는 지금 강의를 하는 아들에게는 여러 가지 곤란이나 불쾌한 일이 수없이 많을 것이라고 염려하고 있었는데 다행히 며느리가 열심히 일을 해나가려고 한다는 인상을 강하게 받았다. 그러자 며느리는 그녀에게 이러한 글을 보냈다.

"어머님은 제가 지난 몇 년 사이에 조금은 일을 배웠다고 생각하고 계실 것입니다.——그런데 그것을 직접적이건 간접적이건 간에 누구에게 배웠겠습니까? 어머님이 제게 있어서 어떤 존재라고 말씀드리려 해도 제게는 적당한 말이 생각이 나지 않습니다. 하지만 어머니께서는 그런 제 마음을 잘 아실 겁니다."

젊은 부부의 생활은 아직 샬로텔브르크의 집과 과거의 영향에서 벗어나지 못하고 있었다. 그들은 특히 헤레네와 지극히 밀접한 관계를 유지하고 있었는데 그녀는 끊임없이 신경을 쓰는 일로 과로가 되었고 그 때문에 더한층 심한 곤란을 함께 짊어지게 되었다. 아버지 베버는 직책에서 물러나 있었다. 그러나 아직 원기 왕성했던 이 사나이는 지금까지의 반 정도밖에는 일을 하지 않고 대부분 집에서 시간을 보내고 있었다. 헤레네가 그녀 자신의 생활을 어떻게 느끼고 있었는지 그리고 젊은 부부와의 내적인 교류가 그녀에게는 어떤 의미가 있었는지를 자작 즉흥시 속에서 노래하고 있다.

아이들이여, 그대들의 마음속에도 봄은 와서
생명의 나무는 꽃과 열매로 가득 차 있다.
그 자라나는 모습을 나는 행복을 가슴에 안고 바라본다.

괴로움 속에서 태어나는 것을.
인생의 비바람도 그네들의 가지에서 잎을 떨어뜨리지 못함을 나는
알기에
그네들이 내게 있어 무엇인지 그네들 두 사람은 그것을 속속들이
모르지만……
그래도 내게서는 삶에 대한 힘과 용기는 다른 행복에서밖에 생겨나
지 않는다.

현재를 즐기는 기분, 자기 자신들의 행복으로만 부풀은 나날을 이 젊
은 두 사람에게는 힘들게밖에는 맛볼 수가 없었다. 그들이 의식적인 생
활을 하는 한 생활은 본질적으로 '과제'와 '타인'을 위한 것이었다. 그러
나 그들은 당장 그 이상의 것을 바라지 않았다. 적하물에 익숙한 배가
새로운 항로로 확실히게 전진하기 위해서는 정확성이 필요한 법이다.
이제부터 단순한 생활의 기쁨 속에서 조용하고 마음 편안하게 휴식하는
것을 배우지 않으면 안 되었다. 두 사람은 그것을 알고 있었다. 물론 내
용이 있는 유머나 즐거운 온화함이나 서로 순간순간 즐겁게 해주는 마
음은 매일의 엄숙함 속에서도 따뜻한 빛을 발하고 있었다. 때로 베버는
도가 지나친 유머를 가지고 불쾌한 상황을 극복해야만 했는데 그것은
그가 결혼 반 년 후에 또다시 2개월 예정으로 군복을 입지 않으면 안
되었을 때 보젠에서 아내에게 보낸 편지에 이러한 면이 여실히 나타나
있다.
"오늘 초대를 받아서——이것은 이 지방에서는 거의 바이에른 맥주
이하의 가격으로 판매되고 있는 제크트 술을 약간의 대금을 지불하고
마셔야 하는 의무를 관례로써 지켜지고 있는 현역의 전우들로부터의 초
대이지만——예의 숙명에서 벗어날 수 없게 되었다. 나의 생활의 기본
적 원칙——이른바 맥주에 대한 성의의 원칙(이 뜻은 당신도 머지 않
아 인정하지 않을 수 없게 되겠지만)——의 원칙적 존중으로 인해 나
는 이 위험스럽기 짝이 없는 싸구려 술을 깨끗하게 마셔버리는 것을 예
로 삼았다. 그 결과 오후가 되면 나의 정신상태가 어떻게 되는지는 하나

님도 아시지 못하니 하물며 더더욱 내가 알 수는 없는 일이다.

　지금 내가 있는 곳은 전보다는 훨씬 지내기가 좋아졌다. 첫째로 방에 난방이 되어 있고 둘째로 주전자와 코코아가 있다. 그 깡통에서 더러운 손으로 코코아를 꺼내는 것을 미리 당번병에게 금지시켜두지 않으면 안 되었지만. 더욱이 내 침실 찬장 속에는 맥주가 진열되어 있으며 훈제 거위에서부터 최하급의 말고기 소시지에 이르기까지 갖가지 산해진미가 갖추어져 있다. 오늘은 러시아 식 목욕탕에 들어가서 가라테처럼 —— 그렇지 않으면 그 대리석상의 여자는 무엇이라고 했더라? 여기서는 고대에 관한 것은 잊어버리기 마련이다 —— 새로운 활력을 되찾은 나는 리네르 셔츠를 입을 수도 있다. 이것은 일요일만 할 수 있는 일이지만.”
(94년 3월 11일 보젠에서)

　베버가 보젠에서 고생하고 있는 동안 그의 집안에서는 경사스러운 일이 생겼다. 18세가 된 그의 누이 클라라가 유명한 학자의 아들인 몸젠 박사와 약혼을 한 것이다. 양가는 오랫동안 우호적인 관계를 맺고 있었다. 테오도르 몸젠은 특히 헤레네를 좋아했으며 젊은 학구파이며 정객인 막스에게 커다란 희망을 걸고 있었다. 그는 자주 막스와 토론을 벌여 격론을 교환하는 일이 있었으나 그 때문에 꽁해 하지는 않았다. 그의 아들 중의 한 명인 칼은 막스의 학우였다. 그래서 이 양가는 정신적 전통에서 보더라도 다른 젊은 약혼자들처럼 훌륭하게 어울리는 집안이었다. 그리고 이 백발의 학자가 머지 않아 며느리의 상쾌하며 사랑스러운 태도와 행동으로 해서 위안을 받게 된다면 헤레네도 에른스트 정신의 자유와 진심에서 우러나오는 이해로 인해 행복한 마음을 얻게 될 것이다. 베버는 누이의 행복을 자기 일처럼 좋아했다. 그에게는 자기의 누이에 어울리는 이 행복 이외에 다른 운명은 생각할 수조차 없었다. 그녀는 오빠와는 전혀 다르게 태어나서 이 세상의 행복을 얻게 되어 있었다. 그리고 그는 그녀의 발랄하며 적극적인 천진난만함을 대단한 기쁨으로 여기고 있었다. 그는 자기 이외의 젊은 남자가 누이의 옆에 있게 되었다 —— 그녀가 정신적인 압박이나 갈등이나 분열없이 순조롭게 세상에 나올 수가 있게 되었다 —— 는 것을 운명에게 감사했다.

"소리 지르는 습관을 없애지 않았다면 오늘 아침 동화에나 있을 수 있는 행복을 알려온 네 다정한 편지를 읽고 나는 분명히 소리를 질렀을 것이다. 내게는 아직 결혼을 약속한 약혼자——실제로 거기까지 진척된 모양이지만——로서의 사랑하는 누이를 볼 수 없다는 것이 단 한 가지 괴로운 일이다. 나는 혹시 이것은 네가 나를 놀리려는 것은 아닐까 혹은 또 모든 것이 덧없이 사라져버리는 것은 아닐까 하고 때로 걱정을 한다. 이 세상에 너처럼 선천적으로 명랑한 여자가 좌절없이 처녀 시절을 보내고 인생이 주는 최고의 행복을 얻을 수 있다는 사실이 있다는 것은 참으로 멋진 일이다. 여러 가지 경험이나 환멸은 후에 얼마든지 만나게 된다. 젊은 시절부터 그런 것에 마음을 쏠 이유가 어디 있니? 오늘은 그러한 것에 대해서 도저히 쓸 수가 없다. 나는 무엇보다도 먼저 너를 만나서 이야기가 조금 지나기는 했지만 사육제의 장난이 아니었다는 것을 확인하고 싶구나. 크레르헨(클라라의 애칭)을 '테오도르 아저씨'——실제로 현재 그가 어떻게 불리건 상관없지만——의 며느리로 상상을 한다는 것은 현재 나의 상상력을 가지고는 불가능한 일이다."

"……그러나 거짓말 같은 사실도 지금도 근래 겪은 여러 가지 일에 비하면 세상에 다시 없는 구제와 같은 생각이 든다. 그러나 그 아이는! 그 아이는 참으로 사랑스러운 편지를 보내왔는데 특유의 천진난만한 자세로 사태에 순응하고 있는 것처럼 보인다. 어떤 사람들은 비바람을 두렵게 여기지 않고 자기를 발전시키기 위해서 구름 한 점 없는 맑은 하늘이 계속되는 것을 요구하는데 생명력을 억압받는 일이 없는 그 아이도 그러한 사람과 같은 범주의 사람이다. 아무리 생각해보아도 남편으로서 그 남자만큼 그 아이에게 어울리는 인간을 나는 이 넓은 세상에서 한 번도 본 일이 없다. 물론 완전히 아내의 무릎 아래에 있게 되겠지만 그러한 것도 그에게는 약간 필요할 것이다."

이 결혼에 건 희망은 실현되었다. 새롭게 탄생된 가정은 번영했으며 생활은 윤택하게 퍼져 나갔다. 그리고 오빠가 기대한 것처럼 클라라는 좋은 환경에서 따뜻한 마음씨와 비상한 행동력을 가진 총명한 아내로 모든 면에 있어서 당황함을 보이지 않았으며 시들지 않은 강력한 생기를 가지고 남편과 아이들 그리고 많은 친구들에게까지도 기쁨을 나누어 주게 되었다. 그녀의 생명의 나무는 더욱더 가지를 뻗어 꽃피움과 동시에 열매를 맺게 한 것이다.

*

　베버의 벨린 생활은 때로 여자들에게 걱정거리를 가져다주었다. 실제로 그렇게까지 일을 도맡아 할 필요가 있을까? 교직——강의와 연습으로 대체로 11시간——에서 벌써 상당한 위치를 굳혔다. 특히 유명한 은사의 강의를 대신 하는 젊은 교수로서 벌써 사법국가 시험을 위한 심사에 관여하지 않으면 안 되었다. 게다가 수많은 일을 자진해서 떠맡았다! 한 가지 일이 결말이 나면 휴식을 모르는 이 정신은 즉시 또다시 새로운 일에 착수했다. 아내와 함께 한가하게 시간을 보내는 일은 극히 드물었다. 군대에 있었던 2개월 동안의 퇴보를 보충하지 않으면 안 된다고 그는 생각했다. 바깥 세상에서는 초목이 푸른 기운을 띠고 땅 속에서 봄기운이 솟아올랐지만 남편을 서재에서 끌어내 잠시 동안 도시적인 잡담으로 인도해주는 일이 젊은 아내로서는 여간 힘겨운 일이 아니었다. 실제로 그에게는 서재의 연장으로 삼을 수 있는 조그만 발코니만 있으면 충분했다. 거기에는 공기와 한 뼘만한 하늘이 있었고 또 여러 가지 꽃도 약간 있었다. 물론 그 이외에는 빈약한 푸른 정원, 전차의 차도, 저편에 보이는 온통 하얀 석회공장이 보일 뿐이었다. 젊은 아내는 헤레네에게 보내는 편지에 함께 티아갈텐 공원을 산보하게 되면 그것만으로도 하늘이 주신 선물이라고 생각한다고 쓴 일이 있다.

　"이 말을 들으시면 놀라실 것입니다. 막스가 저와 함께 티아갈텐 공원에서 한 시간이나 산보했습니다. 그것은 그에게는 정말 큰 희생이었습니다. 그러나 후에는 그것을 기뻐하고 있었습니다. 물론 저는 그것을 예상하고 있었습니다. 저는 그가 일 때문에 꼼짝도 할 수 없을 정도여서 그의 방해가 되어서는 안 된다는 생각이 듭니다……. 저는 그에 대해서나 그의 성격에 대해서 완전히 이해하고 있기 때문에 좀더 좋은 시절이

올 때를 참을성있게 기다리겠습니다.”

수개월 후에 아내는 그가 지나치게 일에만 열중하고 있으며 그 때문에 건강을 해치는 우려를 편지로 보내왔을 때 베버는 여러 가지 설명으로 그녀를 안심시키려 하고 있으나 그 노력에도 불구하고 자신은 신경적으로, 때로는 대단한 고통을 느끼고 결코 완전하게 안정하리라고는 생각하고 있지 않다는 것을 보여주었다.

“전체적인 건강 상태는 지난 수년 동안과는 비교가 되지 않을 정도로 양호한데 그것은 내가——보다 많이 나이를 먹게 된 후의 일은 별도로 하고——기대하지 않았던 일이며 그런 면으로 생각하다면 걱정이 많았던 우리의 약혼 시절에도 믿지 않았던 일이다. 형용하기 어려운 불쾌한 성질의 고민이 몇 년 동안이나 계속된 후에 겨우 내부에서 평형을 얻게 되어서 나는 심한 우울을 겪어야 하는 것이 아닐까 하고 두려워했다. 내 생각으로는 지속적인 일로 인해 신경조직이나 두뇌를 쉬게 하지 않았기 때문에 우울이 오지 않았다고 본다. 이런 저런 이유로 해서——일에 대한 천성적인 욕구는 별도로 하고——나는 실제로 휴식을 일 사이에 두는 것을 몹시 싫어했다. 회복의 단계가 결정적으로 끝나고 말았다고 명확하게 인정할 수 없는 한 정상화되고 있는 신경의 안정——왜냐하면 나는 지금까지 몰랐던 행복을 느끼면서 신경의 안정을 맛보았으니까——을 이완으로 바꿔버릴 수 있는 두려움이 생기는 일을 해서는 안 된다고 믿고 있다.”

그렇게 해서 그는 더욱 힘겨울 정도로 일을 계속했다. 고용주에 대한 조사 자료는 아직 정리되지 않았다. 그러나 우선 그 기초로서 에르베 동부지방의 개개의 군에 있어서의 인구 이동에 관한 광범한 계산을 하지 않으면 안 되었다. 거기에 새로운 일이 벌써부터 그를 기다리고 있었다. 그것은 제도의 전문적인 연구였다. 그는 이 분야에서도 전문가가 되어 갔다. 의회는 ‘거래소 개혁’을 계획하고 조사를 실행에 옮길 것을 공표했으며 베버는 그것에 대해서 골트슈미트의 상법 잡지에 일련의 논문을 쓰기 시작했는데 그것은 주로 정기거래에 대한 것을 취급한 것이다. 그와 동시에 그는 나우만의 의뢰를 받아 게팅겐의 노동자 문고를 위해서

〈10프헤니히의 거래소·은행 입문〉을 썼는데 이 책이 문외한에게도 국민경제의 중심기관에 대한 이해를 가능하게 해주었다. 순수하게 투자한 거래라 하더라도 그것은 단순히 사적인 단체를 이롭게 할 뿐만 아니라 가격조정과 재산의 분배라는 중요하며 유명한 기능을 다한다는 것을 그는 이 책과 기타의 것에서 확실하게 밝혀놓았다.

여기에서 그의 흥미를 끈 것은 농업문제와 같이 정치적 문제였다. 은행이나 대상인의 수중에 자본이 축적되는 것을 국가적으로 저지할 필요는 없다. 왜냐하면 그것은 국민의 경제적 경쟁으로 인한 힘의 축적을 의미하기 때문이다. 어떤 종류의 투기적 거래 특히 지주의 압박에 의해서 곡류의 정기거래를 억압하는 도덕적 이유에서 만들어진 입법은 그러한 상품의 판로를 외국에게 양도하게 되어서 독일을 희생시킴으로써 외국의 재정력을 강화시킬 뿐이라고 했다.

"가령 이탈리아나 러시아처럼 돈을 필요로 하고 있는 나라에게 그 채권을 공매하기 위해서 보다 유리한 기회를 제공하는 것이 벨린의 거래소나 파리의 거래소에서 하는 일이라는 것은 정치적으로 아무래도 좋다고 할 수는 없는 것이다. 또 시장을 지배하는 것이 국내 상인이냐 외국 상인이냐 하는 것은 국내의 경제적 이익을 위해서 아무래도 좋다고 할 수는 없는 것이다. 여러 국민이 군사적으로는 평화롭게 지낸다 하더라도 경제적으로는 자기의 국민적 존재나 경제적 권력을 위한 냉정하고 불가피한 투쟁을 벌이고 있는 한 순수한 이론적·도덕적인 요구의 실현에는 경제적으로나 일방적으로 무장을 해제할 수 없다는 고려 때문에 엄한 한계가 설정되고 있다. 강력한 거래소가 반드시 '윤리적 교양'을 위한 클럽일 수는 없는 것이며 큰 은행의 자본이 총이나 대포처럼 '복리시설'일 수는 없는 것이다. 세속적 목표를 추구하는 국민 경제정책에 있어서 이러한 것은 모두 경제투쟁에 있어서의 권력수단 이외에 아무것도 아닌 것이다. 설사 '윤리적' 욕구가 이러한 제도에 대해서 정당한 권리를 얻게 된다 하더라도 국제 경제정책은 반대는 하지 않을 것이다. 그러나 국민 경제정책은 열광적인 이해 관계자나 또는 세상 물정을 모르는 경제적 평화의 사도가 자기 나라의 국민의 무장을 해제시키지 않도록 최후의 순간까지 감시해야할 의무가 있다.”

2년 후인 1896년 가을에 베버는 뜻을 같이 하는 연장자 레크시스와 더불어 새로운 법률의 효과를 규명하고자 하는 거래소 제도위원회로부터 자문을 받게 되었다. 그에게 연방회의에서 의사에 대한 보고를 하는 소임이 주어졌다. 여기에는 독일의 지배권을 얻으려고 서로 싸우고 있는 재계의 거물과 정계의 거물, 대공업 및 대상업의 대표자와 대토지 소유자가 회동하고 있었다. 이러한 과대한 정치적 권유와 경제상의 사리추구 정치가 싸울 것을 지난 수년 동안 열망하고 있었던 그는 이런 인물들과 마주앉게 된 데 대해서 대단한 홍미를 느꼈다.

“회의는 연방 참의원의 회의실에서 열었으며 프로이센 대표가 차지하고 있는 주탁(主卓) 전부를 거래소 사람들이 점령하고 있습니다. 농업당 사람들은 몇 개의 중간 정도의 영방(領邦) 자리에 앉았으며 동료인 레크시스와 나는 떨어져서 구식진 자리인 신구(新舊)의 로이스 공작의 서류철 앞쪽에 앉았습니다. 농업당 중에서도 상층의 부류——카니스 백작, 슈베린 백작——는 침묵하고 있으며 속물들만 시끄럽게 떠들고 있습니다. 이제는 이야기가 활발하고 재미있게 되어가고 있습니다. 농업당은 크게 분개했으며 나는 한 위원회의 위원으로 선정되었습니다. 이 위원회에서는 카니스 백작 및 많은 거래소 사람들과 함께 독일의 곡물 거래의 장래에 대해서 협의하기로 되어 있습니다. 이러한 신사분들과의 격렬한 충돌도 이미 여러 차례 일어났습니다. 그리고 나도 이렇게 몹시 홍분한 지체 높으신 분들과 여러 차례 싸움을 벌였는데 지금까지의 말투는 지극히 정중했지만 후에 권총으로 결투라도 하게 되는 것이 아닐까 걱정스러울 정도입니다. 그러나 나는 지금까지는 대체로 부호들의 만족을 사고 있는 편입니다. 추밀상업 고문관 X 같은 사람은 언제나 힘차게 내 손을 잡아주기 때문에——물론 이것은 구가이폰 로이스에 이용되고 있는 것이지만——나의 서류철 밑에 10만 마르크 정도의 수표를 넣어주지 않는 것이 이상할 정도입니다.”(1896년 11월 20일)

*

　이미 1년 전부터 프라이브르크 대학의 철학과와 벌이고 있었던 교섭을 재개하였으며 이번에는 바덴 정부가 그에게 법률학과 국민경제학의 강의를 맡기겠다는 대단한 결정을 내린 것은 모든 점에서 좋은 일이었다고 할 수 있다. 이 사건은 베버에게는 '계몽전제군주'로서 프로이센의 여러 대학에 군림하고 있었던 프로이센 교육제도 담당자 알트호프 추밀고문관을 상대해야 하는 인상적인 경험과 결부되어 있었다. 이 사건은 이와 닮은 여러 가지 다른 사건이 후에 베버로 하여금 '알트호프 시스템'을 공공연하게 비판하게 만들었기 때문에 여기서 이것에 대해서 약간 언급하려고 한다.

　알트호프는 재능이 뛰어난 이 강사(베버)에게 대단한 흥미를 느껴 그를 프로이센에 눌러있게 하기 위해서 골트슈미트의 후계자로 정했으나 벨린 대학 쪽은 앞으로 학계를 이끌어갈 후계자로 이렇게 젊은 학자를 추천할 용의가 있는지 어떤지를 알 수 없었다. 그래서 그는 인간적인 약점을 이용해 여러 가지 약속을 하여 베버를 프로이센에 묶어두려고 했다. 또 그는 바덴의 교육제도 담당자에게 베버는 법률가로서 대단히 유능한 능력을 지니고 있기 때문에 프라이브르크를 단순한 '도약대'로 이용하려고 하는데 지나지 않을 것이라고 알려주기도 했다. 그러나 베버 자신은 절대로 벨린 대학은 물론 다른 대학에도 묶여 있지 않다고 그에게 말했기 때문에 알트호프로 하여금 "이 베버라는 사나이는 인사 문제에 대해서 극단적으로 예민한 면을 보이는 인간이다."라는 술회를 하게 했다. 어느 날 알트호프는 예산안 전문위원의 한 사람인 베버의 아버지에게 이 문제에 대한 타협을 해와서 부자는 대단히 흥분했는데 왜냐하면 분명히 '추한 거래'의 시도가 있다는 것을 추측했기 때문이었다. 바덴의 문교장관이 알트호프에게 베버에 대한 조회를 부탁했으며 이례적인 학부의 추천에 어느 정도 의혹이 있다는 것을 알려오자 알트호프는 청년에게 친서를 보인 후 다음과 같이 말했다.

"나라면 문교장관이 이와같이 뚜렷하게 Animus non possidendi(당백함)를 보이고 있는 나라에는 도저히 갈 수 없을걸세."

그러나 베버는 알트호프가 뚜렷하게 그가 계속 이곳에 있을 것을 바라지 않은 한 자유로운 결정권을 보류해두려고 생각했다. 그래서 알트호프는 그를 벨린 대학에 추천한다──단 그에게는 아무런 구속력이 없다──는 서면 약속을 그에게 했다. 그러나 베버는 집으로 돌아와서 봉투를 열어보자 어느 곳에서 초빙되어도 거절하지 않으면 안 된다는 단서가 붙어 있는 것을 알았다. 그는 재빨리 항의했으며 다시 알트호프가 보낸 답장에는 그 조항은 잘못된 것이므로 취소했으나 서면의 날짜를 실제보다도 이전으로 잡았기 때문에 베버가 항의하기 이전에 서면의 작성된 것과 같은 형태가 되어 있었다. 그러나 그는 그 반대라고 믿고 있었다. 비스마르크를 닮은 이 뛰어난 인간은 이러한 일로 인해 목적에 도달하기 위해서는 어떠한 수단도 옳은 것이며 타인의 종속성이나 윤리적 약점까지도 이용해서 끝내는 철저한 인간 경시에 빠지게 되는 것이라는 인상을 마음속에 굳히게 되었다. 인간의 성격을 이와같이 농락한다는 것은──설사 그것이 객관적으로는 성취해야 할 목적 때문이라 하더라도──베버의 눈에는 타개해야 할 것으로 보였기 때문에 절대로 그것을 용서하지 않았다.

이러한 독재적인 인간의 권욕 남용이 허락된다는 것이 그가 프라이브르크로부터의 초빙을 수락하는 쪽으로 마음을 기울게 한 하나의 이유가 되었다. 게다가 남쪽이라는 것과 무엇보다도 새로운 전문분야를 개척해야 한다는 것이 그의 마음을 사로잡았다. 이 분야 때문에 자기 자신이 만족을 얻을 때까지 열심히 공부하지 않으면 안 되겠지만 전공과목의 변경은 그가 바라는 바였다. 국민경제학은 학문으로서는 법률학에 비해서 탄력적이며 보다 '젊었고' 그 위에 여러 가지 학문 영역의 경계에 위치하고 있었다. 이 학문은 문화사나 사상사, 그리고 철학적 여러 문제에도 직선으로 통하고 있었다. 그리고 최후에 그것은 법률학적 사고의 보다 형식적인 문제 제기보다도 정치적 및 사회정책적인 방향 결정을 위해서는 유효했다. 베버는 내심 갈등을 느끼지 않은 것은 아니지만 빨리 결정을 했다. 갈등을 느꼈던 부분은 정치 생활의 중심과 어머니의 곁에서 멀리 떠나게 된다는 점에서였으며 이별은 두 사람에게는 대단히 괴로운 일이 될 것이라는 것을 알고 있었기 때문이다.

"프라이브르크 대학의 자리를 맡는 일에 대해서 여러 가지 생각을 했고 마치 '은급'을 받고 벨린에서 퇴직하는 것 같은 생각이 약간 들었다. 벨린에서 그렇게 오래 살았으니 그것도 당연한 일이었다. 게다가 프라이브르크에 가서도 진부한 생각이 나지 않도록 벌써 손을 써놓았다. 이제 나는 완전히 원기를 되찾았으며 오히려 후에 가서 이별의 괴로움이 더해질 것이라고 자문 자답하고 있었다. 또 프라이브르크의 직장은 지금보다도 나를 명랑하게 만들 것이며 나의 관심에 보다 더 어울리는 고장이기 때문에 당신은 아마 처음에는 공부만 한다 해도 전보다 만족을 느낄 것이며 전보다 '화'를 쉽게 내지 않은 남편을 갖게 될 것이다. 그리고 또 장래를 보고 어머니를 위해서도 지금처럼 쫓기는 듯이 방해를 받아야만 하는 시간보다는 우리들이 있는 곳에서 한가롭게 묵는 것이 훨씬 즐거운 일이 될 것이라고 나는 믿고 있다."

결혼 생활 첫 해의 끝 무렵에 벨린을 떠나며 베버는 막스 크린 가의 거의 모든 에칭을 아내에게 선물했는데 이 작품의 상징적 내용은 당시의 두 사람을 몹시 감동시켰다. 죽음의 신을 구세주로 그리고 있는 '죽음에 대해서'의 연작 중의 한 장에 그는 다음과 같은 시를 써놓았다.

청춘의 힘이 넘쳐 흐를 때에 요절할 운명에 놓일 것을 일찍이 나는 기대했다.
지금 나는 요절을 바라지 않는다. 인간의 마음에 영원한 청춘을 가져다주는 것을 이 세상에서 나는 찾아냈으니까.
사랑하는 이여, 언젠가 우리의 삶에 종말이 가까워졌을 때에는
일을 멈추고 어두운 죽음의 길을 기꺼이 따라서 가자
미지의 나라 속으로 손을 맞잡고.

Ⅱ

1894년 가을에 프라이브르크로 이사를 했다. 베버는 이제 새로운 활동 영역에 들어가게 된 것을 대단히 기뻐하고 있었다. 새로운 것, 미지의 것은 모두 그에게 대단히 매력을 주고 있었다. 그리고 그렇게 여러 가지 어두운 추억을 지녀야만 했던 벨린의 생활은 이제 이것으로 끝난 것처럼 처음에는 보였다. 물론 그를 기다리고 있는 일의 부담은 상상한 것 이상으로 컸으며 지금까지의 모든 것을 능가하고 있었다. 그가 약간 과장해서 말한 것처럼 이번에 처음으로 대규모의 국민경제학 강의를 하게 된 것이다.

그는 곧 12시간의 강의와 두 과정을 맡았다. 2학기가 되어 가까이 지내고 있었던 학자 G. 폰 슐제 케바니쓰가 휴가를 얻게 되어서 그는 그 친구의 과업의 일부를 맡아야 할 필요를 느꼈다. 그는 자칭해서 쫓기고 있는 짐승이라고 했다. 이윽고 그는 몇몇의 문하생이 그를 중심으로 모여 그 학생들에게 주의 깊게 학문적 연구의 방법을 가르쳐주는 일에 다시 없는 만족을 느꼈다. 뿐만 아니라 출판사가 거래소에 관한 논문을 계속 써달라고 재촉을 해왔다. 농업노동자에 대한 조사도 있었다. 그래서 그는 조수들의 손을 빌려 수천의 예를 집계했다. 자료는 더욱더 방대해져가고 있었으나 이제 실제로는 그렇게 그의 흥미를 강렬하게 끌고 있지는 못했다. 왜냐하면 그 결과는 이전에 자신이 한 판단을 확증시켜주는 것뿐이라고 확신하고 있었기 때문이다. 그러나 무엇보다도 더 긴요한 문제가 여러 가지 있었다. 계획했던 새로운 저술도 아직 진행되지 못했다. 귀중한 수사적 자료 중 일부는 학생을 위해서 이용했으며 일부는 후에 씌어진 농업정책의 논문을 위해서 사용했다. 약간은 그 자리에서 바로 실물 자료로써 대학 취임 기념강의에서 사용했는데 그 강연에 대해서는 후에 기술하기로 한다. 그 이외에도 그는 여러 가지 학문적이거나 정치적인 협회에서 강연이 있었다. 그 중에서도 특히 그가 회원으로 가입하고 있던 범독일협회의 지방지부에서 폴란드 문제에 대해 강연을 했다. 그의 강연 능력은 유명해지고 있었다. 그는 부탁에 못 이겨서 여기저기 단독 강연뿐만 아니라 연속 강연까지도 승낙했다. 가령 나우만의 의뢰를 받고 프랑크푸르트의 복음노동자협회에서 '경제학의 국민적 기초'에 대해서 강연한 것과 같은 일이다. 강의를 끝내고 곧 프랑크푸르트에 가서 강연을 하고 밤에 집으로 돌아와 새벽까지 책상 앞에 앉아서 그날의 문제를 살피면서 해가 뜨는 것을 보는 일도 있었다. 그의 일을 하는 힘은 배가된 것처럼 보였고 사실 어떤 일이라도 해냈다. 보통 새벽 한시까지 일을 하고는 깊은 잠에 빠졌다. 아내가 주의를 줄 때마다 그는 말했다.

"한시까지 일을 하지 않으면 교수 일을 해낼 수 없는 것이라오."

제3학기의 마지막——1896년 봄——에 그는 자신의 새로운 교수 과목을 완전히 소화하고 있었으며 육체적으로도 건강했다. 부활제의 휴가 때는 잠시 벨린으로 가서 사회정책학회의 지부회의에 참석을 했으며 도서관에서 공부도 하고 친구들과도 만났다. 이것도 세 과목의 큰 강의를 맡은 한 학기가 끝난 후에 얻게 된 휴가였다.

"벨린의 공기는 역시 이상할 정도로 건강에 좋으며 신경을 잘 움직이게 합니다. 왜냐하면 지난 수주일 동안 '책임과 고생'이 막심했는데도 나는 힘이 솟으니까 말입니다."(1896년 3월)

*

굉장히 빠른 일정에도 불구하고 베버는 자신의 가정 생활에서 일어나는 많은 재미를 즐겼다. 가정부의 마음을 위로해주기 위해서 기르기 시작한 어린 잡종 개는 그에게도 유쾌한 장난감이 되었다. 아내가 여행을 떠났을 때는 이 귀여운 동물의 이야기를 편지의 여기저기에 썼다.

"지금 베르다가 나갔소. 꼬마 브르크스를 데리고 나가겠다고 내게 알리고서. 이것은 지금부터 일어나는 것을 발코니에서 보아달라는 것을 의미하오. 이것은 실제로 우스울 정도로 멋있는 구경거리요. 그녀는 푸른 끈으로 묶인 브르스크를 끌고 있는데 개는 화가 나서 미친 듯이 그녀에게 짖어대고 땅 위에서 뒹굴며 달리기도 한다오. 그러면 그녀도 뒤를 쫓아서 뛰지 않으면 안 되며 끝내는 끈을 놓아버리게 되지. 그러면 개는 끈을 질질 끌면서 큰소리로 짖어대고 그녀의 주위를 돌지. 그러나 교육이라는 것은 이러한 개에 대해서는 어려운 것 같소. 그 개는 방 안의 냄새를 맡으면서 열심히 돌아다닌다오. 이것은 확실히 유전적인 숙명인 것 같소……."

부부의 외적인 생활은 주로 그들 사회의 전통적인 형식 속에서만 영위되었다. 그러나 그들은 남의 눈에는 '색다른 사람'으로 보였다. 특히 그들의 주위 사람들은 아직도 기이하게 생각되는 사회관이나 남녀 관계에 대한 관념을 지니고 있었다. 그리고 방에는 크린 가의 에칭이 걸려 있었으며 그 중 어떤 것은 나체이기까지 했다. 어두컴컴한 숲의 연못가에서 생각에 잠겨 있는 이브가 그려진 작은 그림이 걸려 있는 소파에 어떻게 앉아 있을 수가 있단 말인가? 그리고 어두운 못에서 광선을 향해 뛰어오르려 하고 있는 남자의 나체를 어떻게 아무렇지도 않게 바라볼 수 있단 말인가? 그뿐만 아니다. 이 젊은 아내는 그때그때마다 자기 마음 내키는 대로 행동하며 귀에 익지 않은 의견을 표명한다. 더구나 사회적인 일에, 특히 —— 참으로 이상하게도! —— 학문에 종사하고 있는 것이다. 뿐만 아니라 여성으로서 철학 강의와 H. 리카트의 학과과정에 출석까지 한다. 그것은 실제로 대단히 눈에 띄는 일이며 여러 가지 추측과 여성이 할 수 있는 일, 해도 상관이 없는 일, 해야 할 일에 대한 토론을 야기시키고 말았다. 아내가 가사와 남편에 대한 것 이외의 일에 진지하게 관심을 갖는다면 부부가 행복할 수가 있을까? 대체 이러한 변칙성에 대해서 원칙적으로 어떠한 태도를 취해야 할 것인가?

헤레네가 프라이브르크로 아들을 방문했을 때 사람들이 생각하고 있는 것을 여러 가지로 알아보았다. 그리고 그것이 아들 가정의 행복에 대해서 그녀가 우려했던 일은 사라져가고 있었음에도 불구하고 이번에는 다른 면에서 그녀를 다시 불안하게 만들었다. 부부가 남의 빈축을 사고 있는 것이 옳은 일인가? 외적인 생활 양식면에서는 역시 남의 의견을 존중하여 벽에서 크린 가의 작품을 제거해야 하지 않을까? 이 문제는 그녀의 마음에 심한 충격을 주었다. 그러나 아들 부부는 웃었으며 그들이 하고 있는 일에 자신을 갖고 있었다. 그들은 결코 남의 눈에 띄는 일이나 남에게 상처를 주는 것도 바라지 않았으며 소도시적인 구습들을 인정할 마음도 없었다. 그러는 사이에 주위의 사람들은 베버 부부와 친숙해지고 부부에게는 새로운 친구들이 생기게 되었으며 그 중에는 그들처럼 인습을 초월한 생활을 하는 사람도 있었다. 아이들이 많은 프리스 바움갈텐의 집안과는 처음부터 터놓고 사귀고 있었다. 바움갈텐은 그곳 고등학교에서 탁월한 교사로 활동하고 있었으며 깊은 종교성과 굳건한 정신을 지니고 있었으며 잔병이 잦은 여성과 살고 있었다. 그들의 생활은 결코 편한 편이 아니었기 때문에 베버 부부는 이 두 사람이 하루 하루의 무거운 짐을 지고 참고 살아가는 생활력에 탄복했다. 때로 이다는 프라이브르크의 아들에게로 와서 머물렀으며 베버 부부와도 친교를 유지해나갔다.

그들은 철학자 A. 리일의 집에서 뛰어난 한 여성에게서 드물게 볼 수 있는 우아함과 빈적 전통이 예술로까지 승화된 지극히 지적인 사교성이 어떠한 것인가 하는 것을 처음으로 알게 되었다. 그들은 그들과 동년배인 젊은 철학자 하인리히 리카트와 그의 아내 소피에게서 그들에게는 평생의 보배가 되었던 풍부한 정신적 내용이 넘친 우정을 얻었다. 이미 리카트와 베버의 부모들은 실제로 정치적으로나 사교상으로도 무척 친해 있었다. 나이가 거의 비슷한 아들들은 아주 친하지는 않았지만 어릴 때부터 서로 잘 알고 있는 사이였다. 베버는 이미 몇 년 전에 리카트의 초기의 인식론에 관한 논문 '정의론'과 '인식의 대상'을 연구하여 사상적인 날카로운 투철성에 감복하고 있었다. A. 리일이 프로이센의 어느 대학의 초빙에 응했을 때 베버는 말도 안 되는 학내의 반대를 밀어제치고 공석이 된 강좌를 리카트를 위해서 확보해주었다.——지금은 그는 인식론의 문제에 그 이상 깊이 파고들 시간이 없었다.——그 대신 이번에는 그의 아내가 존재와 세계의 의미에 대해서 사색하려는 욕구를 계통적으로 세우기 시작했다. 그녀는 리카트의 열성적인 제자가 되어서 자신이 배운 것을 모두 남편에게 알려주었다.

"막스와 쾌 므르크스와 '인식의 대상'이 내가 가장 좋아하는 것입니다." 하고 그녀는 말했다.

아내끼리도 친밀한 우정을 맺었다. 마리안네는 처음으로 여류 조각가 소피에게서 새로운 여성의 전형을 발견했다. 타오르는 듯한 예술가적인 혼에 연결된 발랄하고 헌신적인 여성적 심정. 아내로서 어머니로서 충분한 만큼 강한 애정의 힘을 가지고 예술적 창조에 몰두하고 있는 여성.

더욱 넓은 교제를 하는 사람들 중에서 중요한 사람을 들어보면 그와 전문을 같이 하는 G. 폰 슐체 케바니쓰, 생리학자이며 철학자인 휴고 뮨스다베르크, 그리고 박식한 문헌학자 고트프리트 바이스트가 있었는데 바이스트는 독특한 이인이었다. 그의 놀라울 만한 학식은 이야기하는 도중에 수시로 질문하지 않으면 안 되었다. 왜냐하면 그는 문장에서나 유창한 담화에서 자발적으로 그것을 전개해보일 수가 없었기 때문이다. 베버는 새로운 동류들을 '더한층 바람직한' 사람이라고 생각했으며 기꺼이 그 사람들과 어울렸다. 정예들이 모이는 야회는 젊은 부부의 가정의 진가를 보여주는 중요한 기회였으며 제자들도 때로 초대했으며 토요일 밤에는 독신의 동료들이 모여 화기애애하게 게임 —— 이것이 모인 사람들 모두에게 제일 어울리는 형식이었다 —— 을 했다. 그는 집 밖에서도 사교적인 모임에 참가해서 피로를 풀었다. 매주 케켈 아파트에서 하는 그의 일화는 사람들을 즐겁게 해주었으며 그가 술에 강한 것을 보고 사람들은 그의 다른 여러 재주에 경탄한 것 이상으로 놀랐다. 사람들은 그의 참석을 즐거움으로 여기고 있었으나 젊은 아내들은 남편이 전보다 늦게 돌아온다고 불만을 털어놓았다. 여름에는 반드시 한 번은 서너 명의 친구를 데리고 언제나 동행하는 G. 바이스트와 함께 시골 음식점으로 가서 송어와 마르크그레후라(반덴 산 포도주)를 즐겨 먹었다. 외국의 초빙을 거부한 유명한 연구가 폰 크리스를 위해서 개최된 라이므슈트레에서의 축하연에서는 금색의 포도주를 마음껏 마실 수 있었다. 좌흥이 무르익자 베버는 자기의 체중이 200파운드라고 내기를 걸고 그보다 적다면 1파운드마다 한 잔씩 마시겠다고 약속했다. 그는 환성을 받으며 체중을 달았으나 내기에 져서 약속을 이행하지 않을 수 없게 되었다. 그러나 돌아올 때에는 일동은 술이 너무 취한 나머지 건초를 나르는 마차에 실려왔지만 베버만은 확실한 걸음걸이로 따라왔다.

폰 크리스를 위한 학생들의 축하연에서 한 동창생을 상대로 한 '비일윤게'의 경쟁(맥주 마시기 시합)에서 그가 크게 이겼을 때는 학생들도 놀랐다. 대체 이 인간은 평화의 시대를 맞아 창 대신 펜을 쥔 게르마니아 숲에 있던 전사의 환생이 아닐까? 그렇지 않으면 그는 신하들을 이끌고 결투장으로 가는 장수였단 말인가?라고 생각했다. 어느 모로 보더라도 그의 풍모는 교수형에는 어울리지 않았다. 나이를 먹은 후에도 그는 많은 제자와 다정하게 지냈으며 매회 학과일정이 끝나고서 그들과 함께 한잔 할 때에는 그들은 단순히 학식만이 아니고 그의 재미있는 이야기 솜씨에 기분좋음을 느낄 수가 있었다. 그리고 그는 모든 질문에 응했으며 전연 권위를 앞세우려 하지 않았다. 그래도 역시 아무도 그에게는 미칠 수 없다고 느꼈으며 격의없이 가까이 하려고 생각하는 사람은 한 사람도 없었다.

휴식 시간에는 아무에게도 어색한 느낌을 주지 않을 정도로 순수하고 활달하게 행동하는 좋은 동년배였지만 교관으로서의 그는 대단히 까다로웠다. 자기와 같은 직업을 가진 사람들의 '인간적인 약점'이 —— 가령 교관 초빙의 문제 등으로—— 순수한 객관적인 처리에 대립을 하게 되면 그와 같은 약점을 용서하지 않았기 때문이다. 가령 리카트의 경우처럼 누군가가 자신의 옳은 주장을 위해서 원조를 얻으려고 하면 그는 불문곡직하고 단호한 행동을 취했다. 이러한 때에는 그는 전연 용서가 없었다. 어떠한 불쾌한 일도 피하지 않았기 때문에 동료들은 복잡한 문제의 해결을 위해서는 서슴지 않고 그를 이용했다.

"이럭저럭 하는 사이에 모두들 화를 내고 있습니다. 그러나 나는 어느 곳에라도 시기를 놓치지 않고 달려가서 불쾌한 일을 정리하지 않으면 안 되는 주술에 걸려 있나 봅니다. 이번의 경우는 어느 일에서나 마음가짐이 천박하다는 것을 어느 동료에게 경고해야만 하는 일이었는데 다른 사람들이 싫어하기 때문에 실제로 그 일을 하는 임무가 내게 주어졌습니다."

*

　이렇게 충실한 생활의 배경이 되고 있는 곳은 슈발쓰발트의 울창한 언덕이었다. 물론 규칙적으로 부부가 산보한다는 일은 생각할 수 없는 일이어서 베버는 일에 틈이 생기면 성급히 슈로스베르크로 뛰어 올라갔을 뿐이다. 흔치 않은 도보여행의 기회는 그에게 한층 더 감사의 마음을 가지게 했다. 그는 전방에 양지 바른 포도밭 구릉이 펼쳐 있는 왜전나무에 덮여 있는 이 산지를 사랑했다. 옛 문화의 유적을 도처에서 찾아볼 수 있었다. 대도시는 이제 돌로 된 감옥처럼 생각되었으며 그는 다시 도시로 돌아가고 싶다고 생각하지 않았다. 제2학기가 끝나게 되자 그는 결혼 이래 처음으로 약간 긴 휴양을 해볼 마음이 생겼다. 그는 아내와 디불이 스코틀랜드의 황량한 고지와 아일랜드의 서해안을 여행했다. 이것이야말로 간신히 얻어낸 귀중한 휴식이었으며 자신을 되찾아보는 기회였다! 그는 여행과 관조(觀照) 속에서만 매우 긴장을 풀었다. 이때의 그는 완전히 젊어져서 모든 지상의 아름다움에 마음을 열었다. 그리고 그는 탐욕스러울 정도로 세계를 자기 속으로 흡수했다. 어디를 가나 그는 3일 이상은 머무르지 않았다. 견문하는 모든 것이 이미 존재하고 있는 지식을 색채와 형태로써 장식했다.

　두 사람은 아름다운 두 바퀴 세마차로 런던의 아스팔트 위를 질주해서 그들의 최초의 여행 때 보았던 사적을 서둘러서 찾아다녔다. 그리고 그들은 플라잉 스코드만의 쾌적한 가죽 의자에 몸을 묻었다. 창 밖으로는 녹색의 풍경이 펼쳐져 있었다. 베버는 주위에 드문드문 산재해 있는 교회를 가리켰다. 옛날에 그러한 교회에 소속되어 있었던 마을은 소멸하고 이미 몇백 년 전부터 지주들이 농업지대를 자기들의 것으로 만들어버리고 말았다. 그는 독일의 동부지방에서 일어날 수 있는 장래를 생각한 것이다. 북방의 회색 도시 에딘발러에도 많은 역사가 있었다. 특히 회색의 차가운 성벽은 비극적인 추억을 지니고 있었으며 고지의 황량함이 거리의 바로 옆에까지 다가오고 있어서 이 도시의 현재 모습도 아직 우수의 베일 속에 갇혀 있는 것처럼 보였다. 그들은 이곳에서는 잠깐 머물렀을 뿐이지만 마을 밖의 호수가 있는 적막한 산지 속에서 자신들을 즐겁게 해주는 것을 생각하면서 상쾌하고 우수에 넘쳐 있으면서도 사람의 손이 닿지 않은 별세계의 자연을 발견했다. 거의 매일 엷은 구름이 나와서 이 자연에 다시 없는 엄숙함을 자아내게 하고 있는 동시에 그것은 더러워짐이 없는 신선함을 주고 있기도 했다. 그리고 거의 매일 다채로운 일광의 반짝임을 뚫고 비가 내렸다.

베버는 자기가 본 것을 헤레네에게 보낸 즐거운 편지 속에서 자세하게 묘사하고 있다. 헤레네는 아들 부부가 이제야말로 완전히 둘이서만 젊음을 즐기고 있다는 인상을 받았다. 그 중의 몇 개의 묘사를 다음에 소개하겠다.

로호 로만드의 라스에서 1895년 8월 14일

저녁에 우리들은 한 작은 호숫가를 산보했습니다. 해가 비치고 있을 때 산보를 시작한 것이지만. 그런데 이것은 이 나라의 특색이기도 한데 어느새 몇 조각의 구름이 녹청색의 산의 정상으로 달려왔나 싶더니 마치 누군가가 해면을 짜내고 있는 것처럼 갑자기 비가 쏟아집니다. 그러나 우리에게는 이제 이것은 풍경의 일부처럼 되어버려서 5분 정도 비가 내릴지 어떨지에 대해서 마음에 두지도 않습니다. 오히려 거의 규칙적인 일기의 모든 단계를 하루 동안 보게 되는 것입니다. 몇 채 안 되는 목동의 집 외에는 어디에도 사람의 자취가 없으며 이 자연은 장려한 엄숙함과 하나가 되어서 풍경을 장식하고 있습니다. 특히 그 색채가 참으로 단순한데도 불구하고 감동적인 인상을 주고 있습니다. 사실은 녹색과 강회색(鋼灰色)의 두 가지 기본색이 있을 뿐이지만 그것이 한없는 혼합을 이루고 있어서 감녹색, 황녹색, 청녹색의 초지와 양치(羊齒)는 다만 황무지에서만 끊길 뿐이며 언제나 젖어 있는 바위를 정상에 이르기까지 뒤덮고 있으며 목초지를 고양이처럼 전광석화의 속도로 흐르고 있는 작은 강은 감색이 어려 있는 쥐색, 심한 물결이 일지 않을 듯이 보이는 호수는 청회색, 게다가 때로는 짙어졌다가 엷어지는 안개의 베일,

그 속에서 해가 비칩니다. 그러나 이러한 모든 것은 감각의 전경으로 밀려나와서 풍경의 특징을 이루고 있는 것처럼 느껴지는 커다랗고 멋진 황량함의 첨가물에 지나지 않습니다. 이미 숲이 없다는 것, 그리고 —— 로호 로만드나 트로삭크스의 몇 장소를 제외하고 —— 거의 수목이라고 할 만한 나무가 전연 없다는 것이 그러한 인상을 주고 있는 것입니다. 도시의 문 앞에까지 다가서고 있는 이 평지의 황량함은 잉글랜드와는 다른 느낌을 주고 있는 것처럼 생각됩니다. 잉글랜드에서는 런던에서 에딘발러까지 농촌은 단 한 곳도 볼 수 없었으며 군데군데 정원에 둘러싸인 성과 조금 떨어져서 소작인의 집과 단독 관리사무소, 때로는 15세기나 14세기의 교회가 보일 뿐입니다. 이러한 교회는 옛날처럼 50호에서 60호의 농가가 아니고 겨우 10여 호의 노동자의 집 사이에 서 있어서 마치 결핵환자의 옷처럼 신자의 수에 비해서 어울리지 않게 큰 것처럼 보입니다. 그리고 잉글랜드에서는 —— 스코틀랜드라는 나라는 아무래도 소와 나아가서는 목양을 위한 나라인 것에 비해서 —— 수십반의 농민이 정주할 수 있는 곳이라는 느낌이 듭니다. 오늘 아침은 합승마차로 산을 넘어서 로호 캬트린 부근의 트로삭스 —— 숲이라 말할 수 있는 유일한 곳 —— 에 갔습니다. 호랑가시나무와 재배되고 있는 밤과 낙엽송과 침엽식물의 잎이 자아내는 청회색은 기묘한 느낌을 줍니다. 이 침엽식물은 무섭게 생긴 기형적인 가지를 교착시키면서 덤불과 같은 왜림(矮林)의 대부분을 형성하고 있습니다. 물론 언제나처럼 별안간 15분 정도 비가 사납게 쏟아졌지만 로호 로만드로 가는 동안이나 그곳에 도착한 후에 햇빛이 났으며 오후에는 그 정도가 아니라 이곳에서는 형용하기 어려운 상쾌한 기분과 습기가 있으면서도 신선한 따뜻함이 있고 거의 구름을 찾아볼 수 없는 푸른 하늘에 햇빛이 빛나고 있다는 여간해서 보기 어려운 광경을 보게 되었습니다. 그 후 차 속에서나 산보 시에도 호수는 모든 모습을 우리에게 보여주었습니다.

아무튼 이 영국에서도 세상은 좁은가 봅니다. 여기서 벨린의 친구를 만났다고 하면 믿어줄 사람이 있겠습니까? 선착장에서 로호 캬트린으로 가는 기선으로 승선하려고 붐비고 있는 영국인 특유의 뾰족한 입을 한 사람들 사이에서 뜻밖에 게르만 인적인 음송시인을 닮은 기르케를 발견했습니다. 우리들은 그곳에서 로호 로만드까지 함께 갔다가 거기서 헤어졌습니다. 외국에서 동족과 함께 어울리게 된다는 것은 이상한 느낌을 줍니다. 우리들은 벌써 이곳 풍토에 익숙해졌고 일반적인 분위기에 적응하기 위해서 사람의 눈에 띄지 않게 행동하며 질문을 받았을 때에만 간단하면서도 정중하게 대답하고 어떠한 음식이라고 먹고싶은 양보다 적게 먹고 배가 진짜 고플 때에도 마치 먹는다는 것을 문제삼고 있지 않은 것처럼 스푼으로 수프를 휘젓기만 합니다. 그러나 독일 사람이 가까이에 있다는 것을 알게 되면 합승마차를 기다리고 있을 때부터 우리 주위에는 놀라울 정도의 큰 웃음판이 벌어집니다. 야만인을 보려고 모든 영국 사람들이 몰려드는 것 같았습니다. 그리고 우리는 합승마차 속에서 누군가가 'merry Germany'(merry England를 본따서 차 속의 독일인의 쾌활함을 보고 한 말이라고 생각한다)라고 하는 말을 들었습니다. 그리고 헤어지기 전에 우리는 점심을 먹었습니다. 그곳의 웨이터들은 그 점심에 대한 것을 잊어버리지 않을 것입니다. G(기르케)는 토이트브르크(로마 군과 고대 게르만 족의 영웅 아르미니우스와의 옛 전적지)의 숲에서 하던 식으로 먹기 시작했는데 우리도 그것에 따랐습니다. 우리가 먹는 모습에 완전히 질려버린 웨이터들은 무엇을 내놓아도 깨끗이 먹어치우기 때문에 나중에는 터무니없이 많은 양의 로스트비프와 연어를 가지고 왔습니다. 생각해보니 그렇게라도 하지 않으면 우리가 사람마저 잡아먹지 않을까 걱정했을지도 모를 일이었습니다. 세 사람이나 우리들의 테이블 주위에 서서 그들이 내놓은 음식물 잔해를 놀라운 눈으로 쳐다보고 있었습니다. 드디어 종이 울려 식사가 끝났음을 알리자 확실히 안심한 것처럼 보였습니다. 뿐만 아니라 마시기도 했습니다——모든 금주 호텔을 놀라게 해주려는 G의 욕심과 웨이터를 놀라게 해주려는 내 경쟁심으로 물 컵으로 몇 잔의 물을 마셨는지 모를 정도였습니다.

로호 마리

1895년 8월 17일

이 로호 마리 부근 게어로그로 가는 도중의 경관은 북부 고유의 하이랜드와 남부 및 중부 스코틀랜드와는 완전히 다른 특징적인 차이를 보여주고 있었습니다. 순수하면서 황량한 경관은 여기서는 더욱더 뚜렷하게 늘어나고 있었습니다. 남부에서는 현무암의 날카로운 산마다 녹색 모포가 펼쳐져 있는 것처럼 보인데 반해서 이쪽 많은 바위들이 산은 더 한층 험하며 작년 여름에 난 풀이나 히이드가 바위 틈에서 봄의 해빙기를 맞이해 온통 뽑혀져버린 것처럼 보일 정도였습니다. 많은 바위들이 놀라울 정도로 무리를 이루어 산허리를 뒤덮고 있었고 그 사이에는 남부처럼 여러 가지 색이 교차하고 있는 황갈색이나 회녹색 바탕의 다채로운 히이드가 가득하게 피어 있습니다. 이 히이드는 보라색에서 쑥색까지의 고유의 색을 아무리 작은 군락에라도 고루 채워주고 있어서 전체적으로는 모든 색이 서로 섞여 감색 기운이 도는 빛을 나타내게 하고 있는 것처럼 보이게 했습니다. 몇 마일에 걸친 산과 산 사이의 협곡에서는 몇 이탄지로 일관되어 있는 평지를 바라볼 수 있는데 그것은 마치 바다와도 같아서 절대적인 단조로움에도 불구하고 변화할 것 같은 인상을 갖게 했습니다. 급한 오르막 길을 거의 한 시간 정도 올라가게 되면 수 마일에 이르는 로호 마리의 골짜기가 한눈에 전개되는데 이것의 엄숙한 황량함은 마리안네의 고독에 대한 욕구까지도 틀림없이 만족시켜 주리라는 생각을 했습니다. 몇 시간이나 차로 가는 동안 우리는 이곳 저곳에 산재해 여덟 채의 집으로 구성되어 있는 촌락과 사냥꾼이 모이는 여관을 보았습니다. 그 밖에는 수 마일에 걸쳐서 인척이 끊어진 느낌이 들었습니다. 호안의 현무암 위에 나 있는 좁은 길은 차바퀴 밑에서 먼 종소리와 같은 기묘한 소리로 들립니다——땅 아래 암석에 고인 물에 의해 갈라진 구열 때문이라고 생각됩니다만은. 오후와 저녁의 태양이 만들어내는 인상은 독특한 것입니다. 풍경 전체를 많건 적건 싸안고 있는 엷은 안개의 베일 때문에 태양의 광선은 희미하며 때로는 녹색 비슷하게 보이지만 일몰 때에만 장미빛으로 변하게 됩니다. 그리고 산의 습한 암각의 빛이 닿는 부분은 기묘한 파란색을 띠게 됩니다. 바위의 황량함 가운데 호숫가의 움푹 패인 곳에 녹색의 목초가 깔린 작은 풀밭이 있는 매력적인 곳에 뜻밖에도 로호 마리 호텔이 자리를 잡고 있었습니다. 석조로 된 작은 중앙 건물과 이어져 있는 2층짜리 목조 건물 속에는 쾌적한 작은 방들이 모두 푸른 잔디로 되어 있는 중마당을 향하고 있으며 우리들이 묵는 방도 그 중 하나입니다. 우리들은 벌써 세 번을 보았습니다만 거의 완전한 황무지 한복판에 이렇게 눈에 띄지 않은 문화가 있다는 것이 스코틀랜드의 가장 큰 매력이라 할 수 있습니다. 이 말은 다음과 같은 설명을 들으시면 더 잘 이해하실 수 있을 것입니다. 우리 나라의 큰 여관은 어떤 것은 도시나 시골의 주막에서부터 또 어떤 것은 여인숙에서부터 발전한 것으로 나중에 국제적인 외관을 갖추게 되었지만 여기서는 지주의 사냥용 별장이 그렇게 되었다는 점입니다. 독일에서는 여관의 격이 높아져서 여관에 묵게 되는 사람의 품위가 점점 높아진데 비해서 이곳에서는 처음에 여관에 묵었던 사람이 사회의 최상층이었는데 그 다음에는 방문객의 부류가 점점 아래로 퍼져나가게 된 것입니다. 지금도 영국의 여행 안내서에는 여관이 어느 백작 또는 공작의 소유라는 것이 기재되어 있습니다. 지주들이 호텔을 세워서 아래 사람을 시켜 경영하고 있습니다. 기선의 선착장은 그들의 것이며 그들은 사용료를 받고 빌려주고 있습니다. 또 그들은 북부 스크틀랜드의 호수로 가는 기선도 남에게 맡기어 운영하고 있지만 그들의 사냥 지역은 울타리를 쳐서 막아놓고 있습니다——그래서 이곳도 수마일에 이르는 로스 백작의 'Deer Forest'에 울타리가 쳐져 있지만 독일에서 뜻하는 숲이 아닙니다. 왜냐하면 이 숲에는 수목이 없기 때문입니다. 손님들——14명에서 16명까지의——은 다이아몬드로 치장을 한 귀부인 한 사람을 빼고는 대단히 품위가 있는 사람으로써 엄격할 정도로 예의 바르게 행동하기를 요구하고 있습니다. 그렇다고 반드시 만찬은 답답할 정도로 격식이 엄한 것은 아니며 가벼운 회화도 자유롭게 이루어지고 있습니다 (라고는 하지만 우리를 상대로 할 때에만은 그렇지 않으며 우리는 미지의 사람들처럼 취급당하고 있습니다). 식탁을 주재하는 나이 든 호텔 청부 경영자는 지극히 예의 바르며 대단히 유쾌한 남자로 열정적인 수렵가이기도 합니다.

헤브리디즈 제도 스트나웨이 1895년 8월 22일

아시다시피 우리는 지금 북서 지방의 성격을 완전히 갖춘 곳에 도착했습니다. 실제로 이 북서적 성격은 아일랜드로 가기 전에는 능가될 수가 없기 때문에 마리안네도 아일랜드 여행 그 자체에 마음이 내킬 것이라고 생각하고 있습니다. 우리들은 스트나웨이에서 2시간 정도 길을 따라서 섬을 가로질러 갔습니다만 이 섬의 황량한 모습은 지금까지 본 다른 섬의 그것을 능가하고 있습니다. 바라보이는 모든 광경은 모두 갈색의 이탄지입니다. 그리고 어느 정도 불안한 마음이 일게 될 즈음에는 대양과 더불어 흰 점이 몇 점인가 보입니다. 그리고 이 점 중 하나가 2층으로 된 금주여관이라는 것을 알 수가 있습니다. 우리들은 그 여관에서 방 하나를 빌렸는데 그 방에는 최대의 명물인 기관차 그림이 걸려 있었습니다. 처음에는 지금 말한 밝은 색으로 칠해진 몇 채의 집으로 되어 있는 것처럼 보였습니다. 그 외에는 다만 길을 따라서 커다란 무덤이 나란히 있는 것이 보일 뿐이었습니다. 좀더 가까이 가보니 이러한 무덤은 거의 백 개 정도의 지하동굴을 이루고 있는데 그 하나하나에 한 가족이 살고 있다는 것을 알 수 있었습니다. 지상에는 거의 1미터 정도의 사암(砂岩) 돌층계가 설치되어 있으며 지붕은 이탄으로 덮여 있고 새끼로 꼰 망을 그 위에 덮고는 돌로 눌러서 비바람을 막았으며 연통이 하나 달려 있습니다. 그 속에서 살고 있는 사람들은 영어를 모르는 게일 인의 이탄채굴자입니다. 그것과 기묘한 대조를 이루고 있는 것은 각 가족이 한 마리의 말과 한 대의 짐수레를 가지고 있다는 것인데 이것은 스트나웨이로 이탄을 실어내기 위한 그들의 유일의 자본이었습니다. 이렇게 해서 우리는 진짜로 문명이 미치지 않은 ‘회색’ 역청(瀝靑)의 움막까지 오게 된 것입니다.

바다에 가까운 습지에는 반쯤 야생화된 많은 소가 있었고 움막 부근에서는 말이, 이탄지에서는 양이 풀을 뜯었는데 움막 부근에는 풀이 얼마간 심어져 있습니다. 이 낙원 같은 미개한 상태를 바라본 후에 호텔로 돌아가게 되면 우리들은 아주 청결한 작은 방으로 들어가게 됩니다. 나는 그 천장에 머리를 부딪혔지만 바닥은 고릅니다. 메뉴는 대단히 큰 양을 요리한 가쓰레쓰와 보라색 푸딩뿐이었습니다. 그래도 이 음식은 영국의 큰 호텔 방식에 따라서 대여섯 종류의 초와 소스, 접시와 작은 접시, 터무니없이 큰 양철로 된 뚜껑, 그런 것을 차려놓는 동안 시장기가 돌 때는 담즙이 올라오는 것 같은 모든 격식을 갖춘 집기가 함께 운반되어 온다는 것, 더욱이 W.C라는 약어로 표현되어 있는 시설에까지도 격식을 차린 모습으로 나타났습니다. 요컨대 이 지하동굴의 사람들에게까지도 영국의 호텔문화가 빛을 내고 있었습니다. 이러한 모든 것을 견문한 다음에 이야기로만 들었던 very strong bathes가 있다는 모래사장을 찾아보았습니다. 그러나 45분 동안이나 찾아보는 사이에 나는 욕을 했고 마리안네는 힘없이 나와 함께 말을 몰았지만 모래사장은 없었습니다. 즉 그곳은 돌투성이어서 가까이 갈 수가 없었습니다. 비가 내리자 우리들은 모래언덕 위에서 길을 잃고 온몸이 비에 젖게 되었고 지하동굴의 연기 냄새에 숨이 막혀 이탄의 진흙을 흠뻑 뒤집어쓰고 숙소로 돌아왔습니다. 모래사장은 좀더 북쪽에 있다는 말을 들었습니다. 다음 날 아침 다시 가보았습니다만 그 결과는 더 나빴습니다. 처음에 우리가 본 것은 높은 바위에 싸인 해안이며 무수한 바위의 틈새에서는 큰 바다가 무섭게 파도를 일으키며 거칠게 몰려왔으나 우리는 모래사장을 찾아내려고 열중한 나머지 거의 그 파도를 눈치채지 못했습니다. 둘째로 우리들은 이 경관을 천천히 감상할 수가 없었습니다. 왜냐하면 거칠은 두 마리의 황소가 우리를 보고 전속력으로 돌진해와서는 우리들을 거의 해안까지 밀어붙였기 때문입니다. 그 장소는 모래로 된 사면 주위에 암초로 되어 있었습니다. 이러한 일을 겪은 후에 바봐스에는 질색을 하게 되어서 제단석이나 기타의 명소도 찾아보지 않고 저녁에 안개와 황야를 거쳐서 스트나웨이로 돌아왔습니다. 그리고 그는 다시 밤길로 스트롬 페리로 가서 그곳에서 비로소 문화의 혜택을 입고는 이 파이아케스(《오디세이아》 속에 나오는 향락의 섬)의 냄새를 깨끗이 씻어냈습니다. 이렇게 해서 우리들은 24시간 동안 마차 속에서 이틀, 배에서도 이틀, 기차에서 하루를 보냈으며 여관을 다섯 군데나 거쳤습니다……

……스카이 섬에는 완성된 외래문화와 호텔문화가 있습니다. 우리는 처음에 현존하는 여섯 곳의 교회에 차례차례로 종을 울리는 것에 흥미를 느끼면서 지독하게 따분한 일요일을 포트리에서 보냈습니다.──다행스럽게도 비가 왔던 것입니다──그리고 월요일과 화요일은 두세 번 산에 올라가보았습니다. 제일 좋았던 곳은 섬의 남쪽에 있는 크크린 힐즈에 갔을 때였습니다. 처음에는 차로 갔고 그 다음에는 조랑말을 타고 갔으며 마지막으로는 험한 고원의 길을 도보로 갔습니다. 스카이 섬에서는 매일 있는 일이지만 비가 왔습니다. 우리들은 멈추지 않는 이 비에 다소 분개했지만 비 때문에 발길을 멈출 수는 없었습니다. 그 후는 이 풍경에 꼭 알맞는 일기가 되었습니다. 빛을 반사시키는 산의 정상을 둘러싸고 질주하는 구름 사이에서 햇살이 새어나왔으며 때로는 섬세한 흰 베일이 검은 암능에서 계곡까지 가라앉았다가 이쪽으로 다가왔는데 그것은 마치 분무기에서 뿜어나오는 듯한 기는 여우비 같았습니다. 호텔에서 산으로 가는 길은 크크린 힐즈로 들어서게 되면 말로 형용할 수 없을 정도로 길이 험해지는데 이 정도로 험한 '산길'──급히 흐르는 냇물과 1피트나 되는 길이의 이탄지와 적석과 미끄러지기 쉬운 초지 그리고 깎아내린 듯한 날카로운 바위와 편편한 바위를 올라가기도 하고 내려가기도 하는 것입니다──을 지금까지 나는 본 일이 없습니다. 거의 통행이 불가능하다고 말할 수 있는 길입니다. 그런데 말이 이런 길을 갈 수 있다니 나로서는 참으로 이해할 수 없었습니다. 나는 야곱처럼 발을 작은 조랑말의 배에 바짝 붙이고 탔으며 마리안네는 즐거운 듯이 다리가 긴 말에 타고 선두에 끼어서 마치 이집트로 도피하는 사람처럼 출발했습니다. 말은 1피트나 되는 깊은 물에도 들어가며 바닥이 바위 적석으로 되어 있는 깊은 시내를 건너고 혹은 소리를 내면서 이탄지를 지나고 혹은 적석더미가 발 밑에서 무너져내리며 혹은 수직이나 다름이 없는 곳을 오르고 또 같은 곳을 내려가서 한 발자국마다 돌에 발이 걸리지나 않을까 하고 처음에는 걱정했지만 얼마간을 지나고 보니 안전하다는 것을 알게 되었습니다. 물론 나는 승마술 같은 것은 완전히 잊어버려서 평탄한 곳으로 나오게 되자 '챠리이'가 발걸음을 가볍게 비로소

'소령의 말고삐 다룸'의 방법을 쓰지 않을 수 없게 되었습니다. 그러나 몸의 여러 군데를 다쳐서 나도 모르는 사이에 편한 곳만 찾아가며 앉았습니다. 이 여행이 마리안네에게는 얼마나 좋은 것이었는지 믿기 어려울 정도입니다. 그녀는 열 시간이나 잤습니다. 신경이 날카로웠던 신혼여행과는 전혀 다릅니다. 모든 점에서 이렇게 느긋한 느낌을 우리는 지금까지 한 번도 느껴본 일이 없었습니다. 높은 산을 넘고 거친 바위로 된 언덕을 지나서 훨씬 아래쪽에 호수가 하나 보였습니다. 호수의 한쪽이 밝게 빛나는 바다가 보이는 바위투성이의 만으로 통하고 있었습니다. 나무 사이와 우리의 머리 위로 한 무리의 구름이 흐르고 그 아래쪽 풍경을 보니 마치 연극에서의 막이 아직 다 걷혀지지 않았을 때처럼 보였습니다. 바위의 모양은 장소에 따라서 기묘한 모양을 보여주었으며 그러한 조각조각으로 잘려진 영봉 사이로 종 모양의 둥근 봉오리를 바라볼 수 있었는데 이것은 샘처럼 솟아오른 현무암이 별안간 그대로 굳어버린 것이었습니다.

*

아일랜드 키라니 1895년 9월 7일

우리들이 지금 있는 지점은 지금까지의 짧은 인상만 가지고도 영국의 여러 섬 중에서 가장 아름다운 곳이라는 세평에 어긋나지 않는 곳입니다. 스코틀랜드의 둥근 봉오리를 가진 헐벗은 산——가령 스카이 섬의 산보다는 느낌이 부드럽다는 것뿐인——에는 없었던 것이 여기서는 참으로 훌륭한 천고의 수목의 임상(林相)에 의해서 채워져 있었습니다. 키라니가 위치하고 있는 아일랜드의 남서 끝은 멕시코 만류가 흘러오는 곳이기 때문에 가령 코모 호반(이탈리아 북부의 호수)의 빌라 카르못타의 정원에서 볼 수 있는 것과 같은 식물이 무성하게 자라고 있는 곳입니다. 호텔의 정원은 영국풍의 정원으로써 넓은 벨벳과 같은 잔디 위에 하나씩 드문드문 서 있는 멋있는 나무와 대체로 길이 나 있지 않은 ——사람들은 잔디 카펫 위를 걸어다닙니다——양탄자 모양의 화단과 유희장이 있었는데 이 정원은 내가 지금까지 본 것 중에 가장 아름다운 것이었습니다.

아일랜드는 기차에서 보기만 해도 잉글랜드나 스코틀랜드와는 현저한 대조를 보이는 것 같습니다. 스코틀랜드는 장엄한 황량함이 지배하고 있으며 고지에서는 거의 인간을 찾아볼 수가 없습니다. 그러나 아일랜드에서는 가는 곳마다 사람의 손이 닿는 것을 느낄 수 있습니다. 농업발달의 역사 속에 있는 여러 가지 이유 때문에 국토 전체를 주로 소농적인 단독 농가가 차지하고 있습니다. 마을은 거의 찾아볼 수 없지만 잉글랜드에서는 지주들이 '울타리'를 쳐서 농민의 '토지를 빼앗겼을' 때 마을이 소멸한데 반해서 아일랜드에서는 한 번도 존재하지 않았던 것입니다. 각 농가는 자가경영이 폐쇄된 한 뼘만한 땅 위에 있습니다. 영국인 영주에 의해서 토지를 몰수당하게 된 17세기 초 이래 옛 토지소유자들을 초가지붕에 문이 하나이고 창이 둘밖에 없는 흰색의 전형적인 작은 집에 사는 영세 소작농으로 바꿔놓고 말았습니다. 모든 토지는 울타리가 쳐진 작은 덩어리로 나누어져서 그들에게 분배되었습니다. 북부 벨파스트나 아르스타 부근은 대부분 생울타리로 둘러싸여 있지만 서부의 골웨이 백작 땅이나 코노트의 땅에는 돌이 많습니다. 매년 파헤쳐진 돌이 쌓여져 후에는 자연적으로 거대한 경계의 벽이 된 것입니다. 이렇게 여러 시간이 가는 동안에 국토는 그리 높지 않은 산 위에 이르기까지 사면 모양을 이룬 바둑판처럼 분할되고 말았습니다. 특히 무수한 돌더미는 우리의 눈에는 대단히 이상한 느낌을 주었습니다. 우리들이 현재 있는 곳과 극소수의 지점을 제하고는 숲은 전연 없습니다.

……오늘의 이야기는 우리들이 지금까지 이곳 사람들과 나눈 대화 중에서 가장 기분좋은 것이었습니다. 누구나 열성적인 자치론자라고 공언하고 있었습니다. 왜냐하면 그들은 확실히 그것이 지주들에게 근본적인 화근이 있다는 것을 인정시켜서 그들을 굴복시킬 것을 희망하고 있기 때문입니다. 그런데 물론 현지의 농업사정은 믿기 어려울 정도로 어려운 것입니다. 몇몇 산지의 소규모 청부된 유목에 대해 얻을 수 있었던 새목에 걸친 숫자를 더듬어보니 후안무치라고밖에는 달리 말할 수 없을

정도의 막대한 임대료를 내고 있다는 것을 추측할 수 있었습니다. 우리는 그 사람들이 가식없고 기묘하게 체념한 듯이 말한 것처럼 이 지방은 지금 '대단히 평온'하며 최근 10년간 해방된 소작지의 탈환을 위해 산탄총으로 저지해온 'Captain Moonshine'이 현재는 활동하고 있지 않기 때문에 많은 땅에서 쫓겨나 혹은 거지가 되고 혹은 청량음료를 팔면서 겨우 연명하고 있는 소작인들을 보았습니다. 더구나 이 일대 전부를 소유하고 있는 켄메아 백작의 산에서의 수렵권은 천 파운드를 주어야 얻을 수 있으며 그의 영지에서는 1년에 6만 파운드의 이익을 올리고 있습니다. 이곳 주민은 모든 도로, 다리, 선착장 등을 사용한 대가로 영주에게 받치는 요금을 이 도둑 같은 기사에게 지불하지 않으면 안 되었고 그들은 소작료를 받기 위해서나(1년에 두 번) 2, 3주 동안의 사냥을 위해서 그들의 호화로운 성에 모습을 나타낼 뿐이며 그 이외에는 잉글랜드에서 그 돈을 소비하고 있습니다. 확실히 이런 일 이상으로 이곳 주민의 상상력을 자극하는 것은 달리 없습니다. 선거는 자치를 위해서는 좋은 것이 못 되어서 또 그 때문에 분명하게 많은 인민을 해외로 내쫓고 있습니다. 우리들이 만난 마부도 미국으로 가려고 하고 있습니다. 그는 내게 자기 자신은 그렇게 생각하지 않는데 아일랜드에 언제 자치가 허용된다고 생각하느냐고 물었습니다. 나는 나 자신도 그것이 의문이라고 생각하며 오히려 그것에 대한 반대를 상상하고 있다고 말해주었습니다. 왜냐하면 자치가 주어진다면 이 나라는 카톨릭 사제들의 손에 놓이게 되겠지만 그 작자들도 참고 견딜 만한 위인들은 못 되기 때문입니다라고. 우리가 고용한 조랑말의 마부도 그가 아무리 민중이 교회에 다니는 것을 조롱하고는 있지만 사회적으로는 역시 종문의 편이었습니다. 종문인은 농민에서 나왔기 때문에 이 나라의 어디가 잘 되고 있지 않은지를 알고 있다는 것입니다. 이것도 굉장히 가슴 아픈 이야기입니다. 이러한 예외도. 얼굴은 우울하면서도 체념한 듯이 유쾌하게 지껄이고 있는 남자들을 보게 되면 더한층 일반 형이 어떤지를 알게 됩니다. 16가족이 같이 사는(!) 오랜 씨족 집안 내에서의 놀라운 풍습과 수백 년에 걸친 탄압은 주민 전체를 사육화시키고 있어서 그렇게 간단하게 본질적인 성질을 바꾸어 나가기는 어려울 것입니다.

적어도 이 지방의 폐허 중 일부는 훌륭한 것입니다. 특히 마리안네는 무너진 토벽을 보면 언제나 매혹당했습니다. 그리고 나는 이러한 폐허 속에 살고 있었던 사람들의 감추어진 역사를 알고자 하는 그녀의 욕구를 어떻게든 만족시켜주기 위해서 다소 지식이 있는 역사적인 허언을 창작하지만 쩔쩔 매고 있습니다. 어쨌든 아일랜드만큼 폐허가 많은 나라는 어디에도 없습니다. 그리고 그러한 폐허의 부분이 조금도 낭만적인 구석이 없습니다. 이러한 폐허는 이 지방 일대에 산재하고 있는 지주로 출세한 옛날의 씨족 족장들의 커다란 석조 집과 17세기 지주의 집입니다. 이러한 것이 지금은 버려져 있는 것입니다. 지주들의 9할은 잉글랜드에 살며 그들의 집은 채석장이 되고 있습니다. 결코 낭만적이지 않은 그 과거에도 불구하고 덩굴은 아름답게 이러한 폐허를 장식하고 있습니다. 이와 다른 범주의 폐허——다수의 승원, 우리들은 오늘 그중에서 가장 아름다운 것을 두 곳이나 발견했습니다——는 크롬웰이 만들어낸 것으로써 그의 이름은 이곳의 모든 허물어진 벽에 새겨져 있습니다.

Ⅲ

프라이브르크 대학의 제2 학사과정의 시작을 맞아 베버는 당시의 습관에 따라서 국가와 국민 경제정책에 관한 공개 취임 강의를 청중 앞에서 했다. 이 강연을 통해 청강자도 강사 자신도 깊은 감동을 느꼈다. 왜냐하면 이 강연은 지식과 동시에 신앙 고백을 제공했기 때문이다. 사색의 과정은 격렬한 토론을 일으켰다.

"취임 강의에서 나는 나 자신의 견해의 난폭함에 대해서 놀라움을 느꼈습니다. 제일 만족한 무리는 카톨릭교도들입니다. 내가 '도덕적 문화'라는 것을 심하게 공격했기 때문입니다.'

한 무리의 청년들은 이 강연으로 해서 결정적인 정치적 낙인이 찍혔다. 또 그것이 인쇄되어 공표되었을 때에는 연로한 사람들 중에서 특히 나우만과 그의 주종자 일부가 낙인찍혔다. 베버는 또다시 에르베 동부 지방의 농업 문제를 연구하여 프로이센 국가에 대한 예전과 같은 요구를 제기한 것이다. 구체적인 사실의 서술에 있어 국민 경제정책이 기준으로 해서 결정해야 하는 가치척도가 무엇이냐 하는 문제——당시의 경제학은 강단사회주의의 영향하에 있어서 강한 관심을 지니고 있었던 문제——와 결부시키고 있었다. 경제 생활의 형식에 대한 판단이나 그 형식의 형성에 있어서의 자율적인 가치척도가 있느냐 없느냐——가령 재산 생산에 있어서 기술적 완전화의 이상이냐 내지는 재산의 분배에 있어서 사회적 공정의 이상이냐——라는 문제이다. 베버는 별도의 이데올로기에서가 아니고 구체적인 경험에 의거해서 그것을 부정했다. 독일인과 폴란드 인과의 경제투쟁을 그렇게까지 충격적인 것으로 보고 있는 것은 기술적 진보에 의해서 토착 독일 농민이라는 상급의 인간유형이 폴란드 인 계절노동자라는 보다 낮은 인간유형에게 밀려나고 있다는 바로 그 사실인 것이다. 따라서 우리는 경제적 문화의 최대한의 발전을 모임을 통해 우리의 일을 성취하게 되면 그 다음에는 자유로운 평화적 경제투쟁에 의한 도태가 보다 고차원의 발전을 이룩한 타입에게 승리를 가져다줄 것이라는 낙관적인 희망에 잠겨서는 안 된다는 것이다.—— 또는 인간 생활의 쾌락과 고통의 대조표의 결산을 높이는 것, 즉 현세의 행복화가 과연 가치척도가 될 수 있을 것인가? 그러나 이것 또한 베버는 배척한다.

"모든 인간 문제의 가공할 만한 심각성만으로도 우리가 행복주의자로 남아 있을 수 있는 것을 방해하고 있으며 평화와 인간의 행복이 미래의 그늘에 가리워져 있다고 공상하여 인간 대 인간의 치열한 투쟁없이는 이 세상의 생활 속에서 한치의 땅이라도 얻을 수 있다고 생각하는 것을 방해받을 것이다."

평화와 인간의 행복의 꿈에 대해서는 미지의 인류역사의 문에 'Laciate ogni speranza(모든 희망을 버리라는 뜻)'라고 표기되어 있는 것이다.

정치경제학은 자신의 이상을 끄집어내는 재료가 아니며 인간의 오래

된 여러 이상의 일반적인 타입에 구속되어 있다. 정치경제학은 하나의 경제적 사회적 생활 조건에 익숙해진 인간의 질을 중점적으로 문제삼는 과학이다. 그러면서도 가치판단을 내리게 되면 '우리는 우리 자신의 본성의 그늘에서 찾아볼 수 있는 인간성의 그 표식에 구속되고' 있는 것이다.

"우리가 수천 년 후에 무덤에서 나오게 되어 미래 세대의 면모 속에서 구하는 것은 우리 자신의 본질의 희미한 흔적일 것이다. 이 세상에 있어서의 우리의 최고의 궁극적인 이상까지도 변화할 수 있는 것이라 할 수 있다. 우리는 그것을 미래로 밀어낼 수 있다고 생각할 수 없는 것이다. 그러나 우리는 미래가 우리의 방법 속에서 그들 선조의 방법을 인정하기를 바랄 수 있다. 우리는 우리의 사업과 우리의 존재를 가지고 미래 세대의 가르침이 되려고 생각한다. 따라서 독일인의 국민 경제정책의 가치척도는 독일적인 것일 수밖에 없다."

"국민의 권력 관심은 그것이 문제가 되는 장소에 있어서는 국민의 경제정책이 그것에 봉사하지 않으면 안 되는 궁극적이고 결정적인 관심인 것이다."

베버는 이런 점으로 해서 자신을 '경제적 국가주의자'라고 했으며 국민 경제정책을 국민과 국가에 대한 봉사라고 말했다. 마지막으로 그는 정치 지도에 있어서 각종 계급이 지니는 의미를 국민국가의 이익면에서 측정하여 비관적인 결론에 도달하고 있다. 즉 국민의 정치적 경제적 이익을 자기의 이익보다도 위에 놓을 수 있는 층만이 지도의 자격을 가지며 ── 프로이센의 윤카계급은 기업가계급으로 전환되고 말아서 이제는 그 소임을 맡을 수가 없다. 그들은 국가가 타 계급을 희생시키고 자신들을 지지할 것을 요구하고 있기 때문에 ── 시민계급은 비스마르크의 무단정치의 태양으로 해서 서서히 발달하는 정치적 판단 능력을 현재의 상태로는 태워 없애버리고 말았다고 했다. 노동자 계급도 아직 정치적인 성숙 단계에 이르고 있지 않다고 보았다.

"이 계급 속에는 카티리나적인 행동이 되는 에네르기의 반짝임은 없으며 프랑스 혁명 때 국민공회의 전장을 지배한 국민적인 열정의 숨결도 없다.”

 이렇게 되면 독일이 국민적 강국으로써 자기를 주장하고 우수한 독일 민족성의 미래를 보증하지 않으면 안 된다고 한다면 모든 범위에 있어서 거대한 정치 교육의 사업을 일으키지 않으면 안 된다.

 “새로운 세대 사람들의 사회적 양심을 괴롭히고 있는 국민 대중의 도에 지나친 곤경에 직면하게 된다하더라도 우리는 솔직하게 고백하지 않으면 안 된다. 현재는 역사 앞에 우리의 책무가 우리 위에 무겁게 걸려 있는 것이라고. 우리가 일으키고 있는 투쟁이 열매를 맺게 되는지 어떤지, 후세가 우리를 그들의 조상이라고 인정할지 어떤지를 우리는 알 수가 없다. 다만 우리는 정치적으로 위대했던 시대에 맞추어 태어나지 못한 우리의 악운을 극복하지는 못한 것이다. 만약에 그렇다고 한다면 별도의 것, 보다 위대한 세대의 선종(先蹤)이 되는 길을 터득해야만 할 것이다.”

*

 이 무렵 나우만은 베버를 더욱 강하게 자신의 관심권 안으로 끌어들이려고 했다. 1894년 봄에 〈원조〉가 창간되었다. 베버는 기고자로 지명되었다. 자르 지방의 대공업가인 ‘계몽 전제군주’ 폰 슈톰 남작이 이 독특한 주간지를 공격하여 대규모적인 의회 연설에서 나우만과 사회파의 목사들이 사회민주주의자보다도 위험하다고 공언했다. 그는 군주에 대해 강한 영향권을 갖게 되었다. ‘강제 노동자 법안’——임금투쟁을 억제하기 위한 강제 수단——이 상정되었다. 이러한 모든 것이 막스 베버의 등장을 촉구시켰다. 그는 그의 날카로운 공격으로 대처해 프랑크푸르트 신문에서 강제법률 반대 성명을 기초했으며 크로이스 신문에서 슈토움과 농업당을 공격했다. 보수적인 신문은 상부의 의향에 따라서 그의 논설이 기고되거나 거부당했다.

 “당신도 크로이스 신문이 나의 논설을 겨우 실은——일주일 반이나 지난 후에——것을 알았을 것이다. 여하튼 H는 언어도단이다. 확실히 그는 황제가 농업당에 대해서 화를 낸 것을 슈토움 때문이라고 보고 황제의 보살핌이 농업당에 기울고 있다고 보인——그래서 그는 그 논설을 싣는 것을 '정치적으로 당분간 현명하지 않다'고 본 것이지만——동안은 그 최고 권력가를 건드리지 않고 있다가 지금에 이르러서야 나의 논설을 서랍에서 끄집어내서 그에게 한방 먹인 것이다."

"이제부터는 〈포스트〉도 주의해서 읽어주기를 바란다. 상대가 입을 열면 재빨리 목덜미를 물어뜯을 수 있게."(95년 7월 22일)

1895년의 성령강림절에 베버 부부는 다시 알프르트의 복음사회 회의의 회합에 참가했다. 이때는 부인 문제에 대한 토의가 중심이 되었으며 엘리자베스 그나우크 큐네의 연설은 가장 강렬한 인상을 주었다. 부인들은 자신의 이상을 넓히기 위해 그것에서 강력한 영감을 받아들였다.

나우만은 이미 하나의 정치 조직 구성을 계획하고 있었다. 그는 이 집회를 위해서 사회주의적 기독교 정강의 복안을 기초해두었는데 그것은 반자본주의적 성향에 좌우된 것이었다. 국민적 또는 헌법적 요청 즉 본래의 정치적 요청은 결여되어 있었으며 운명에 희롱당하고 있는 하층민의 불안만이 거기에 나타나 있었다. 한스 델브르크와 베버가 그에게 국가 정책적인 사고의 중요성에 대해서 주의를 주었다. 그 후 얼마 지나지 않아서 베버의 취임 강연이 열리게 된 것이다. 그것은 나우만과 그를 따르는 일부의 사람들의 사상권에 결정적인 변화를 일으켰다. 벤크는 말했다.

"이 사상이 젊은 세대의 기독교 사회주의파의 사람들 특히 나우만에게 준 감명은 큰 것이었다. 그것은 그들에게 완전히 새로운 길을 열어주었다. 지금까지는 프롤레탈리아적 기독교가 출발점이었다. 하층민을 동정하며 거기에서 출발해 하층민과 더불어 생각한다는 것……. 국가적인 것이라고 한다면 군주에 대한 나아가서는 군주제에 대한, 태도에 집중적으로 표현되어 있는 조국애로써 그 윤리적 가치를 생각한 데 지나지 않았다. 그러나 이제는 국가적인 것이 정치적인 세력 인자로써 사상권으로 들어왔으며 드디어는 완전히 사상권을 채우게 되었다."

나우만 자신도 〈원조〉 7월호에 베버의 사상에 대해서 썼다.

"그가 옳은 것이 아닐까? 기병이 습격해올 때 우리의 최량의 사회적 정책이 우리에게 어떤 도움이 된단 말인가? 내정을 맡고 있는 사람은 우선 민족과 조국과 국력을 안전하게 유지하지 않으면 안 된다. 그는 국민의 힘에 마음을 쓰지 않으면 안 된다. 여기에 사회민주주의의 약점이 있는 것이다. 우리는 시정의 능력이 있는 즉 종래보다도 우수하게 전반적인 정책을 감당할 수 있는 능력이 있는 사회주의를 필요로 한다. 지금까지는 이와 같은 사회주의는 존재하지 않았다. 이와 같은 사회주의는 독일 국민적인 것이 아니면 안 된다."

이것에 벤크는 다시 덧붙였다.

"그리고 이때부터 기독교 사회주의로부터 국민적 사회주의의 건설이 시작된 것이다."

이번에 나우만은 일간 신문과 국민사회적 정당의 준비가 될 수 있는 정치 조직을 계획하게 되었다.

베버는 처음부터 말렸다. 인간적으로는 나우만이나 케레, 라데, 바움갈텐 등 나우만을 중심으로 하고 있는 내적인 서클에 친밀감을 느끼고 그들의 젊디젊은 감격을 보고 그렇게까지 기뻐했음에도 불구하고 그에게는 그러한 정치적인 계획이 처음부터 실패를 선언받고 있는 것처럼 보였다. 이러한 사람들의 대부분은 생득(生得)의 정치적 본능이 결여되어 있으며 윤리적·종교적인 이상에 대한 지향에 머물고 있다. 그리고 특히 이 서클에는 통일적인 경제적 관심의 주안점이 결여되어 있었다. 그리고 베버는 처음부터 노동자계급의 일부를 사회민주당에서 이탈시키는데 성공한다——나우만이 희망하는 것처럼——는 것을 도저히 생각할 수 없는 일이라고 여겼다. 그의 견해에 의하면 그렇게 하는 것이 더한층 자유로이 시민계급에게 사회적 사상을 침투시키며 한편으로는 노동자에게 국민정책적 이해를 가르칠 수 있기 때문에 독자적 정당을 단념하는 것이 타당하다는 것이었다. 그는 강력하게 말렸으나 친구들의 공동의 시도에서 이탈하려고는 하지 않았으며 신문창간 준비를 위해서 위원회에 참가했다. 1896년 가을에 나우만은 모든 것에 대해 이야기하기 위해서 프라이브르크로 왔다. 아내는 다음과 같이 말했다.

"나우만은 메모를 손에 들고 질문을 하였으며 막스는 '그 예지가 넘쳐 흐르는 샘에서' 차분히 대답했습니다. 나는 청중이 되어서 모든 일은 제쳐놓고 옆방에 꼼짝 않고 앉아 귀를 기울였습니다. 또다시 나는 나우만의 놀라울 만한 객관성, 냉정함 그리고 사람의 가르침을 받을 때의 내적인 겸허함에 감탄했습니다."

그 후 얼마 지나지 않아 신문과 협회가 탄생했다. 협회는 알프르트에서 창립되었으며(1896년 11월) 베버는 그때 거래소 위원회의 평의 때문에 벨린에서 호출을 받았는데도 거기에 출석했다. 회의의 모습은 그의 의구심을 더욱 굳혀주었다. 성직자, 교수, 관공리와 쟁인과 몇몇의 노동자로 구성된 이 혼합은 정치적 의지 형성의 능력이 너무나 결여되어 있는 것처럼 생각되었다. 나우만의 행동도 좋지 못한 서곡이었다.

"월요일 알프르트에서 나우만은 준비 중인 강령 초안 대신 부인 문제와 대지주에 대한 태도 결정을 말살한 완전한 신규 강령 초안을 제시하여 그 자리에서 모든 것을 허사로 만들었습니다. 그 결과 나는 날카롭게 그와 '당'을 공격했으며 그러한 일을 하면 그대들은 '정치적인 꼭두각시 인형'이 된다고 말해주었으며 만일 현재와 같은 방법으로 폴란드 문제를 계속해서 취급한다면 나는 '시대'를 지지하지도 원조하지도 않을 것이며 그것에 반대해서 끝까지 싸우겠다고 말했습니다……. 출석자의 4분의 3을 차지하고 있는 목사들의 요설, 정치적 소아들이 독일의 발전의 수레바퀴를 멈추게 하려는 이 연극이 말이 되지 않을 정도로 어이없는 것이었습니다. 드디어는 신문을 보니까 '정당'의 결성은 단념하고 '협회'가 만들어진 모양입니다. 이 후 그것이 어떻게 될 것인지 아직 알 수가 없습니다. 나는 대단한 변화는 없을 것이라고 생각하고 있습니다."

사람들은 모두——베버가 의심한 것처럼——천차만별이며 대부분이 정치와 관계없는 이상을 지향하고 있어서 그것을 하나로 융화시키는 데 대단한 노력이 필요했을 것이다. 며칠에 걸쳐서 논쟁을 벌였으나 강령이 국민적 사상을 기초로 해야 하는지 사회적 사상을 기초로 해야 하는지에 대해서 결정을 보지 못했다. 더욱이 제일 곤란한 것은 기독교와 정치와의 관계를 명확하게 밝히는 일이었다. 베버 자신이 나우만의 강령을 가차없이 비판해버렸다.

　"나우만은 교양인들의 협력을 바라고 있다고 한다. 그러나 그가 여기서 제안하고 있는 것은 모든 국민적 관점에도 불구하고 몹시 곤궁한 사람, 무언가에 곤란을 느끼고 있는 사람, 조그마한 재산을 지니고 있든가 갖고 싶다고 생각하고 있는 모든 사람들의 정당이라고 한다. 강령은 노동과 소유의 구별을 새삼스럽게 만듦으로 해서 이미 소유하고 있는 국민 중 상승하는 계층, 노동계급 중 상승하고 있는 계층까지도 사회적 운동의 본래의 적대자로 삼고 있다. 이렇게 되면 경제적으로는 전 인구 중에 침전하고 있는 자들만이 국민사회파에 속하게 된다. 이 약자들의 정당은 결코 어떤 일도 성취하지 못할 것이다. 이러한 천민적 입장은 국민사회파를 정치적 꼭두각시 인형으로 만들게 되며 어떤 경제적 불행을 보게 되어 신경이 어지러워질 때마다 뚜렷한 의견도 없이 혹은 우로 혹은 좌로 흔들리며 여기서는 농업당에 반대하고 저기서는 거래소나 대공업에 반대하는 줏대없는 인간으로 만들어버리게 된다. 이와 같은 정치적 애매함에 이르게 된 것은 최초의 강령 초안 속에 포함되어 있었던 대토지 소유에 대한 태도 결정을 포기하고 말았기 때문이다. 그러나 현재 남아 있는 것은 시민계급을 지지하느냐 농본주의적 봉건계급을 지지하느냐의 선택만이 있을 뿐이다. 사회민주당은 시민계급에 적대하려는 행동에 의해서 단순히 반동을 위해 길을 양보한 것에 지나지 않은 것이다. 이와 똑같이 잘못이 여기에서도 생기고 만다. 따라서 시민적 자본주의의 발전에 찬동하는 입장을 취하는 새로운 국민적 정당이 되려는 결의를 해야 한다. 왜냐하면 우리에게 결여되어 있는 것은 국민적 및 경제적 권력 관심을 끝까지 옹호할 것으로 확신하기 때문에 우리의 투표에 의해서 독일의 국정 지도를 맡길 수 있는 국민적 민주당이니까. 그 경우 국민적 권력 관심의 옹호는 물론 철저하게 또한 시종 일관해서(가령 폴란드 문제에 있어서도) 이루어나가지 않으면 안 된다. 왜냐하면 국민적 입장 역시 천민적 입장과는 일치할 수 없기 때문이다. 현세의 정치를 맡아보려고 하는 사람은 환상을 가져서는 안 되며 인간 상호간의 영원한 싸움이 정치라는 기본적인 사실을 알지 않으면 안 된다."

벤크는 이 보고에 이렇게 덧붙여 말했다.

"아주 탁월한 강연에 보낸 산발적인 박수는 당시 과반수의 사람들이 얼마만큼 뚜렷하게 '천민적 입장'에 서 있었던가를 보여주는 것이다."

이 원리적인 차이——이것은 우선 나우만에 있어서도 국민적인 강력 국가는 사회적 개혁의 수단이었지만 한편 그 반대로 베버는 국민 국가의 보전을 위해서 사회적인 정의를 요구한 것이기 때문에——에도 불구하고 그는 그 후 얼마 지나지 않아서 다른 동지들(특히 파울게레와 마우렌브레챠)이 협회를 떠나서 좌경했음에도 불구하고 국민사회협회에 참가하여 지지할 수 있을 때는 언제나 나우만을 지지했다. 국회 선거에 대한 나우만의 처음의 입후보에는 헤레네 베버와 이다 바움갈텐(그때 그녀들의 남편은 모두 죽었다)이 자금을 제공했다. 그러나 애석하게도 베버의 염려가 옳았다는 것이 증명되었다. 일간신문은 일 년 후에 자금 부족으로 폐간되었다. 외서을 둘러싼 최초의 싸움은 적당한 갈채를 받기는 했으나 어느 선거구에서도 목적을 달성하지 못했다. 시민적 정당을 목표로 하지 않았으며 사회민주당에서도 또한 멀리 떨어져 있었던 새로운 조직은 그 지도자의 인품에 의해서 시민계급의 유력하고 고매한 사상을 가진 인물을 어느 정도 끌어당기기는 했지만 대중을 따르지 않아서 정치의 '기계'가 되지는 못했다. 5년간이나 새로운 노력을 계속한 끝에 선거전에서 또다시 한 사람만 당선되어 나우만이 쓴 잔을 마시게 되자 국민사회주의의 독립된 운동으로써의 운명은 정해졌다.

"커다란 파도가 우리를 휩쓸고 말았다."

나우만의 추진에 의해서 그들은 시민계급의 민주주의적인 좌익은 자유사상 연합과 합류하여 그들과 함께 자유주의 선거협회를 결성하여 베버가 5년 전에 바란 것처럼 시민계급의 편이 된 것이다.

*

베버의 생활 방향은 수년 동안은 틀림없이 실천적이고 정치적인 활동 쪽으로 움직이고 있었다. 그에 대한 국민 감정은 너무나 강렬하여 펜으로 하는 활동만으로는 만족하지 않았다. 게다가 그의 투쟁 본능과 변설의 재능은 단순히 문필상의 것만이 아니고 다른 출구를 요구하고 있었다. 그리고 교사 및 연구가로서의 소질을 의심할 여지가 없었다 하더라도 그러한 일이 자신의 뜻에 적합한 활동 형식인지 어떤지는 의심스러웠다. 그런 의미에서 그는 L. 브렌타노에게 반대해서 다음과 같이 말했다.

"대학교수라는 직업으로 내 자신이 얻으려고 애쓰지도 않았으며 요구하지도 않았던 '성공'에 도달한다 해도 그와 같은 성공은 별로 내 마음에 감동도 주지 않으며 특히 나는 이제 이 직업에 종사함으로써 내게 알맞는 장소를 얻는 것일까 하는 의문에 해답을 주지도 못하고 있습니다."

물론 그는 실제로 정치 속으로 들어가보려는 모든 시도를 후일로 미루고 있었다. 그러나 이미 그 무렵부터 분위기는 싹트고 있었다. 1897년 초에 그는 슈토움의 영역인 자르브류켄의 어느 자유주의적인 정치결사로부터 강연의 의뢰를 받고 그것에 응했다. 그 얼마 후에 자르브류켄에서 국회선거에 입후보하지 않았겠느냐는 문의를 받았다. 그때 그는 거절했다. 왜냐하면 그는 이미 새로운 활동권에 눈을 돌리고 있었기 때문이다.

하이델베르크 대학 철학부가 그를 학계의 원로 크니스의 후임으로 초빙하고 있었다. 그는 그 당시로서는 정치활동이 새로운 임무와 양립할 수 있는 것이라고는 생각하지 않았다.

게다가 또한 그에게는 기성의 여러 정당 중 어느 곳에 정착한다는 일이 용이한 것은 아니었다. 발판을 삼기 위한 국민사회파는 진지하게 문제가 될 수는 없었다. 그는 자유주의 좌파하고는 민주주의적 이상을 같이 하고는 있었지만 그들에게 커다란 군민적 경향의 숨결이 없는 것을 애석하게 생각하고 있었다 ── 이 점에 있어서 그들은 그에게 있어서는 '속물'이었다. ── 그는 국민자유파 하고는 개인주의적 지향을 같이 했으며 또한 그들과 더불어 공업자본주의를 국민경제에 불가결한 조직화의 힘으로 인정하는 것도 긍정했다. 그러나 그것에 반해서 그들의 사회적 및 민주주의적 지향과 사회정책적 동찰의 결여는 커다란 장애를 만들고 있었다. 그는 보수적이고 국수적인 서클과는 국민적인 경향으로 인해 연결되어 있었다. 그러나 그들은 독일인 전체를 희생해야 한다고 생각하며 국민의 잔여 부분을 희생으로 한 농업당의 경제정책을 지지하고 있었다. 1899년 4월, 그는 다음과 같은 서한을 범독일협회에 보내 인연을 끊었다.

"이런 종류의 선언을 누구에게 보내야 하는지를 몰라서 나는 '범독일협회'에서 탈퇴하는 것을 협회에 알려드리는 바입니다. 그 이유는 폴란드 인 농업노동자에 대한 협회의 태도에 있습니다. 협회는 다른 일에서는 중대한 일에 대해서나 중대하지 않은 일(때로는 어리석기 짝이 없는 일까지도)에 대해서도 같은 정열을 가지고 이야기하며 토론하면서도 독일 국민의 사활문제에 대해서는 때로 지극히 비현실적인 소망을 표명할 뿐 국민정치의 문제로써는 아무래도 좋은 덴마크 인 및 체코 인의 국외 추방(이것을 이용해서 정부는 여론을 다른 곳으로 돌리고 있지만)을 주장했을 때와 필적할 정도의 정력을 가지고 폴란드 인의 완전 배제——이것은 물론 단계적으로밖에는 할 수 없는 것이지만——를 주장한 일이 한 번도 없습니다.

케니히스베르크 농업회의소가 그와 같이 파렴치하게 폴란드 인의 입식(入植)을 요구한 일, 지방의회의 농업당원이 폴란드 인 도입의 편이를 요구하여 정부가 러시아에서(!) 폴란드 인을 모을 수 있다는 것을 조건으로 해서 그것을 승낙한 것을 협회는 용인했습니다. 협회로서는 협회의 보수적인 다수 회원에 의해서 대표되고 있는 농업자본의 금전적 이익에 대한 고려가 독일 국민의 생활의 이해보다 우선하고 있는 것입니다.

이러한 사실을 기회가 있으면 공식적으로 명확하게 하는 자유를 얻기 위해서 나는 탈퇴합니다. 나는 이상과 같은 것을 협회의 내부에서나 벨린, 프라이브르크 기타의 강연에서 나의 '전매품'처럼——협회의 태도를 끝내 바꾸지는 못했지만——주장해왔지만 그 무익한 노고에 지겨움을 느끼게 되었습니다. 특히 아시다시피 나의 소리가 이러한 문제에 있어서 전연 문제가 되지 않으니 말입니다.──나는 '윤카의 적'이 되고 있으니까──물론 이것은 내가 협회의 여러 가지 노력에 대해서는 열렬하게 공감을 지니는 것을 막으려는 것이 아니며 간부의 인격에 대한 나의 마음으로부터의 개인적인 존경을 약화시키는 것도 아닙니다.(1899년 4월 2일)

제 7 장   전락(轉落)

I

　베버는 프라이브르크의 자신의 활동영역에서 요구하고 있는 것을 충분히 해내고 그 땅에 확실하게 뿌리를 내리려고 하고 있을 때 하이델베르크에서 초청을 받게 된 것이다. 그보다 조금 앞서서 프랑크푸르트에서 생기게 되는 사회과학연구소(멜튼 재단)의 지도와 편성을 맡으라는 요청도 있었는데 수백만의 돈을 학문의 진흥을 위해서 자유롭게 사용할 수 있다는 것에 그는 유혹을 받기는 했지만 그것을 거절했다. 프라이브르크와 그곳의 교우권——그 속에서 그는 여름의 즐거움을 알기 시작한 것이지만——으로 떨어져 나온다는 것이 대단히 괴로운 일이었지만 그래도 쌍방을 저울질해볼 때 역시 하이델베르크 쪽에 무게가 더 있었다. 상쾌한 고향의 공기가 네칼 강변의 도시를 감싸고 있었으며 유년시대와 최초의 학생시절의 즐거운 추억이 이 도시 쪽으로 그를 끌어당겼기 때문이다. 게다가 이 도시에서는 정치적으로도 프라이브르크에 있어서처럼 ‘돈세’한 것처럼 느끼지 않아도 되며 더구나 하이델베르크 대학은 옛날부터 특히 정신적 활기가 차 있다는 평판이 있었다. 그래서 베버는 감사의 마음을 가지고 작별을 고했다. 여기서 막을 내린 이 시기는 모든 점에서 보람이 많은 시기였다. 베버는 과거의 그늘을 떨쳐버리고 끊임없이 늘어나는 자신감을 가지고 많은 일의 부담을 짊어지고 정리해 나간 것이다. 그는 명랑해졌으며 자유로워졌다. 우정의 굴레, 특히 리카드 일가와의 그것은 끊으려고 해도 끊을 수 없는 것이었다. 그러나 그들은 2년 반 전에 벨린을 떠났을 때보다도 정신적으로 여유가 있었으며 또 사랑하는 고향 마을에서 새로운 임무를 갖게 되었다는 점으로 마음이 들떠 있었다. 베버는 건강에 좀더 주의하겠다고 아내와 약속을 하고 재빨리 그 결정을 실행에 옮겨 별로 외출도 하지 않고 밤도 새우지 않았다.

베버는 이제 은사들과 동료가 되었다. 왜냐하면 하이델베르크에서는 크오 핏샤, 이마뉴엘 벡카, 에르트만델과 기타의 학계의 거성들이 —— 고령이지만 —— 아직 활약하고 있었기 때문이다. 그리고 대학 내의 사교는 아직도 이 세대에 속하는 강한 정신을 가진 연배의 추밀 고문관들의 생활 양식이나 사고 또는 사교적 관습의 영향을 받고 있었다. 이야기하는 즐거움과 회식을 하는 즐거움도 어느 정도 있었다. 프라이브르크에서는 연로한 학자들이 젊은 층의 별로 윤택하지 않은 생활 상태를 감안해서 조촐한 저녁 식사에 초대할 뿐인데 반해서 이곳의 지도적인 서클 속에서는 '만찬회'는 아직도 문화적 행사의 위치를 차지하고 있었다. 베버는 법학부의 장로 벡카의 초대에 응하는 것은 '의무' 중 하나이며 그 때문에 학사일정을 취소하는 일까지도 용서된다는 것을 알게 되었다. 그러나 그는 그 의식에 이의를 제기했다. 그리고 초여름에 밖에는 상쾌한 햇살이 비치고 있을 때 덧문을 닫고 촛불 아래서 하는 만찬에 참석한 끝에 그들 부부는 이 '의무'는 인정하지 않기로 하고 주로 동년배의 교수들과 프라이브르크식 모임을 갖는 습관을 키워보려고 작정을 했다.

새로운 생활은 곧 알차게 모양을 갖추게 되었다. 우뚝 솟은 슈발쓰발트의 산 대신 이곳에서는 부드럽게 뻗은 오덴발트의 구릉에 남국답게 무성하게 식물이 자라고 있어 사람들을 밝고 편안하게 감싸주고 있었으며 넓고 풍부한 라인 평야로 흘러들어가는 은색의 강이 다사롭고 깨끗한 이 땅을 확실하게 커다란 전체의 세계와 연결시키고 있었다. 새로운 우수한 친구들도 사귀게 되었다. 게오르크 이에리네크, 파울 헨젤, 칼 노이만 그리고 그 중에서도 부부와 밀접한 우정을 맺은 같은 나이의 신학자 에른스트 트레르티. 구속받고 있지 않은 정신, 넘치는 활기, 입체적·직관적인 사고, 자유분방한 유머, 격이 없는 감정의 따뜻함이 그를 자기와 나누게 되는 학문적 정신적 교류면에서 즐거움을 주었고 또 내용을 가져다줄 수 있는 것으로 느낄 수 있는 친구 사이로 만들고 있었다. 물론 두 사람은 여러 가지 점에서——특히 정치적으로는——다른 경향을 지니고 있었다. 트레르티의 당시 견해는 약간 낡은 '국민자유주의'의 세대에 속하고 있었다. 그의 강한 시민적 본능에 의하면 사회적 민주적 이상은 인연이 없는 것이었다. 그는 베버가 추구하는 많은 것을 믿고 있지 않았다. 노동자계급의 정신적 정치적 발전이나 여성의 정신적 발전도 또한 소질도 또한 달랐다. 트레르티는 신학의 테두리 속에서 정신의 자유와 관용을 위해서 싸우는 것만으로서 충분해 했다. 그 밖의 점으로서 그는 투사가 아니었으며 융화와 조정, 인간의 약점과의 타협이라는 태도를 취하고 있었다.

*

　직업상의 일로는 여러가지 새로운 당면 과제가 많았으며 조속하게 정리하지 않으면 안 되었다. 전임자 크니스는 고령이어서 직책을 사임했다. 교무 운영에는 결함이 많았으며 베버는 단 한 사람의 '정식' 학부 대표자였다. 이와 같은 상태를 보고 그는 곧 일류의 대학으로써는 불충분하다는 판단을 했다. 그래서 그는 교수의 지위를 하나 더 만들려는 운동을 했다. 그리고 학계의 원로 크니스는 베버가 아주 중요시하고 있었던 학사과정 훈련하는 것을 등한시하고 있어서 학사과정 편성과 그것에 따른 도서 구입이 그의 일이 되었다. 그러나 그는 전연 그것에 이의가 없었다. 왜냐하면 그는 이제 자신의 담당 학과에 정통했으며 국민경제학의 이론과 실제, 농업정책, 노동자 문제에 관한 대규모 강의를 투철하며 정밀한 구성으로 만들어내는 일에 대해서 기쁨을 느끼고 있었기 때문이다. 그의 강의는 언제나 세심하게 구성되어 있었으나 그 이외의 경우는 자유로운 담화를 통해 그때그때의 감흥에 맡기고 있었다. 엄밀한 개념의 토대가 풍부한 역사적 지식에 감싸여 있었으며 비범한 사고의 날카로움은 똑같이 비범한 조형적인 힘에 의해서 보완되고 있었다. 이렇게해서 그는 가장 추상적인 사항에도 풍부한 실례를 들었으며 이해하기 쉬운 화술방법을 갖게 한 것이다. 하나하나의 강의가 그의 정신의 작업장에서 방금 나온 것과 같은 신선함을 보이고 있었다. 이론 국민경제학 강의를 위해 인쇄한 요강을 학생에게 나누어주었으며 이것을 확대해서 교과서로 만들 생각을 하고 있었다. 그의 아내도 이제는——베버가 바란 것처럼——완전히 충실한 자기 자신의 정신 생활을 보내고 있었다. 그녀는 남편에게서 국민경제학 이외에도 철학 강의를 들었으며 파울 헨젤의 학사과정에서 하나의 과제에 몰두하고 있었다. 그리고 그녀는 근대적 여성 사상의 보급을 위해서 새롭게 설립된 한 협회의 운영을 맡게 되었다. 베버는 그녀의 활동을 보고 기뻐했으며 그녀 자신도 여권론자가 되어 찬성하거나 반대하는 여론의 동향을 열심히 지켜보면서 원조할 수 있는 경우에는 원조하고 필요하다면 강력한 적의 공격에 대해서 반격할 기회를 기다리고 있었다. 처음에 대학의 한 권위자와의 공개 토론——탄생 후 얼마 되지 않은 협회로서는 이것은 분쟁의 소지를 불러일으키는 일이었으나——을 몇 번이나 교환한 후에 아내는 다음과 같은 말을 했다.

"청중 전체의 감정은 막스의 약 15분에 걸친 연설에 의해서 지배되고 말았습니다. 그는 대단히 빈틈없이 말을 꺼내며 '동료'의 의견이 모두에게 이해되고 있지 않은 것 같아서 자기가 좀더 자세히 설명하려고 한다는 식으로 이야기를 이끌어 갔습니다. 그러나 그는 자신의 입장을 논술하고 부인 문제 전반을 간결하게 요약하여 그녀들 자신이 이전에는 다만 막연하게 입 속으로 말할 수밖에 없었던 것을 부인들에게 직접 말해주었으며 새로운 타입에 대한 거부로 운동 전체를 남성보다도 훨씬 맹렬하게 적대시하는 구폐에 젖은 부인들에게는 몇 가지 엄격한 경고를 했습니다. 그러한 여성들을 자기 집으로 잘못 들어오게 된 닭을 용서없이 주둥이로 쪼는 닭으로 비유한 것입니다. 아무튼 그의 강의는 훌륭한 것이어서 부인들은 행렬이라도 하면서 그에게 감사할 수 있는 기회가 있다면 제일 기뻤을 것이라고 나는 생각했습니다."

그때는 여자 학생들이 아직은 수적으로는 적었지만 대학의 강단으로 들어오고 있었다. 그녀들은 단순히 여성으로서의 사명만이 아니라 인간으로서의 사명까지도 짊어지기를 바라고 있었다. 한 사람 한 사람이 새로운 세계 질서의 선구자라는 자각에 독려를 받으면서 각자가 저항을 극복하는 것에 대해 연대 책임을 느끼고 있었다. 이런 새로운 타입의 여성들은 조소의 화살이나 보다 더 심한 도덕적 측면에서 굉장한 상처를 받아서 그 존재가 용서되고 승인될 때까지는 오랜 시간이 필요했다. 누구에게나 좋은 인상을 주는 그 인품 때문에 베버의 마음에 든 젊은 여성으로서는 최초의 여성 제자이며 마리안네 외에 그의 가르침을 받은 에르제 폰 리히트 호펜이라는 여학생이 있었다. 그녀는——젊었음에도 불구하고 예민했으며 —— 공장 감독관이 될 작정으로 있었다. 그것은 부인들이 그렇게 되면 부인노동자의 대변자가 되어서 반드시 필요한 사회적 사명을 다 할 수 있다고 확신했기 때문에 꼭 성취하려고 목표를 세우고 있었던 직업의 하나였었다. 같은 목적을 세운 부인들 사이에서는 곧 친밀한 우정이 생겨났으며 베버는 자신의 여제자들의 활동에 많은 관심을 기울였다. 그는 선견지명이 있는 바덴의 공장감독관에게 장차 그녀를 그의 밑에서 일할 수 있게 권유했다. 그리고 이것은 실현이 되었으며 호감을 주는 젊은 여성 박사의 인품은 우수한 성적을 얻은 그녀의 학위 못지 않게 모든 의구심을 일소해주었다. 그 최초의 여성 관리 ——괴로운 근무를 용감하며 신중하게 처리하고 있는 여성 관리—— 는 부인운동가들의 신념을 더욱더 굳혀주었다.

*

이렇게 새로운 생활은 곧 풍요로운 개화를 보였다. 자신도 유별남이 더해지는 것처럼 느껴졌다. 그러나 1897년 여름에 정신 생활에 사라지지 않은 상처를 남기게 되는 심한 비바람이 몰아닥쳤다. 헤레네에게는 자신과 상당히 밀접하게 연결되어 있는 아들 부부가 벨린에다 자기를 놔두고 가버린 이래 매년 그들에게 가서 조용한 몇 주간을 보내는 일이 빼놓을 수 없는 습관으로 되어 있었다. 그러나 이 휴가의 기쁨은 여러 가지 곤란을 해결해나가지 않고서는 한 번도 얻을 수가 없었다. 왜냐하면 그녀의 남편은 아내가 자기로서는 흥미롭지 않은 일을 다른 사람과 나누는 친밀한 감정의 교류──그 자신이 그것으로부터 제외되고 있다고 느꼈다──를 이루고 있다는 사실을 예전이나 다름없이 인정하지 않았기 때문이다. 이제는 상당히 나이를 먹었지만 그래도 아내는 여전히 자기에게 '종속되고 있으며' 자신의 흥미나 소망이 그녀나 다른 사람들의 그것보다 우선하는 것이며 아내의 휴가 기간이나 한도는 자신이 정할 권리가 있다는 생각을 버리지 않았다. 이러한 것을 하이델베르크의 아이들은 인정할 수가 없었다. 그 해에는 여러 가지 소망을 적당하게 절충시키기가 더욱 어려웠다. 헤레네에게는 자기가 하고 싶은 일을 거리낌없이 해낼 힘이 없었다. 그녀는 선천적으로 고집을 피우는 성격이 아니었다. 그리고 자기의 희망 사항을 남편에게 요구하여 관철시킬 줄도 몰랐다. 약속은 지켜지지 않아서 편지를 통해 격한 단판이 이루어졌다. 결국 아버지 베버는 그의 아내와 함께 하이델베르크로 가게 되었다. 그 때문에 아들 집에서의 그녀의 한가로운 휴식은 단축이 되든가 완전히 허사로 끝나버릴 것처럼 보였다.

이때 오랫동안 내재해 있었던 불행이 폭발한 것이다. 아들은 울적하게 싸인 불만을 억제할 수가 없었다. 용암은 무너져내렸다. 걷잡을 수 없는 일이 일어났다. 아들이 아버지를 재판한 것이다. 여자들이 있는 앞에서 심판이 일어났다. 그는 누구의 말도 듣지 않았다. 그는 무엇 하나 양심에 꺼리는 점이 없었다. 그도 모든 가정 내의 곤란한 문제를 지금까지와 같이 조용하게 처리하지 않고 이렇게 난폭하게 다룬다는 것을 좋게 생각하지는 않았다. 문제는 어머니의 자유에 있었으며 그녀 쪽은 약자였다. 어느 누구도 그녀에게 정신적 압제를 가할 권리가 없었다.

아버지는 성격도 달랐으며 태어난 시대도 달랐다. 그는 자신의 태도가 잘못이라는 것을──이 순간에는 더더욱──이해하려거나 인정하려고 하지 않았으며 또 할 수도 없었다. 그러한 심한 간섭도 실제로 그러한 마음을 일으키게 하는 것도 아니었다. 그는 자기의 입장을 고집했으며 아들도 단호하게 입장을 바꾸지 않았다(부친이 이해했을 때만 그는 마음을 누그려뜨렸을 것이다). 그들은 화해하지 않고 헤어졌다. 헤레네에게는 잔소리를 듣고 또 하게 되는 견디기 어려운 나날이 계속되었다. 환영의 베일은 벗겨졌다. 그렇게까지 오랫동안 감추어져 있었던 진실이 그 험한 모습을 드러낸 것이다. 무너진 부부관계, 쓰러진 우상이라는 사실. 헤레네는 그것에 아무런 책임이 없었는데도 불구하고 남편의 운명에 견디기 어려운 생각을 하게 되었다. 그녀에게도 이 오랜 시간이 걸려서 폭발하게 된 위기가 불가피한 것으로 생각되었다. 그러나 그녀는 희망을 지녔다. 남편이 언젠가는 반드시 이해할 것이며 이제는 체념과 진실의 가식이 없는 바위 위에 서서 공동 생활을 새로이 세우는 가능성에 희망을 걸었다. 아아 봄과 여름은 훨씬 전에 지나갔다. 그러나 생의 가을을 맞은 지금 세상을 사는 지혜를 쌓았으니 다시 한 번 자유롭게 서로 돕는 애정으로 맺어지기 위해서 서로 손을 뻗어 맞잡을 수는 없을 것인가? 그녀의 희망과 사려 깊은 강인한 애정은 다음과 같은 감동에 넘치는 몇 줄의 글에 훌륭하게 표현되어 있다.

 "하나님은 그이와 내게 참고 견디며 또 개선할 수 있는 힘을 주실 것이며 또 주시지 않으면 안 됩니다. 그래서 나는 너희의 다정스러운 편지 (그것에는 나에 대한 말밖에는 없었지만)를 파기한 것이며 너희의 나에 대한 모든 애정에 호소해서 부탁하는 것입니다——나의 길을 가게 해 달라고. 그리고 부탁이니까 나를 도와주는 뜻에서 그 성난 마음을 없애주기를.——내가 하나님 앞에서 기쁘거나 괴롭다 해도 충실과 사랑을 맹서한 것은 이유없이 한 일은 아닙니다. 무턱대고 그렇게 한 것은 아니며 그이에게서 괴로움을 받게 되었다 하더라도——나도 그이에게 괴로움을 준 일이 있지만——'충실과 사랑을 지킨다'는 의미를 지니고 있는 것입니다. 그리고 나는 이다가 한 것처럼 모든 다리를 파괴해버리지는 못합니다. 반대로 다리를 구축하지 않을 수가 없습니다. 설사 이 세상에 있는 동안 끊임없이 그것이 끊긴다 하더라도 나는 끝까지 굳건한 신앙과 희망에서 오는 용기를 가지고 구축할 것입니다. 내가 때로 힘을 잃고 방법에 있어서 잘못을 범하기도 한다는 것을 알고 있지만 그렇게 하지 않고는 살아갈 수가 없습니다. 그런데도 너희들과 왕래가 막혀 서로 감정이 격화하게 되는 것을 막지 못했습니다. 그이는 그것이 나의 책임이라고 말하고 있습니다. 그이가 그 점에서도 다른 견해를 가질 수가 없는 것입니다. 그러나 나이 어린 자식들의 일을——그 아이들에게는 이런 괴로운 불화를 겪지 않도록 힘써주어야 합니다.——단념한다는 것은 나로서는 할 수 없으며 하고 싶지도 않습니다. 그러한 짓을 한다면 그것은 그에 대한 거짓이 됩니다. 그리고 그이가 다시 나를 믿게만 된다면 그 사람이 지금까지 해왔던 태도를 보여도 너그럽게 보게 될 것입니다. 어쨌든 나는 건설하지 않으면 안 됩니다. 기독교는 모든 것을 참고 모든 것을 희망하는 사랑을 가질 것을 요구하는데 나도 그것을 인정하지 않으면 안 된다는 것을 그이가 믿을 수 있게끔 하기 위해서도. 그러나 나의 건설을 방해하지 않기를 바랍니다. 그리고 참을성 있게 사랑을 가지고 힘을 빌려주기 바랍니다!"

그러나 운명은 그것을 바꾸지 않았다. 노인은 자기 성격의 울타리를 뚫고 나오지 못했다. 2, 3주 후에 헤레네가 집으로 돌아갔을 때 그는 아내에게 마음을 열어보이지 않았다. 그렇게 함으로써 그는 자신이 남몰래 희망한 것의 반대 방향으로 가고 말았던 것이다. 평소에는 무언가 좋지 않은 일이 일어날 때마다 언제나 솔직하게 자기가 나빴다고 했으나 이번에야말로 마지막까지 싸워서 얻지 않으면 안 되는 권리를 의식해서 자신을 잃지 않았다. 남편은 친구와 함께 여행을 떠났다. 그녀는 얼마 동안의 시간이 지나면 그가 다시 마음을 바꾸고 그녀 앞에 나타나게 되리라는 기대를 하고 있었다. 그러나 뜻밖에 그녀는 그의 죽음을 당하게 되었다. 위의 출혈이 별안간 그의 생명을 빼앗은 것이다. 그의 강건한 체질이 벌써 오래 전부터 병이 될 씨앗을 감추고 있었다는 것이 판명되어서 그 이유에 대한 의심이 밝혀졌다. 축복을 받으며 태어나서 자기 생각으로도 언제나 많은 '행복'을 누려왔으며 천천히 다가오는 불화를 의식에서 밀어낼 수까지 있었던 이 남자가 드디어 그를 정신적으로 파괴시킨 것이 틀림없는——그렇지 않으면 반성하여 겸허한 마음으로 새로운 열매를 거기에서 얻었겠지만——진실에 직면하게 된 것이다. 열매를 거두기에는 이미 시기가 늦었다. '죽어라 그리고 완성하라.'라는 격

언이 이 세상을 살아가는 동안 그에게는 이루어지지 못했던 말이 되었
다.

청명한 8월의 어느 날 영구 행렬이 정원 잔디 위로 둘러섰다. 그 최
후의 비극을 아이들은 막연한 눈으로 보았고 자식들은 명확하게 의식했
다. 그러나 장남은 자책감으로 흔들리지는 않았다. 7주 전에 일어났던
그 대결은 그의 시신 앞에서도 사라지지 않은 것처럼 보였다. 오랜 세월
이 흐른 뒤 감정에 사로잡히지 않은 거리를 두게 되었을 때 비로소 그
는 자신이 나빴다고 말했다——사항 그 자체가 아니고 그 형식에 있어
서. 그의 태도는 헤레네에게도 자신을 주었다. 후일 그는 막내 동생에게
다음과 같은 글을 보냈다.

"그 당시는 확실히 모두가 대단히 서툰 짓을 했다. 특히 나의 방법은
심했다. 그러나 그 문제에 관한 한 어머니는 자신의 천성과 양심에 따르
는 수밖에 없었다. 만일 어머니에게 잘못이 있다고 하다면 그것은 자기
가 하고 싶은 일을 실행하지 않았다는 잘못뿐이다. 만약 실행을 했으면
아버지도 어머니를 사랑했으니까 어머니의 방법과 아버지 자신에게는
없었던 어머니의 특별한 관심(종교적 또 사회적인)에 익숙해졌을 것이
다. 그러나 아버지의 동의를 얻어야 한다는 것이 어머니의 어쩔 수 없는
마음이었다. 그러나 어머니는 그것을 얻을 수 없었다. 그리고 어머니는
강인하게 자신의 의지를 관철시키는 성격이 아니었기 때문에 마음속으
로 견뎌내기 어려울 정도까지 괴로움을 느꼈고 끝내는 아버지에게서 완
전히 멀어지게 되었다. 그것은 아버지가 느끼고 있었던 것보다도 훨씬
심각한 것이었으며 나중에는 아버지도 그것을 알게 되었다. 아버지는
어머니에 대해서나 또 자기 자신의 장점도 이해하지 못했다. '스스로 살
며 남도 살게 한다.'라는 격언에 따라서 어머니에게 완전한 행동의 자유
를 줄 결심을 하고 있었더라면 아버지도 훨씬 행복하게 지낼 수 있었겠
지만……."

그가 어머니의 70세 생일에 어머니에게 보낸 그녀의 부부 생활의 운
명과 아버지의 성격에 대한 감정에 사로잡히지 않은 이 해석은 후일 여
러 사정에 대한 하나의 자료가 되고 있다.

Ⅱ

장례가 끝난 후 여름이 끝날 무렵 베버 부부는 스페인으로 여행을 가게 되었다. 남편은 정신의 긴장 완화를 필요로 했기 때문에 신기한 인상의 매혹 속에서 그것을 찾아내려 했으므로 이번에도 그러한 인상을 어머니에게 보낸 편지에 상세하게 담았다. 우선 피레네 산맥의 수려함과 시원하고 상쾌한 공기가 그의 마음을 빼앗고 말았다. 이 사람을 취하게 만드는 가벼운 공기 속에서 속세를 떠난 산세를 앞에 두고 보니 모든 인간의 혼란은 무게를 잃고 말았다. 그리고 매일 북부 스페인의 새롭고 기이한 세계가 그들을 묶어놓고 있었다. 베버는 신경질적이어서 교통기관의 번잡스러운 이용에 몹시 화를 냈지만 이번에도 새로운 인상에 대한 흥미에 마음을 열고 이 세계의 가장 매력적인 측면을 관찰하는 유별남을 지니고 있었다. 그러나 이렇게 새로운 인상을 쫓아가려고 지나치게 애를 쓰므로 해서 생기게 되는 불안정을 그는 신경 피폐의 징후라고 해석했다.

"지나치게 많은 인상을 차례차례 거쳐나간다는 것은 보통의 상태라면 아마도 바람직한 일이 아닐 것이라고 어머니가 하신 말은 옳은 말입니다. 그러나 일을 할 수 없는 경우 나는 한 장소에 눌러 있을 수가 없습니다. 언제나처럼 구애받지 않고 자연을 감상할 기분도 물론 없을 것 같습니다. 강한 인상이 넘쳐흐를 정도로 내게 밀려오는 것을 모두 소화함으로써 우선 신경을 완전하게 다져놓고 모든 체험의 객관적인 소화에 견디어낼 수 있게 하는 것 이외에 다른 방법은 없습니다. 이제 그것에 성공한 것 같은 생각이 듭니다."

귀국할 무렵이 되어서 긴장한 나머지 그는 병을 일으켰다. 베버는 발열하여 무언가에 쫓기는 듯한 불안감에 사로잡히게 되었다. 연기할 수 없는 귀국길에서도 기분은 좋아지지 않았다. 그러나 그는 그것을 이겨내지 않으면 안 되었다. 왜냐하면 칼스르에서의 복음사회 회의위원회가 주최하는 강연회에 교사로 참석하지 않으면 안 되었기 때문이다.

"귀국은 했습니다만 매일 여행하고 있는 기분입니다. 오후 3시에 칼스르에 갔다가 이제 돌아오는 것입니다. 더구나 오늘은 막스의 강연 후에 토론회가 열릴 것이므로 새벽 3시가 되어버릴 것입니다. 이러한 일정이 끝나 우리들의 휴가의 피로를 풀 수 있게 되면 나는 그를 위해서 다행한 일이라고 생각하고 있습니다."

그러나 대학의 학사일정을 위한 일이 시작되자 모든 것이 옛날로 돌아간 것처럼 보였다. 베버는 모든 직업상의 의무를 다했으며 강의하는 동안 수정을 가해 완전한 것으로 만들고 특별히 열성적으로 제자들의 공부를 위해 헌신했다. 누군가 전공에 열중하고 있는 것을 보게 되면 자신의 저술은 뒤로 미루고 성의껏 도와주었다. 만하임, 프랑크푸르트, 슈트라스브르크에서의 학회의 일련의 강연도 완벽하게 처리해 나갔다.

그런 생활을 보내고 있는 동안 업무가 가득 쌓인 학기말에 의식하지 못한 생녕의 심부에서 무언가 가공할 만한 것이 그를 향해서 손톱을 날카롭게 세우고 다가오고 있었다. 어느 날 밤 한 학생의 시험 때문에 언제나처럼 성의를 다해 도와준 후에 돌아왔다. 심하게 열이 났으며 긴장감과 함께 극심한 피로가 몰아닥쳤다. 학사일정은 끝났으나 나머지는 그대로 계속되었다. 베버는 위험을 느끼고 의사의 진찰을 받았다. 의사는 건장한 사나이의 이런 상태를 가볍게 보고 부단의 과로와 감정의 흥분 때문이라고 설명하고 여행을 권했다. 부부는 레만 호반에서 2, 3주를 보냈다. 이 해는 레만 호반의 봄이 늦었다. 날씨는 추웠고 산허리는 언제까지나 서리에 덮여 있었다. 그들은 맨땅에 누울 수가 없었다. 베버는 육체적인 피로를 유발시켜 신경의 긴장을 풀기 위해 되도록 걸어다녔다. 새 일정이 시작되었을 때 어머니에게 보낸 편지를 보면 그가 극도로 흥분하고 있다는 것을 느끼고 있었다.

"그래도 이번 휴양은 대단히 유익했습니다. 다시 힘차게 일을 시작한 지금 그 효과를 알게 되었으며 2, 3주가 지나면 마지막 증세도 없어질 것이라고 생각하고 있습니다. 확실히 회복기에 있으니만큼 더욱 그렇게 생각됩니다. 왜냐하면 신경의 긴장과 가벼운 충혈 이외에는 육체적으로나 정신적으로도 완전히 쾌적함을 느끼고 있으며 현재는 더욱 나아지고 있다고 느끼고 있기 때문입니다……."

"물론 우리는 모두 언제까지나 신경질적인 동물입니다. 그것은 어떻게 할 수가 없습니다. 그러나 마음의 병이 될 수 있는 모든 것을 서서히 정리하고 난 지금은 그런 것 때문에 안달을 하지 않을 만큼의 유머를 지니고 있습니다."(1898년 4월 14일 그리온)

그러나 2, 3주일 동안 지적 노동을 계속하게 되자 수면을——그것은 일이 많았던 보통때라면 회춘의 샘이 되겠지만——취할 수 없게 되었으며 기능장해가 일어났다. 베버는 병이라고 느끼게 되었다. 성령강림절 주간, 항상 있었던 친구의 내방을 피하기 위해 혼자서 오덴발트로 도보 여행을 하기로 결정했지만 5월의 화려함이 우중충한 베일에 뒤덮여 있는 것처럼 생각되었다. 그는 몹시 지쳐 있었고 건장한 체질도 흔들렸으며 눈물이 흘러나왔다. 베버는 하나의 전환점에 다다르고 있는 것이라고 느끼게 되었다. 그렇게까지 오랫동안 강제로 억눌려온 자연적 본성이 복수를 시작한 것이다. 의사는 사태를 중요시하지 않고 냉수요법을 하라고 했다. 그러나 이것은 흥분을 더욱 높여 수면을 빼앗고 말았다. 의사는 여름 휴가 때는 사나토리움에 입원할 것을 권했다. 베버는 어린 아이와 같은 신뢰성을 가지고 의사의 권고에 모두 따랐으며 북적대는 보덴 호반의 어수선한 시설에서 2개월을 보냈다. 거기에서 그는 당시 일반적으로 행해지고 있는 방법과 여러 종류의 기묘한 신체운동을 하며 치료를 받았다. 그는 싫은 얼굴 하나 하지 않고 모든 것을 감수했으며 자신에 대해서 어떤 것이 시작되더라도 객관적인 호기심을 가지고 지켜 보았으며 그 방법이 단 하나의 소원인 규칙적인 밤의 휴식과 긴장의 완화를 가져다주는데 성공하지 못했을 때도 낙심하지 않고 오직 긴 휴식만을 바라기로 했다. 그러나 그는 그러한 말을 한 마디도 하지 않았다. 왜냐하면 '자기에게 특별 휴가가 내리도록 할 수가 없었기' 때문이다. 그래도 가을에는 병이 한결 좋아진 것처럼 보였다. 육체적으로는 힘이 남아도는 것처럼 보였지만 정신 쪽은 변화가 없는 상태임에도 불구하고 그는 다시 일을 시작했다. 아무도 그를 병자로 보지 않았다. 그러나 수주일 후에는 신경이 다시 말을 듣지 않게 되었고 가르친다는 것이 ——
강의 시간 하나 하나가 실제로 자유로운 창조였는데도 —— 괴로움이 되
었다. 그는 이제는 병이 회복되려면 오랜 시간이 걸리리라는 것을 각오
해야 했다.

　"이론적으로는 나는 이 상태(이것은 실제로는 몇 년 전부터 진행하고
있었다는 것이 틀림없는 일이겠지만)가 상당히 오래 계속될 것이라고
생각하고 완전히 체념하고 있습니다."

　그러나 아직 체력은 많이 남아 있으며 최악의 고민도 이제는 끝나버
릴 것이라고 믿고 있었다. 게다가 이 병은 오랜 기간에 걸쳐 뭉쳐진 구
름이 드디어 비바람이 되어서 폭발한다는 것은 수수께끼처럼 다가오는
적대적인 힘으로부터 해방되는 것 같은 의미를 지니고 있는 것이 아닐
까? 생활의 제력이 더한층 조화를 얻어내기 위한 준비가 되는 것이 아
닐까? 아내와 2, 3주일 동안 떨어져 있지 않으면 안 되었을 때 그는 이
런 식으로 아내에게 글을 썼다.

　"이러한 병은 그런대로 바람직한 점을 많이 가지고 있다. 가령 이것
은 내게 어머니가 언제나 나는 그런 것을 알지 못한다고 해서 아쉽게
생각하고 있었던 인생의 순수하게 인간적인 면을 내가 지금까지 느껴보
지 못했을 만큼 활짝 열어주었다. 나는 존 가브리엘 볼크만의 말처럼
'얼음처럼 차가운 손이 나를 놓아주었다.'라고 말할 수 있을 것이다. 왜
냐하면 나의 병적인 기질은 지금까지의 세월 동안 그것이 무엇에서부터
나를 지키는지는 잘 모르지만 어떤 부적에 매달리는 것처럼 학문적인
일에 정열적으로 매달리는 형태로 나타나고 있기 때문이다. 지금 생각
해보면 그것은 별로 분명하지 않다. 내가 알고 있는 것은 다른 병이건
건강이건 간에 이제는 그렇게 되지 않을 것이라는 것이다. 일에 억눌리
고 있다는 생각을 하지 못하면 성이 차지 않았던 욕구는 없어졌다. 나는
무엇보다 우선 나의 '아기'(아내에 대한 애칭)와 함께 인간적인 생활을
충분히 맛보고 있다는 것을 가능한한 행복한 기분으로 바라보고 싶다.
그렇다고 해서 나는 괴로운 정신적 작업을 이전처럼 할 수 없게 된다고
는 믿지 않는다. 물론 그것은 언제나 나의 그때그때의 용태에 따라야 하

겠지만 용태를 가볍게 가져가기 위해서는 근본적으로 시간과 휴식이 필요할 것이다. 그러나 사랑하는 아내여, 정말 당신 말대로다. 요즘 당신과 함께 하고 있는 긴장된 생활은 다른 사람하고는 할 수 없다는 것을 예전에는 나는 전혀 느끼지 못했다."

그렇다. 이 시기는 부부의 공동생활에 특별한 행복이 깃든 시기라 할 수 있다. 아내 자신도 신경질환의 유전이 있었으므로 정신질환을 앓는 사람을 보살피는데는 솜씨가 있었다. 그래서 그녀는 남편의 병상을 완전히 환자의 입장에서 생각했으며 그가 기뻐하도록 행동할 수가 있었다. 베버는 절대적인 독립성 때문에 그에게 자신이 필요한 존재이기는 한가 하는 의문이 때로 그녀의 마음속에서 일어난 일도 있었지만 지금은 그러한 의심을 전혀 느끼지 않았다. 거기에 입을 열고 있었던 기분이 좋지 않은 구멍 속에서 커다란 행복이 그녀를 향해 꽃을 피워주었다. 건장한 남편은 그녀의 부단한 배려와 존재를 필요로 하고 있었으며 그녀는 그를 위해 도움이 될 수 있었다. 공동생활은 은은한 친밀함으로 채워졌으며 병자도 그것에서 새로운 행복을 느꼈던 것이다.

"당신은 최근 이런 편지를 보냈다. 요즘은 여러 가지 점에서 즐거운 기간이었다, 특히 우리들 두 사람의 생활이 대단히 긴장된 것이었던 것만큼이라고. 그리고 실제로 그렇다고 할 수 있다. 나로써는 어떤 일이 있었다 하더라도 그것은 특별히 즐거운 일이라고 생각하며 언제까지나 이렇게 기억에서 사라지지 않을 것이다. 그것은 내가 당신에게 지니고 있는 것과 같은 한 사람의 사랑하는 인간에 대한 깊은 감사의 마음이 얼마나 멋진 것이냐 하는 것을 지금까지 그렇게 절실히 느껴보지 못했기 때문이다."

*

그러나 이때 그는 지옥의 괴로움을 겨우 겪기 시작하는데 불과했다. 강건한 육체를 지니고 있었기 때문에 시작할 수 있었던 신진대사 요법은 기분의 흥분만 노린 것이었다. 베버는 원기를 되찾고 강의를 시작했다. 그러나 수주일 후인 크리스마스 전후는 몹시 쇠약해져서 크리스마스 트리를 장식했을 때는 등과 팔이 자유롭지 않을 정도였다. 베버는 학기말까지 겨우 견뎌냈다.

"지금은 걱정이 많은 시기지만 우리들은 굴복하지 않을 것입니다. 막스는 때로는 몹시 화를 내고 참아내지 못하는 일이 있지만 대체로 침착한 객관성을 가지고 운명이 가져다준 것으로 알고 그것을 견뎌내고 있습니다. 우리들에겐 유머도 있으며 함께 있을 때는 언제나 명랑합니다. 그렇지만 다른 사람들이 지나치게 이것 저것 묻든가 또 친절한 조언을 해주는 것은 좋은 일이 못 됩니다. 그러나 나는 정말 기쁩니다. 그가 나를 필요로 하고 있다는 것은 언제나 진지하게 느낄 수 있는 행복의 원천입니다."

일체의 정신적 노동이 독이 되어버린 병자는 흐르는 것을 멈춘 그 시간을 무엇으로 메꾸면 좋을까? 그의 마음은 어떤 종류의 실제적인 일에도 내키지 않았다. 예술적이 능력도 그에게는 없었다. 성년에 가까워질 무렵부터 이미 모든 것을 사색하는 일에만 돌렸다. 지금까지 정신이 명령하는 대로 쉬지 않고 활동해온 정밀한 기계를 이렇게 완전히 정지시켜 둔다는 것 —— 그것은 참아내기 어려운 일이 아닐까?

"그가 그렇게까지 전연 취미라는 것이 없다는 것, 그것이 아니라 해도 '손놀림'이나 그 외에 기계적인 것으로 그의 흥미를 이끌어낼 만한 일이 없다는 것은 곤란한 일입니다. 나도 전부터 그에게 목각을 해보면 어떠냐고 설득해볼 생각을 하고 있습니다. 그러나 그는 처음부터 웃으며 상대를 해주지 않습니다. 그렇게 오래 앉아서(그가 말하고 있는 것처럼) '멍하니 있는 것'을 보면 나는 정말 슬퍼집니다. 하지만 그는 그것이 자신에게는 굉장히 좋다고 주장하고 있습니다. 이렇게 일면적으로 만들어진 인간은 머리가 말을 듣지 않게 되면 수족도 말을 듣지 않는 모양입니다. 억지로라도 부엌 일이라도 시키면 좋겠지만!"

그렇다. 실제로 생각할 수 있었던 모든 일을 해보았다! 헤레네는 막스가 어릴 때 초로 만든 인형을 보내왔다. 아내는 점토를 그의 옆에 놓아두었는데 그가 무언가 만드는 것을 보자 몹시 기뻤다.

"그는 몇 번씩이나 열심히 점토를 빚어 형태를 만들었는데 나는 그의 이런 재능에 놀랐습니다. 그는 훌륭한 예술적 재능을 가지고 있다고 믿고 있습니다. 대체 그가 못 하는 것은 어떤 것일까? 그에게는 자신의 힘을 그냥 놀린다는 것이 그렇게 괴로운 것입니다. 점토를 주무르는 일도 짧게 허용될 뿐입니다. 그런 정도의 일만 가지고도 긴장이 생기기 때문입니다."

헤레네는 생일 선물로 그가 처음 만든——빈사의 르쎄른의 사자의 모상——를 받았다. 그것은 무의식적인 상징이었을까? 그는 그것과 함께 어머니에게 이런 글을 보냈다.

"마음속으로부터의 축하와 함께 이번에는 저희 집에서는 역할이 뒤바뀌었기 때문에 내가 쉬는 시간에 손장난으로 만든 것을 보내는 것이니 편지를 누르는 서진으로라도 써주시기 바랍니다."

그러나 그 후는 이 일도 그만두었다. 피로했기 때문이다. 아내는 마지막 수단으로 적석완구를 가져——이 완구는 사람을 열중시키고 만다는 말을 친구에게서 들었기 때문이다——왔으며 병자는 아내를 기쁘게 해주기 위해 그 놀이를 해보였다. 그러나 그것도 돌을 쌓아 올리고 있으면 손이 떨리고 등이 아파왔으므로 아무 소용이 없게 되었으므로 그러한 방법으로 그를 즐겁게 해주는 일은 단념하지 않으면 안 되었다. 그래서 그는 '공원' 속의 자기 집 창가에 가만히 앉아서 싹이 트기 시작한 카스타니에나무를 바라보기만 했다.

"대체 무엇을 생각하고 있어요?"

"되도록 아무것도 생각하지 않아, 그것이 가능할 때는."

그는 쉽게 마음의 안정을 잃고 초초해 했다. 이전에는 정신을 집중해서 일을 한 후에 숙면할 수 있고 소음에도 무감각했던 이 사나에게는 이제 오후나 밤의 조그마한 소리까지도 고통이 되었다.

"이렇게 되면 미쎄(고양이 이름)까지도 곤란해집니다. 때로 정오나 아침 일찍 울어서 막스는 갈피를 못 잡을 정도로 화를 냅니다. 그래서 우리는 베르다가 이번에 결혼하게 되어서 미쎄를 남에게 주고 말았습니다."

병은 휴가 중에도 좋아지지 않아서 베버는 드디어 하기(1899년) 강의를 면제받고 연구만 계속할 결심을 했다. 학사일정의 끝 무렵의 수주일에 일어난 괴로움은 누가 무어라 해도 두 번 다시 견뎌낼 수 없다는 것이었다. 부담이 없어진다는 기대와 새롭게 받은 의사의 진찰은 일시적으로 고통을 없애주는 효과가 있었다. 베버는 모친에게 이런 편지를 보냈다.——물론 그녀를 기쁘게 해주려는 의도도 있었지만.

"당국이 나의 특별 휴가 신청을 인가해주면 이번에는 어지간히 안정된 연구생활을 보낼 수가 있습니다. 게다가 이제는 꽤 좋아지고 있습니다. 그래서 현저할 정도로 치유되고 있다고 생각하고 있습니다. 다시 한번——그러나 이것이 최후이기는 하지만——나의 외적·내적의 일체 상태를 조사해서 똑같이 부정적인 결과가 나오게 되면, 그리고 결국 내게 어떤 것이 좋은 것인지 어떤 것이 나쁜 것인지를 지극히 확실하게 지시힐 수가 있게 된다면 그 후에는 실제로 일을 할 수 있는 시간을 적당하게 안배할 수 있게 될 것입니다. 내가 바라는 것은 다만 내가 어느 정도의 과로상태에 있을 때는 일체의 '자극'을 물리치는 것이나 또 이번에 휴가를 얻는 것이 정신적 도피는 아니라고 생각해주시기 바란다는 것입니다. 이야기할 수 없다는 것은 순전히 생리적인 것이어서 신경이 말을 듣지 않으면 그런 때는 강의 노트를 들여다보아도 의미를 파악할 수 없습니다. 뚜렷하게 상승하고 있을 때는 언제나 그랬으며 지금도 나는 생각하고 있는 한에서는 최상의 기분입니다. 물론 얼마 전부터 이미 그랬습니다만은."

이 편지 속의 몇 줄만을 읽어보아도 이 수수께끼와 같은 병에 익숙해진다는 것이 헤레네에게는 곤란하다는 것을 알 수 있었다. 그녀 자신의 씩씩하고 언제나 자기 자신을 억누르고 마음을 써온 의지는 일체의 정신적·육체적 긴장을 극복해왔다. 자기의 아들도 그렇게 할 수 없을까? 물론 인생은 정신적 창조력을 목표로 한 노력을 그녀에게 요구하지 않았다. 그러나 실제로 수족이 말짱한데 자신이 원하는 것을 할 수 없다는 것이 있을 수 있는 일일까? 그렇게까지는 못한다 해도 적어도 병의 징후 같은 것에 일일이 신경을 쓰지 않으면 좀더 평형을 찾을 수 있는 것이 아닐까? 베버는 그 성격에 있어서는 변하지 않은 것 같은 인상을 주었다. 그리고 이제 몸이 마르고 안색이 나빠졌음에도 불구하고 육체적으로는 아직도 든든한 것처럼 보였다. 때로는 모든 것이 질이 나쁜 환영으로 생각되어 단호하게 '그런 것은 받아들일 수 없다'고 말하기만 하면 재빨리 물러날 것같이 생각되었다. 인생의 어떠한 상황에서도 다시 없는 자기 억제가 필요했던 활동적인 이 여성은 이 병에 대해서만은 수수방관하지 않겠다는 사실에 많은 괴로움을 느껴야 했다. 실제로 위문을 하러 와서 보고 있으면 그녀는 표현하지 않아도 자신이 아들을 기쁘게 해주는 것보다 긴장시키고 있다는 것을 느꼈다. 사람들이——그를 격려해줄 생각으로——그가 전혀 중환자 같은 인상을 주지 않고 있으며 위로할 생각으로 안색이 좋다고 말을 하는 것이 베버의 예민한 성격에는 가장 참을 수 없는 불쾌함의 하나로 느껴졌던 것이다.

헤레네와 식구들은 멀리서 조언과 제안을 해왔지만 그런 것은 승낙할 수 없었다. 아내는 이렇게 썼다.

"당신들의 사랑이 담긴 제안에 대해서 그가 그렇게 흥분한 일을 참으로 슬프게 생각하고 있습니다. 좀더 구체적으로 이유를 말해보려면 그는 당신들은 그가 힘을 내서 자기 자신에 이겨야만 틀림없이 가벼워진다고 생각하고 있는 그러한 것을 내게서도 느끼고 있어서 그런 것 같습니다. 그러나 나로서는 그가 단순히 의지가 약하다고 보여지는 것까지도 내버려둘 수가 없습니다. 그는 5주 전부터 학사일정을 완전히 포기했으며 이번에는 매주 2회의 강의도 중지했습니다. 그것이 동료나 학생에 대해서 틀림없이 체면이 서지 않은 일인데도 말입니다. 그러한 것을 보면 나는 그가 지금 일체의 정신적 긴장을 얼마만큼 해롭게 느끼고 있는지 알 수 있습니다. 그리고 그렇게 느끼는 것에 객관적인 근거가 있다는 것은 언제나 나중에 그의 태도를 보고 알게 됩니다. 따라서 이 수주간은 자신의 의무를 당분간은 해낼 수 없다고 느낀 것이며 그러니만큼 견디기 어려울 정도의 고통을 받는 것입니다. 막스가 결코 바깥 세상의 일에 무감각하며 무관심한 상태라고 상상해서 안 됩니다. 신경이 몹시 날카로워져 있어서 지금만은 무리를 해서라도 자기를 억제하고 있는데

지나지 않으니까 말입니다. 또한 집안 분위기가 어둡게 가라앉아 있다
고 상상을 해도 곤란합니다. 우리들은 어떤 경우에도 쾌활합니다."

그러나 다시 수개월 동안의 괴로움을 겪은 후에는 다시 이렇게 썼다.

"우선 우리들은 우리 자신이 인수한 의무를 미약하지만 어떻게 완수
하고 현재 과해진 운명을 어떻게 가볍게 타개하느냐 하는 것밖에는 생
각하지 못하는 참으로 보잘 것 없는 인간에 지나지 않습니다."

후에 베버가 편지에서 말하고 있는 것을 보면 그가 어떠한 내적 태도
로 자신의 병고를 견뎌나갔는지를 알 수 있다.

"'고난은 기도하는 것을 가르친다.'라고 합니다. 언제나 그럴까요? 나
의 경험으로 볼 때 나는 그것이 때로는 훌륭하게 —— 인간의 품위상 지
나치게 잦을 정도로 —— 맞고 있다는 사실에 완전한 경의를 표하면서도
그것에 이론을 제기하고 싶다고 생각합니다."(1908년 4월 5일 K. 포슬
러의 '단테'에 대헤 그 저자에게 보내는 편지에서)

*

베버는 1899년 즉 그의 병이 2년째 지속되고 있는 여름에 강의를 면
제받았으나 학생의 연구 지도는 여전히 계속했다. 부부는 휴가를 아이
브 호반에서 보냈으며 그곳에서 페른 언덕을 넘어서 베네치아로 갔다.
이번에도 직무의 악몽에서 해방되었다는 것과 새로운 인상의 아름다움
은 효과를 올렸다. 그러나 그 후 가을이 되어 베버가 교사로서의 일부
의무에 다시 매이게 되자 지금까지의 모든 것보다도 더욱 심한 붕괴가
일어났다. 이제 병자는 장기간에 걸쳐서 아무리 작은 양이라 하더라도
직무에 매인다는 것은 자신의 병고를 더욱더 악화시키며 자신의 정신을
위험에 빠뜨린다는 것을 의심하지 않을 수 없게 되었다. 그는 그 때문에
하는 수 없이 지금까지의 생활을 지배해온 것을 피하기 시작했다. 크리
스마스에 그는 사임서를 제출했다. 그것은 괴로운 결정이었다. 왜냐하면
봉급없이 가족으로부터 보살핌을 받는 것만으로 어떻게 그 많은 세월을
견뎌낸다는 말인가? 바덴의 문교 당국은 변법을 찾아냈다. 병자를 안

심시키고 장래 그의 힘을 이용할 수 있는 방법을 마련해두려고 한 것이다. 학부도 그가 물러나는 것을 내버려두려고 하지 않았다. 사임서는 수리되지 않았으며 그 대신 장기의 특별 휴가가 인정되었고 봉급은 계속 지급되었다. 그리고 베버가 훨씬 이전부터 제안하고 있었던 국민경제학의 교수 한 사람을 더 두는 것을 곧 실현에 옮겼다. 베버는 새로운 동료의 취임에서 학생들의 연구 지도를 맡아볼 생각이어서 본격적인 휴가는 1900년 가을부터 시작되었다.

"마침 아른스베르가 이곳에 왔습니다. 관청 사람들은 막스의 서한 내용을 그대로 이해하지 않고 마지막까지 그가 무언가 다른 것을 생각하고 있어서 그 때문에 사임하고 싶어 한다고 생각하고 있었습니다!! —— A(아른스베르가)는 그 말을 듣자 그러한 것은 문제가 되지 않는다, 말할 것도 없이 베버는 절대로 해임되지 않는다고 말했습니다. 나는 사라(창세기 속의 아브라함의 아내)처럼 문 밖에 서 있었지만 내게는 이 선량한 노인의 친절함이 천사의 말로 들렸습니다. 물론 막스는 대단히 '고귀'한 태도로 맞았지만 도덕적 권위 같은 흉내는 내지 않았습니다! 휴가는 그가 필요로 하는 만큼 주어질 것입니다. 그래서 우리들도 무숙자가 되는 것을 면하게 되었습니다."

우선 이 관대한 조치는 대단한 부담을 덜 수 있게 되었다. 당장은 장래에 대한 걱정을 하지 않아도 되었으니까. 베버는 물론 언제 복직될 수 있는지에 대해 의심하고 있었다. 이제 그는 모든 의지의 힘을 동원해서 새로운 교수의 자리에 알맞는 사람을 물색하기 위해 힘을 기울였다.

"이 2주 동안은 상태가 좋지 않아서 말을 하는 것 자체가 그에게는 고통스러웠습니다. 제안을 했습니다. 그리고 막스는 어쨌든 학부를 자신이 바라고 있는 쪽으로 움직이게 했습니다. 그러나 그 때문에 여러 가지로 말을 많이 하게 되어서 그는 그 후 일주일 동안 자리에서 누워지내지 않으면 안 되었습니다……."

베버가 이전에 프라이브르크 대학의 후임으로 추천한 일이 있던 붸르나 존 발트의 초청은 당국이 거부했고 그 대신 칼 라토겐이 채용되었다.

이렇게 해서 베버는 이 중책에서 해방되었지만 그의 병상은 가볍지 않았다. 하나에서 열까지 너무나도 고통스러웠다. 그는 고통없이는 읽을 수도 쓸 수도 이야기를 할 수도 또 어디를 간다해도 잠을 잘 수도 없었다. 모든 정신적 기능과 일부의 육체적 기능이 자유롭지 않았다. 그래서 무리를 해서 근무하기 위해 나서려 하면 정신을 혼탁한 흥분상태의 소용돌이 속으로 끌어당기는 것 같은 기분이 그를 위협했다.

"그의 용태는 불과 얼마간 좋아진 것뿐이어서 학생의 공부를 무사히 봐줄 수 있는지 어떤지 나는 알 수가 없습니다. 그래서 나는 그의 상태가 나쁘게 되었다는 것을 인정하게 되면 우선 이 근처의 적당한 휴양지로 데려갈 생각을 하고 있습니다."

사실 그런 사태는 7월 초에도 일어났었다. 부부는 장기간 동안 이 괴로운 땅에서 떠나 있을 생각을 했으며 묵을 집을 정하기로 했다. 베버는 우선 라우에 알브 연산의 우라하의 작은 신경병원으로 가서 그곳에서 혼자 수주일 동안을 머물렀다. 드디어 밑바닥까지 내려간 것이다.

Ⅲ

이렇게 집의 정리가 이루어졌다. 얼마 동안의 기간이 필요한지는 아무도 몰랐다. 이제는 이 불행이 완전히 목까지 잠기게 되어 마지막에는 부부가 다같이 파멸의 늪에 빠져버리는 것이 아닐까 하는 공포를 느끼지 않을 수 없었다. 물론 모든 것이 다시 이전처럼 좋아질 것이라는 확신이 앞서기는 했지만. 아내는 믿었고 희망했다. 남편의 창조적인 힘을 믿었다. 그리고 그녀에게는 남편이 설사 지금은 무력하지만 지금까지 언제나 그랬던 것처럼 절대적인 인간——사악한 신이 시샘을 해서 괴롭힘을 당하고 사슬에 매인 거인——이었다.

그녀는 이 고난의 시대에 자신의 처녀 논문에 대해 열의를 보이는 자세를 가졌다. 베버는 그녀의 독자적인 생활의 모든 표현에 대해서 언제나 그랬듯이 이번에도 그 일을 기뻐했다. 언제나 그는 그녀가 자신의 흥미를 발전시킬 수 있도록 도와주었다. 그는 그녀 없이 지내는 것이 대단히 곤란했던 이 최악의 시기에도 그것이 그녀를 기쁘게 해주는 일이라고 생각되면 부인 집회에 출석하도록 그녀를 설득했다. 아욕에 굴복당하는 일이 그에게는 한 번도 없었다. 하이델베르크에서 출발할 때 그의 제자들은 애정과 경모의 뜻을 표해서 애수가 담겨 있는 기쁨의 빛을 던지고 있었다.

"어저께는 다사다난한 하루였습니다. 12시에 연미복에 흰 조끼 차림으로 레오 뵈게라가 와서는 엄숙한 인사말(그 말에 자신이 몹시 감동해서 거의 울 것만 같았습니다)을 하면서 당신의 제자들의 기념품을 전해 주었습니다. 인간이라는 것은 참으로 갸륵한 존재입니다. 이 사람들이 여러 가지 생각을 합쳐서 하나하나 어구를 짜낸 열성은 참으로 매력적이었다고 에르제가 말했습니다. 기념품은 아름다운 갈색의 가죽 포장을 한 꽤나 비싼 새피아 그림입니다. 뮌헨의 어느 여류 작가의 작품으로 한 남자가 험한 바위로 기어올라가서 그곳에서 불이 붙은 나뭇가지를 땅에 던지고 있는 모습인데 나뭇가지는 그 사나이의 발 밑에 가시나무에 덮여 있는 바위를 타고 떨어지고 있으며 그 바위에 당신의 제자들의 이름이 새겨져 있습니다. 황금색의 번개가 번쩍이는 먼 곳까지 배경이 트여 있습니다. 헌사에는 '존경하는 교수이며 은사에게! 여로에 행운이 깃드시기를! 우리 —— 여기에 서명한 사람뿐이 아니라 선생님으로부터 생애에 걸친 감화를 받은 사람 모두 —— 는 학문의 긍지를 증대시키고 학문을 촉진시키며 그리고 선생님에게 감사하는 제자 일동의 마음으로부터 기쁨이 되기 위해서 선생님이 곧 다시 건강하게 되시어 돌아오시기를 희망합니다.'라고 씌어 있습니다."

*

베버는 이렇게 해서 슈바펜 숲의 도시 우라하에서 선량하며 소박한 사람들에 섞여서 조용한 수개월을 보냈다. 때로 라우에 알브의 고원에서 어지간히 긴 산보를 해보았으나 약간의 운동은 언제나 흥분의 원인이 된다는 것을 느껴 그 후에는 정원에서 누워서 보내기를 좋아했다. 이제 그의 생활은 가장 작은 범위도 한정되어 있으며 어떠한 문제도 가까이 해서는 안 되었으며 사랑하는 사람의 방문조차도 긴장을 만들었다. 때로는 자연이 마음을 달래는 기쁨을 주기도 했다. 특히 차 속에서 변화하는 풍경을 물끄러미 바라보고 있을 때에는. 오랜 세월이 흐른 뒤에 다시 이 지방에 갔을 때 어떤 추억이 그의 마음에 떠올랐다.

"……노이펜을 포함한 라우에 알브나 우라하 계곡이 멀리 펼쳐져 있는 것을 보았을 때 나는 내 사랑하는 젊은 아내가 당시 완전히 변하고 있었던 남편에게 쏟아준 두터운 애정을 생각해냈다. 어두웠던 9개월 후에 비로소 맛보게 된 얼마간의 즐거운 날 중 당신의 생일에 노이펜에 간 일과 그리고 또 잊을 수 없는 여러 일을 떠올렸다. 그러나 제일 많이 생각한 것은 당신은 나를 세계와 연결시키는 유일한 교량이라는 것과 그 시대처럼 아직도 따뜻하며 젊고 내가 사랑하는 당신에 대한 것이었다……."

*

베버는 스스로 틀림없이 병이라는 것을 느꼈다. 그리고 그는 다음의 한 가지만은 의심하지 않았다. 이전의 건강한 때라면 반은 놀면서 정리할 수 있었던 직무 중의 남겨진 불과 얼마 안 되는 일마저도 처리하지 못해서 죽음을 느낄 정도로 지쳐 허덕인 최근 수개월의 괴로움은 되풀이해서는 안 된다는 것! 이 괴로움을 생각하게 되면 그는 당장 과거와 인연을 끊고 언제라도 좋으니까 새로운 시작을 하고 싶었다.

"나는 나의 장래의 가능성에 대해서 특히 물론 무엇 하나 확실한 것을 말할 수 없는 사항에 대해서 의사와 어지간히 복잡한 이야기를 해보았다. 언젠가 가까운 장래에 이번 봄처럼 지옥의 괴로움을 곧 다시 겪게 된다는 것은 생각할 수도 없는 일이다. 그래서 우리들의 하이델베르크의 지위에 대해서 미련을 남겨서는 안 된다. 내가 명예심에 집착하지 않은 약간 '낙천적인 인간'이라는 것을 나는 나의 천성으로 알고 있으며 또한 '세상'에서 대학 강사처럼 보충하기 쉬운 것도 없다. 사정이 허락되어서 전면적으로 물러날 수 있었던 쪽이 정신적으로는 아마 더 좋았을지도 모른다. 그렇게 되었다면 나는 대학의 희망에 따라서 하이델베르크에 닻을 내리지 않아도 되며 풍향이 좋아졌을 때 나의 작은 배를 안달하지 않고 자유로이 바다에 띄울 수가 있으니까. 그러나 인간은 모든 것을 자기의 것으로 할 수 없으며 다른 사람들의 운명에 비한다면 우리들은 얼마나 행복한지 모른다.”

가을에 베버의 젊은 제자 한 사람이 심한 정신병으로 입원을 했다. 그 섬세한 성격의 총명한 젊은이는 당시는 아직 해명되지 않고 있었으며 전문가 이외에는 영문을 알 수 없었던 이상한 병에 걸려 있었다. 입 밖으로 말을 하지는 않았지만 그의 ‘의지력’을 요구했으므로 사람들은 그를 몹시 괴롭혔다. 사고력은 아주 명석했으나 심한 억압이 그의 행동을 저해했으며 다른 사람의 눈에는 보이지 않은 깨버릴 수 없는 얼음의 벽에 갇혀 그는 자신의 존재를 무의미한 것으로 느끼고 있었다. 운 좋게 이 감옥에서 그를 구해내서 의의있는 생활에 복귀시킬 수는 없는 일일까? 의사는 어떤 희망이나 부정도 하지 않았다. 11월의 회색 안개가 가을의 화려함을 뒤덮자 베버는 빛과 기쁨에 넘친 남쪽에 대해 유혹을 받았다. 베버 부부는 도저히 황량한 겨울 동안 이 청년을 모든 자극이 결여되어 있는 환경 속에 혼자 버려두고 갈 수가 없었다. 아마 혼자보다도 두 사람이 함께 있는 쪽이 견디기도 좋을지 모른다. 그들이 청년에게 동행을 권유했을 때 처음으로 기쁨의 빛이 언제나 어둡게 그늘 지어 있었던 그의 얼굴에 스쳤다. 이렇게 해서 그들은 코르시카로 떠났다. 목적지는 특히 기후가 온화한 곳으로 알려져 있는 아자크시오였다. 전조가 좋았다. 그들은 남국의 청명함, 바다까지도 자신의 지배하에 있는 것 같은 높은 하늘의 맑은 푸르름을 볼 수가 있었다. 밤도 청명해서 커다란 혹성이 밝은 빛을 바다로 쏟아넣는 것 같았다. 더구나 흰 눈을 머리에 이고 있는 높은 산을 배경으로 해서 오리브, 유카리, 사보덴의 알맞은 회녹색이 사면을 덮고 있는 숲이 섬을 라반드와 사향초의 향기로 감싸고 있다. 산에 둘러싸여 있는 만(灣)을 바라다 볼 수 있는 아름다운 호텔은 거의 비어 있었다. 보아 전쟁 때문에 영국인이 오지 않았기 때문이다. 이렇게 해서 그들은 조용함을 얻을 수 있었다.

"막스에게는 풍경과 기후가 쾌유 효과를 높여서 불쾌함을 잊게 하고 있습니다. 그는 오전에는 언제나 산의 올리브나무 밑에서 누워 있으며 그가 외출할 수 있으면 오후에는 함께 산보를 합니다. 그는 이제 수면제 없이 뿐만 아니라 프롬제없이 견뎌보려고 했기 때문에 숙면을 하지는 못하지만 그래도 우라하에서 같은 시도를 해보았을 때보다는 좋은 상태입니다. 그의 표정은 대단히 밝아졌습니다. 오토도 그것을 깨닫게 되어서 그만큼 나도 기쁘게 생각하고 있습니다. 그러나 정신면에서는 그를 프랑크푸르트 신문과 휘가로만을 받아들이게 하고 있습니다."

베버는 새로운 것을 보고 좋아했으며 온화하면서도 웅대한 아름다움에 감사의 마음을 가지고 자신의 내부에 흡수했다. 기분이 좋을 때는 언제나 자기 자신과 자신이 젊어지고 있는 것을 잊어버릴 수가 있었지만 어리석은 운명으로 인해 활동하는 것이나 생산하는 것도 금지되고 있었던 병든 젊은이 쪽은 그렇지가 못했다. 그는 괴로움을 느껴가면서 일시적으로 자기 자신으로부터 해방되는 것밖에는 용서되지 않았다. 총명했기 때문에 그는 절망에 사로잡혀 있었다. 그리고 모든 새로운 것을 대하게 되어도 그의 얼굴은 순간 반짝일 뿐 곧 깊은 혼명의 휘장이 그의 얼굴을 뒤덮어버렸다. 그가 산보를 나가서 예정보다 다소 늦게 되면——그의 후일의 운명을 예감해서였지만——스스로 목숨을 끊은 것이 아닌가 걱정을 했다. 부부는 그를 위해서 한탄하지는 않았다. 이와 같은 젊은이에게서 흘러나오는 불치의 우울이 얼마 지나자 베버의 생활 감정에 곰팡이처럼 일어나게 되었다. 혹시 그 자신도 이러한 절망적인 의식의 몽롱한 상태에 빠지려 하고 있는 것이 아닐까? 청년은 민감했다. 그에게는 아무것도 눈치를 채게 해서는 안 된다. 그가 알게 되면 그를 절망으로 몰아넣는 결과가 된다. 그러나 이유없이 그를 귀국시키는 것도 또한 불가능했다. 이렇게 되니 아내 쪽은 이 젊은 병자에게 달라붙어서 가능한 한 베버가 그의 존재에 방해를 받지 않도록 하는 수밖에 없었다. 그래서 베버는 대체로 혼자 있게 되었다. 게다가 비어 있었던 아름다운 호텔이 문을 닫고 말았다. 그들은 가구가 달려 있는 새 집으로 옮겼으나 당구를 못 했고 신문을 읽을 수 없게 되었다. 긴 우기가 시작되었다. 외출도 거의 할 수 없게 되었다. 쓸쓸한 나날이 구름에 뒤덮인 하늘 아래서 변화나 색채도 없이 흘러만 갔다. 깨끗한 카페도 쇼윈도도 음악도 없었다. 무엇 하나 볼 것이 없으며 무엇 하나 일어나지도 않았다. 그들은 문화인의 생활이라는 것이 얼마만큼이나 외적 자극을 기준으로 삼고 있는가 하는 것을 체험했다. 베버는 곧잘 소파에 누워 그저 멍하게 있었다. 그러나 그는 낙담을 하고 있거나 초조해 하고 있는 것은 아니었다. 왜냐하면 이런 상황에도 불구하고 그는 전보다 더 기분이 좋았다. 반란을 일으킨 것이 다시 복종하게 된 것처럼 보였다. 회복의 전조가 나타나기 시작한 것이다.

3월에 그들은 로마로 갔으며 그들의 피보호자도 동행했다. 왜냐하면 그는 그 준비 때문에 여러 나날을 보냈었으니까. 베버는 병과 삶의 무거운 여러 짐을 강렬한 인상의 바다 속으로 묻어버리려는 생각을 했다. 그는 로마에서는 오늘의 생활의 지겨움을 뛰어넘어 모든 시대로 통하는 영원적인 합체를 이루어 지식에 의해서 알게 된 과거의 위대함이라는 것을 직접 봄으로써 뚜렷하게 체험을 하고 자신의 자아를 확대해서 역사적인 용기로 삼을 수가 있었다. 이 대도시의 오래된 돌은 어느 것이나 자체의 역사적 의의가 건재하다고 느껴질 정도의 모습을 하고 있었으며 전혀 '어떤 일에도 정신을 완전히 빼앗기고' 있는 것처럼 보이지 않았다. 그러면서도 여러 가지 생각을 일어나게 했다. 그의 정신을 그녀로서는 측정하는 방법을 알 수 없었다. 그의 운명은 그녀로서는 규명하기조차 어려웠다. 그러면서도 그녀는 그에게서 인간적인 무게를 느꼈고 영혼을 느꼈다.

우리는 아동심리학에서 '잠복기'라고 불리고 있는 시기에 뚜렷하게 변화를 보인 것을 기억하고 있다. 이 시기는 어떤 일에 대해서도 감동하지 않은 체하든가 언제나 '남자답게' 거동하는 것을 재미있게 여기게 된다. 나는 집안 사람들을 경멸하게 되었다. 그 주요한 이유는 그들이 속어를 굉장히 두려워하든가 나무에 올라가는 것은 위험하다는 등의 어리석은 생각을 지니고 있었기 때문이다.

내게는 참으로 많은 일이 금지되어 있었기 때문에 사람을 속이는 습관을 몸에 붙이게 되었다. 그것은 22세 때까지 계속되었다.

어떠한 일을 하더라도 그것을 나만의 비밀로 해두는 것이 좋다는 생각이 나의 우선적인 생각이 되었다. 이와같이 나는 은폐하려고 하는 충동을 결국은 극복하지 못했다.. 아직도 누가 방 안으로 들어오면 읽고 있는 것을 감추려 하는 충동에 사로잡힌다. 그리고 평소에도 내가 어디에 갔다 왔는지 내가 무엇을 했는지에 대해서 입을 봉하고 아무 소리도 하지 않으려는 충동에 사로잡힌다.

일련의 어리석은 금제(禁制)의 장벽을 뚫고 자기 자신의 진로를 찾아내지 않으면 안 되었던 나는 수년 간을 보내는 사이에 자연적으로 발생한 이러한 충동을 극복할 수 있는 길은 다만 의지의 노력에 의해서만 가능하다는 것을 깨닫게 되었다.

청춘기에 들어선 후의 수년간은 내게는 참으로 쓸쓸하고 불행한 나날이었다. 간정 생활에 있어서나 지성 생활에 있어서도 집안 사람들에 대해서 철저하게 비밀을 유지해야만 했다.

나의 관심은 성과 종교와 수학으로 나뉘어져 있었다. 내가 청춘기에 성에 대해서 열중했었던 일을 돌이켜보면 대단히 불쾌해진다. 그 무렵의 내가 어떤 식으로 느끼고 있었던가를 다시 생각해낸다는 것은 참으로 마음내키지 않기 때문이다. 그러나 이렇게 했으면 좋았을 것이라고 생각하는 희망적인 면을 꾸밈없이 사실 그대로 여기에 말해보려고 생각한다——최선을 다해서.

성에 대해서 내가 처음으로 알게 된 것은 12세 때였다. 유년 시절에 함께 유치원을 다녔던 엘르네스트 로건이라는 소년을 통해서였다. 어느 날 밤 그와 나는 같은 방에서 자게 되었다. 그때 그는 교접(交接)의 성질과 출산에 있어서의 그것의 역할을 설명해주었다. 그리고 그 이야기를 뒷받침하기 위해서 여러 가지 재미있는 이야기를 들려주었다.

나는 그의 이야기에 대단히 흥미를 느꼈다. 그러나 아직 육체적 반응은 일어나지 않았다. 자유 연애만이 도리에 맞는 방법이며 결혼으로 가는 길이라는 것은 기독교적인 사고방식의 소산이라는 생각이 당시의 내게는 부동한 것으로 생각되었다(이러한 생각이 일어나게 된 것은 확실히 내가 처음으로 사실을 알게 된 후 얼마 안 되어서의 일이었다).

내가 14세가 되었을 때 가정교사는 머지 않아 내게 중요한 육체적인 변화가 일어나게 될 것이라는 것을 이야기해주었다. 그때는 그가 무엇을 말하고 있는지 약간이나마 이해할 수 있게 되었다. 당시 또 한 명의 소년 지미 베일리가 우리 집에 있었다. 1929년에 벤쿠베에서 만난 소년이다. 그와 나는 언제나 무엇인가를 이야기하며 지냈다. 또 집에서 일하고 있었던 급사도 함께였다. 그는 우리들과 같은 나이든가 한 살 정도 위였는데 우리들보다 많은 것을 알고 있었다. 어느 오후의 일인데 우리들은 그 급사와 못된 이야기에 열중하고 있는 현장을 발각당했다. 그때 우리들은 우려 깊은 꾸중을 들었고 벌로 쫓겨가 식사로 물과 빵만의 식사를 받았었다.

그러나 이러한 조치도 성에 대한 우리의 관심을 없애지는 못했다. 우리는 외설적인 이야기를 위해 많은 시간을 허비했다. 그렇게 해서 우리 자신이 아직 모르는 일을 알려고 애를 썼다. 그리고 그 목적을 위해서는 의학사전이 도움이 된다는 것을 알게 되었다.

15세 때부터 거의 참을 수 없을 정도로 강한 성욕을 느끼기 시작했다. 집중해서 공부하고 있을 때에도 끊임없는 페니스의 발기로 괴로움을 당했다. 그래서 자위의 습관에 빠지게 되었다. 그러나 나는 언제나 도에 지나치지 않도록 했다. 나는 이 습관을 굉장히 창피스러운 일로 생각했다. 그래서 어떻게든 그만두려고 노력했다. 그래도 20세 전까지 그 악습을 고치지 못했는데 20세가 되자 그것을 그만둘 수가 있었다. 왜냐하면 연애를 했기 때문이다.

나에게 사춘기가 다가온다는 것을 가르쳐준 그 가정교사가 그로부터 수개월 후에 내 나이 때는 여성의 유방을 화제로 삼는다고 이야기해주었다. 그 말이 참을 수 없을 만큼 강렬한 성적 감정을 일어나게 했기 때문에 내가 대단한 충격을 받는 것처럼 보였다. 그래서 그는 내게 품위를 지녀야 한다고 말하면서 나를 격려해주었다.

매일 여성의 신체를 보고 싶다는 욕망에 많은 시간을 허비했다. 그래서 언제나 하녀들이 옷을 입고 있는 것을 창에서 잠깐이라도 보려고 애를 썼다. 그러나 그것은 언제나 성공을 하지 못한 채 끝이 났다. 친구인 지미와 나는 한겨울에 지하실을 만들어서 놀았다. 그곳은 한 사람이 엎드려서 기어야 하는 긴 터널과 6인치 입방의 방으로 이루어져 있었다. 나는 언제나 하녀 한 사람을 꼬여서 이 지하실로 데리고 갔다. 거기서 그녀에게 키스하고 껴안았다. 한 번은 그녀에게 나와 함께 하루 밤을 지내지 않겠느냐고 말을 했다. 그때 그녀는 그러한 일을 하기보다는 오히려 죽는 쪽이 좋다고 말을 했다. 나는 그 말을 믿었다. 그녀는 또 놀라운 표정을 짓고 나를 선량한 사람이라고 생각하고 있었다고 말했다. 그 결과 그 이상 그 일은 진전되지 않았다.

그 시기에 이미 나는 사춘기에 이르기 전에 알고 있었던 성에 대한 이성론자의 견해를 완전히 잊어버리고 있었다. 그래서 평범한 견해를 완전히 정상적인 것으로 받아들이고 있었다. 나는 병적으로 되어가고 있었나. 그래서 자기 자신을 대단히 부도덕하다고 생각하는 동시에 자신의 심리에 대단히 흥미를 느꼈다. 그래서 그것을 주의 깊게 연구했다. 그러나 나는 원래 내성(內省)한다는 것 자체가 병적인 발로라고 알고 있었기 때문에 자신의 사상과 감정에 대한 이와 같은 흥미를 정신이상의 또 하나의 증거라고 생각했다.

그러나 이와 같은 자기 내성이 3년 동안 계속된 일이고 그것이 중요한 많은 지식을 획득하는 유일의 방법이기 때문에 병적이라고 비난할 것이 아니라는 것을 알게 되었다.

이와같이 육체적으로 성에 몰두하는 시기에 이상주의적인 감정도 대단히 깊어졌다. 그러나 그것이 성적인 것이라는 점을 당시의 나는 알지 못했다. 나는 일몰과 구름의 아름다움과 봄과 가을의 나무에 깊은 흥미를 느끼게 되었다. 그러나 그 흥미도 대단히 감상적인 것일 수밖에 없었다. 왜냐하면 그것이 무의식적인 성의 둔화라는 것은 틀림없는 일이며 현실로부터의 도피를 시도하고 있는데 지나지 않았기 때문이다.

나는 〈인 메몰리얼(추억——테니슨의 시)〉이라는 대단히 나쁜 시에서 시작해 많은 시를 읽었다. 16세에서 17세에 걸쳐서 내가 읽은 시를 생각나는 대로 열거해보면 밀턴의 모든 시, 바이런의 대부분, 셰익스피

어의 다수, 테니슨의 대부분, 그리고 셸리 등이다. 내가 셸리의 작품을 대하게 된 것은 참으로 우연이었다. 어느 날 나는 도우버 스트리트에 있는 숙모집의 거실에서 그녀를 기다리고 있었다. 거기에서 셸리의 시를 펼쳐보니 '아라스타(복수의 신 제우스)' 부분이 나왔다. 그것이 내게는 지금까지 읽었던 시 중에서 제일 아름다운 시처럼 생각되었다. 물론 그 비현실성이 내가 셸리의 시를 찬미하는 커다란 요소였다. 아주머니가 돌아왔을 때 나는 거의 반쯤 읽고 있었다. 그러나 나는 그 책을 서가에 꽂아놓지 않을 수 없었다.

나는 어른들에게 셸리를 위대한 시인이라고 생각해도 좋은지 어떤지를 물어보았다. 그러나 그들은 셸리를 나쁘게 생각하고 있다는 것을 알게 되었다.

그러나 그렇다고 해서 그것이 내게는 별로 방해가 되지 않았다. 그래서 나는 틈이 생기게 되면 언제나 셸리를 읽었고 그의 시를 암기하기에 바빴다.

내게는 지금까지 내가 생각하며 느낀 것에 대해 이야기를 주고 받을 수 있는 사람이 한 사람도 없었으므로 셸리를 알게 되었다는 것을 대단히 멋진 일이라고 마음속 깊이 느꼈으며 과연 현재 살아 있는 사람으로 이렇게 완전하게 공감을 느낄 수 있는 사람과 만날 수 있을런지 의문을 갖게 되었다.

시에 대한 흥미와 함께 종교와 철학에 깊은 관심을 느꼈다. 조부는 영국 국교도였으며 조모는 스코틀랜드 장로교회 회원이었으나 두 사람 모두 점차 유니텔리안 교도가 되었다. 나는 일요일마다 차례로 피터샴의 (감독파의) 교구교회와 리치몬드의 장로교회에 따라가야 했다. 게다가 가정에서는 유니텔리안교의 신조를 배우게 되었다. 내가 거의 15세 무렵까지 믿고 있었던 것이 이 교의 마지막 가르침이었다. 그 해에 나는 기본적인 기독교의 신앙을 위한 합리적인 논거라고 생각하고 있었던 것을 계통적으로 검토하기 시작했다. 나는 이 문제에 대해서 끝이 없는 시간을 투자하면서 명상했다. 그것에 대해서 누구에게도 이야기할 수가 없었다. 왜냐하면 고통을 주는 것을 두려워했기 때문이다. 나는 점차 신앙을 잃은 것과 그것에 대해 침묵을 지키지 않으면 안 되는 필요성 때문에 몹시 고민을 했다. 만일 신과 자유와 불멸을 믿지 않게 된다면 대단히 불행해질 것이라고 생각하고 있었던 것이다. 그러나 이러한 도그마의 근거가 되는 것은 극히 믿을 바가 못 된다는 것을 알게 되었다. 도리는 궁극에 가서는 하나라는 데 역점을 두고 진지하게 생각하기 시작했다. 최초로 문제를 삼은 것이 자유의사였다.

15세의 시절 나는 이렇게 확신하게 되었다. 살아 있건 죽어 있건 간에 물체의 운동은 모두 역학의 법칙에 따라서 진행한다. 따라서 의사는 육체 위에 아무런 영향도 미치지 못하는 것이라고. 나는 그 당시 '희랍어의 연습장'이라는 표제를 붙인 노트에 희랍문자로 쓴 영어로 나의 감상을 쓰고 있었다(저자 주――이 노트의 약간 부분을 이 책에 싣는다).

내가 그렇게 한 것은 내가 생각하고 있는 것을 누군가에게 발각되지 않을까 하는 두려움 때문이었다. 나는 이 노트에 인간의 육체는 기계라는 확신을 가지고 기록했다. 내가 만일 유물론자가 된다면 아마도 틀림없이 지적 만족을 맛보았을 것이라고 생각하는데 프랑스의 철학가이며 수학자인 데카르트(나는 그 무렵 수학에서의 데카르트는 좌표 고안자로밖에는 알지 못하고 있었다)의 그것과 같은 근거에서 부정할 수 없는 사실이다. 따라서 순수한 유물론은 불가능하다는 결론에 도달하고 있었다. 이것이 15세 때였다.

그로부터 약 2년 후 사후에 생명은 없다는 것을 확신하게 되었다. 그래도 아직 신을 믿고 있었다. '조물주' 존재론은 내게는 도저히 반박할 수 없는 것으로 여겨졌기 때문이다. 그러나 18세에 캠블리치에 가기 조금 전 밀의 자서전을 읽고 다음과 같은 의미의 한 문장이 있는 것을 발견했다. 즉 그의 부친이 그에게 '나를 만든 것은 누구인가'라는 의문에 대답할 수는 없는 것이다. 왜냐하면 그 의문은 다시 '신을 만든 것은 누구인가'라는 의문을 만들기 때문이다. 이런 식으로 그를 가르쳤다는 것이다. 그것이 나로 하여금 '조물주' 문제를 포기시키고 무신론자로 만든 것이다. 즉 종교적 문제를 포기시키고 무신론자로 만든 것이다. 종교적 문제가 오래 계속된 후 점차 신앙을 잃어갔기 때문에 그것이 내 인생을 어둡게 하고 있었다. 그러나 그 과정이 종결되었을 때 놀랍게도 나는 이 문제에 전면적으로 대항한 것을 대단히 즐겁게 생각하고 있었다.

이 시대에 나는 닥치는 대로 아무거나 읽었다. 그리고 단테나 마키아벨리를 읽어낼 수 있을 정도로 이탈리아 어를 공부했다. 콩트(프랑스의 철학자 및 사회학자. 1798~1857)도 읽었다. 그러나 그를 그렇게 높이 평가하지는 않았다.

밀의 《경제학》과 《논리학》을 읽고 정성들여서 그 발취를 더듬었다. 카알라일도 대단히 흥미 깊게 읽었다. 그러나 종교를 위한 그의 단순한 감상적인 이론은 전연 읽을 거리가 못 되었다. 왜냐하면 당시 나는 신학상의 제의는 과학상의 제의에 대해서 요구되는 것처럼 증명을 하지 못한다면 용인할 수 없는 것이라는 의견을 가지고 있었기 때문이다. 기본과 밀만의 《기독교사》와 삭제되지 않은 《걸리버 여행기》를 읽었다. 《걸리버 여행기》 중 인간의 모습을 한 짐승 야프의 이야기는 내게 깊은 감화를 주었다. 나는 그 견지에 서서 인간을 보게 되었다.

이러한 정신 생활의 전부가 내 가슴속 깊이 들어 있었다는 것을 알아두지 않으면 안 된다. 타인과의 교제 중에 어떠한 증후조차 나타내지 않았다. 남과의 교제에서는 수줍어 했으며 어린이 같았으며 겁이 많았고 예의 바르고 온화한 성격을 나타냈다. 밝고 활달하게 사교할 수 있는 사람을 언제나 부럽게 지켜보았던 것이다.

카타아몰이라는 한 청년이 있었다. 그는 별안간 운수가 트인 사람 같았다. 그가 상대를 즐겁게 해주면서 대단히 친한 듯이 한 젊은 여성과 걷고 있는 것을 보았다. 그래서 나는 나와 사귀게 되는 여성을 결코 즐겁게 해줄 수 있는 매너는 배울 것이 아니라고 생각했던 것이다. 베버는 그와 대화를 나누었고 그를 강렬하게 자극했다. 그것은 어떤 치료법보다도 훌륭했다. 그러나 역시 또 한 사람의 병자가 있다는 것이 영감의 도약을 방해하고 있었다. 이 병자는 관심을 갖기는 했으나 그와 함께 감격할 수가 없었던 것이다. 그래서 베버는 그의 존재에 중압감을 느끼게 되었다——언젠가 해방되지 않으면 치료법으로는 전연 효과를 잃고 만다.──능숙하게 해결을 하는 것이 쌍방을 위해서 꼭 필요했다. 젊은 이가 조그마한 눈치도 채서는 안 되었다. 드디어 병자의 마음을 어지럽히지 않고 이별을 하게 되었다. 그는 믿고 헤어져 얼마 동안은 생활력을 되찾아 가족에게로 돌아갔다. 그는 자신의 생활에 의미를 부여하려고 여러 가지 노력을 기울였지만 안타깝게도 의지력을 발휘하여 자기를 사로잡고 있었던 육체의 감옥을 때려부셨을 때 베버는 그의 양친에게 그의 운명을 다음과 같이 아름답게 전할 수 있었다.

"백부님! 우리들은──백부님도 아시는 바와 같이──그 생명이 그렇게 끝난 것에 대해 깊이 가슴 아파하고 있습니다. 아자크시오에서 오토가 조금이라도 오래 집을 비우면 우리들은 그를 다시 만날 수 없는 것이 아닐까 하고 걱정을 했습니다. 그러나 걱정을 했다 해도 그 자신을 위해서가 아니고 우리의 책임 때문이었습니다. 삶이라는 것을 모르는 우리의 일상 생활의 도덕은 훨씬 자유로웠고 위대했던 고대인의 느낌과는 반대로 이 세상의 삶을 보다 좋게 하고 가령 그것을 유지하는데 있어 아무런 정신적 의미가 없어진다 해도 인간은 절대로 그 삶을 버려서는 안 된다고 하지만 나는 그것을 언제나 일상 도덕의 잘못이라고 생각했었습니다. 그는 불치의 병에 걸려 육체에 속박을 받고 있었지만 그럼에도 불구하고 건강한 사람에게서는 거의 찾아볼 수 없을 정도로 거리낌없는 사고와 명석함과 깊이 감추어진 내면적인 삶의 자랑스러우며 뛰어난 고매함을 몸에 지닌 인간이었습니다. 그것을 알고 그렇게 단정할 수 있는 사람은 우리들처럼 아주 가까운 곳에서 그를 지켜보고 그를 좋아하는 동시에 병이라는 것이 어떠한 것인지를 알고 있는 인간 뿐입니다. 그의 운명이 진행되어감에 따라 그의 생활의 내용은 지극히 초라해졌으며 자신은──그 자신도 뚜렷하게 알고 있었던 것처럼──더욱더 위축되어갔고 모든 것을 저해하는 병의 감옥에 갇혀 있었지만 그러면서도 그처럼 독자적인 자유를 지니고 있었던 영혼은 내용이 가득했고 섬세했습니다. 그의 생전에 그와의 공동 생활을 중단하지 않을 수 없었던 것은 나의 가장 고통스러운 기억 중 하나입니다. 상대를 해야 하는 그의 능력이나 마리안네의 체력도 모두 바닥이 났다는 것을 아주 민감한 그가 눈치채게 해서는 안 된다는 것이 나의 늘어만가는 불안이었습니다. 그 무렵 우리들은 우리들과 함께 그도 미국으로 가든지 혹은 이곳에 남아서 공부를 하든지 양단간에 결정을 내리기 위해서 백부님과 의논했습니다. 어떤 방법을 택했건 아마도 얼마간은 그의 생명은 연장되었을지도 모릅니다……. 그러나 나는 대체로 이번과 같은 결과가 된 것을 그 자신이나 백부님을 위해서는 다행스런 일이었다고 생각하고 있습니다. 그 이유는 이렇습니다. 그가 아직 자신의 장래를 자유롭게 정할 수 있을 때 백부님보다 먼저 저 세상으로 간 것은 다행한 일이었습니다. 백부님이 먼저 돌아가시면 그때는 그는 갈피를 못 잡고 고독하게 암담한 운명 앞에 맞서서 남은 세상을 견뎌내야 하기 때문입니다. 인생은 참으로 견디기 어려운 무거운 짐입니다. 그러나 그렇다고 해서 어머니처럼 생기 발랄한 아들을 위해서 기도를 하되 유일한 행복으로써 죽음을 바랄 수밖에 없었던 옛날보다 견뎌내기 어려운 것은 아닙니다. 백부님의 아이들은 대부분 인생에서 가장 알찬 과제를 부여받고 있습니다. 다만 그 아이에 대해서만은 백부님 자신도 그 행복 이외의 것은 바랄 수 없었을 것입니다. 그는 자기에게 요구되고 있는 것을 해냈습니다. 즉 인생은 의지의 내면화와 정신적 순화 그리고 강한 의지로 삶을 견뎌야 한다는 것을 그에게 알려주자 그는 스스로 그러한 과제를 자신에게 부여하는 가능성을 빼앗았습니다. 그는 자결을 하였으며 그에게는 그것이 어울리는 것이 아니라고 생각한 생명을 버린다는 비겁한 도피는 아니었습니다. 우리들은 절대로 그를 잊어버리지 않을 것이며 백부님과 같이 그에 대한 추억을 존경하면서 사랑할 것입니다."

Ⅳ

그 부담이 해소되자 베버는 곧 로마를 떠나 다른 환경에서 지내며 최근 수주간의 괴로움을 잊고 싶다는 생각을 하게 되었다. 그래서 부부는 남부 이탈리아로 출발했다. 나폴리와 그 부근, 소렌토, 폼페이, 카브리, 페스토움. 소렌토에서 베버는 여러 날 바다를 내려다볼 수 있는 여러 가지 색의 타일을 깔아놓은 바위 위의 테라스에서 푸른 만과 이스키아 섬의 윤곽과 연기를 뿜고 있는 뵈스비오와 흰 작은 집이 점점이 보이는 산기슭을 바라보면서 보냈다.

반짝이는 장관에 넋을 잃고 있는 동안에 그의 마음의 평형은 다시 회복되었다.

"막스에게는 가능한 한 즐거움이 될 수 있는 아름다운 것을 많이 보는 것 이상으로 약이 되는 것이 없습니다. 나는 우리들이 2년 전부터 이러한 여행을 했다면 그가 좀더 일찍 건강하게 되었으리라고 여러 차례나 생각을 했습니다. 의사들은 이 점을 소홀히 하고 있어서 당시 아무도 그런 것을 권유하지 않았습니다."

병이 호전하게 되자 그는 폼페이와 페스토움에 열중했으며 봄의 초목이 파랗게 돋아나는 칸타니아를 횡단해서 사레르노로 가는 차 속에서는 고대 로마의 경작 구분이 유지되고 있는 것을 확인했다.

"……이렇게 해서 우리들은 이틀 동안 폼페이에 있었는데 막스는 현재 상태로는 생각할 수도 없는 일을 해냈습니다. 하루에 2시간 반을 시찰했으며 언제나 대단한 흥미를 느껴 몹시 기뻐하고 있었습니다."

그들은 나폴리에서는 줄곧 바다를 바로 바라다볼 수 있는 포시리포의 언덕에서 체류했다. 이 장려한 지대의 아름다운 선, 투명한 푸른 물──이것은 그의 자기망각의 샘이었다. 그리고 인상이 이국적이면 이국적일수록 고국에 대한 생각을 하는 일도 적어졌으며 그만큼 더욱더 좋아졌다.

"막스에게는 아직 이전과 같은 생각이나 고국에 대한 조그마한 향수조차도 보이지 않고 있습니다. 그것은 그가 아직도 많은 안식을 필요로 하고 있다는 것을 보여주는 하나의 예일 것입니다. 그러나 그의 체력은 나날의 인상을 즐길 수 있을 만큼 회복되고 있습니다."

그 후 그들은 수천 년에 걸쳐서 면면하게 내려오고 있는 시대의 유물을 보기 위해 로마로 돌아왔다. 모든 폐허는 왕성한 여름 햇살을 가득히 받고 있었고 둥근 지붕과 건물의 측면은 빛을 받아 변용하고 있었으며 밤에도 하늘은 별빛 저쪽에서 푸르름을 보여주고 있었다. 초여름의 더위도 좋았다. 그들은 '빌라 볼르게제'의 녹색 잔디 위에 누워서 젊은 성 직자들이 펄럭이는 승복을 벗고 사람들과 공놀이를 하고 있는 것을 보고 즐거워했다. 자연이나 기타 모든 것도 좋은 영향을 주었다. 다만 사람들이 자주 귀중한 밤의 휴식을 방해했다. "실제로 안식과 수면을 얻기 위한 고투는 때로는 세계관을 얻는 싸움보다도 곤란합니다. 일곱 시간의 안식을 얻을 수 있다면 얼마나 좋겠습니까?"

한여름에 부부는 고지의 공기를 마시기 위해서 스위스의 그린델발트로 피서를 떠났다. 처음에는 좋지 않았다. 남방에서 진압시켜놓은 악령들이 꿈틀거리기 시작했다. 불면, 홍분, 불안 등 사람을 괴롭히는 모든 악령들이 뛰어나왔다. 병자는 이 재발 때문에 몹시 우울해 했다. 아내를 2,3주일 혼자 놔둔 후에 돌아와보니 그는 1년 전과 같은 상태로 돌아와 있었다. 그렇다면 이제는 되돌린다는 것이 전연 불가능하다는 말인가? 아무리 하잘 것 없는 우연이라도 다시 원상태로 환원시킬 수가 없다는 말인가? 그러나 병문안을 온 그의 동생은 낙관적인 견해를 보였다.

"그런데 막스의 회복에 대한 알프레트의 느낌이 옳다고 할 수 있을까? 나는 실제로 옳다고 믿고 싶었지만 그는 오늘도 몹시 피곤하다는 말을 하고 있습니다. 우리들이 일하는 힘이 이렇다 저렇다고 말을 하면 자신은 그런 힘이 없다고 느끼고 있기 때문에 기분이 좋지 않다고 합니다. 게다가 여전히 쉽게 홍분해서 순간적으로 몹시 화를 내고 주관적이 되는 수가 있습니다. 그러나 내가 이쪽의 입장을 조용히 설명하면 곧 객관성을 되찾기는 합니다만은."

나중에는 이 불안정한 체질도 고지의 기후에 익숙해져서 베버는 쩨르마트의 눈덮인 거봉을 바라보면서 다시 회복을 믿을 수 있게 되었다. 이제는 그도 다소 독서를 할 수 있게 되었다. 부부는 가을에 세 번째로 로마로 다시 와서 겨울 동안을 그곳에서 보낼 생각을 했다. 어느 마음씨 좋은 이탈리아 인 가족이 그들에게 조용한 은둔처를 마련해주었다. 그들은 문자 그대로 조용히 지냈다. 헤레네는 아들 부부를 찾아왔다가 아들이 어쨌든 근본적으로 회복되고 있는 것을 확인했다. 그는 어머니에게도 다시 따뜻한 애정을 보였으며 이 감수성이 풍부한 여성 덕으로 모든 중대한 일을 비추어볼 수 있는 새로운 거울이 생기게 된 것을 기뻐했다. 모친은 이 수년 동안 언제나 들어앉아 있을 수밖에 없었다. 그러나 이번에 그녀에게 모든 것을 보여주고 설명해줄 수 있게 된 것이 그에게는 기쁨이었다. 헤레네는 행복했다. 그녀가 로마를 보는 것은 이번이 처음이었으며 이제——57세가 되어서——외관이 할머니처럼 되었음에도 불구하고 아직도 감각과 마음은 젊었다. 그녀는 실제로 가벼운 마음으로 과거의 것은 모두 던져버리고 커다란 신기한 것에 대해서 모든 마음을 기울일 수가 있었다. 모든 것이 그녀에게 말을 건네주었다. 고대 미술품의 뛰어난 완성도 초기 기독교의 성물(聖物)의 정취 가득한 경건함도 이교의 판테온도 카다콘브나 성 피에틀로 사원의 정원도. 포름에서는 그녀는 많은 대리석 조각을 '선물'로 가방을——혹은 적어도 '큰 아이'가 그것을 눈치채지 않게——조심스럽게 놓지 않으면 안 되었나. 그것은 금지되어 있었기 때문이고 베버는 규칙이나 법을 어기는 것을 좋아하지 않았기 때문이다. 로마에서의 이 수주간은 그녀가 자기 자식들과 함께 지낸 가장 즐거운 기간 중의 하나이며 자식들에게 있어서는 이 사심없는 애정에 가득 찬 어머니의 마음이 그들이 고향에서 가장 사랑한 것이기도 했다. 그녀가 귀국한 후에 마리안네는 다음과 같은 편지를 그녀에게 보냈다.

"막스는 진정으로 어머님에게 고맙다는 말을 전해달라고 하지만 어머님이 이전에는 자신이 '침입자'와 같은 생각이 들었고 이번에는 우리들이 어머님의 집에 계신 것과 같이 불편한 느낌을 갖고 있는 것 같다고 하신 말에는 언짢아하고 있습니다. 그것은 굉장히 슬프기 짝이 없는 일이라는 것입니다. 자신이 얼마나 어머니를 좋아하는지를 어머니에게 알리는 것이 이렇게까지 어렵다는 것 자체가 슬프며 더구나 어머님이 그렇게 생각하고 있었다는 것을 알게 되니 더욱더 슬프다고 말합니다. 그러나 어머님, 어머님이 최근 몇 번이나 지금 말하신 것과 같은 한심스러운 느낌을 가지셨다는 것을 나는 잘 알고 있지만 그것은 확실히 막스의 참담한 상태와 어머님이 우리들의 힘이 되어주실 수 없다는 마음 때문이었습니다. 그렇지 않으십니까? 그리고 막스의 과묵함은 모든 흥분에 대한 본능적인 방위에 지나지 않았던 것입니다."

헤레네가 도착한 후 얼마 지나지 않아 베버는 다시 착실하게 책을 읽기 시작했다. 예술사이다. 그는 예술가협회의 도서실에서 책을 한 권씩 대출해왔다. 여자들(마리안네와 헤레네)는 몰래 기쁨을 나누었다. 그들은 그의 행동을 모르는 것처럼 행동했다. 얼마간이 지나서 비로소 그녀들은 큰 마음을 먹고 회복기에 있는 그의 상태를 이야기해줄 수 있게 되었다. 그러나 베버는 "얼마나 갈라구……."라든가 "전문서만은 읽지 않는다."라고 말을 할 뿐이었다. 그러나 수용 능력은 약화되지 않았으며 더구나 그 일과 함께 3년 반이나 걸렸던 병이 이제는 정말로 회복되기 시작했다. 지금까지 그는 자기의 직무를 다시는 해낼 수 없다고 믿고 있었으나 이제는 기분이 좋은 날에는 어느 시기에 쾌유될 것이라는 생각을 하게도 되었다. 어찌 되었거나 경솔한 행동을 하지 않기 위해서 그는 여름에 강의와 학위 시험을 내려는 생각까지 했다. 여성들의 마음에는 희망이 부풀어올랐다.

"……오늘까지 막스의 상태는 굉장히 양호합니다. 그는 대단히 많은 책을 읽었습니다. 두터운 책이 차례차례 나타났으며 이제는 여러 가지 종류의 역사적인 것이 모여졌습니다. 그리고 언제나 놀라울 정도로 빨리 읽고 있습니다. 내가 외출하도록 권하지 않으면 그는 완전히 독서에만 매달려 있을 것 같습니다. 그는 갈증을 느끼고 있는 사람처럼 독서를 즐기고 있어서 요즈음의 나는 감사의 마음으로해서 가슴이 메어지는 듯합니다. 물론 아직은 마음이 위축된다든가 인생에 대한 불안에 두려움을 느끼는 수가 간혹 있습니다만은. 매일 밤 심장은 두려움과 희망 사이에서 고동치고 있습니다. 때로는 희망이 생생하게 활개를 쳐도 내일 당장 회복되는 것은 아니라고 애써 자신에게 타일러야할 정도입니다. 나의 마음도 언제나 같은 압박이 없이 살아간다는 것을 지금 비로소 배우고 있습니다. 그러나 막스가 점점 일을 할 수 있는 능력을 회복하게 된다면 나는 매일 '나는 세상에서 가장 행복한 인간'이라고 노래하고 싶다고 생각하고 있습니다. 지금까지의 괴로움을 돌이켜보면 감사하는 마음 이외에는 아무것도 느끼지 못할 것입니다."

회복은 계속 진전되었다. 이야기하는 자신감도 다시 생겨나게 되어서 때로는 다른 사람들과 정신적인 교류도 할 수 있게 되었다. 그는 사학연구소에서 청년 때부터 친구인 쉘하스 교수를 만났으며 젊은 역사가와 토론도 했다.

"막스는 원기에 가득 차 있어서 나는 표현하지는 않지만 감사의 마음이 가득 차 있습니다. 어제 그는 거의 세 시간 동안이나 하라 박사와 이야기를 했습니다. 3시 반에 사학연구소에 갔다가 7시 반에 겨우 돌아왔습니다. 지금 그는 콘라드의 연감을 읽고 있으며 그 다음에는 진멜의 《화폐의 철학》을 읽을 것입니다. 적당한 기회가 생기게 되면 염치없지만 다시 한 번 특별 휴가를 얻는다는 것이 효과적일 것이라는 말을 그에게 할 생각입니다. 그에게 무슨 말을 하게 되어도 효과가 생긴다고는 기대하지 않고 있습니다. 하지만 상관없는 일입니다. 서서히 회복되고 있는 동안 이 휴가라는 것에 대한 그의 생각이 어떻게 변하고 있는지 알 수 없으니까 말입니다. 막스가 조만간 시간강사로 격하되면 세력을 잃게 되어서 괴로운 생각을 하게 될 것이라는 당신이나 쉘하스의 걱정에 나는 공감하지 않습니다. 그는 중요 직책에서 벗어났다는 모든 사실을 인정하고 있으며 모든 것을 체념하고 있다고 나는 믿고 있습니다. 그의 천성은 그러한 경우 대단히 유리하게 작용합니다. 그는 전공을 같이 하고 있는 사람들에 대해서 그 사람들의 특색을 관대하게 보아야 한다는 성향을 지니고 있습니다. 동료간의 문제에 대해서 그는 믿기 어려울 정도로 객관적입니다. 이 점에 관해서 자신을 내세우려 하는 욕구가 얼마만큼 적은지에 대해 나는 언제나 그에게 탐복하고 있습니다."

회복의 증세가 나타났다. 다만 시간을 버는 일만 남아 있는 것처럼 보였다. 왜냐하면——아내는 이렇게 남몰래 생각하고 있었다——그는 교단과 제자들에게로 돌아가야 하니까. 살아 있는 듯한 말과 그의 인격의 직접적인 표현에 의해서 청년들을 교육하며 지도하는 이 재능이 사용되지 못한다면 그것은 너무나도 어리석은 일이다! 그녀는 모든 것이 잘 되어갈 것이라고 믿었다. 새해에 들어서서도 회복의 증세가 계속되었기 때문이다. 회복은 물론 쉬운 일은 아니었다. 쾌유의 도상에서도 빈번하게 중단이 일어나기도 했었다. 아내는 그가 시기를 놓치지 않고 목표에 도달할 수 있는지에 대해서 언제나 마음속으로 긴장하면서 바라보고 있었다.

"3일 전에 대단히 총명한 H박사(하라)가 그를 찾아왔습니다. 그래서 막스는 2시간 동안이나 어려운 문제에 대해서 이야기를 했습니다. 그 모습은 마치 샘 솟는 듯한 상태로 이전과 같이 생기 발랄하고 정열적이었습니다. 물론 그날 밤 다시 흥분해서 트리오날을 먹었습니다만은."

"……근래의 그는 전보다 빈번하게 쉘하스나 하라와 이야기하려고 사학연구소에 갑니다. 말하자면 삶에 대한 욕구가 높아지고 있는 것입니다. 그는 누군가가 무언가를 하지 않으면 안 된다는 것을 보게 되면 여전히 동정합니다. 그러나 아직은 철저하게 손을 봐주지 않으면 안 되는 학생의 연구를 보아도 현재의 상태로는 자신에게 무력감을 주고 도가 지나치게 괴로움을 받게 된다는 것을 알고 있는 것 같습니다. 그는 지금 그것을 모조리 읽는다는 것이 보통때라면 거의 불가능할 정도의 많은 책과 함께 생활하고 있습니다. 왜냐하면 막스는 믿을 수 없을 정도로 잡다한 것을 읽고 있기 때문입니다. 수도원의 역사, 제도, 재정에 관한 여러 가지 것, 그리고 아리스토파네스, 루소의 《에밀》, 볼테르, 몽테스키외, 테느의 전집과 영국 작가들 모두입니다."

겨울 동안 로마에서 보낸 칩거 생활 중에서 가장 즐거웠던 일은 독일의 현재 생활과 따뜻함과 신선한 기분을 가져온 프리드리히 나우만의 방문이었다.

"생각지도 않았던 다시 없는 기쁨을 갖게 되어서 우리는 얼마나 반가웠는지 이루 다 말로 표현할 수가 없습니다. 그저께 건강한 모습으로──나는 기쁘고 놀란 나머지 그를 포옹할 정도였습니다──나우만이 우리들의 조용한 은둔처에 모습을 나타냈습니다! 그는 팔레르모에서 왔으며 이곳에서는 불과 며칠밖에는 머무르지 않았지만 우리들은 충분히 그와의 만남을 즐길 수 있었습니다. 그저께 오후에는 그와 함께 핀티오의 언덕에 올랐었으며 어저께 오전에는 3시간 정도 유람을 했습니다. 막스는 마치 폭포와 같은 기세로 많은 이야기를 했기 때문에 오후에는

지쳐서 나 혼자서 나우만과 함께 비아 압피아로 갔습니다. 우리들은 그
에게 모든 것을 보여주었지만 나우만은 과거라는 것에 대해서 우리들보
다 훨씬 적은 호의를 지니고 있다는 인상을 받았습니다. 그는 지금 너무
도 근대적인, 너무도 사회적인, 너무 경제적인 생각밖에는 하고 있지 않
습니다. 아마도 그에게도 내외적으로 집중이 결여되어 있는 것 같습니
다. 막스와 같은 역사적인 상상력이 그에게는 없습니다. 과거 석조 기념
물은 그에게는 파괴된 달팽이의 겉껍데기에 지나지 않으며 그는 그것보
다도 매혹적이고 직접적인 풍경이나 살아 있는 민중 생활의 인상 쪽을
필요로 하고 있습니다. 그가 로마에 오래 체류한다 해도 막스의 경우와
는 달리 효과가 없었을 것입니다. 그런 이유로 해서 우리들은 역사적인
배경 위에서 현재를 즐겼으며 그의 인격을 즐겼습니다. 정말 다시 없이
사랑스러운 인간이었습니다! 그의 편안함과 객관성은 호감이 가는 것이
며 그기 천성적으로 지니고 있는 사교성, 진정에서 우러나오는 동정심,
게다가 매력적인 유머 등은 사람으로 하여금 존경심을 우러나게 합니
다. 생각해보십시오. 그는 부인에게 약속한 전보를 일요일에 늦지 않게
치기 위해서 밤에 제노아에 가는 것이었습니다.”

  그러나 이렇게 멋지고 흥분된 나날이 지난 후 악의의 손은 고투하고
있는 인간을 다시금 병에 시달리게 했다.

  “우리는 지난 주에 다시금 참담한 상태로 되돌아가지 않을 수 없었습
니다. 막스는 계속해서 며칠 밤이나 괴로워했으며 그 때문에 완전히 지
쳐버렸기 때문에 나는 밖으로 나타내지는 않았지만 마음을 안정시킬 수
가 없었습니다. 그것은 확실히 나우만의 방문 때문이었습니다. 이번 주
에는 다시 좋아졌습니다. 아마도 우리들은 이러한 변조를 아직도 몇 번
이고 경험하지 않으면 안 되겠지만 경험한다 해서 그것에 면역이 된다
고는 장담할 수가 없습니다.”

V

  1902년의 부활제 때 베버는 로마와 작별을 하고 고국에 좀더 가까운

곳으로 옮겨왔다. 고국을 떠나 있었던 2년 가까운 세월과 4년간의 투병 후에 이제는 다시 하이델베르크에서의 생활을 시작하기로 했기 때문이다. 베버는 아직 완치되지는 않았다. 그는 강의를 해낼 힘이 자기에게는 없는 것처럼 느꼈다. 그러나 현저하게 몸이 가벼워졌으며 자신의 현상에 불평을 하지 않고 정신 생활을 되찾고 있었다. 특히 그는 영원의 수도(로마)의 태양과 장려함 덕으로 역사에 침투된 시간을 즐길 수가 있었으며 거의 1년에 걸친 이와 같은 시간이 그의 삭막한 삶의 현재를 보람이 있는 것으로 만들어주고 있었던 것이다. 그는 제이의 고향이라도 되는 것처럼 남쪽 나라와 아쉽게 작별을 했는데 알프스 저쪽에서 긴 겨울 동안 괴로움을 당하게 되자 제이의 고향에 대한 잊을 수 없는 사모의 정이 자주 그를 사로잡았다. 우선 얼마 동안 그는 피렌체에서 지내면서 그곳에서 다시 한 번 퇴직원을 냈다.

"막스는 이번에야말로 정교수를 면직당하고 명예교수 속에 끼기를 바라서 그렇게 청원을 냈습니다. 그렇게 되면 당국으로서는 은급을 주어야 할 의무가 없어지게 됩니다. 확실히 그렇게 하는 것이 옳을 것입니다. 나 자신도 그가 다시 한 번 휴가원을 내서 그 때문에 떳떳하지 못한 생각을 갖게 하는 것을 바랄 수 없었습니다. 그러나 나는 반드시 옳은 행위가 상쾌한 뒷맛을 남긴다고는 생각하지 않습니다. 사표를 구술필기하고 있는 동안 나는 또다시 격정에 휩싸여 눈물이 나왔는데 이 눈물을 보고 막스는 적지 않게 화를 냈습니다. 물론 나는 창피함을 느꼈지만 사실 그렇게 심하게 창피하다는 생각을 할 수는 없었습니다. 이 문제에 대해서는 나는 전연 대범할 수가 없습니다."

확실히 베버는 지옥의 밑바닥에서 겨우 벗어나고 있었다. 그는 그때 막내 아들의 약혼 때문에 대단히 흥분하고 있었던 어머니에게 생일 축하의 긴 편지를 썼는데 모친에게나 그 자신에게도 그것만으로서도 커다란 성과가 있는 것처럼 보였다.

"모든 것이 잘 되어가고 있습니다. 물론 다소 괴로움을 느꼈지만 어머니에게 보내는 8페이지의 편지까지도 쓸 수 있습니다!"

그 편지는 다음과 같은 것이었다.

"어머니의 생일에 내가 편지를 쓰지 않은지도 벌써 2년이 되었다고 생각합니다. 그리고 이번에도 내 등이 내가 글을 많이 쓰는 것을 그냥 놔두지는 않겠지요. 그러나 이곳에서는 봄이 한창인 오늘이라는 날이 2년 동안의 푸르름이 싹트는 무렵과는 전연 다르기 때문에 어쨌든 축하의 말을 또다시 할 수가 있는 것입니다. 아마 지금까지 사람을 놀라게 했던 에피소드는 졸업한 것 같습니다. 그리고 어머니도 나이를 더해가심에 따라 최초에 기대했던 것보다도 안심하고 장래를 바라보실 수 있을 것입니다. 발전 단계를 달리 하고 있는 두 사람이 함께 된다는 것에 필연적으로 수반되는 여러 가지 내적인 곤란이 아직도 강렬하게 눈앞에 가로막혀 있다는 것은 당연한 일입니다. 그리고 알튜아는 이제 단숨에 몇 년분의 성장을 이루지 않으면 안 되는 단계에 와 있는 인간이기 때문에 우선 어머니는 이제부터 얼마 동안은 사태를 관망하시지 않으면 안 되는 만큼 그것은 심리적으로 괴로운 일이라 생각됩니다. 어머니에게 부여되는 것은 여러 가지 있습니다만 그 중에서 아이들의 독립에 대한 욕구가 눈을 뜨며 양친 그리고 특히 모친들에게 반발한다는 것이 모친들에게 주어진 가혹한 운명인 것입니다. 사실 우리들은 모두 그랬었습니다. 그리고 나의 상상이지만 이번에는 알튜아도 똑같이 될 것이며 아마도 그와 같은 영향하에 있어서는 어머니의 새 며느리도 아직 마음을 열 수 없을 것입니다. 어머니가 그녀의 성질에 대해 써보내신 것을 보면 끝내는 그녀도 그러한 욕구를 느끼게 되겠지만……

학사일정의 지도를 제외한다면 나는 모든 자리에서 물러난 셈입니다. 겨울이 되어 내가 좀더 큰 강의를 할 수 있다고 예상을 할 수 없는 한 학교측도 그 이상은 오래 기다릴 수 없을 것입니다. 그것은 아무래도 불가능합니다. 큰소리로 이야기한다는 것은 나에게는 불가능한 일이니까 말입니다. 그렇다고 해서 명예교수로 대우해줄 것인지 어떤지는 사실 부차적인 것에 지나지 않습니다.

나는 아마도 3주일 안으로 보로니야에 갔다가 그곳에서 다시 미리노와 르가노에 가게 될 것입니다. 시에나는 단념하겠습니다. 그곳은 비용이 많이 드는 곳이므로 마리안네를 위해서 조그마한 미술품을 사기 위해서는 절약해야만 하기 때문입니다. 언제 다시 이곳에 올 수 있는지 확실히 알 수가 없습니다. 피렌체에 와보니 로마가 참으로 살기 나쁜 곳이라는 것을 알았습니다. 그러나 그럼에도 불구하고(!) 로마에서는 일생을 살 수 있지만 여기에서는 그것이 곤란합니다. 역사적 상상력이 중요한 곳이기 때문에 그것을 지니지 못한 사람은 로마에 갈 곳이 못 됩니다. 어머니의 경우도 말할 것도 없이 게르뷔느수와 옛 하이델베르크의 공기의 덕이었습니다. 그러나 벌써 등이——이 등은 벌써 훨씬 이전부터 예가 없었을 정도로 잘 견뎌오기는 했지만——말을 듣지 않습니다. 그러면 새로이 나이를 더하시어 생활에 더욱더 아름다움과 윤택함이 더하시기를 바랍니다. 안녕히."(피렌체, 1902년 4월 14일)

베버는 자기의 서른여덟번째 생일에——날개가 부러진 독수리와 같은 모습으로——귀국했다. 동료와 친구들은 그가 대단히 좋아진 것으로 보았으며 얼마 지나지 않으면 완전히 옛날 모습이 될 것이라고 생각했다. 고국의 공기는 그를 따뜻하게 감쌌다.

"하이니 폰 슈타이어가 귀국했습니다! 그는 일요일 밤 프라이브르크에서 찾아왔습니다. 프라이브르크에서 그는 바움갈텐과 리카트와 바이스트를 만났다고 합니다. 그런데 우리는 마차를 얻어탈 수가 없어서 억수로 퍼붓는 비를 맞고 걸어서 집으로 돌아왔습니다. 마침 모든 준비가 갖추어져 있었으며 화환도 장식되었고 불도 켜져 있었습니다. 그리고 그가 자기가 살게 될 곳이 쾌적하며 깨끗한 것을 보고 몹시 좋아하고 있는 것을 나도 알 수 있었습니다. 집이 대단히 깨끗하다고 말하면서 자기 물건을 만져보기도 하고 기분좋은 듯이 책상 앞에 앉아서 일을 시작했습니다. 친구들이 그가 건강한 것을 보고 기뻐하고 있습니다."

그 후 아내는 이렇게 썼다.

"지금 막 디히트리히 쉐파가 와서는 당국은 사표를 철회하도록 막스에게 권고할 생각이라고 내게 말했습니다! 어떠한 일이 있어도 그를 머무르게 하겠다는 것입니다."

이렇게 해서 체념과 희망 사이의 갈등이 시작되었다. 베버는 대단히 생활이 궁핍하여서 내키지는 않았지만 감사의 마음으로 다시 유예를 승낙했다. 그는 강의를 했으며 학위시험에도 참가하지 않으면 안 되었다. 그는 완전히 들어앉아서 나날을 보냈지만 옛 친구들 특히 트레르티, 헨젤, 이에리네크, 노이만이 찾아와서 아내는 활발한 대화가 오래 계속하지 않도록 언제나 주의하지 않으면 안 되었다. 그는 여름에는 토요일 오후에 시티프쓰뮤레에서 겨울에는 쉠펠하우스에서 끊임없이 인원 수가 늘어가는 서클에 회합하여 부지중에 그 중심이 되었다. 이후 여러 해 동안 이 자택 이외에서의 회합은 그가 참가하는 사교의 유일한 형식이었다. 그가 원한다면 상태가 좋은 날에만 안정되었던 건강상태를 모든 날에도 가능할 수 있도록 유지해 나갈 수 있을 것이다. 그것에 반대해서 기한이 정해져 있는 의무나 압박은 재발의 위험을 가져올지도 모른다. 병의 재발까지는 시끄러웠던 두뇌의 요구에 유유히 따라온 이 고집주의자가 이제는 강제라는 것에 견뎌내려고 하지 않는 것처럼.

*

이 해 7월에 아름답고 총명하게 성장한 베버의 막내 누이 리리가 결혼하게 되었다. 그녀는 건축가 헬만 쉐파의 약혼녀였다. 그는 천재적인 고딕 건축가 칼 쉐파의 아들로 부친은 당시 하이델베르크 성의 오토 하인리히관(오토 하인리히는 16세기의 파팔르쓰 선제후며 그가 지도한 르네상스 양식의 건축은 역사상 유명하다)뿐만 아니라 가능한 한 성 전체를 다시 세워보려는 계획을 세워서 인심을 동요시키고 있었다. 헤레네는 자기의 '큰 아이'가 축연에 참석해줄 것을 염원하고 있었다. 그가 예의 다정스러운 축하말을 해서 그녀가 마음과 마음의 결부를 바라고 있는 마음속에 다시 한 번 더 베버 가의 정신을 새겨주기를 남몰래 희망하고 있었던 것이다. 그러나 평소라면 베버는 힘들지 않게 해주었을 텐테 이번에는 그것이 견디기 어려운 요구처럼 생각되었다.

"어제 나는 30분 동안이라도 축하연에 참석하지 않겠느냐고 조심스럽게 그의 의향을 물었더니 그는 몹시 화를 내면서 '어떤 일이 있어도 싫소!'라고 말을 했습니다. 그는 다른 사람에게 축배를 바치지 않으면 안 된다는 생각을 하기만 해도 사흘 밤은 잠을 자지 못할 것이라고 말하면서 어째서 우리들이 그러한 것을 희망하는지 알 수 없다는 것입니다. 그러나 교회만은 나갈 것이며 아마도 결혼식 전날 밤의 축하연에 30분 정도는 참석하겠지만 그 이상은 아무것도 할 수 없다는 것입니다."

많은 참석자의 동정하는 듯한 호기심의 대상이 되는 것보다 집에 머물러 있고 싶었던 것이다. 그러나 어머니는 그에게 참석의 의사가 있는지 확인하지 않고는 못 견딜 것 같았다. 헤레네에게 있어서는 그것 또한 생의 하나의 단락이었다. 또한 그 마음을 모친에게 완전히 터놓기도 전에 남의 집으로 시집을 가는 어린 막내딸과의 이별, 더구나 이번에는 좀 더 작은 집으로 옮기기로 되어서 지금까지의 아름답고 커다란 집과의 헤어짐. 베버는 벨린에서는 대단히 상태가 좋지 않아서 모든 일에서 멀리 떨어져 있지 않으면 안 되었고 그 때문에 다시 병자처럼 느꼈을 정도였다 —— 완전히 우울한 나날이었으며 그 영향은 그 후까지 남게 되었다. —— 그래서 수개월 후에 아내는 다음과 같이 기록했다.

"막스의 상태는 특히 나쁘지도 않고 좋지도 않은 상태이며 매일 대략 4시간 정도 일을 하고 있습니다. 그것은 일을 할 수 있는 능력이 돌아왔다는 작은 조짐이지만 하인리히 브라운의 권고로 단시일 안에 한 권의 책(로트마알의 《노동 계약》) 서평을 썼습니다. 이 책은 법률적인 성격의 것이어서 그와는 대단히 거리가 먼 것이었지만 그는 호의 때문에 비평을 맡은 것입니다. 그러나 설사 내키지 않은 것을 했다하더라도 지난 4년 6개월 이래 처음으로 한 일에 마음속으로는 틀림없이 좋아하고 있을 것입니다. 또한 그는 커다란 노트에 여러 가지를 기록하고 있습니다. 그것이 무엇인지 말을 하려고 하지는 않지만 아마도 크니스에 대한 방법론적인 논문일 것입니다. 그것은 어떤 기념문집 때문에 불문곡직하고 약속하지 않으면 안 되었던 것입니다."(1902년 10월 20일)

VI

새로운 창조의 국면이 시작되었다. 이 국면은 이전의 그것과는 완전히 성격을 달리하는 것이었다. 그 최초의 중요한 논술은 〈로샤아 가 및 크니스와 역사적 국민경제학의 논리적인 제문제〉에 대한 논문이었다. 그것을 쓰게 된 동기는 어느 정도까지 외적인 것이었다. 즉 하이델베르크 대학 철학부는 대학 기념제를 계기로 해서 기념 논문집의 출판을 계속했으며 베버에게 기고를 부탁했다. 아마도 보통의 경우였다면 그는 되살아나기는 했지만 아직 일하는 능력에 불안감을 느끼고 있느니만큼 이 곤란한 최초의 영역에는 들어가지 않았을 것이다. 물론 그는 이러한 문제 그 자체를 훨씬 이전부터 생각하고 있었다. 그 무렵 하인리히 리카트의 자연과학적인 개념 형성의 한계에 대한 저서 두 권이 간행되고 있었는데 그의 마음을 사로잡고 있었는지도 모른다. 그가 반 년 전에 피렌체에서 그것을 읽었을 때 그것에 대해서 아내에게 이렇게 썼다.

"리카트를 읽었다. 그것은 대단히 좋은 책이다. 논리적으로 정선된 형식은 아니지만 어쨌든 나름대로 생각해왔던 것을 상당히 많이 찾아볼 수 있다. 용어에 대해서 의문이 있기는 했지만."

그러나 얼마나 불행한 일이냐! 그의 전공과 역사에 있어서의 사고 형식의 곤란한 검토는 그가 손을 대고 있는 사이에 방대한 것이 되었으나 그래도 일정 기간까지 완성하지 않으면 안 되었다. 그 때문에 그것은 그에게는 견디기 어려운 고통이 되었다. 그는 일하는 능력이 아직 불안정했기 때문에 상태가 좋은 날에 한해서만 논리적인 문제로 해서 생기는 심한 긴장을 견뎌낼 수 있었다.

"우리들의 앞날에는 다시 먹구름이 끼었습니다. 막스는 지난 2주일 동안 완전히 지쳐 있었지만 잠도 잘 못 자고 머릿속에는 완전히 생각이 정리되어 있었는데 일을 중단하지 않을 수 없었습니다. 자신에게 일할 수 있는 능력이 지속되는 것은 현재 상태로서는 4일밖에 안 된다, 그 후 실제로 4주일 정도 일에서 떠나 완전한 무위와 장소 전환을 하고 다음의 4주간을 위해서 새로운 힘을 축적하지 않으면 안 된다고 말하고 있습니다. 그러나 언제나 그렇지만 이것은 절망적인 것이며 누가 뭐래도 어느 정도 평균된 작업 능력을 자부할 수 있게 되든가 혹은 무슨 수를 써서라도 하나님에게서 얻어올 수밖에 없다고 생각하고 있습니다.

그러나 어느 때라도 필요한 것은 인내입니다."

또다시 모든 것이 하루에 몇 시간을 일할 수 있느냐 하는 문제로 귀착하게 되었다. 그는 굉장히 과욕(寡慾)해서 일을 할 수만 있으면 흐린 날이라도 상관하지 않았다. 이탈리아 어로 된 한 짧은 엽서에 그는 이렇게 썼다.

"비는 내게는 참으로 이롭다. 숙면하거나 오래 잔 것도 아니지만 그런대로 잠을 자서 많이는 아니지만 어느 정도 일을 할 수가 있다. 그래서 상태가 좋다."

그러나 3일 후에는 다시 이렇게 말했다.

"화가 치미는 시험 덕분에 또 하루 밤을 자지 못했다. 그런데 또 이외에 크리스마스에는 세 번의 시험이 있다. 대체 언제가 되어야 일을 할 수 있단 말인가! 오늘은 날씨가 좋으며 리비에라에서처럼 따뜻하다. 외출할 수 없다는 것이 분하다. 어저께 쉠펠하우스에는 트레르티, 란쓰베르크, 히스 그리고 아름다운 부인을 동반한 포오슬라 교수가 왔다. 그러나 대화는 내게는 나빴다."

베버는 약속을 지킬 수가 없었다. 그것이 그의 생활 감정상에 부담스러운 짐이 되었다. 게다가 암울한 겨울 날씨가 계속되었다. 또다시 상태가 나빠지고 있었다. 모든 것이 다시 괴로움이 되었다. 그의 마음은 아무런 강제성도 없고 자기 자신을 다른 어떤 사람과 비교하든가 또 이전의 자신의 힘과 비교하지 않고 우중충한 날씨까지도 햇살과 따뜻한 기운이 감돌아 한결 견디기 좋은 남쪽 나라로 향하고 있었다.

"막스의 상태는 하루 하루가 달라 기분이나 평소의 감정도 지난 얼마 동안은 그렇지 않았는데 요즘은 몹시 나빠졌습니다. 오전 중에는 언제나 한 시간이나 두 시간 정도 일을 하지만 전연 일에서 기쁨을 느끼지 않으며 그 후에는 소파에 누워서 멍하니 시간을 보내고 있습니다. 5주일 전 이 주기가 시작했을 때 일찍 여행을 떠날 수 없었기 때문에 이러한 상태에 빠지게 된 것이라고 매일 후회하고 있습니다. 나는 그가 벌써부터 출발하게 되는 날을 몹시 기다리고 있어서 그때까지 병이 보다 나쁜 상태로까지 악화하지 않기를 절실하게 바라고 있을 뿐입니다. 한번은 그가 그를 제일 괴롭히고 있는 것이 무엇이냐에 대해서 이야기한 일이 있었는데 그것은 여전히 전과 같은 것이었습니다. 남에게서 돈을 받아야 한다는 것과 가까운 장래에 또다시 아무 일도 할 수 없게 된다는 '면목이 없는 입장'에 대한 심리적 압박과 아울러 어머님이나 나나 다른 사람에게는 직업인만을 완전한 인간으로 보고 있다고 생각하는 일입니다. 뿐만 아니라 지난 수년 동안의 불쾌한 기억이 있습니다. 우리들 모두뿐만 아니라 의사까지도 그가 자신의 의지로 병을 극복해야 한다고 언제나 생각하고 있었는데 그것이 그의 명예심을 심하게 자극하는 불쾌하기 짝이 없는 일이었다는 것입니다. 그러니 이 이외에 더 무슨 이야기가 필요하겠습니까? 실제로 아무것도 없습니다. 사랑하는 어머님……쉠펠하우스에서 나는 아는 사람을 만났지만 막스가 없을 때는 별로 즐겁지가 않습니다. 왜냐하면 나의 눈에는 그들의 생활과 막스가 요즘 다시 시작한 아니 5년 가까이 계속되고 있는 생활과의 무서울 정도의 차이가 이렇게 되면 배 이상으로 비치게 되기 때문입니다. 그리고 또 사람들의 동정에 넘친 질문. 나는 이제는 그런 질문을 하지 말아달라고 그들에게 부탁했습니다."

희망에 차서 시작한 지난 1년은 이렇게 검은 구름의 한복판으로 빠져들고 말았다. 베버는 남쪽으로 도피했다. 그는 네르비의 요동치는 바다를 내려다볼 수 있는 바위 위에서 흐린 날에도 상쾌한 바람을 쏘이면서 나날을 보냈으며 견디기 어려운 고통을 달랬다.

"몸의 상태는 이럭저럭 견딜만 합니다. 물론 일을 할 수 있는 능력은 하이델베르크에 있었을 때에 비하면 나아졌지만 주목할만한 것은 못 됩니다. 게다가 오는 것이 늦어졌습니다. 그러나 이곳의 탁 트인 대기 속에다 몸을 맡기고 있으면 이것이야말로 수주일 전에는 없었던 일이라 생각됩니다. 지난 얼마 동안 나는 전연 아무 일도 하지 않았습니다. 적어도 부아가 치미는 이 일의 남은 부분을 위한 자료 정리만이라도 하고 집으로 돌아가고 싶다고 생각하고 있습니다."(네르비, 1903년 1월 3일)

닥쳐오는 피할 수 없는 퇴직 문제를 놓고 때로 그는 어려운 교섭을 했는데 그것이 어떤 결말이 내려질지는 자신도 가늠할 수가 없었다.

"이번 겨울에 일을 하지 않고 조용히 강의 준비를 하고 있었다면 물론 이 여름을 충분히 견뎌낼 수 있었을 테지만."

3월초에 다시 그는 로마로 도피했는데 이번에 그곳은 병을 고쳐주고 기분을 돋궈주는 작용을 거부하고 있는 것처럼 보였다. 베버는 이제 로마의 모든 것을 알고 있어서 강력하게 그의 마음을 끌어당기는 새로운 것을 무엇 하나 찾아낼 수가 없었으며 그래서 인상 깊은 일도 없어지고 있었다. 이렇게 그는 하나의 희망을 잃고 말았다. 전연 다른 세계에, 가령 콘스탄티노플에라도 갈 수 있다면! 그러나 그럴 만한 재력이 없었다. 사실은 애정이 담긴 조언만으로는 만족할 수가 없었던 헤레네가 조언을 했다. 로마에서는 3월이 되어도 아직 회복되지 못했으니까 아프리카의 비스라 오아시스에 가면 어떠냐고. 또 그곳이라면 일광의 혜택을 틀림없이 받을 것이 아니냐고! 그러나 베버는 일을 할 수 없다면 정신적 압박은 약해지겠지만 피할 수는 없다는 것을 뚜렷하게 느끼고 있었다. 어쨌든 한 가지 일만은 확실했다. '교수 직무를 감당하는 것'은 이제 그만두지 않으면 안 된다는 것이다. 아내도 그것을 가슴속 깊이 명심하고 있었다.

"그래서 우리는 이제 운명이 바라고 있는 곳까지 오게 되었습니다. 이런 결말은 얼마 동안의 시간이 지나면 우리 두 사람에게 편안함을 가져다주고 막스에게는 지금까지보다 균형이 잡힌 힘을 가져다줄 것이라고 나는 희망하며 믿고 있습니다. 당분간 내게는 매우 간절한 일이겠지만 지금 새로운 미래를 믿을 수가 없습니다."

물론 아내는 남몰래 이와 같은 결말을 짓는 것이 과연 필요했는지 어땠는지에 대해서 때로 의혹을 느낄 때가 있었다.

"막스는 사학대회에서는 몇 가지 강연만을 들었을 뿐 토론에는 참가하지 않았습니다. 같은 날 많은 외국인이 그를 방문해서는 지극히 유익한 대화를 가졌는데 그때 그의 훌륭한 말솜씨에 나는 계속 놀라고만 있었습니다. 그가 이야기하고 있는 것을 듣고 있으면 이 사람이 간단한 강의도 전연 할 수 없다는 것이 믿어지지 않게 됩니다. 이미 우리가 이곳

에 온 첫날 아침에 카알스루에 출신의 성 참사관 베엠이 와서 그에게
조급하게 생각하지 말라고 다시 없이 친절한 말로 권고해주었습니다.
그러나 막스는 고집을 부렸고 결국 10월에 퇴직을 하여 '명예교수'가
되었으며 간단한 강의를 위촉받는 것으로 이야기의 결론이 났습니다.
막스는 직함, 나아가서는 강의 위촉도 자신에게 있어서는 학부 교수회
에서의 의석과 발언권이 결부되어 있을 경우에만 의미가 있으며 이 제
안은 학부에서만 낼 수 있는 것이지 정부에서 내서는 안 된다고 주장했
습니다. 그래서 베엠은 학부 교수단에 대한 그의 제안에다 교수회는 막
스에게 의석과 발언권을 주어도 괜찮을 것이라는 문구를 삽입했습니다.
그러나 서류를 발행하는 학부장은 이 문장을――고의적인지 어떤지는
모르지만――이해하지 못했습니다. 이렇게 되어서 막스가 희망한 문제
의 해결은 뚜렷한 형태로 무시당하고 말았습니다. 그는 그것에 대해서
굉장히 화를 냈으며 이렇게 되어서는 직함이나 강의 위촉도 거절하려고
했습니다."

　실제로 거절은 하지 않았지만 베버에게는 오랫동안 좋지 않은 뒷맛이
남게 되었다. 왜냐하면 그는 그것으로 해서 자신이 희망하고 있었던 것
보다도 자신의 과거나 교수단에서 결정적으로 멀어지게 되었다고 느꼈
기 때문이다.

　"우리들은 외면적으로는 침착하고 쾌활하게 보였습니다. 그러나 막스
의 마음속이 어떻다는 것을 나는 확실히 알 수 없지만 그것에 대해 그
에게 묻고 싶지가 않습니다. 이제 우리들은 가능한 한 우리들의 문제에
대해서 이야기하지 않으려 하고 있습니다. 지금까지의 5년간의 괴로움
에 비한다면 그에게는 외적인 체념 같은 것은 거의 문제도 되지 않는
것처럼 보입니다. 실제로 그것은 오랜 단념의 사슬이라는 마지막 쇠고
리에 지나지 않으니까 말입니다. 그렇지만 나는 이런 기정사실이 만들
어지는 것과 동시에 그 자신의 직업과 다시 관계를 갖게 되는 가능성을
잃지 않으려고 소망하고 있으며 중단된 점에서부터 언젠가 다시 새롭게
시작될 것이라는 가냘픈 희망이 이전보다 강하게 그의 마음에 끓어오르
고 있다고 믿고 있습니다. 이후 순수하게 쓰는 일에만 전념하느냐 아니

면 강의를 위해서 노트를 추고해야 하는가에 대해서 자문하거나 내게 묻기도 합니다. 그는 후자 쪽을 찬성하고 있습니다만은 그 주된 이유는 그렇게 하지 않았기 때문에 지금까지의 수년 동안의 거대한 노고가 무엇 하나 남지 않게 된다고 한다면 내게는 무엇보다도 견딜 수 없이 슬픈 일이기 때문입니다.

*

베버는 남자로서의 한창 나이일 때 그의 왕국에서 추방된 것이다. 외적인 의미에서의 그의 앞길은 이미 없었다——극심한 전락이었던 것이다.——그러나 존재면에서 그는 의연하게 운명을 지배하고 있었다. 그는 그러한 것을 중요하게 보고 있지 않았다.

"나는 퇴직이라는 것을 사실상 비극적으로는 느끼고 있지 않습니다. 몇 년 전부터 나는 그것을 어쩔 수 없는 것으로 납득하고 있으며 마리안네에게도 그것을 납득시킬 수 있을 만한 정직한 의사가 없었기 때문에 괴로워하고 있었을 뿐입니다. 일을 할 수 있는 힘은 아직 회복되지 않았지만 그 의외는 모든 것은 특히 좋지도 나쁘지도 않습니다."

또한 흔히 있었던 일이지만 목전에 닥친 정신적인 일을 포기하지 않으면 안 되었을 때만 그는 화를 내고 슬퍼하곤 했다. 그는 그 이외에는 불평을 하지 않았으며 태연스럽게 자신이 해야 하는 일을 다른 사람이 해줄 것이라고 체념을 하다가도 갑자기 희망에 넘친 말을 했다.

"언젠가 나는 반드시 빠져나갈 구멍을 찾아서는 하늘 높이 날고 말 것이니까."

제 8 장   새로운 국면

I

사직을 함으로 해서 얻은 좋은 영향은 그렇게 빨리 나타나지 않았다. 몇 년 동안이나 기다렸으며 남몰래 희망을 지닌 끝에 실현하게 된 이 퇴직 생활은 겪고 보니 역시 부정할 수 없는 중대성을 가지고 있었으며 이전의 활동을 장래에 자유로운 형식으로 다시 취급해보려는 마음도 약화되고 있었다.

"교육 활동의 복귀라는 것에 대해 아무래도 막스는 매력을 모두 잃어버리고 말았다는 인상을 받고 있습니다. 그를 학부에 남게 해주지 않았으며 학위수여에 관계하는 권리를 주지 않았기 때문입니다."

그 밖에 또 그 복잡한 방법론상의 끼어든 일(〈로샤아와 크니스〉)이 있었다. 이것은 베버를 처음으로 구체적인 자료를 조형하는 작업에서 떼어내서 광범위한 논리적인 문제성 속으로 유도하여 이미 짜여졌으며 부분적으로는 낡아버린 사상의 그물의 눈 속으로 비판적으로 파고들어가는 것을 강요했다. 그것은 그 자체로서는 흥미를 끄는 일은 아니었다. 현실에 대한 새로운 통찰은 여기서는 일어날 수가 없기 때문이다.

베버는 우선 조용히 연구하는 작업에 대한 능력 이외는 인생에서 아무것도 구하지 않았다. 최악의 세월 속에서도 정신의 저장실 속에 축적해온 것 중에서 무언가를 쓸 수가 있었다고 한다면 그 날은 그에게는 의의가 있는 날이었다. 그러나 사고의 기능이 말을 듣지 않을 때에는 대체로 구름에 덮이는 일이 많은 북방의 하늘 아래서 살고 있다는 것이 그에게는 견디기 어려운 일이었다. 이 시기에는 신경의 불안, 주위 사람들에 대한 불만, 따뜻함과 빛에 대한 동경이 지나치게 자주 영원히 독일과 등을 돌리고 싶다는 생각으로까지 연결되었다.

그러나 경우에 따라 겉잡을 수 없을 정도로 기분이 상한 태도를 보이기는 했으나 기분이 가라앉을 때에는 결코 운명에 거역하지도 않았으며 자기에 대해 절망하지도 않았다. 아마도 베버는 창조적인 배종(胚種)을 간직하고 있는 자신의 존재의 핵은 전혀 손상을 받고 있지 않으며 병은 도피의 안쪽까지 침입하고 있지 않다는 것을 언제나 느끼고 있었던 것 같다. 나아가서는 사생활에서 언제나 그를 상처를 입지 않은 건강한 인간으로 보고 아무리 비참한 날이라 하더라도 그의 카리스마를 느끼고 있는 아내의 마음속으로부터의 협력이 도움이 되었다. 그래서 그는 장인이 그 무렵에 죽자 이렇게 기록했다.

"당신의 아버지의 괴로웠던 생애를 회고해보니 나의 상태가 지금보다 나쁘다 하더라도 윤택한 생활 속에서 우리들이 얼마나 행복한가 하는 것을 언제나 생각하지 않을 수 없다."

가을이 되어도 베버는 그와 전공을 같이 하는 사람들의 모임이 함부르크에서 사회정책협회의 회의에 모였을 때 다시 그곳에 참가할 만한 마음의 여유를 갖지 않았다. 일찍이 그 자리에서 굉장한 빛을 발하고 있었던 그는 지금은 방청자에 지나지 않았다. 그러나 그는 오랜 친구들과 만나서 이야기를 나누었고 전공문제를 교환한 이 회합을 대단히 즐겁게 여겼으며 좀바르트나 프렌타도 등 서너 명의 친구들과 함께 헤르고란드까지 가서 그곳에서 흥미진진한 의견 교환을── 그것은 정신의 난행이었으며 그 때문에 다시 불면증에 걸리게 되었지만── 계속할 정도였다. 이 학자들을 자주 배에 태워 바다로 데리고 간 한 소박한 어부는 물론 그들의 대화 내용을 전연 이해하지 못했지만 무언가 중요한 일이 이루어지고 있다는 것을 느낄 수 있었다. 어부는 그것에 대해 감탄에 찬 칭찬을 보냈다.

변화에 순응한다는 것은 베버보다도 아내에게 더 곤란한 일이었다. 이전에는 변설의 힘으로 모임을 이끌고 나갔던 그가 그 그룹 속에서 조용히 하고 있는 것을 보니 심한 고통이 그녀의 마음속에서 일어나게 되었다.

"……그렇지만 나의 별(남편을 가리킴)은 다시 빛나게 될 것입니다 —— 우리에게는 기쁨을 가져다주며 다른 사람에게는 힘을 돋구어주기 위해서! ——이러한 바람이 나의 마음속에서 불타오르고 있습니다. 아아 하나님, 다른 사람들은 여러 활동하고 있는데 그만이 그것에서 제외되고 있는 것을 본다는 것은 참으로 괴로운 일입니다. 그 자신도 그렇게 느끼고 있는지 어떤지 그것을 나는 알 수 없지만 지난 며칠 동안의 옛 친구와의 접촉은 그러한 일에 대해 다소나마 그를 익숙하게 해주리라고 믿고 싶습니다. 혹시 다시 병과 자기 보존의 본능이 때로는 나의 마음속에서 날뛰고 있는 그러한 생각에서 그를 지켜주고 있는 것인지도 모릅니다."

어쨌든 사태는 정반대였다! 당시 마리안네는 때로는 공적 장소에 나가서 이야기히지 않으면 안 되었다. 그녀는 그것을 괴롭게 생각했다. 그녀의 남편은 그 자신의 마음속에 꽉 차 있는 것을 토로할 수가 없었기 때문이다.

"최근 나는 국민사회파의 집회에 처음으로 나가보았습니다. 그날의 안건은 책임의 문제였습니다. 그곳에서 우리는 처음으로 많은 남자들 앞에서 우리들의 운동이 취하고 있는 방향을 싫든 좋든간에 설명하지 않으면 안 되게 되었습니다. 실제로 가정을 돌봐야 하는 여자 이외에 아무것도 아닌 내가 새벽 1시까지 정치적인 집회에 참가하고 우리들의 '큰 아이'는 10시부터 침대에 누워 있지 않으면 안 된다는 일이 내게는 운명의 장난과 같았습니다!"

이 해 가을 그들의 결혼 10주년 기념일이 되었을 때 부부는 자기들의 사생활의 전부를 다음과 같이 말했다.

베버:"앞으로 10년간은 지금까지의 우리들의 10년간 한없이 풍족하게 베풀어주었던 것과 같은 정도의 내적인 인생의 부를 우리들에게도 가져다줄 것이라고 우리들은 기대하고자 한다. 우리들은 오늘도 처음 같은 감정으로 서로 상대방에 대해 신선함을 느끼고 있다. 다만 서로가 상대방의 마음으로 통하는 길을 이전보다 훨씬 확실하게 알고 있다는

것만이 다를 뿐이다. 나는 오늘 감사의 마음을 가지고 그 무렵의 복잡하며 긴장된 내면적인 위험이 많았던 시대를 회상해보고 운명의 걸음이 나를 이렇게 인도해왔다고 생각한다. 기타 모든 것, 화가 난 일이나 거부 같은 것은 그것에 비한다면 거론할 바가 못 되는 지엽말절에 불과한 것이다……"(1903년 9월 19일)

아내:"사랑과 까다로운 인간의 운명과의 10년을 우리들은 회고합니다. 최근 5년간 그렇게까지 일념으로 서로 믿고 의지하지 않았다면 우리들의 공동 생활은 이렇게까지 깊고 이렇게까지 윤택해지지는 않았을 것입니다. 살아 있는 인간들 세계의 일체의 소리가 끊임없는 노도의 소리에 지워지고마는 고도 위로 운명이 우리를 밀어붙인 것이 아닐까 하고 나는 여러 차례나 생각을 했습니다. 왜냐하면 친구도 우리들과 가장 가까운 사람까지도 우리들에게는 중요한 존재가 못 되었기 때문입니다. 어쨌든 우리는 둘이 견디어냈으며 둘이 싸우지 않으면 안 되었습니다. 나는 생각합니다. 우리들은 그것으로 해서 또 부부 사이에서도 이러한 일은 드물 정도로까지 긴밀한 일심 동체가 된 것이라고. 그리고 그것은 나의 생애의 소원의 하나, 그 최대의 것이었습니다. 물론 나는 그 실현을 당신의 병에 의해서 얻으려 하지도 않았으며 그러한 것이 필요하다고 생각하지 않았습니다. 그러나 우리들의 사랑은 이런 운명까지도 우리들의 의지로써 받아들일 수 있는 힘을 내게 주었으며 우리들은 그것 때문에 지쳐 쓰러지지도 않았으며 비참해지지도 않았습니다. 그리고 나는 희망과 기대와 사랑을 가지고 이후에도 잘 견뎌나갈 수 있다고 생각하고 있습니다."

Ⅱ

그는 정신은 아직도 괴로움을 당하면서도 반역하려고 하는 육체에 대한 지배권을 주장하고 있었다. 이 무렵에는 언제나 2, 3주간밖에는 일할 수가 없었으며 짧은 여행을 하면서 침체기의 허무감에서 빠져나오고 있었다. 1903년에는 여섯 번이나 여행을 했다. 그 해 초에 우리는 리비

에라에서 그의 모습을 볼 수 있었고 3월과 4월에서는 이탈리아에서 그를 보았다. 6월에는 스헤베닌겐에서 8월에는 오스단트에서 9월에는 함부르크와 헤르고란트에서 10월에는 다시 한 번 네덜란드로 갔다. 새로운 것은 언제나 이미 알고 있는 것에서는 얻지 못하는 해방감과 기분전환을 가져다주었다. 네덜란드와 벨기에에서 여름 동안 체류하고 있었을 때 베버는 다른 때만큼 피로도 느끼고 있지 않았다. 그는 단순히 열심히 수용할 뿐만 아니라 본 것, 경험한 것을 가볍게 기록하려는 욕구를 되찾았다. 그리고 이렇게 해서 그의 내부에 들어온 거의 모든 것이 그의 저작 속에 그 흔적을 남기고 있다. 천둥과 비바람에 쫓기기도 하고 햇빛에 반짝이기도 하는 바다는 장엄한 예술품이 있는 헤이그 시의 조용하게 꿈꾸는 것과 같은 진주모의 광택처럼 영혼을 아름다움의 영원성 속에 빠져들게 했다. 그러나 인간들의 변화에 넘치는 거동도 똑같이 그의 마음을 사로잡았다. 오스딘트의 어느 사회주의적인 민중여관에 체류했을 때에는 노동자나 쟁인이나 상인과 같은 평소라면 가까이 할 수 없었던 사람들과 밀접한 접촉을 했다. 그는 학자적 거만함을 지니지 않고 관찰했으며 노력하지 않고 마음의 접촉과 공감을 얻었으며 여러 가지로 흥미를 끄는 일을 견문했다. 베버는 이 연안지방에서 거의 매일 편지를 썼으며 이 편지를 쓰고 싶어서 견딜 수 없었던 마음을 그는 다음과 같이 적었다.

"내가 이렇게 많은 편지를 쓰는 데는 두 가지 이유가 있다. 첫째는 내가 없으면 아직까지도 당신이 감상적이 된다는 것을 알고 있기 때문이다.──이후 당신도 익숙해지면 그럴 정도까지는 되지 않겠지만. ──둘째로는 우울해져가는 서제학자가 직감적으로 느끼고 즐기는 것을 잊어버려서 추론적으로밖에는 인상을 소화할 수가 없어서 심신이 함께 고갈되고 있으면서도 그래도 또한 용서되고 있는 예술과 자연의 깊이까지도 어떻게 해서든 말로 표현하지 않으면 자기 것으로 할 수 없을 정도이기 때문이다. 이러한 고생을 하지 않아도 되는 사람들이 나는 얼마나 부러운지 모르며 특히 나는 불과 몇 사람을 빼고는 누군가와 같이 있게 되면 감정이 침체되고 말기 때문이다. 그래서 나는 당신이 옆에 없으면 독백을 하는 수밖에 없다. 인도나 중국의 극의 등장인물들이 실제 어떤 일이 일어나고 있는지를 관객에게 가르쳐주기 위해 독백을 하고 있는 것과 같은 이치이다."

몇 가지 편지의 단편은 이 무렵 베버가 무엇을 어떻게 자기의 내부에 담고 있는지를 보여주고 있다.

스헤베닌겐 1903년 6월 6일

나는 정말 잠을 잘 잤다. 그리고 소시지와 치즈, water broodgo 한 개, eier broodge 한 개, soete broodge(모두 소형의 빵)와 꿀을 넣은 케이크를 차와 함께 먹었다. 더욱더 기분이 좋다. 이곳의 생활비는 해안의 레스토랑에 가면 볼큼보다 한 배 반 정도가 비싸다. 그르덴 화폐는 볼큼에서 마르크가 통용되고 있는 것과 같은 정도로 통용되고 있다. 물론 어제 밤에도 그랬지만 나는 10상팀을 지불하고 헤이그로 간다. 나는 그곳에서 이 나라의 전도협회가 모든 도시에 마련하고 있는 멋진 채식주의 레스토랑을 발견했다. 마실 것은 나오지 않으며 팁도 필요없다. 손님들은 50상팀의 아스파라거스, 대황(大黃), 밀감 등을 먹으며 그들에게 지불한다. 스헤베닌겐은 그곳보다 훨씬 멋지다. 해안의 유원(遊園)의 호화로움은 잘 관찰하면 확실히 현재 존재하는 것 중 가장 훌륭하다. 바다 속으로 뻗어 있는 바위들——그곳에는 다양한 무대가 있으며 수천의 좌석이 있다——사이에서 강한 바다 바람을 쏘이면서 노천에 앉아 있으면 무어라 말할 수 없이 기분이 좋다. 끝이 없는 모래 언덕의 해변과 밤에는 해안의 무수한 등화와 어선의 떼를 바라보면서. 모래 언덕 뒤에는 투기를 위해서 세워진 3층짜리 임대 가옥, 그리고 철도마차로 10분이면 갈 수 있는 아름다운 스헤베닌겐의 숲. 그러나 회사는 돈벌 기회만 노리고 있다. 헤이그까지는 그래도 20분에서 25분 정도가 걸린다. 헤이그에 살고 있다면 아마도 매일 외출을 결심해야 할 것이다. 게다가 나는 도시 안에서 살려고 할 것이다. 도시는 이상할 정도로 조용하며 모두 3층으로 된 미술관과 공공 건물 등이 있어 소왕국의 도시 같다. 거인국에서 돌아온 걸리버처럼 무언가를 넘어뜨리고 밟지 않도록 조심하지 않으면 안 될 것 같은 기분이 든다. 거인국은 몇몇의 예외를 제외하면 없는 임대 아파트 같다. 백조가 헤엄을 치고 있는 아름답고 조용한 연못, 그 주위의 아름다운 보리수와 너도밤나무 또는 도토리나무, 굉장한 청결함. 오늘은 그들의 집 외부를 손이 가는 한 아름답게 닦고 있다. 이러한 모든 것이 사람의 마음을 대단히 안정시켜주고 있다.

6월 7일

모든 것이 이곳——헤이그——에서는 다소 케케묵은 시민정신을 지니고 있다. 모든 것에 윤기가 돌며 모든 것이 알맞게 배치되어 있다. 모든 면에서 풍류를 모르며 치장도 거의 하지 않는다. 제일 심한 것은 그 나라 여성들의 특유 복장이다. 옛 네덜란드 풍의 흰 두건으로 머리와 머리의 윗부분과 뒷부분을 마치 거미의 하반신처럼 완전히 감고 있다. 두건의 앞부분은 반듯하게 가른 머리에 두 개의 큰 핀으로 꽂아 여미고 있다. 그 핀에는 마치 달팽이의 촉각처럼 보이는 도금을 한 철제의 작은 방패 모양이 달려 있다. 걸음걸이도 절도가 없다. 남자들은 마치 30년이나 격렬한 북동의 해풍을 향해서 눈을 부릅뜨고 있는 뱃사람과 같은 얼굴을 하고 있다. 근래 계속되고 있는 회색의 하늘은 풍경과 도시의 모습에 무언지 모르게 울적한 기분을 감돌게 하고 있으나 태양이 뜨면 틀림없이 완전히 밝은 기분으로 되돌아 오게 된다.

6월 8일

헤이그의 미술관은 작기 때문에 보고 싶은 것을 간단히 찾아볼 수 있다. 내가 지금까지 본 가장 아름다운 것은 렘브란트의 〈사울과 다윗〉이다. 두 사람의 유태인을 이렇게 사실적으로 그린다는 것, 더구나 왕을 취미가 좋지 못한 복장을 한 식료품점의 점원 같은 다윗과 똑같이 그릴 수가 있다는 것은 참으로 이해하기 힘든 면이 있다. 그러나 하프를 타고 있는 모습의 경건함은 지오르지오네의 〈주악〉 속의 표정을 생각나게 하며 겨우 보이는 왕의 눈——왕은 울면서 얼굴의 다른 부분을 감추고 있다——은 그가 자기와 함께 몰락해가는 것을 하프의 소리 속에다 묻어두려고 열망하면서도 그것을 잊지 못하고 있는 것을 거의 전율을 느끼게 할 정도까지 이야기해주고 있다. 사진은 아무런 관념도 표현하지 않는다. 이 그림에 비하면 '방향이 맞추어진' 광선을 가진 다른 그림은 내게는 아무런 가치가 없다. 그리고 그 멋진 '해부'까지도 그가 깊은 영혼을 지닌 예술가——그것을 바로 이 그림이 보여주고 있는 것이지만——라기보다는 숙달된 사실주의적 기교가라는 것을 보다 많이 보여주고 있다.

1903년 6월 9일

　나는 렘브란트의 사진을 사지 않을 수가 없었다. 그것은 확실히 원화를 본 사람 이외에는 완전한 이해가 안 가는 행동이지만. 왕의 눈은 원화에서보다 강한 인상을 주고 있다. R(렘브란트)은 그것을 아내 사스키아도 재산도 그림도 잃은 끝에 파산을 선고받고는 아직 그 기량은 절정에 있었지만 아들과 충실한 헨드리게와 함께 조용히 암스테르담에서 살면서 늙어간다는 것을 짐작하게 되었을 때 그린 것이다.——어제 이곳은 심한 북쪽에서 불어온 폭풍 때문에 가는 모래 언덕의 모래가 해안은 물론 거리에까지도 파도 치듯이 날아왔으며 배의 돛이나 등대는 파란 안개에 싸였고 해상에는 흰 안개가 자욱하게 깔려 태양은 마치 우유빛 유리를 통해서 비치고 있는 것처럼 안개 속에서 녹황색의 반짝임을 단조로운 회색 덩어리 위에 내리고 있었다. 먼지만 없다면 이런 광경은 대단히 아름다웠을 것이다. 오늘은 육풍이 불고 하늘은 이곳에서 이 이상은 더 파랄 수 없을 정도로 파랬다. 한 여름을 빼고는 언제나 안개가 끼는데 그것이 햇빛을 받고 있는 숲과 가로수가 있는 광장은 어딘지 모르게 저녁 무렵 같은 몽상적인 느낌을 주고 있었다. 다만 이 인상은 다시 없을 정도의 냉정한 사람들의 얼굴과 극도의 현세적인 거동 때문에 다시 균형을 되찾았다.

8월 21일 오스단드(민중 호텔)

　식사는 전연 소홀함이 없었으며 대단히 풍요로웠다. 다만 식탁보와

냅킨과 타월을 절약하고 있을 뿐이었다. 게다가 모든 것이 깨끗해서 4 프랑 반의 식사대(맥주 포함)로서는 실제로 대단히 싸다고 하지 않을 수 없다. 나와 같은 테이블에는 여러 나라(영국, 네덜란드, 벨기에, 베스트파렌, 오스트리아)에서 온 독일 사람들만이 앉아 있다. 간혹 교양 비슷한 것을 갖추고 있는 사람도 있으나 대부분은 전연 그렇지 않으며 모두 젊은 상인이든가 편집자이다. 벨기에에서는 프란돌인의 노동자도 와 있다. 이 사람들은 아이프세 부근에 살고 있는 독일의 고산 관광객과 같은 정도로 예의 바르게 언제나 예의바르게 행동하고 있다. 대부분은 그 사람들보다도 예의가 무엇인지를 더 잘 알며 거드름도 피우지 않지만 이야기하는 것이 다소 틀에 박혀 있다. 그러나 굉장히 자연스럽다 ……….

1903년 8월 23일

동지들은 마음씨 좋은 선량한 사람들이어서 고양이 한 마리에게도 전연 해코지를 하지 않을 것이다. 게다가 외국에 나와 있는 독일 사람들에게서 훌륭한 매너를 지니고 있어서 기쁘다. 또한 외국인이 많은 이곳에서도 특유의 나라 풍습이 지배하고 있다. 외국인과 프랑스계 사람과의 엄격한 분리가 그것이다. 여성에 대해서는 완전히 가부장적인 사고를 지니고 있다. 부부의 정절에 대한 토론이 재미있다. 아내의 권리는 남편의 신체나 그 기능에 대한 권리로 되어 있다——아내가(자연법에 의해서) 절대적인 독점권을 소유하느냐 내지는 남편이(여행을 하고 있을 때) 유혹에 이겨내지 못하고 아내를 '속이는'——여기서는 노골적인 농담——일을 하지 않기만 하면 되느냐에 대한 의견에 차이가 있다. 기혼자들은 엄격한 쪽의 의견에 찬성하고 있다.

1903년 8월 25일

나는 동지들에 대해서 어제 파리에서 온 대단히 훌륭한 맞춤양복의 재단사와 오랫동안 이야기를 했다. 그리고 런던에서 온 다른 두 사람(한 사람은 재단사이며 한 사람은 제화공)과 이야기를 나누자 나는 언제나 인간을 재단사와 제화공으로 나누는 분류를 생각하지 않을 수 없었다(우리들이 프라이브르크에서 사람을 그것에 의해서 분류했던 일을 당신은 아직도 기억하고 있겠지?) —— 여기서도 그것이 해당되었다. 지금은 일일분을 4프랑밖에는 지불하고 있지 않지만 그래도 낮에는 수프 외에도 세 접시가 나오고 밤에는 불을 넣은 고기와 디저트가 나오며 방은 크고 기분이 좋다. 사람들은 때로는 나이프로 먹는다. 하지만 그 밖의 점에서는 이미 말한 것처럼 지극히 예의가 바르며 산책 길에서는 나와 필적할 정도로 우아하며 시스트 할아버지(재단사의 이름)가 만든 옷을 입게 되면 나보다도 훨씬 훌륭하다.

1903년 8월 25일

어제는 내가 묵고 있는 방의 창 앞에서 엄청나게 큰 붉은 깃발이 펄럭이고 노동자 혁명가 등의 소란이 벌어졌었다. 브뤼셀의 여러 노동조합의 음악 서클이 호텔 구석구석까지 차지하고 있다. 그들은 아마추어적이기는 했지만 어쨌든 정말 훌륭하게 음악 연주를 해서 치료실에서도 그들에게 음악 연주를 부탁했다. 사람들과 잡담을 나누고 있으면 여러 가지 재미있는 이야기를 들을 수가 있다. 가령 파리의 부인복 제작의 경우, 제일 고급 상점과 모든 숙련된 기술자들이 독일인(오스트리아 인)의 손에 장악되어 있다는 것은 대단히 주목할 만한 일이다. 또 런던의 고급 기술을 가진 제화점(기술자)의 반은 독일 사람이라고 한다. 후원자의 경우 그 이유는 세상 사람들이 생각하고 있는 바로써는 영국의 노동자 아내는 어떤 자는 술을 먹고 어떤 자는 대단한 낭비를 하기 때문에 아이들은 일찍부터 돈을 벌어야 하는데 무엇 하나 제대로 배우지를 못하고 공장으로 가기 때문이다……이래서 그렇다고 한다……. 나의 파리 재단사는 오늘 베데카와 브류쥬에 대한 안내서를 가지고 브류쥬 거리를 구경하러 갔다 —— 이곳의 제방 위에서 볼 수 있다고 뽐내는 사람 중 10명의 한 명도 그만한 일을 해볼 가치가 있다고 생각이 미치는 사람은 없다고 나는 생각한다. 나는 이제 4프랑의 식대를 내고 ‘동지’ 취급을 받고 있으나 물론 그들은 내가 ‘동지’가 아니라는 것도 내가 누구라는 것도 알고 있다.

1903년 8월 28일

어제 나는 벨기에 사회당의 지도자 한 사람이며 가장 뛰어난 조직자인 앙세엘과 알게 되었다. 그는 붉은 넥타이를 매고 모자에 붉은 깃털을 단 3백 명의 아이들을 데리고 왔다. 당은 이 아이들을 위해서 매년 스위스나 해안으로 휴가 여행을 보내준다고 한다. 밤에 그들은 참으로 곱게 노래를 불렀다. 그것이 사람들 사이에 대단한 인기를 모으고 있다. 당신은 여자에 대한 것을 물어보았지만 여자들은 이곳에도 있다. 그러나 전연 아무런 역할도 하고 있지 않다. 여자들에 대해서 프랑스 인은 정중하며 독일인은 보다 가부장적이다. 부인 투표권이나 그것에 유사한 것에 대해서는 동지들은 전연 무관심하다.

1903년 8월 29일, 동블르크

‘동지’들은 나와 함께 있는 것이 대단히 기뻤던가 보다. 진심으로 작별의 인사를 나누었다. 물론 완전히 대등하게 상대했다. 왜냐하면 ‘학문’에 대한 그들의 거의 미신적인 경의에도 불구하고 ‘교수’와 같은 것은 그들 양친이 그에게 무언가를 공부시킬 만한 돈을 지니고 있었던 사나이에 지나지 않으니까. 게다가 지력에 있어서도 그 평균은 우리의 동료들의 평균에 떨어지지 않는다. 뿐만 아니라 나와 함께 미델브르크까지 간 돌트믄트의 가짜 변호사는 전에는 푸줏간의 도제였지만 놀라울 정도로 머리가 좋은 남자였다.

1903년 8월 31일, 동블르크

오늘 나는 오랫동안 산보를 했다. 모래 언덕 뒤에 무성한 떡갈나무 숲은 몇 시간이라도 걸어다닐 수가 있었다. 걸어다닌다는 것은 대단히 좋은 일이었지만 그래도 그 때문에 몹시 피로를 느꼈다. 이곳은 아름다운 고장이다. 보리수와 떡갈나무의 고목이 방 안을 엿보면서 속삭이고 모래 언덕 저쪽에서는 바다가 거칠게 날뛰면서 당연한 권리로 따진다면 벌써 오래 전에 자기 것이 되어 있어야 했던 육지를 요구하고 있다.

1903년 10월 3일, 스헤베닝겐

햇살이 한 번 구름 사이에서 비치게 되면 가을 바다는——이제는 완전히 나이가 든 사람처럼——퇴색한 밤색으로 변하지만 역시 아름답다. 수목은 아직은 가을 색을 띠지 않고 있다. 초지는 이제 물에 잠기어 있으며 운하로 물을 퍼내는 크고 작은 풍차는 대기 속에서 농아처럼 웅변적인 몸짓을 보이면서 자기가 없어서는 안 될 존재라는 것을 뽐내고 있다. 오늘은 거짓말처럼 좋은 날씨여서 바람은 강하고 바다는 거칠지만 따뜻하다. 해변은 짙은 모래 먼지의 베일에 싸여 있으며 그 모래 먼지는 거리의 안쪽까지 날아와서 사람의 얼굴이 게처럼 벌겋게 될 정도로 뺨을 때리고 진짜로 얼굴에 상처를 입히고 있다. 사람들은 현무암으로 된 호안제방의 햇빛으로 뜨거워진 검은 돌 위에 누워 물보라로 인해 완전히 소금에 절여지고 있다.

여기서는 그가 몇 년 후에 네덜란드에 머물렀을 때 그곳의 풍경을 적은 것을 첨가한다.

1907년 7월 27일, 스헤베닝겐

아무것도 변한 것이 없다. 회색의 하늘, 조금 비가 왔고 약간 따뜻하다. 해안용 등의자에 앉아 카이스와 과일과 비스켓을 먹고 침대에 모양 없이 누워서 마테를 좀 읽는다. 《빈자의 보배》다. 후에 당신에게 보내주겠다. 우선 나는 신경의 긴장이 풀어지는 것을 기다리지 않으면 안 된다. 그러기에는 바람이 조금 센지도 모르겠다. 매일 저녁 근처 집에서 사람들은 한없이 잡담을 늘어놓고 있으나 거의 방의 폭 전체가 유리창으로 되어 있는 말하자면 유리벽으로 나와 이웃하고 있는 주인 부부는 대단히 예의 바르게 행동하고 있다. 아침에는 나의 침대 위에 매달려 있는 새장 안의 카나리아가 7시부터 조심조심 빛을 찾아 지저귀고 내가 카텐을 열어주면 즐거운 듯이 환호를 올린다. W.C는 늙은 어부의 늠름

한 체격에 비해 이상할 정도로 작은 작업장처럼 보이는 부엌을 지나 문 밖으로 나가야만 갈 수 있다.

1907년 8월 3일, 에그몬트 암 제

어제 당신 생일에는 암스테르담에서 알크마알까지 멋진 기선 여행을 하면서 축하했다. 북부 네덜란드 운하를 3시간 가는 것인데 처음에는 예쁜 정원이 있고 아름다운 창에 꽃을 장식한 수많은 작은 집과 집, 조용한 소수(疏水), 베란다 사이와 수문을 지나서 한없이 펼쳐져 있는 북부 네덜란드의 유목지로 들어간다. 지평선에 이르기까지 모든 것은 황녹색, 다만 무수한 풍차만 다른데 그 풍차의 일부는 제방에 의해서 보호받으며 운하의 수면보다도 얕은 육지에서 매일매일 물을 퍼내고 있는 것이다. 그 이외에는 나무와 나무 사이에 있는——나무는 거센 바람을 막아주고 있다——아름다운 단독 농가가 산재하고 있을 뿐이다. 전날 도서관이 닫혀서 나는 내가 좋아하는 하이덴에서 카드웨이크까지 기선으로 가보았다. 이렇게 해서 모든 해수욕장을 보려고 생각한 것이다. 그리고 돌아오는 길에 스피노자의 옛 집이 있는 쉐인브르크를 방문했다. 화장실 정도 크기의 작은 방이 둘, 하나는 조금 크고 하나는 지붕이 사면으로 되어 있다. 집은 그곳에서는——다른 모든 곳과 같이——운학에 따라서 지어진 것으로 우거져 있는 숲속의 예쁜 작은 집이 위치한 곳은 참으로 매력적이다. 그리고 어제는 암스테르담의 유태인 거리에 있는 렘브란트의 집을 가보았다. 밤에는 라이덴의 호텔에서 묵었다. 그곳은 대단히 고풍스런 커다란 욕실이 달려 있었는데 믿을 수 없을 정도로 쌌다.

1907년 8월 10일, 에그몬트

이 아름다운 작은 나라를 충분히 알기 위해서 나는 며칠을 더 북부 네덜란드에서 여러 차례에 걸쳐 소여행을 해보려고 생각하고 있다. 일종의 독특한 조용함이 이 나라를 뒤덮고 있는데 역사는 여기서는 잠자고 있는 것처럼 보인다. 3백 년 전에 아르트 봔 델 네루가 그린 것처럼 풍차, 작은 벽돌집, 운하, 나무가 무성하며 뿌옇게 흐린 듯한 녹색의 목초지가 한없이 펼쳐져 있다.

1907년 8월 12일, 닛델(벰스텔)

오늘은 차로 알크마알에 갔다. 참으로 매력적인 도시다. 운하와 녹색의 수로와 작은 집과 그림과 같은 교회와 르네상스 양식의 시립 검량소가 있는 작은 도시다. 그리고서는 벰텔 포르텔(포르텔이란 이 나라 특유의 제방으로 둘러싸인 비습지)에 갔는데 그 곳은 17세기 초에 올덴 발르네펠트의 손으로 만들어진 것으로써 가로 세로가 각각 5일 정도 되었으며 옛날은 50대의 풍차가, 지금은 3대의 증기기관으로 끊임없이 물을 길어내고 있는 놀라울 정도의 비옥한 초지로 여기서는 황소가 모든 것의 중심이었다. 나는 다시 차로 조이델 바닷가에 위치한 옛 소도시 호른의 케르메스 축제에 갔다가 방금 돌아왔다.

1907년 8월 20일, 마르켄

이 섬은 조이델 바다 속에 접시처럼 평평하게 떠 있다. 작은 집들은 모래 땅 위에 쫓긴듯이 뭉쳐 있으며 도처에 작은 운하가 통하고 내부는 산뜻하게 칠해져 있고 4면의 벽에는 화려하게 구은 도기 접시가 장식되어 있다. 벽에 만들어진 일종의 서랍과 같은 것 속에 침대를 접어서 넣을 수 있다. 도처에 물과 초지. 여자들은 고정시킨 두건 밑으로 뻣뻣한 머리 털을 앞과 옆으로 비쭉 내보이고 있으며 가지각색의 옷을 입고 있다 —— 남자들은 모양없는 바지다 —— .

Ⅲ

그렇다면 남편의 새로운 출발을 위해서 돛에 잔뜩 바람을 품게 한 상쾌함이 가정 안의 일상 생활에는 불어주지 않았단 말인가? 가족들은 여러 가지 계획을 세웠다. 헤레네는 네칼 호반의 숲속에 아름다운 집을 지어 아이들에게 하이델베르크에서의 생활에 광명을 주고 싶어 했다. 얼마 동안은 즐거우나 덧없는 꿈이 키워졌으나 결국 돈 문제로 실현화되지 못했다. 베버는 장소를 바꾸고 싶다고 생각해도 소유에 의해서 자기를 구속하려고 하지는 않았다. 이때(1903년 여름) 프리드리히 나우만은 선거에서 재차 패배를 당해 드디어 국민 사회당이 해산되었다. 친구들이 서로 힘을 모아 그 활동을 하나의 새로운 기반 위에 올려놓고 정치 잡지를 창간하든가 기존의 잡지 편집에 참가시킬 수 없단 말인가? 그러나 베버는 가족들에게 그러한 취지의 제안에 대해 다음과 같이 대답했다.

"그와 같은 실패 후에 새로운 정치 잡지 같은 것은 내가 보는 바로는 내부적으로 외부적으로도 똑같이 불가능하다. 생각해보면 생각해볼수록 내게는 그렇게 생각된다. 나의 참가 같은 것은 사실 문제가 되지 않는다. 대체 어째서 내가 책임을 져야 하는가? 이러한 정치적인 일에 내 마음이 크게 끌리지만 지금 그 일에 매달리게 되면 나의 몸은 불과 3개월도 견뎌내지 못할 것이다. 더구나 보다 중요한 것은 정치적인 일로 실수를 하지 않겠다고 생각한다면 냉정한 기질이 필요하겠지만 나는 그 점에서 지금 보증할 수가 없다. 그래서 나는 야페가 브라운의 〈알히프〉를 매수한다면 좀바르트와 함께 그 편집에 참가할 결심을 했다. 발행자는 팀워크를 희망하고 있다고 한다. 게다가 나는 이곳에 살고 있으니까 일을 하는 힘이 부족하다고 해도 야페를 위해 힘이 될 수는 있다." (1903년 7월 17일)

이와같이 베버는 정치 활동의 여러 자극에는 견딜 수 없다는 것을 느끼고 있었다. 그 대신 그는 전공을 같이 하는 후배이자 친구인 에르제 폰 리히트호펜과 결혼했던 에드가알 야페의 제안을 고려했던 것이다. 야페는 하인리히 브라운의 〈사회과학 알히프〉라는 학술 잡지를 매수할 생각을 했으며 좀바르트와 베버를 공동 편집자로 맞아들이기를 바라고 있었다. 그렇게 함으로써 베버에 새로운 활동 형식을 주려는 묘안도 고려하고 있었다.

이와 같은 활동이라면 그도 실제로 해볼 수가 있었을 것이다. 물론 이 경우도 처음에는 여러 가지로 의심스러운 생각이 일어나지 않은 것은 아니다.

"내가 함께 일을 할 수 있는지에 대해서는 아무래도 의문을 안 가질 수가 없다. 다른 사람에게 일을 하게 해놓고 일정량의 일을 계속적으로 제출할 수 있다는 가능성도 갖지 못한 채 내 이름을 내건다는 것이 나는 싫다……. 혹시 내가 형식적으로 참가하는 것을 가능하게 할 수 있는 방식이 생각날지도 모른다. 그렇게 된다면 경우에 따라서 힘에 알맞게 협력하는 즉 단순히 잡지에 기고하는 것이 되겠지만……."

베버는 자각하고 있었다. 어떠한 일이 주어진다 해도 자신은 그 일에 열중해서 빠져버린다는 것을. 그리고 그로서는 자신이 앞에 나서기는 했으나 실제로 일은 다른 사람들이 뒤에서 처리한다는 것을 참을 수가 없었다.

"경우에 따라서 상담을 받는다는 식에는 응할 수가 없다."

게다가 또 흥분하기 쉬운 신경은 타인의 의사에 의한 자기 의사의 불가피적인 저해라는 것을 아직 용이하게 달관하고 있지 않았다. 그러나 이러한 걱정은 친구들이 깨끗이 없애주었다. 일은 실제로 그 시기에 있어서도 그에게는 꼭 알맞는 일이었다. 왜냐하면 그것은 가치를 주장하는 정치가가 아니고 현실 상황을 초월한 위치에 있는 사상가를 요구하고 있었으며 일을 위해 일정한 시간 동안 매여 있어야 하는 것이 아니었으므로 아직 확실하지 않은 그의 체력 상태에 맞추어서 해나갈 수 있는 여유가 있는 일이었기 때문이다. 그는 이렇게 해서 학자나 사회정책론자의 광범위한 서클과 교제하게 되었으며 〈알히프〉를 위한 새로운 협력자를 만들고 강력한 지지자를 유지하여 각 방면에 논의를 일으키기 위해서 넓은 범위에 걸쳐 통신 교환을 시작했다. 그리고 편집자는 전문을 같이하는 사람만을 모으려 하지 않았으며 인접 분야의 학자에게까지 손을 뻗었다. 왜냐하면 베버가 기초한 새로운 시리즈의 제일 분책의 서문에서 다음과 같이 거론했기 때문이다. 즉 잡지는 종래의 문제권(근대 자본주의에 의해서 만들어진 상태의 학문적 통찰과 입법 과정의 비판적 규명)을 확대하여 자본주의 발전의 일반적 문화 의의의 역사적 이론적 인식을 이 잡지가 목표하고 있는 문제의 하나로 간과하지 않으면 안 되며 따라서 인접 여러 학과 즉 일반 국가학, 법률학, 사회윤리학, 사회심리학적 연구 및 보통 사회학이라는 이름으로 총칭되고 있는 연구와 밀접한 접촉을 유지하지 않으면 안 된다고.

30년 전까지만 해도 가장 뛰어난 사람들의 관심사였던 사회적 사실을 알려고 하는 갈망에 이어서 일반적으로 철학적 관심에 다시 눈을 뜨게 되었고 동시에 사회적 이론을 규명해보려는 갈망이 일어났으나 자신이 할 수 있는 한의 범위에서 그 갈망을 채워보려는 것이 〈알히프〉 장래의 주요 과제가 되었다. 우리는 우리의 전공 영역에 있어서 좁은 의미에서 '이론'이라고 이름이 붙여져 있는 연구 형식, 즉 명석한 개념의 형성이라는 것과 동시에 철학적 개념에 의한 사회적 여러 문제의 연구까지도 고려하지 않으면 안 될 것이다……. 따라서 우리는 인식 비판과 방법론의 학문적 작업을 끊임없이 계속할 것이다.

그래서 잡지는 경험적 사회과학의 이론과 함께 과학 철학과 사회 현상의 의미의 철학적 해석도 포함될 정도의 커다란 테두리가 쳐졌다.

1903년의 크리스마스 무렵 아내는 이렇게 쓰고 있다.

"올해 우리들은 겨우 커다란 불안과 우려의 무거운 짐을 짊어지지 않은 채 축제를 맞이할 수 있을 것 같습니다. 물론 지난 수년 동안 몹시 시달려 남은 희망도 희미하지만. 막스는 지금 대단히 여유가 생긴 듯하며 지금까지 대단히 따뜻했던 것도 사실이지만 작년보다는 훨씬 잘 겨울을 견뎌내고 있어서 나도 그의 생각이나 행동에 완전히 찬성하고 있으며 감사의 마음을 느낄 수가 있습니다. 적어도 우리들은 과거와의 절연에 외적으로는 잘 견뎌냈던 것입니다."

베버는 이제 잡지를 위해 쓸 의무와 호감을 느끼고 모든 장해와 동요에도 불구하고 많은 논문을 쓰게 되었다. 1903년 여름에는 드디어 한숨이 나올 것만 같은 논문 〈로샤 및 크니스에 대한 논문〉을 탈고했으며 그것을 슈모라 연보에 발표했다. 1904년 초두에 그는 새 시리즈의 제일 분책을 위해서 〈사회과학적 및 사회정책적 인식의 객관성〉에 대한 방법론적인 원리론의 표명으로써 구상한 논문을 완성했다. 공백의 한 시기 후에 베버는 이전의 농업정책적인 관심 영역과 구체적인 입법 문제를 결부시키는 새로운 논문 〈프로이센에 있어서의 세습재산 문제의 농업 통계학적 및 사회정책적 고찰〉에 착수했다.

"막스는 얼마 동안 휴식을 취하고 있었지만 지금은 다시 열심히 일을 시작했으며 여러 농업 통계를 수없이 조사하고 있습니다. 너무 오래 일을 계속하지 않도록 주의해주지 않으면 안 됩니다. 지금은 그가 나보다 오래 일을 할 수가 있습니다."

이 논문은 초여름에 발표되었다. 같은 시기에 보다 큰 규모 즉 〈프로테스탄트 윤리와 자본주의의 정신〉을 준비하고 있었다. 그 노작의 제1부는 〈알히프〉의 가을 분책에 발표되었다. 그래서 1904년의 9개월이라는 기간 중에 각각 전연 다른 분야에 속하는 3편의 거대한 논문과 후에 곧 이야기하게 되는 중요한 강연을 할 수 있게 되었다.

1년 전까지만 해도 아직 그를 억누르고 있었던 상서롭지 못한 압박은 이렇게 해서 서서히 그에게서 물러갔다. 구름 사이에서 수시로 높은 하늘이 모습을 보여주었고 그 하늘에는 창조자의 별이 새롭게 반짝이고 있었다.

Ⅳ

1904년의 한여름에는 제법 긴 작업의 정지 기간이 있었는데 이번에는 그것은 기뻐해야할 일 때문이었다. 이전에 프라이브르크 대학의 심리학자며 철학자인 휴고 뮨스타베르크가 수년 전부터 하버드 대학에서 교수로서 활동하고 있었는데 세인트루이스 세계박람회를 계기로 해서 그곳에서 같은 시기에 학술적인 세계대회를 개최하기로 했다. 그 경우 그가 특히 중시하고 있었던 것은 미국과 독일 쌍방간에 정신적 유대를 만드는 일이었다. 독일 대학의 모든 학자에게 초청장이 보내졌으며 베버와 그의 하이델베르크의 친구 트레르티, 헨젤 등에게도 발송되었다. 각자가 각각 많은 사례를 받고 강연을 하기로 되어 있었다. 신세계에 대한 이러한 전망은 베버에게는 굉장히 유익한 것으로 생각되어서 모든 장애와 주저를 떨쳐버리고 아내와 함께 먼 길을 떠날 결심을 했을 정도였다.

기도와 계획을 생각하기만 해도 새로운 바람이 불어왔다. 부부는 8월 말에 배에 탔다. 멋진 유머감각을 지닌 에른스트 트레르티도 일행에 참가했다. 한가로운 항해는 새로운 인생을 체험하기 위한 알맞는 준비가 되었다. 특히 베버에게는 그랬다. 왜냐하면 넓디넓은 대양의 파도 물결이 기분좋게 흔들어주어서 보통이라면 애를 써야 잘 수 있었던 잠을 이 항해 동안은 쉽게 얻을 수 있었기 때문이다. 그는 심호흡을 하면서 긴장을 풀어주는 무위(無爲) 즉 구름과 파도와 바람의 유희를 즐겼으며 그리고 인간들의 무리를 관찰하면서 언제나 새로운 면을 발견했다. 실제로 정밀한 기술의 덕으로 인간이 욕구하고 있는 모든 쾌적함을 줄 수 있는 이 해상 도시로 부는 바닷바람의 무어라 말할 수 없는 상쾌함 속에서 그는 굉장히 상태가 좋아졌으며 푸짐한 음식을 앞에 놓고 옛날의 '대식가'의 솜씨를 되살리고 있었다. 배멀미가 그의 즐거움을 빼앗지도 않았다. 그기 비대해지는 것에 대한 마리안네의 걱정이 전부였다. 그녀는 배에서 헤레네 앞으로 이런 편지를 보냈다.

 "우리들 세 사람은 배멀미에 걸리지 않았습니다. 물론 트레르티는 마시고 먹는 일에 조심하고 있는 것을 확실히 알 수 있지만 막스는 매일 즐겁게 식탁에 나오는 것을 전부 먹어치우고 있습니다. 그 바람에 나는 그의 모습이 형편없게 되는 것을 보지 않을 수 없는 입장에 놓이게 되었습니다. 내가 보는 바로는 그의 건강은 대체적으로 양호합니다. 그 하나의 징후는 굉장히 긴 만찬에 그가 태연하게 출석한다는 사실입니다. 그것이 끝난 후에도 그는 언제나 흡연실에서 즐겁게 담소를 나누고 있습니다. 우리들은 상냥한 참사관과 두세 명의 고급 기술자와 함께 흡연실의 아늑한 한 구석을 점령하고 있습니다. 여하튼 배 여행처럼 완전하게 바라는 것이나 생각하는 것없이 무위로 지날 수 있는 가장 알맞은 생활 양식은 없습니다. 인간은 단순히 게단켄슈트리히(사상의 일시적인 공백) 혹은 소화기관만으로 되어 있는 수모(水母)가 되고 맙니다. 그래도 막스는 사회정책의 두 세 가지의 원칙을 계몽하며 이 선량한 사람들에게 착안점을 가르쳐주려고 애를 쓰고 있습니다. 나는 언제나 그의 박식함은 전연 무의미한 것이 아니며 모든 지식을 다른 사람도 이해할 수 있는 형태로 이야기하는 것을 보게 되면 그가 천성적인 교사라는 것을 느끼지 않을 수가 없습니다.”

이윽고 9월의 어느 이른 아침 푸른 하늘에 우뚝 솟은 마천루를 바라보면서 뉴욕 항으로 배가 들어갔는데 이 입항은 참으로 멋진 것이었다. 멀리 저편까지 빛을 던져주고 있는 횃불을 커다란 동작으로 치켜올린, 유럽에서는 억압되고 있는 계급이나 인종에 속하는 도래자를 매일 격려하며 모험정신과 성공의 기회로 만들 수 있는 미래에 대한 희망을 주고 있는 녹색의 브론즈의 자유의 여신 앞으로 지나갔다. 베버는 세관 검사와 입국 수속을 기다리지 못하고 드디어 기를 펴게 된 풀어놓은 독수리처럼 —— 동행자들을 뒤에 남겨놓은 채 —— 앞서는 마음에 이끌리어 경쾌한 발걸음으로 배에서 뛰어나갔다. 그들은 터무니 없는 대하고루가 운집해 있는 이 나라의 ‘자본주의의 정신’의 가장 인상적인 상징을 만들어내고 있는 맨해튼 아일랜드의 상업구역 한복판에 서 있는 21층의 호텔로 향했다. 그들은 굉장한 교통량으로 번잡을 이루고 있는 이러한 가로수의 마른 말똥 냄새를 이제 비로소 느낄 수 있었다. 아아 이탈리아 —— 로마, 피렌체, 나폴리와 이렇게 다를 수 있다는 말인가! 모든 것이 강렬할 정도로 색다른 느낌을 주었다. 모든 인간이 번호로 변해버리고 마는 흥취라고는 없는 행상의 병영. 엘레베이터로 교회의 탑만큼이나 높이 올라가 묵게 되는 방의 특징을 들어본다면 아무런 장식이 없다는 것과 실내 전화기에 굉장히 큰 두 개의 타구가 있는 것뿐이다. 창에서 잠깐 밖을 본다. 멀미와 함께 등골이 오싹해진다. 거리는 훨씬 아래쪽 나락의 밑바닥에 있다. 그리고 반대편에는 또 30층의 호텔들이 서서 다른 작은 건물들을 조소하고 있는 것이다! 여기서는 마치 감옥의 탑에 갇히어 있는 것처럼 그리운 대지와 격리되고 있는 것이 아닐까? 사람이 병이 들어 죽어간다 해도 아무도 그런 것에 관심을 보이지 않을 것이 분명하다. 독일적인 흥취 같은 것은 완전히 일소에 붙이고마는 이러한 멋없는 비인간적인 여관에 들어오게 되는 독일의 도항자는 처음에는 극도의 불안을 느끼게 된다. 외부의 격렬한 활동은 사물을 느끼고 즐기는 태도 같은 것을 받아들일 것같이 보이지 않으며 또 이쪽도 자기의 일과 그것이 연결되어 있지 않아서 그 행동은 더욱더 신뢰할 수 없는 느낌을 늘려줄 뿐이다. 몇 사람의 동료가 여러 종류의 신경장애를 가지고 반응을 보였다. 그러나 베버는 그렇지 않았다. 막스는 어쨌든 지금까지는 병을 앓게 된 이래 일찍이 없었을 정도로 원기 왕성했다. 특히 뛰어다니는 면에 있어서는. 그의 신세계에 대한 끝 없는 흥미는 지금까지의 습관처럼 되어 있었던 쾌적함의 결여에 마음을 쓸 여유를 거의 주지 않았다. 그는 그러한 것에 대해서 귀찮게 말을 하는 사람이 있으면 화를 냈다. 그는 모든 것을 애정을 가지고 이해했으며 가능한 한 많은 것을 자기의 내부에 섭취하려고 했다. 다만 손님을 좋아하는 미국인 동료에게 붙잡혀 몇 시간씩이나 뉴욕을 전차를 타고 돌았던 그때——건물의 아래부분 이외는 전혀 보이지 않았다——처럼 지루하고 쓸모없이 시간을 낭비했을 때 사자는 우리 안에서 남몰래 분노를 느끼고 간신히 엄청난 폭발을 참아냈다.

그 이외에 그는 냉담한 마음으로 하는 신기한 것에 대한 비평은 어느 것이건 받아들이지 않았다. 그는 신기한 것의 편을 들었으며 그것에 대해서 공정을 기하기 위해서 자신을 그것에 동화시켰다. 뉴욕에서 3일을 보낸 후 아내는 이렇게 쓰고 있다.

"물론 우리들은——적어도 나는——5백 만의 사람이 모여사는 이 작은 세계를 당당하고 강대한 것으로 보아야 할지 또는 거칠며 추악하고 야만한 것으로 보아야할지 아직 어떠한 결론에도 도달하고 있지 않습니다. 여행에 나서면 언제나 그렇지만 누구의 눈에도 금방 알 수 있게 감격하고 있는 사람은 막스입니다. 그는 그 기질의 덕으로 물론 넓게 사물을 관찰하는 지식과 학문적 흥미의 덕으로 모든 것이 훌륭하며 독일보다도 좋다고 생각합니다——비판은 그 후에 나오게 됩니다." 베버는 그것에 이렇게 덧붙이고 있다. "나의 경우 특별한 감격 같은 것은 전혀 없다. 나는 다만 뉴욕에서 하루 반을 보냈을 뿐인데 미국에 대해서 불평을 말하는 독일인 동행자에 화가 날 뿐이다."

헤레네에게 보낸 몇 통의 장문의 편지에는 예에 따라서 주요한 인상의 모든 것을 기록하고 있지만 베버의 사고를 가장 훌륭하게 보여주고 있는 몇 가지만 소개하겠다.

"뉴욕에서 가장 특출하며 가장 강렬한 인상은 브룩클린 다리의 중앙에서 보는 전망과 다른 한편으로는 고가전차로 다리를 건너가는 브룩클린의 대묘지입니다. 이 대조는 참으로 놀랍습니다. 브룩클린 다리 위에서의 보도는 중앙 부분에서 높아지고 있어서 저녁 6시경 그 위로 가면 양쪽을 고가전차의 지붕이 15초 간격으로 날을 수 있으며 게다가 좌우의 바깥쪽에는 불과 수미터의 간격으로 전부 터져나올듯이 만원을 이루고 더구나 그 승객은 반은 전차에 매달려 있는 상태지만──전차가 달리고 있어서 그 굉음과 잡음이 끊이지를 않습니다──전차의 소음의 사이 사이마다 훨씬 아래쪽에서는 큰 기선의 기적이 울리고 있습니다──뿐만 아니라 뉴욕이 있는 섬의 남단 엘레베이터 기관의 희미한 연기 구름을 모두 휘감은, 마치 볼로냐나 피렌체의 그림에 있는 것과 같은 고루뿐인 자본의 장대한 전망, 특히 넓은 외황과 자유의 여신상과 멀리 바다의 전망을 연결시키면 사실 이것은 독특한 인상입니다. 나는'마천루'까지도 '추악'하다고 볼 수 없었습니다. 멋없는 외양을 가지고 있는 우리 나라의 큰 아파트를 10개 정도 쌓아올린 것에 불과합니다. 그러한 것은 도적의 산채가 있는 문양이 새겨진 바위와 같은 모양을 하고 있는 것으로 확실히 아름답지는 않지만 미의 반대는 아니며 오히려 미추를 초월한 것입니다. 가까이서 보지 않으면 이 나라에서 이루어지고 있는 것의 그 이상으로 잘 어울리는 것은 나에게는 상상할 수 없을 정도의 상징이 되고 있습니다."

인간이 만든 것은 참으로 위대한 것이다. 그러나 인간 그 자체는 참으로 작게만 보인다. 저녁에 상업구역에서 빠져나온 끊임없는 인간의 물결이 다리를 향해서 밀려오는 것을 보게 되면 사람들은 충격을 느낀다. 개개의 인간 영혼의 무한한 가치, 불사에 대한 신앙 등은 허망하게 되어 버린다.

그들의 내부 생활은 여행자에게는 처음에는 눈에 띄지 않는다. 다만 넓고 커다란 주택구역에 있는 어느 단독주택의 문을 열어보면 검소하면서 안락한 집안은 상업세계의 중심과는 멋진 대조를 이루고 있다. 그곳에서 볼 수 있는 것은 그들에게 고향을 생각나게 하는 것뿐이다. "내가 파이프를 한번 오래 피운 것뿐인데 방 안이 언제까지나 연기로 자욱할 것만 같았습니다."

"중요한 것은 이 지대한 집합체 내부에 도사리고 있는 모든 개인주의적 움직임입니다. 주(主)에 있어서건 식(食)에 있어서건. 그래서 실제로 콜롬비아 대학의 독일 학자인 하베이 교수의 집도 정말 인형의 집 같았습니다. 작은 방들, 세탁과 목욕 시설이 되어 있는 방 하나(이것은 거의 모든 집이 같습니다), 다섯 이상의 손님을 초대한다는 것의 불가능(부럽습니다!), 도심까지 전차로 한 시간. 가족들은 도가 지나칠 정도로 친절하며 그도 그녀도 열심히 '독일적'인 습관을 지키고 있었습니다. 그녀에 대해서는 틀림없이 마리안네가 쓸 것입니다. 그는 이제는 1년에 두 번씩 대학의 독일학부에서 '독일식 코레르스(독일의 대학생 사이에서 독특한 방법으로 이루어지는 연회)'를 통에 맥주를 채워놓고 개최한다고 자랑스럽게 들려주었습니다. 8명의 독일학 교사와 졸업생과 재학생과 그 밖의 신입생도 끼워서. 맥주통이 들어간 미국내 최초의 대학 건물이라는 것입니다. 학생들에게 독일 문화의 '정신'을 느끼게 하는 일이 이곳에서는 진지하게 행해지고 있는 것입니다."

이번에 부부는 며칠밖에는 뉴욕에 머무르지 않았다. 보다 긴 체류는 여행이 끝날 무렵에 하기로 되어 있었다. 우선 그들은 숲이 많은 허드슨 강을 시작으로 해서 기슭을 따라 서쪽으로 나이아가라 폭포까지 갔다. 실제로 사람들이 말하는 대로 도처에서 'the greatest of the world(가장 위대한 세계)'를 볼 수 있었다. 인간이 만들어낸 것의 거대함은 터무니없이 넓으며 더구나 거대한 것을 목표로 삼고 있는 자연의, 웅장한 모습, 멀리 떨어져 있어 퍼렇게 아롱질 정도로 폭이 넓은 당당한 강, 아직 사람의 손이 거의 닿지 않은 광대한 초원, 그리고 또 이 폭포의 경이——로맨틱한 바위 사이에 아담하게 무지개색을 내며 떨어져내리는 물기둥이 아니고 흐름이 막혀진 대해가 미친 듯이 감옥에서부터 낭떠러지로 몸을 던지고 있는 것과 같은 느낌이었다. 베버는 물소리 때문에 사람의 소리 같은 것은 흔적도 없이 사라지는 이 거대한 경관을 즐겼으나 그것에 대해서는 감동에 벅찼던 마음을 몇 줄의 문장으로 기록하고 있을 뿐이다. 왜냐하면 여기서는 자연보다 인간의 손으로 만든 것과 인간들이 어떻게 살아가고 있느냐 하는 것이 그의 흥미를 더 많이 끌었기 때문이다.

"헨젤과 트레르티는 두 개의 커다란 호면에 끼어 있는 그 숲의 섬에 갔으나 나는 어머니에게 편지를 씁니다. 그 섬에는 울창한 숲속에 조용한 장소가 수없이 많지만 폭풍 전야의 조용함과 같은 독특한 느낌을 주고 있습니다. 자연미가—— 그렇게 무참하게 손상을 입었음에도 불구하고——멋지다고는 하지만 제일 재미있었던 것은 누가 뭐라 해도 그저께 이곳에서 반 시간 정도 북부 도나완다에 살고 있는 하우프트 목사——하레의 콘라드 교수의 조카——집의 방문이었습니다."

왜냐하면 여기서 이 여행자들은 뉴욕과는 대조적인 모습으로 사람을 놀라게 하는 소도시를 발견했으며 특히 미국인의 행동의 특색에 대해서 보통이라면 일반적으로 몇 주일이 걸려도 배울 수 없는 것을 이 도시에서 시민권을 얻은 사람들로부터 하루만에 배웠던 것이다.

"우선 이 소도시의 전망부터가 뉴욕의 마천루와 비할 데 없는 대조를 이루고 있습니다. 2,3층의 목조집만이 판자를 깔은 보도에 따라 이어져 있으며 그 집마다 베란다와 꽃과 작은 마당과 거리에 면해 나무가 심어져 있습니다. 웨건은 무어라 말할 수 없이 친근감을 느낄 수 있으며 소박합니다. 내부는 깨끗하며 아늑합니다. 집은 큰 제재소나 공장에서 완전히 재단되어 운반해온 것을 조립한 것이기 때문에 크기에 따라서 거의 모두가 동일한 배치를 이루고 있으며 가옥당 1천 달러에서 3천 달러라고 합니다. 방은 작으며 책상과 의자를 빼놓고 여섯 명 정도면 제일 큰 방도 꽉 차버릴 정도가 되며 손이 천장에 닿습니다. 그러나 아름다운 미국식 강재의 벽판과 문틀, 무늬가 없는 융단이 방에 대단한 안정감을 주고 있습니다. 부엌은 반드시 식당 옆에 있으며 수세식 변소, 세면대(모두 공용한다), 목욕통이 한 방에 갖추어져 있습니다. 창은 대단히 작습니다. 조그맣게 보여 기분이 좋으며 쾌적하게 세워진(빈번하게 열리는 교구 행사 때문에 부엌과 다용도실이 달려 있다) 목조 교회 옆의 목사관도 다른 집들보다 별로 크지 않습니다.”

여기서 그들은 사회적 특권층의 내부에서의 생활기준의 대조까지 알게 되었으며 국가의 원조없이 노동지구의 자발적인 기부에 의해서 모여지는 수입으로 문화 생활을 유지하고 있는 정신노동자들의 욕심없는 곤란한 생활을 비로소 보게 되었다. 네 명의 아이가 있으며 대체로 부모로부터의 원조는 없고 높은 교양을 지니고 있는 아내는 스스로 소제, 요리, 세탁도 하며 옷도 일체 자기 손으로 만들고 남편은 힘이 드는 일을 도와준다. 그래도 부부는 정신의 활발함을 잃지 않는다. 여행자들은 자기의 고국도 그 문화의 다음 세대의 기수들이 그것과 같은 생활 양식을 누리게 된다는 것을 예상조차 하지 못하고 그 대단한 작업량에 눈이 휘둥그레졌다.

다음의 예정지는 시카고, 뉴욕 이상으로 미국 정신의 정점이 되어 있는 거대한 대도시였다. 여기서 그들은 모든 대비가 더한층 뚜렷해지고 있는 것을 보게 되었다. 대리석이나 금색으로 칠한 브론즈의 호화스런 건물 속에서 자랑스럽게 뽐내고 있는 새로운 부, 흐린 유리창과 더럽고 어두운 현관에서 황량한 거리를 한없이 내다보고 있는 처참한 빈곤, 모든 대륙에서 몰려와 뒤섞여 있는 주민들의 끊임없는 활동, 쉴 틈 없는 이익 추구, 매일 무감각적으로 수천의 인명을 위험으로 내모는 인간 낭비, 끊임없는 건축과 철거, 파헤쳐진 포장 도로, 바닥을 모르는 불결함, 모든 것이 소리 경쟁을 하고 있어서 귀가 멍멍해지는 소란함, 이러한 모든 것 위에 모든 돌, 모든 풀의 잎을 엷게 검게 물들게 한 금청색의 하늘 빛이나 별의 반짝임을 극히 드물게밖에는 보여주지 않는 농도 짙은 연기. 베버는 이렇게 기록했다.

“시카고는 믿기 어려운 도시중의 하나입니다. 호반의 여러 곳에는 쾌적하며 아름다운 별장 지대가 있습니다. 대부분이 그 이상 없을 정도의 둔중한 양식의 석조 건물이며 바로 뒤에는 마치 헤르고랜드에 있는 것과 같은 오래된 목조 건물이 있습니다. 그리고 노동자의 연립식 임대 가옥과 어이 없을 정도로 더러운 거리, 별장 지대 이외에는 포장은 물론 조잡하기 짝이 없는 자갈조차도 깔아놓지 않았습니다. 시가지의 마천루

사이의 도로 상태는 정말 말로 형용하기 어려울 정도입니다. 게다가 연탄을 때고 있습니다. 그래서 남서의 사막에서 덥고 건조한 바람이 거리로 불어오게 되면 시는 태양이 흐린 황색이 되고 질 때에는 완전히 환상적으로 변하고 맙니다. 개인 날에도 세 블록 앞 정도만 바라다볼 수 있을 정도입니다. 모든 것이 안개와 짙은 연기로 싸여 있고 호수 전체가 탑 정도의 높이까지 자색의 연기로 뒤덮여 있는 그 속에서 작은 기선이 별안간 나타나기도 하며 출항하는 배의 돛이 그 속으로 사라져버립니다. 더구나 대단한 인간 사막입니다. 시내에서—— 20마일은 되리라고 생각하지만——할스테드 가를 지나 한없이 멀리 차로 갔습니다. 양쪽에 '크세노도키아'와 같은 그리스 어의 전단이 붙어 있는 블록, 그리고 중국인 음식점과 폴란드 어의 광고나 독일인의 맥주집 등이 있는 블록——그리고 마지막으로 큰 도살장에 도착합니다. 높은 시계탑에서 바라볼 수 있는 것은 가축의 무리와 소와 양의 울음소리와 굉장히 많은 오물 이외에는 아무것도 없습니다. 그러나 사방의 지평선 일대에는(이렇게 말하는 것은 시는 이 이상으로 몇 마일씩이나 널리 퍼져 밀집된 교외지 속으로 사라지고 있습니다) 교회와 예배당, 엘리베이터의 탑, 연기를 품는 굴뚝(이곳에서 큰 호텔은 모두 증기기관을 이용해서 엘리베이터를 가동하고 있습니다), 여러 모양의 집들. 기껏해야 두 가족용의 작은 집(그렇기 때문에 시가 터무니없이 넓어진 것이지만)이며 살고 있는 사람의 국적에 따라서 그 청결도가 다릅니다. 스모크 야드에서 대단한 소동이 일어났습니다. 끊없는 파업, 그것을 봉쇄하기 위해서 동원된 무수한 이탈리아 인과 흑인들, 매일 총질이 일어나서 발생한 10여 명의 사살자. 그뿐이 아닙니다. 비조합원이 탔다고 해서 한 대의 전차가 전복되었으며 10여 명의 여성이 짓밟혔습니다. 고가철도에 대한 다이너마이트의 위협, 그 때문에 차량이 한 대 강으로 빠졌습니다. 우리들이 묵고 있는 호텔 근처에서는 백주에 한 상인이 타살되었으며 그곳에서 2,3 블록 떨어진 거리에서는 저녁에 세 흑인이 전차 속에서 강도질을 했습니다. 요컨대 기묘한 문화의 번영입니다. 여러 민족의 혼합의 결과가 놀라울 정도입니다. 그리스 인은 거리의 도처에서 양키의 신을 5센트를 받고 닦아주고 있고 독일인들은 양키의 급사가 되고 아일랜드 인은 그들을 위해서 정치를 떠맡고 이탈리아 인은 가장 더러운 토목공사를 맡고 있습니다. 거대한 이 시 전체——런던보다 넓다!——는 별장 지대만 제외한다면 마치 내장의 움직임을 밖에서 볼 수 있는 인간같습니다. 실제로 무엇이든 볼 수 있으니까. 가령 시내의 몇몇 골목에는 밤이 되면 창녀들이 전등 밑에 가격표를 옆에 놓고 앉아 있습니다. 여기서도 뉴욕처럼 독특한 유태계 독일인 문화의 자기 주장이 특징으로 나타납니다. 극장은 유태계 독일어(이디슈 어)로 〈베니스의 상인〉이나(그러나 여기서는 샤일록이 재판에 이깁니다) 독자적인 유태인 연극을 상연하고 있는데 우리들은 뉴욕에서 이 연극을 보려고 생각하고 있습니다.”

“도처에서 공포스러울 정도의 작업을 발견할 수가 있습니다. 매일 수천의 소와 돼지가 도살되고 있는 ‘피의 바다’를 가지고 있는 큰 도살장이 그 점에서는 제일입니다. 소는 아무것도 모르고 도살장에 발을 들여놓은 순간 해머의 일격을 받고 나뒹굽니다. 그러면 순간적으로 철로 만들어진 손이 내려와 그 소를 잡아 높이 올려서는 옮기기 시작합니다. 끊임없이 앞으로만 전진하여 차례차례로 대기하고 있는 노동자의 앞을 지나게 되면 노동자들은 내장을 빼고 가죽을 벗는데 그것은 언제나 소를 그들 앞으로 가져다주는 기계에 맞추어 속도가 이루어지고 있습니다. 지독한 냄새를 풍기며 피어오르는 김과 오물과 피 속에서 참으로 믿기 어려울 정도의 작업능률을 보여주고 있습니다. 나는 이런 속을 1달러를 받고 안내해주는 보이와 함께 오물 속에 빠지지 않으려고 난간을 잡으면서 걸어다녔습니다. 그리고 이 속에서 돼지 우리에서 나온 돼지가 소시지와 깡통으로까지 만들어지는 것입니다. 종업원은 5시에 일이 끝나면 때로는 한 시간이나 소비하면서 집으로 가게 됩니다. 시의 전차회사는 파산을 해서 수년 전부터(습관대로) 청산인이 관리하고 있으나 이 작자는 채무 정리를 빨리 처리하는 것에는 전혀 관심이 없습니다. 따라서 새로운 차량 등의 매입은 일어날 수도 없는 일이며 낡은 것은 늘 고장을 일으키고 있습니다. 대체로 매년 4백 명 정도가 전차에 치어 죽든가 불구자가 되지만 죽은 사람은 법률이 정한 바에 의해서 회사에서 5

천 달러(미망인 또는 상속인에게 지불한다)를 받고 회사가 타당한 방지책을 강구하지 않은 한 부상자 자신에 대해서는 1만 달러를 받고 있습니다. 그래서 회사는 요구되고 있는 방지책보다도 4백 건의 손해배상 쪽이 싸게 먹힌다는 것을 알고 방지책을 실시하지 않습니다.”

부부는 이곳에 와서 처음으로 꿈꾸는 것과 같은 반수 상태에서 깨어난 기분을 느꼈다.

“봐요, 근대적인 세계란 이런거요.”

모든 개별적인 것을 무차별하게 주어 삼키는 이 괴물의 얼굴 중에서 사람들을 놀라게 하는 것에는 단순히 거칠대로 거친 난폭함만이 아니고 사랑의 힘이나 선의나 공정함이나 아름다움과 정신성에 대한 집요한 의지와 같은 착한 면도 있었다. 마침 건물 기둥에는 〈시카고의 그리스도〉라는 포스터가 붙어 있었다. 이것은 불손한 모욕이 아닐까? 틀리다. 여기에도 정신의 숨결이 통하고 있는 것이다. 특히 그 정신은 한 인간의 신앙에서 오는 용기를 지닌 여성의 사업으로 느낄 수 있었다. 제인 아담즈는 노동자 구역의 삭막한 거리에 그 유명한 인보(隣保)사업관을 설립했다. 거기서 우리는 온화하며 품위있는 이 여성을 발견했다. 그녀는 열광적인 많은 원조자를 거느리고 전세계에서 밀물처럼 몰려온 프롤레타리아들에게 그들이 자신의 손으로 만들어낼 수 없는 모든 것을 주고 있었다. 강렬한 생존 경쟁 속에서의 아름다움과 기쁨과 정신적 향상과 체육과 정성이 깃들어 있는 원조의 장소를. 사람들은 이 ‘시카고의 천사’를 보고 경탄하며 신뢰했다. 그 외에도 오사시스가 있다. 대학이다. 대도시에서 훨씬 떨어져 고목의 그늘에 싸여 정성껏 손질을 한 푸른 잔디 위에 세워진 매력적인 일꾼의 건물, 지성이 넘친 청춘의 기쁨과 섬세하고 아름답고 깊은 것이 여기서 광범한 층의 미국 청년의 영혼에 깊이 깃들게 하고 있다. 베버는 말했다.

“청년기 추억의 모든 매력은 바로 그 시대에 한해서만 있는 것입니다. 집단 스포츠, 적응력있는 사교 형식, 한없는 정신적인 자극, 영속적인 우정과 그 수확, 그리고 특히 우리 나라 대학생보다도 훨씬 훌륭한 직업에 대한 습숙(習熟)을 배우고 있습니다.”

그는 여기서 곧바로 그의 흥미를 강렬하게 일으키는 것을 발견했다. 종교적 정신이 지니고 있는 조직력의 명백한 흔적이라는 것이다. 대부분의 대학은 원래 청교도의 여러 파가 세운 것이며 순교자적인 전통을 아직 어느 정도 느낄 수 있었으며 지금까지도 그것은 청년들을 순결함의 이상과 연결되어 있어서 외설적인 이야기를 하는 것을 엄격하게 금하고 여성에 대한 기사적 태도를 청년들에게 요구하고 있었다. 그것은 독일의 일반적 풍습에는 없는 것이었다. 종교적인 정신의 맥박은 특히 필라델피아의 퀘이커파의 하바포드 대학에서 느낄 수 있었다. 물론 여기서도 그것은 정신을 달리하는 여러 가지 요소와 뒤섞여 있기는 하지만. 그래서 베버는 자본주의의 '정신'에 대한 연구를 위해 도서관을 조사해보고 잊을 수 없는 감명을 받았다.

"이 퀘이커교도들도 유일교파가 아니라는 한에서는 그렇게 유별나지 않으며 다른 모든 습관은 사라지고 있다. 그들의 크리켓 팀은 이 나라에서 가장 훌륭하며 개구쟁이들은 큰 부자입니다. 나는 한 학생의 하숙집에서 교차되고 있는 점과 '흡연실'이라는 팻말을 보았는데 그것은 확실히 독일의 기차의 흡연용 차간에서 슬쩍 해온 것이라 생각됩니다. 그래도 예배는 역시 독특한 것입니다. 그 조용함, 전혀 장식이 없는——제단은 물론 그 밖의 것이 전혀 없습니다——실내에서는 난로에서 타는 소리와 억누른 기침(추웠기 때문에) 소리만 들을 수 있었습니다. 마지막에 '영에 이끌리어' 누군가가 일어나서 말하고자 하는 것을 이야기합니다. 대체로 이것은 신도단에 의해서 지정되고 있어서 그것 때문에 약간 높은 벤치 위에 같은 수의 남녀가 앉아 있으며 그들 중 누군가가 맡게 됩니다. 애석하게도 이때는 우리가 기대한 여성이 아니었고——고령의 퀘이커교도 부인은 가장 뛰어난 연설자임에 틀림없는데——유능하지만 약간 지루한 문헌학자인 대학의 사서였습니다. 영은 그를 독려해서 신약성서가 기독교에 여러 가지 방식으로 이름을 붙이고 있는데 이름을 붙인 방식에 대해서는 처음에는 지루했지만 나중에는 굉장히 재치있게 실천적인 의미를 가진 해석을 말하게 하고 있었습니다——그것도 정성을 다해 준비하고 와서——. 그리고 또 긴 침묵, 다른 장로의 즉석 기도——긴 침묵——해산. 노래도 오르간도 전혀 없습니다."

  다른 곳 특히 대도시에서는 아직 외형만은 남아 있었지만 거기서는 창조적인 근원의 정신은 없어졌으며 우리가 위선이라고 생각하는 앵글로 아메리칸 생활의 여러 가지 현상이 생겨나고 있었다.

  "처음에는 메소디스트파였던 시카고 대학의 교칙에 씌어 있는 것을 보니 심한 생각이 들었습니다. 학생은 매일 예배의 5분의 3을 출석하지 않으면 안 된다. 또는 3시간 예배에 출석하지 않으면 그때마다 1시간 더 강의를 듣지 않으면 안 된다는 것입니다. 요구하고 있는 이상으로 예배 출석 성적을 올리면 다음 학년에는 그만큼 '출석'하지 않아도 된다고 합니다. 예배 출석 성적이 불충분하면 2년 후에는 제적을 당합니다. 게다가 예배는 기묘한 것입니다. 가령 하르나크의 교양사에 대한 강의가 그 대신으로 있을 때가 있습니다. 다음으로는 풋볼, 베이스볼, 크리켓 등의 예정이 예고됩니다. 옛날에 독일의 시골에서 수확 노동이 예고된 식으로. 전체가 지나칠 정도로 무질서합니다——현재는 지나치게 무관심해져서 간단히 말로 표현하기 어려울 정도입니다. 그것이 주로 독일인에 의해서 늘어나고 있다는 것은 사실입니다. 그러나 교회신도단의 힘은 우리 나라의 개척주의에 비하면 여전히 강력합니다."

*

  또다시 끝없는 초원을 한참 여행한 후 세인트루이스로. 그곳에서 여행자들은 어느 독일계 미국인의 환대를 받고 기운을 되찾았다. 집 주인은 옛날 베스트파렌의 가난한 농부의 아들로서 이곳으로 건너왔는데 지금은 자력으로 출세한 사람이 되었으나 그러면서도 전혀 자수성가한 사람 같지 않았다. 여행자들은 그의 품위있는 태도와 정신에 감탄했으며 예의작법도 졸업장도 요구하지 않고 그만한 의지와 능력을 지니고 있는 모든 사람에게 카로이카가토이(Kaloikagathoi:그리스 인이 모양의 이상으로 삼은 미와 선의 융합을 구현한 사람)의 층으로 올라가는 것을 허용하는 민주주의가 어떠한 인간 형을 우대하느냐 하는 실례를 그 속에서 보았다. 박람회라는 멋있는 거대한 파노라마 중에서도 여행자들을 가장 기쁘게 해준 것은 누가 뭐라 해도 역시 입구 정면에 커다란 날개를 펼치고 있는 커다란 독수리 덕으로 멀리에서도 알 수 있는 〈독일관〉이었다. 여기에는 부부가 지금까지 한 번도 본 일이 없는 실내 장식과 가구 공예 요컨대 예술적 표현 문화의 모든 것이 모여 있으며 더구나 이곳에 모인 전세계의 작품 속에서도 그것과 어깨를 겨룰 만한 것을 찾아볼 수 없을 정도였다.

"독일인의 공예적인 작업은 모두 아름다웠으며 참으로 훌륭하게 하나의 전체상을 만들고 있어서 다른 모든 국민들이 추종하고 있을 정도였습니다. 이러한 사실은 또한 각 방면에서 인정되고 있습니다."

때로는 지도층에 이르기까지 그 본질에 있어서는 평민적이면서도 구체적인 업적에 대해 이 정도의 완성도를 보여주고 있는——서부 유럽의 스승으로서——독일인이란 얼마나 기묘한 존재인가! 이러한 작품 앞에서 베버는 자기 나라의 국민에 대해 자랑할 수가 있었다. 그들의 결점에 대해서는 애정어린 괴로운 통찰을 지니고 있기는 했지만. 아내로서는 무엇보다도 제일 중대했던 것은 〈과거 및 현재에 있어서의 독일의 농업 사정〉에 대해 남편이 해야하는 강연이었다.

"6년만에 그가 다시 열심히 귀를 기울이고 있는 청중 앞에 서 있는 모습을 보았을 때의 나의 마음을 어머님도 상상하실 수 있을 것입니다! 그는 대단히 침착했으며 힘이 있었고 말하는 것도 훌륭했습니다. 강연에는 미국인의 흥미를 끄는 정치적인 요소가 여러 가지 있어서 형식과 내용이 모두 훌륭했습니다. 애석하게도 청중은 하르낙크와 같이 세계적 명성을 가지고 있지 않은 외국인 강사에게 그랬던 것처럼 대단히 적었지만 전문을 같이 하는 사람들은 모두 참석했기 때문에 그는 귀중한 지기를 많이 얻게 되었습니다. 그리고 고맙게도 강연 후에는 특별히 상태가 나빠지지도 않았습니다. 그뿐만이 아니라 그는 다음 날 그곳의 정부 대표와 오찬을 하고 주 지사와는 만찬을 하러 갔을 정도였는데 나중에 많은 험구를 늘어놓았습니다."

침묵을 끊어버렸다는 것이 베버의 쾌유를 위해서는 커다란 효과가 있었던 것이 아닐까?

세인트루이스에서 그는 보다 먼 남부 여러 주에 마음이 끌리고 있었다. 남부에서 그는 조국과 우정에서 따돌림을 당하고 있는 모계의 종형제들, 조부 파렌스타인의 첫 아내의 계통을 잇고 있는 손자들을 방문할 생각을 하고 있었다. 그들의 부친은 소년 시기에 옛날 폭군적 압제를 피해서 이 땅으로 몰래 도망해온 것이다. 그러나 그 밖에도 그의 흥미를 끄는 것은 많이 있었다. 가령 무엇보다도 가장 큰 것은 유럽이 결코 제공해주지 않는 것 즉 문명에 의한 황무지의 정복이다. 최근까지 인디언을 위해 확보하고 있었던 영역으로 발전하고 있는 한 도시와 오클라호마 주이다. 거기서는 또한 '보다 높은' 보다 지적인 인종에 의해 보다 낮은 인종의 무기의 힘을 빌리지 않은 압제와 흡수, 인디언의 부족 공유 재산의 개인 재산으로의 전화, 식민자에 의한 원시림의 정복 등을 볼 수 있었다. 베버는 어느 혼혈 인디언의 집에 묵었다. 그는 보고 듣고 주위의 세계와 동화하고는 도처에서 사물의 핵심에 다가섰다.

"이곳만큼 옛 인디언의 시가 근대의 자본주의 문화와 혼합되고 있는 곳은 어디에도 없다. 털사에서 마카레스타까지의 신설된 철도는 카나디안 강을 따라 1시간 정도 원시림 속을 지나간다. 그러나 원시림이라고 해서 거목이 밀집되어 있는 '숲의 침묵'을 생각해서는 안 된다. 속을 알 수 없는 덤불 숲——간혹 속이 들여다 보일 때 외에는 카나디안 강에서 불과 수미터의 곳을 달리고 있다는 것을 전혀 알 수 없을 정도로 밀생하고 있다. 기후는 상당히 남방적인 양상을 보이고 있어서(눈은 전혀 내리지 않는다) 울창하며 위쪽까지 덩굴식물에 감기고 있는 나무들, 그 사이를 누비고 흐르고 있는 시내와 작은 강은 완전히 초록의 지엽으로 덮여 있다. 완전히 자연의 상태대로이며 거대한 모래 땅이 있는 언덕에는 울창한 숲으로 뒤덮여 있다. 혹은 원만하게 혹은 지류와 합쳐져 당당하게 흐르면서 무언가 신비적인 독특한 느낌을 만들어내고 있는 카나디안 강과 같은 큰 강은 '가죽 양말'적인 시정('가죽 양말'은 미국의 대중작가 퀴니머 쿠파가 쓴 인디언 소설의 주인공)을 가장 많이 지니고 있다. 흐름은 어디에서 와서 어디로 가는지 알 수가 없다. 내가 본 단 한

척의 인디언 고깃배를 제외한다면 이러한 강은 모두 완전히 생명을 잃고 있다. 그리고 원시림도 여기서는 죽음에 임박하고 있다. 숲속에서 때로는 진짜 고목의 둥근 통나무집 군락을 볼 수 있으며——인디언의 것은 다양한 솥이나 널려 있는 세탁물 때문에 확실하게 알 수 있다——5백 달러 정도의 완전히 근대적인 목조가옥도 볼 수 있다. 집은 돌로 된 토대 위에 서 있으며 옥수수와 목면을 심은 넓은 공지가 있다. 나무는 아래쪽에 타일을 칠하고는 불로 그을려놓아서 죽었으며 그을려서 색이 바랜 손가락과 같은 나뭇가지들은 공중에서 휘감기어 있다. 이것은 그 뿌리 쪽에서 나는 새로운 작물과 한데 어울려져서 기묘한 느낌을 조성하고 있다. 그리고 광대한 초원지대——일부는 방목장, 일부는 목화밭이 되고 있다——와 옥수수밭. 그리고 별안간 석유 냄새가 나기 시작한다. 숲의 한복판에서까지 에펠탑 모양의 높은 볼랑 기계가 보이고 하나의 도시가 나타난다. 이러한 도시는 지금은 완전히 제 모습을 잃고 있다. 특히 많은 건설 중의 철도의 선로 노동자의 막사, 대부분은 1년에 두 번 먼지를 막기 위해서 석유를 뿌리고 그 석유 냄새가 나는 자연 그대로의 도로, 적어도 네다섯 개 종파의 목조 교회, 이러한 도로 위에는 바퀴가 달려 있어서 이동이 가능한 목조로 지은 집이 있어서 교통을 방해하고 있다. 소유자는 부자가 되어 그 집을 팔고는 새 집을 산다. 그러면 낡은 것은 그것을 산 신참자가 이주하는 밭으로 옮겨지게 된다. 게다가 어지럽게 뒤엉켜 있는 이것은 전보와 전화의 선, 건설 중인 전철——왜냐하면 도시는 끝없이 멀리까지 뻗어나가기 때문이다. 우리들은 몸이 큰 말이 끄는 작은 차를 타고 도시를 돌아보았다. 각각 다른 종파에 속하는 네 곳의 학교, 또 공립학교(무료)는 취학 의무제를 실시하게 되어 있다——도 보았다. 조촐한 방이지만 더구나——싼 요금에도 불구하고——복도마다 융단을 깔고 갖가지 많은 시설을 갖춘 호텔이 한 곳, 자기들 나라의 넓음에 대해서 말해주기를 바라고 있는 방문 기자들 등등. 믿을 수 없을 정도로 매력에 넘친——라고는 하지만 미적 매력은 아니다——발전된 모습. 내년에는 이 발전은 완전하게 오클라호마주의 성격이라기보다는 적어도 다른 모든 서부 도시의 성격이 되고 말

것이다. 이주자들은 북부와 동부에서 온 사람들로 대부분이 극빈자들이지만 수년 안에는 부자가 될 수 있다. 그 때문에 상상할 수 없을 정도로 붐을 이루고 있어서 법률 같은 것과는 상관없이 토지의 투기가 활발하다. 두 사람의 부동산업자, 한 사람의 도로 노동자, 두 사람의 상용 여행자가 내게 말을 걸어왔다."

"여기에는 믿을 수 없을 활동이 있다. 그리고 나는 어쨌든간에 석유의 악취와 매연, 침을 튀기는 양키와 무수한 경편철도의 끊임없는 굉음에도 불구하고 그 속에서 강력한 매력을 느끼지 않을 수 없었다. 게다가 이 작자들에 대해서 —— 대체로는—— 기분좋은 인간이라는 것을 느끼지 않을 수 없었다. 관리자는 모두 당연한 듯이 상의도 입지 않고 사람을 맞았으며 우리들은 모두 똑같이 창틀 위에 발을 얹어놓았다. 변호사들은 다소 배짱이 두둑한 인상을 주었다 —— 대단히 학구적이면서 언제나 상호 경의를 잊고 있지 않은 자연스러움이 지배적이다. 내가 여러 사람에게 질문을 받은 것 —— 독일에서는 흑인 문제를 어떻게 처리하고 있는가 하는 것은 어리석은 질문은 아니다—— 은 참으로 믿기 어려운 것이었지만 그러나 그들도 많은 이야기를 해주었다. 그리고 나는 이곳을 지배하고 있는 절대적인 —— 그리고 실제로도 효과를 올리고 있는 —— 주류 금지에도 불구하고 여기서는 아이들과 같이 소박하면서도 모든 상황에 대처해나가는 힘을 지니고 있는 사람들과 함께 있을 때 느낄 수 있었던 유쾌한 감정은 초기 학생 시절 이래 없었던 일이었다. '문명'은 여기서도 시카고 이상으로 크게 존재하고 있다. 자기 마음대로 행동할 수 있다고 생각하면 절대 잘못이다. 확실히 이야기하는 방법이 무뚝뚝하지만 그 어조나 태도에는 예의가 있으며 그들의 유머 감각도 참으로 놀랍다. 아까운 일은 1년 정도가 지나면 이곳도 오클라호마 등 미국의 다른 모든 도시와 같은 외양을 지니게 될 것이다. 참으로 맹렬한 속도로 자본주의 문화의 진로를 저해하고 있는 모든 것은 밀려나가고 있는 것이다."

베버를 대단히 기쁘게 해준 독특한 경험은 카나디안 강 기슭에 위치한 포트 깁슨의 한 클럽 하우스를 향해 원시림의 개간지를 뚫고 곧장

차를 몰았던 일이다.

"포트 깁슨은 강보다 조금 높은 숲속에 위치한 매력적인 장소입니다. 클럽 하우스는 이런 종류가 모두 그런 것처럼 우리 독일인이 알지 못하는 일종의 편안함이 있는 장소입니다. 상당히 나이를 먹은 흑인 아안트 베씨와 엉클 톰이 시중을 들기 위해서 고용되어 있으며 타는 듯한 여름의 더위 속을 신선한 토마토와 햄과 계란과 산에서 딴 벌꿀과 밀크 등의 간단한 점심을 먹기 위해 밤에 온 사람들을 위해 마련된 침대가 있으며 그리고 거의 언제나 유쾌한 친구들이 있습니다. 클럽은──당파의 구별없이──대체로 존재하고 있는 한의 모든 직업을 가진 40명 정도의 사람들로 성립되어 있으며 바로타쥬(흑백의 동그라미로 찬부를 정하는 투표법)로 신회원의 입회를 정하며 회원은 1인당 1년에 대략 75달러를 지불합니다. 그 대신 클럽은 신사들에게는 술집과 다방과 야회(부인 쪽은 리셉션이 있습니다)의 노릇을 대신 하고 있으며 회원 모두의 사회적 특권을 표현하는 것이기 때문에 자랑의 표식이 되고 있습니다. 이것은 영어로 번역된 심포지엄입니다. 왜냐하면 주로 잡담과 농담 경우에 따라서는 크고 작은 스포츠가 거행될 뿐이니까──물론 그랜드 강 기슭에서는 스포츠는 할 수가 없습니다. 또 그것을 위해서는 다른 단체가 있습니다. 그것은 대단히 기분좋은 것이었습니다. 나의 엉덩이는 물론 이러한 '도로'──일직선으로 올라가고 내려가는 칙지부(測地部)의 구획선일 경우는 아직 한 번도 없었지만. 차가 빠졌다가는 다시 덜커덩 뛰어나오게 되는 이 웅덩이는 '구멍'이라고 표현하기조차 어렵습니다. 물구덩이, 늪지, 나무 뿌리, 말은 어떤 것을 보아도 놀라지 않으며 돌과 같이 단단한 엷은 힛코리나무로 된 바퀴는 무엇을 만나도 전혀 손상을 입지 않습니다. 차는 긴 철교를 지나고──기차가 와서 사람을 배장기 위로 들어얹히는 장난을 할지도 모르는데도──또 강의 다른 곳에서는 뗏목처럼 만든 배를 타고 건너게 됩니다. 게다가 개간지대의 황막함, 검게 그을려진 나무 줄기, 입식자의 막사, 때로는 이주할 수밖에 없게 된 소작인의 짐을 쌓아올린 마차, 상당히 오래 된 통나무 집, 거의 완성되고 있는 근대적인 공장 건물, 검은 인간들이 득실거리고 있는 니그로의 막사 등 모든 것이 초원 위에 서로 멀리 거리를 두고 있든가 또는 강 기슭을 따라 밀림 속에 산재되고 있습니다. 그런 사이에 별안간 포트 깁슨과 같이 탄생하고 있는 도시가 출현하는 것입니다. 백호 정도가 멀리 떨어져서 여기 저기에 세워져 있었으면서도 발전소와 전화망 등이 있습니다. 그리고 또 완전한 황량함. 우리의 마차는 두 번이나 황소를 깔아눕혔고 한 번은 검고 엄청나게 큰 텍사스 돼지를 깔아 뭉갰습니다. 그리고 우리들은 한밤 중에 열어놓은 막사의 문 밖으로까지 코고는 소리를 내면서 잠자고 있는 농부를 여러 차례 깨워서 길을 묻지 않으면 안 되었습니다. 나는 이 사람들의 흐뜨러지지 않은 정중한 태도를 보고 놀랐습니다. 요컨대 이것은 어둠 속을 뚫고 가는 달빛 아래의 기묘한 드라이브였습니다. 오늘 나는 인디언들이 무리를 이루어 돈을 얻으러 오는 것을 보았습니다. 순혈의 종자는 특히 얼굴에 피로한 모습을 보이고 있어서 틀림없이 멸망이 운명지어져 있는 것처럼 보였지만 다른 무리 중에는 이지적인 얼굴을 하고 있는 인간도 있었습니다. 복장은 거의 예외없이 유럽 풍입니다. 나는 이 밖에도 실제로 많은 사람들에 대한 흥미있는 이야기를 수없이 들었지만 나를 친절하게 대접해준 그 체로키 인디언은 합중국의 최근 인디언 정책에 대해 공격을 했다는 기록을 남기리라고 생각하고 있습니다. 그것에 대해서 이야기할 때 그는 눈을 빛냈습니다. 그러나 '오래된 로맨틱한 지방'의 여행에 대해서는 이 것으로 충분하다 하겠습니다. 다시 내가 이곳에 올 때에는 '낭만주의'의 마지막 흔적조차 사라지고 없을 것입니다."

*

긴 원시림 여행지의 최남단인 뉴올리언즈에서 여행자들은 최초의 프랑스 인이 만든 특색을 찾아나섰으나 10월이라는데도 아직 흑인들도 지나치다고 생각할 정도로 사람을 마비시키고 마는 듯한 폭염을 만났다. 메마른 회색의 먼지 속에서 축 늘어진 식물들, 모든 것을 뒤덮고 있는 죽음과 같은 우울. 이틀 후에 이 저주스러운 마을을 떠날 수 있었던 것

을 우리는 기뻐했습니다. 다행스럽게도 그들은 이번에는 다시 북쪽을
향했고 우선 부커 워싱톤의 유명한 흑인 교육시설을 보기 위해서 소도
시 타스케기로 갔다. 그들이 본 것은 실제로 이 여행 중 가장 감동적인
것이었다. 국민의 최대 문제, 미국 생활의 모든 것에 침투되어 있는 백
인종과 그들의 이전의 노예들과의 대결이라는 것을 여기서는 알게 되었
고 파악할 수가 있었던 것이다. 특히 끊임없이 증가하고 있는 암갈색에
서 상아 같은 혼혈인들의 살아가는 비극이 감명을 주었다. 혈통과 소질
에 의해서 지배인종에 속하고 있으면서도 마치 오욕의 낙인이 찍히고
있는 것처럼 지배인종의 공동체에서 쫓겨난 인간들. 법률적으로는 이제
노예는 존재하고 있지 않지만 남부 여러 주의 흰 주인은 사회적인 반대
에 의해서 노예들의 자식과 손자에게 복수하고 있다. 그는 어떠한 노동
에도 그들을 필요로 하고 있다. 그리고 혼혈아를 손님으로 맞아들인 인
간은 그 사실로 해서 자기 자신이 속해 있는 인종과의 교섭이 끊기게
되는 것이다. 그래서 흑인 지도자에게는 흑인의 마음에 인종적 자랑을
불러일으키는 것과 그들을 교양있는 인간으로 만들어보려는 시도 이외
에 아무런 반격의 길도 없다. 얼마나 거대한 과제일까. 그것은 실제로
겨우 인간이 되기 직전 단계에 갇혀 있는 것처럼 보이는 순수한 인종에
'문화'를 가르친다는 것을 말하고 있는 것이며 지도자들의 건전한 상식
과 함께 공존하는 이상주의는 복음과 동시에 모든 종류의 합리적인 노
동 교육에 의해서 그것을 시도하고 있는 것이다. 언젠가는——라고 사
람들은 기대할 것이지만——백인도 경의를 표하지 않으면 안 될 것이
다. 그러나 백인은 반대를 해서 자기 인종의 퇴화를 지키려고 한다. 이
대륙에는 말하기 어려울 정도로 풀기 어려운 끊임없는 긴장이 있어서
여기서 본다면 고국의 생활은 참으로 잘 짜여져 있는 것처럼 보인다!
때마침 미국의 여러 신문은 아이러니컬하게도 립페 공국의 공위 계습의
싸움을 보도하고 있다.

　베버는 이렇게 말했다.

　"타스케기에서는 어느 누구도 정신 노동에만 종사할 수는 없습니다.
목적은 백인농민의 용징(庸懲)이 내걸은 이상입니다. 열광적인 감격이

교사들에게나 학생들에게도 대단한 상태로까지 확대되고 있습니다. 특히 법률적으로는 백인과의 결혼과 모든 교제를 금하고 있으며 그들만의 객차, 대합실, 호텔, 공원(녹스빌에서는 그렇게 되고 있다)를 지정하며 더구나 비 미국인에게는 백인과 구별하기 어려운 무수한 반 흑인, 4분의 1 흑인, 백분의 1 흑인에게 타스케기는 사회적 자유의 공기가 있는 유일의 장소를 이루고 있습니다. 면작지대의 브란티지나 흑인 움막에서 만나게 되는 반원(半猿)들의 대조는 놀라운 것이지만 남부 백인들의 정신 상태도 그 인간적인 매력이 있는 표면의 뒷면을 보면 놀라운 일입니다. 부카 워싱턴과 그의 사업에 대해서는 농장주에게서 '손'을 빼앗는 일체의 흑인 교육에 대한 심각하기 짝이 없는 반감 때문에 워싱턴과 제퍼슨을 제외한다면 남부 백인에게는 이상할 것도 없는 생각까지 그들의 의견은 각자가 모두 다르기는 하지만 그러나 거의 완전한 백인이나 교양있는 흑인 상층의 존재에도 불구하고 아니 오히려 바로 그것 때문에 사회적 평등과 사회적 교제는 불가능하다는 견해에 그들은 예외없이 기울고 있습니다. 뿐만 아니라 백인들은 이 '인종 보호'라고 생각할 수 있는 격리로 해서 쇠약해져가서 남부에서 볼 수 있는 유일의 감격은 그 흑인의 상층에만 있는 것입니다. 백인에게서는 북부인에 대한 전망이 없는 무력한 증오밖에는 볼 수 없으니까. 나는 실제로 여러 정당과 여러 사회계급에 속하는 백 명이 넘는 남부인과 이야기를 나누었으나 이 사람들은 이후 어떻게 되겠느냐 하는 문제에 대해서는 완전히 절망하고 있는 것처럼 보였습니다. 실제로 한 번도 노예를 소유해본 일이 없는 프리스 아저씨는 엄격한 노예폐지주의자였지만 그대로 노예소유자를 위해서 종군을 했습니다. 그 이유는 그의 제퍼슨적이나 칼푼적 이론에 의하면 그가 속하고 있는 버지니아 주는 분리의 형식적 권리를 가지고 있기 때문입니다. 그는 언제나 너무 많이 말을 가지고 있으면서도 최고의 가격을 제시받아도 거부하고 있는데 그것은 팔아버리면 이웃이 방법론자인 그보다 훌륭한 말을 갖게 되며 아내가 매일 지옥의 벌을 받게 되는 것이나 아닐까 하고 그를 괴롭히기 때문입니다. 이 아저씨도 씩씩하고 부지런하고 또 긍지가 있지만 무지하여 오늘의 생존경쟁에 패배하고 있는 사람들 중의 한 사람이었습니다."

이렇게 해서 부부는 비로소 F. 파렌스타인 자손들과 만나게 되었다. 그들은 양키 정신의 유산도 없으며 오히려 그 정신을 증오하도록 교육을 받으면서 소박한 문화가 결여된 생활을 보내고 있었다. 그들 중 한 사람은 처음에 광부와 국민학교 교사를 했으며 지금은 변호사 사무소를 가지고 자신은 그 일을 청부받고 있는 빈틈이 없는 아일랜드 인과 공동 경영자가 되어 있었으나 그래도 이 사람은 명망자가 되려고 하고 있었다. 그 밖의 두 아들은 노드 캐롤라이나와 버지니아의 경계인 브르 릿지 산 기슭의 언덕 몇 곳을 자력으로 개척하여 초목도 없는 산 위에 치장을 전혀 하지 않은 농장 건물을 지니고 있는데 지나지 않았다. 이러한 집에는 독일 농가처럼 여유있는 쾌적함과 꽃모양의 장식은 전혀 어울리지 않는 것이다. 게다가 그들은 많은 자식을 낳아서 또 하나의 생활 양식에 대한 무의식적인 향수를 지니고 고생하고 있는 것이었다. 베버는 말했다.

"우리는 밤에 마운트 에아리로 갔습니다. 짐과 큰 아이가 차로 우리를 마중나왔습니다. 그리고 밤중에 1시간 반이나 숲을 헤치고 얕은 개울을 건너면서 언덕을 올라갔다는 내려가기도 하면서 무서운 길을 비추고 있는 달을 바라보면서 달렸습니다. 한번은 갈비뼈가 모두 부러진 것이 아닌가 하는 생각을 할 정도였으며 차의 접촉 부분이 온통 이상한 소리를 냈습니다. 길에 가로걸려 있는 굵은 통나무에 부딪힌 것입니다. 그러나 말과 짐을 다치지 않았습니다. 그리고 짐의 아내의 환대. 얼어붙을 것 같은 추위, 첫 서리, 그래도 우리는 눈이 따가울 정도로 타오르고 있는 난로에서 몸을 녹였습니다. 집 안에서 종이라는 것은 조그마한 조각조차도 찾아볼 수 없다. 쓰기 위한 것(제임즈는 마운트 에라리에 갔을 때 그곳에서 편지를 쓰지만)이나 문명인이 평생 사용하는 어떠한 목적의 것도. 그 대신 손이 시릴 정도의 찬물이 나오는 우물과 3층으로 된 작은 집 상층의 기분좋은 침대. 이 사람들에 대해서는 마리안네가 보고할 것이니까 나는 오히려 외관과 외적인 사정에 대해서 묘사하겠습니다. 제퍼슨과 제임즈 형제의 집은 중앙의 작은 시내를 향해서 약간 급한 경사를 이루고 마주보고 있는 두 언덕 위에 세워져 있습니다. 아래의 얕은 땅은 토질이 좋아서 ——각각 자기의 땅 위에—— 담배와 옥수수와 밀이 심어져 있고 구릉지대에는 담배와 함께 유일의 환금 생산물인 가축들이 풀을 뜯고 있습니다. 곡물은 그들의 식량으로 하거나 가축의 사료로도 사용합니다. 풍족하지만 변화가 없는 식사——삶은 쇠고기, 잘게 다진 돼지고기, 과일 통조림, 강한 불로 구운 옥수수 과자, 삶은 과일, 우유를 넣은 커피, 이것만으로 매일 세 번씩——때의 예법은 어디를 가도 같았습니다. 작은 계집 아이 중의 하나는 커다란 파리채로 주위의 파리를 쫓아주며 제임즈와 제프는 우리의 접시에 엄청날 정도로 많은 음식을 담아주며 여자들은 서서 우리에게 커피나 밀크를 따라줍니다. 나이 먹은 사람들이 먹고 나면 제2진이 때로는 제3진(아이들)이 식탁에 앉으며 흑인은 마지막으로 혼자서 먹습니다(그들은 얼마간의 땅이 딸린 움막과 살고 있지만 움막과 땅도 제임즈에게서 받는 것입니다). 제임즈 집에서는 식사 전에 짧게 기도를 했지만 딸 하나와 몇 명의 남자 아이가 있는 제프의 집에서는 어느 교회에도 다니지 않기 때문에 그러한 것은 전혀 하지 않습니다. 식후에 사람들은 난롯가에 앉아서 ——집 밖에 앉아 있는 것이 쾌적하다고 생각하지 않기 때문에—— 모두 담배를 씹습니다. 제프는 옆에 앉아 있는 사람들의 다리 사이나 다리 위로 갈색의 즙을 솜씨 있게 불 속으로 뱉어넣고 있었습니다. 우리는 정말 즐거웠지만 '농업'이라는 것에 대해 대단히 혐오감을 지니고 있는 제프만은 우울해 하고 있었습니다."

여기서도 뜻하지 않게 베버 연구의 실제 재료가 될 수 있는 것을 얻게 되었다. 민주주의 사회의 사회적 조성의 신구의 형이 그것이다. 인간의 생활에 각인을 주는 여러 종파의 영향력과 동시에 그러한 종파가 많은 종류의 조합이나 클럽에 의해서 더욱더 대용되어 있는 모습이 원시적인 형태로 그의 앞에 나타난 것이다. 이러한 관찰의 반영은 특히 〈교회와 종파〉에 관한 그의 논문에서 볼 수 있다.

"일요일 아침 일찍 제임즈, 프란크, 베티는 교회에 갔습니다. 젊은 목사가 정오에 제임즈의 집을 방문했으며 전혀 교회와 인연이 없는 제프와 그 가족도 함께 모였습니다. 오후에는 모두 침례 교회식 세례를 보러 갔습니다. 8명의 인간 즉 세 여인, 또 아직 성인이 못 된 아이들, 두 남자가 얼음처럼 차가운 시냇물에 몸을 담갔습니다. 이것이 엄격한 뱁티스트 교의에 의한 올바른 세례 형식인 것입니다. 목사는 검은 옷을 입고 몸을 허리까지 물에 담그고 섰고 세례를 받는 사람들은 제일 훌륭한 옷을 입은 채로 순서대로 물에 들어가 목사에게 손을 내밀고 각각 다른 맹세를 말한 후 목사의 팔에 안기어 얼굴이 물에 잠길 때까지 몸을 눕힌 잠시 후 커다란 재채기를 하면서 물에 나와서는 언덕으로 올라와 반갑다는 인사를 받고 젖은 채로 집으로 돌아가든가 집이 멀 경우는 부근의 움막에서 옷을 바꿔 입게 됩니다. 그들은 한겨울에도 이런 행사를 치르기 때문에 도끼로 얼음을 깬다고 합니다. 그러나 신앙 때문에 감기에 걸리지 않는다고 제임스는 말했습니다. 제프는 이러한 것은 어리석은 짓이라고 생각한다고 말했으며 그 중 한 사람에게 이렇게 물어보았다고 했습니다. '베티, 당신은 춥지 않나요?' 그 대답은 '나는 오히려 더운 곳에 있다고 생각하는데요(물론 이것은 지옥을 뜻한다). 그리고 난 찬물에 대해 걱정하지 않아요.' 그녀는 엄격한 교의를 잘 지키고 있었습니다. 그래서 제프는 '당신 어머니만큼 열광적이군요.'라고 말했고 그도 다른 사람들처럼 모친의 무서울 정도의 엄격성 때문에 교회와의 많은 연결을 끊은 것입니다. 교회 신앙은 일반적으로 내리막길에 접어들고 있습니다. 이것은 오랜 관습과 이웃끼리 모든 사람이 매주 거행하는 참회가 이 젊은 목사도 인정하고 있는 것처럼 쇠퇴하고 있는 것으로서도 알 수 있습니다. 설교는 훌륭한 것이었으며 철저하며 실천적이고 격렬한 흥분이 감돌 정도여서 '각성되었다'고 느낀 사람은 제단 앞으로 나와 무릎을 꿇고 앉습니다. 한 늙은 농부가 커다란 목소리로 정열적으로 모두를 위해 기도를 했습니다. 그러나 높고 날카로운 무어라고 표현하기 어려운 무서움이 섞여 있는 노래 소리 때문에 내가 있는 이 헛간에서도 묘한 두려움을 느꼈습니다. 물론 타라알(긴 옷 같은 것은 전혀 볼 수 없었으며 목사는 짧은 상의를 입고 정치 연설을 하는 사람)과 완전히 똑같을 정도로 이야기를 하며 제단(책상이지만) 위에는 퓌트 모자가 놓여 있었습니다. 주위의 다채로운 숲의 적막 속에서나 나중에 본 그 세례 때나 베스트파렌 타입의 늙은 농부들의 근엄함 속에도 시정은 있었습니다. 이러한 종파의 오래된 사회적 기능도 약화되고 있으며 목사까지 포함해서 모든 사람을 형제로 소개하고 있지만 제임즈가 속하고 있는 조합은──그를 신용하는 이유는 대부분 여기에 있는 것이지만──5인 회원의 제의에 의해서 투표로 인회를 승인하며 나쁜 행위를 하게 되면 제명된다고 합니다. 이것은 돌림병, 사망 및 과부원호금고가 되어 있어서 자신의 책임이 아닌 경제적 곤란을 당한 사람이 생겨났을 때에는 돈을 빌려주어서 상호 부조하는 의무를 회원에게 의무화시키고 있습니다. 이유없이 거절할 경우에는 제명의 벌을 받게 됩니다. 이것이 이전에는 미국의 여러 종파의 가장 중요한 일이었습니다. 클럽이나 조합의 터무니없는 증가가 여기서는 붕괴하고 있는 종파 조직의 구실을 대신 하고 있습니다. 거의 모든 농장주와 대단히 많은 중간층 혹은 하층 상인들은 프랑스 인이 약장을 다는 것처럼 '배지'를 단추 구멍에 달고 있습니다. 허영심이 앞서 있는 것이 아니라 일정한 사람들이 그의 성격과 행장에 대해 마땅한 조사를──우리 나라의 예비장교에 대한 조사를 자꾸 생각나게 하지만──한 끝에 표결에 의해서 그를 신사로 인정함을 받아들였다는 증명이기 때문입니다. 이것은 150년 전의 여러 종파(뱁티스트, 퀘이커, 메소티스트 등)의 회원에게 자신이 속하는 교회를 다른 고장의 '형제'들에게 보여주기 위해서 소지하게 했던 추천장과 완전히 똑같은 역할입니다."

베버는 이러한 모든 것을 모두 열심히 흡수했다. 그와 동시에──그 자신이 흥분하고 있어서──이러한 사람들을 기쁘게 해줄 수 있는 것을 노력하지 않고도 자신의 내부에서 발산시킬 수 있어서 이 사람들의 인생경험의 귀중한 보배를 그들의 마음속에 고이 깃들게 해주었다. 이 점에서도 그는 동배의 친구 속에 있는 '형제'였다. 누구나가 그로부터 이해되고 있으며 존중되고 있다는 것을 느꼈다. 아내는 다만 옥수수 밭에서 이루어지고 있는 대화의 단편만을 엿들을 뿐이었다.

"왜냐하면 나는 집안에서 여자들과 함께 있어야 했으므로 때로 막스가

마음 내키는 대로 남자들과 함께 일으키는 웃음소리를 듣고 달려갈 수
밖에 없었습니다. 물론 그는 멋지게 구사하는 니그로 식 영어와 잡담으
로 그들의 마음을 사로잡았습니다. 그들은 커다란 손으로 그의 무릎을
치면서 멋있는 사나이라고 불렀습니다."
 이 선량하고 단순한 사람들은 그들의 손님이 이렇게 빨리 떠나야 하는
것을 보고 슬퍼했다. 이별을 안타깝게 하지 않기 위해서 가까운 시일 안
에 다시 오겠다고 약속을 했지만 그 약속은 결국 실현되지 않았다.

＊

그 다음에 부부는 다시 동부 문화의 중심지로 돌아와서 필라델피아,
워싱턴, 볼티모어, 보스톤 나아가서는 그 주변에 있는 것을 급히 돌아보
았다. 그 풍부함은 완전히 파악할 수 없을 정도의 것이었다. 아내는 때
로는 이제는 만족한다는 기분에 사로잡히기도 했다. 자기의 행동에 의
해서 자신의 존재권 안으로 섭취할 수 없는 이러한 외국의 사물이 대체
내게 어떤 관계가 있는 것일까? 그것에 반해서 베버의 수용 능력은 언
제나 같은 정도를 유지하고 있었으며 실제로 그는 그의 정신적 변형력
을 가지고 모든 것에서부터 무언가를 만들어내고 있었다. 워싱턴에서는
위대한 인민지도자의 탄생의 땅인 마운트 바논으로 즐거운 여행을 할
수 있었다. 그들은 어느 안개가 자욱한 날에 넓고 검은 빛을 띤 포트막
강을 배로 건넜는데 강 언덕의 숲은 벌써 가을 색에 물들고 있었다. 그
들은 산에 올라 작은 흰 집들이 있는 곳까지 가서 그 소박함을 보고는
괴테 시대의 유물과 같이 느껴져 고국에 대해 그리움을 느꼈다. 깊은 적
요와 조용함이 모든 것을 감싸고 있다──멸망해버린 것의 조용함, 성
취라는 것이 지니는 고귀한 우수. 지금은 사라져 없어진 파란만장한 생
활은 같은 것은 자신의 가슴속에 지니고 있는 사람들만이 느낄 수 있다.
아래쪽에서는 인생의 아우성 소리가 아직 들려온다. 마치 모든 인간의
내부에서 그것을 터무니 없이 중대한 것으로 느끼고 있는 것처럼. 더구
나 그 삶의 경영에는 대단히 색다른 양식까지도 보태져 있었다. 흑인의

예배, 특히 상층 흑인 사회에 있어서의 그것이다.

"온통 명주 옷으로 휘감은 대단히 우아한 검은 부인들, 품위있고 영리하게 보이는 흑인과 백인 혼혈아의 얼굴. 목사는 여행을 떠나고 없기 때문에 한 사람의 속인과 다른 곳에서 온 한 손님이 그 임무를 대행하고 있었습니다. 점차 박력이 늘어나고 마지막에는 열정이 넘치게 되는 설교에 따라 신음하는 듯한 소리가 나오는 광경은 무섭기조차 합니다. 처음에는 위에서 나는 소리처럼 느껴지는 불유쾌한 소리, 그리고 속삭이는 메아리와 같은 소리. 한 구절씩 마지막 말을 점차적으로 높고 날카로운 목소리로 되풀이하며 설교자가 말을 던지면 사람들은 'Yes, Yes!' 또는 'No, No!'라고 대답합니다. 설교사는 마운트 에라이리 그 젊은 목사만큼 열정적이지는 않았지만 슈텍카에 비해 부족함이 없었습니다. 그러나 그렇게 하고 있을 때 우리들이 앉아 있는 뒤쪽에서는 콰드룬(흑인의 피가 4분의 1이 섞인 자)과 뮤라투의 처녀가 웃고 있었습니다. 우리들의 눈에는 야릇하게 느껴지는 흑인층의 내부에 이러한 대비가 있다니!"

그리고 죽음에 직면하고 있는 이 삶의 동륜(動輪)은 얼마나 다종다양한 것인가! 여전히 사람을 놀라게 하는 광경을 볼 수 있다.

"보스턴으로 출발하는 것이 대단히 곤란하게 되었다. 펜실베이니아 대학의 풋볼 팀이 하버드와의 시합 때문에 보스턴으로 갔는데 2천 명의 학생들이 역까지 팀을 환송하러 갔으며 그 중 수백 명은 10시간이나 걸어서 이곳까지 따라온 것이다. 그 때문에 그날 밤은 도저히 역 근처에 가까이 갈 수가 없었다. 젊은이들 때문에 어느 누구도 예정한 기차를 타지 못했으며 한 부인은 몹시 다치기까지 했다. 그래서 우리는 이곳에 와서 모든 것을 차로 돌며 보았다. 선배들이 50만의 돈을 모아서 당당하게 원형경기장을 세웠다. 만 명을 수용할 수 있는 콜로세움과 같은 거대한 것이다. 승리를 얻은 쪽에서는 터질 듯한 노래 소리 —— 보스턴 전부와 필라델피아의 대부분이 모여 있으니까—— 가 경기 시작 후에 울려퍼지고 홀마니 시뿐만 아니라 온 시에 깃발이 걸리고 하버드가 지게 되면 시는 완전히 침묵하고 만다. 보스턴 신문들은 동·아시아의 전쟁

(노일전쟁)에 반 면, 대통령 선거에 3면, 경기에는 8면을 할당하고 이
곳 경기에 참가한 22명의 젊은이 한 사람 한 사람과의 긴 인터뷰를 실
었다. 필라델피아에서는 계몽, 그리고 물론 누구나 다칠 부인은 충분히
보상을 받게 될 것이라고 생각한다. 참으로 믿기 어려운 소동.”

　낡고 무섭게 침침해진 건물이 있는 고상한 보스턴, 그러나 하버드 대
학에서 그들은 다시 안심할 수 있는 나라에 돌아온 것 같은 느낌을 가
졌다. 여기서는 식민지 생활의 거친 모험의 모든 것이 깨끗하게 정돈된
옛 영국풍의 전통 속에 정착되고 있는 것처럼 보였고 성숙한 것이 쾌적
한 조화와 훌륭하게 융화되어 있었다. 이 조화는 하버드 대학의 훌륭한
건물 속에서는 장려한 아름다움으로까지 승화되어 있었다. 실제로 교사
와 학생과의 정신적인 교류와 고민 안에서는 국가가 아니고 사립의 학
예보호의 정신이 더욱 자랑스럽게 그 본질을 발휘하고 있는 것이지만
여기시라면 실제로 독일인의 하자도 곧 정이 들게 될 것이다. 그 훌륭한
재능을 고국에서는 정당하게 살릴 수 없었던 그는 지금 이곳에서 빌헬
름 시대의 여러 고위층 독일인 여행자들에게 조언을 해주며 돌아보고
있지만 여전히 자기는 무엇보다도 우선 독일인이라고 생각하고 있다는
것은 놀라울 만한 일이었다!

　여행은 뉴욕에서 어지간히 길게 체류한 후 끝을 맺었다. 베버는 특히
콜롬비아 대학의 도서관을 구석구석까지 조사하여 지금까지의 모든 인
상을 파헤쳐보려고 생각했다. 그는 이번에는 손님으로써 여러 곳에 초
대를 받았고 이 나라와 사람들에 대해서 지금까지보다 더 여유있게 생
각해볼 수가 있었다.

“지난 며칠 동안 우리들은 들떠서 보냈으며 하이델베르크에서 1년 동
안 만나게 되는 정도의 새로운 사람들을 많이 만나보았습니다. 막스가
이러한 일을 견뎌냈다는 것은 놀라운 일입니다! 담배 연기와 깨끗한 셔
츠를 입지 않으면 안 되었을 때는 약간 불평을 하지만 정오이건 저녁이
건 정확하게 외출을 합니다. 외출을 하는데 지장이 없도록 오후의 반은
구두에서 넥타이에 이르기까지 깨끗하게 손질을 해놓습니다. 물론 그렇
게 하면 후에 대단히 여유가 생깁니다.”

　서로 알게 된 미국인 중에서도 특히 훌륭했던 인물은 공장검사관 플로렌스 켈리라는 여성이었다. 그 열정적인 여성 사회주의자로부터 세계의 근본적인 악폐에 대해서 많은 이야기를 듣게 되었다.

　"주 분립주의 제도 하에서는 어떠한 사회적 입법도 가망이 없다는 것, 많은 노동조합 지도자의 부폐의 파업을 일으키고 조정이 성립되면 공장주로부터 돈을 받는다(나도 이런 종류의 악당 한 사람에게 보내는 초대장을 받았습니다) —— 열렬한 홍분에도 불구하고 어느 공장에 있어서 위험에 대해 부인을 보호하는 법률을 제정하고 일을 해내지 못했던 시카고의 상태 —— 더구나 그와 같은 보호장치를 제조하는 회사가 여러 주의 의원에게 뇌물을 주어 그 장치의 이용을 법률로 정하게 하는 일에 성공할 때까지 그것을 계속했다고 한다! —— 등등 ——. 그래도 이 국민은 놀랄 만한 국민이며 다만 흑인 문제와 터무니없는 인구의 유입이 커다란 암영을 던지고 있을 뿐이다."

　'놀랄 만한 국민' —— 왜냐하면 악과 같은 정도로 힘차며 젊고 확신에 넘친 선에 대한 에네르기도 확실히 넘쳐흐르고 있으니까. 이번에는 동방의 유태인들이 부조시설과 사업에 동시에 몸을 바치고 있는 독립의 별세계인 유태인 거리에서 가장 인상적인 상징을 볼 수 있게 되었다. 사재로 설립된 신입국가를 위한 유태인의 교육 및 부조시설은 여기서는 강력한 사업이 되고 있었다. 많은 햇수가 지나지 않았는데 닳아버린 시설 입구의 돌은 매일 수천 명의 천민 자손들이 이곳에 출입하고 있다는 것을 증명한다.

　"그들은 생각할 수 있는 한의 것을 여기에 가지고 있습니다. 도서실, 목욕실, 실내체육관, 음악과 데생의 교실, 요리와 양재, 수예와 학술 강좌, 댄스 레슨, 어린 아이들이 취미를 높이기 위해서 연극을 하는 작은 무대까지. 아이들이나 클럽의 완전한 자치 —— 그들은 이것에 어떤 사람도 간섭을 못 하게 하며 부외자에게는 전혀 속을 들여다보게 하지 않으나 —— 는 제일 중심적인 미국화의 방법입니다. 청년들의 생존경쟁의 마당에서의 권위 무시가 여기서는 열매를 맺고 있습니다. 종교적 모든 예의를 엄숙하게 지키는 부랑자들의 아들로서의 그들은 이곳에 와서

'신사'가 되어 이 훈련 시설을 떠나면 남부의 흑인들에게 달려들어서 마구 빨아들입니다."

＊

드디어 떠날 때가 왔다. 화살처럼 하루하루가 지나 그 해도 저물게 되자 여행자는 크리스마스에는 귀국하려고 했다. 그들은 브룩클린 다리의 조망을 다시 한 번 기억에 새겨두려고 했다. 초겨울의 저녁 햇빛 속에서 보는 다리는 여름보다도 웅대했다. 하늘은 암적색과 보라색으로 물들어 있었고 맨해튼의 거대한 건물 집단은 기묘한 윤곽의 암산의 열처럼 하늘 아래 우뚝 솟아 마치 바위의 틈 속에서 살고 있는 정령이 만든 황금의 흐름이 되기나 하듯이 무수한 빛을 바깥 세상으로 보내고 있었다. 마지막 밤을 다시 유태인 거리에서 보냈다.

"처음에는 이딧슈어 극장에 들어가서 우리의 특별한 친구이며 이민수용소의 주사이며 선천적인 이상주의자인 '판에 박은 유태인'인 브라우슈타인 박사와 우리가 지난 밤에 들은 드라마 (진실의 힘)의 작가와 함께 어울렸습니다. 말의 3분의 2는 이해 못 했습니다. 헤브라이 어나 때로는 러시아 어의 단어가 섞이며 was is des Labem mies(비참하다는 뜻) 등과 같은 독일어의 터무니없이 부서진 발음을 비극의 중요한 대목 곳곳에서 듣게 됩니다. 이런 이유로 말은 불과 몇 마디밖에는 이해할 수 없었지만 연기는 그런대로 대단히 훌륭했으며 줄거리를 완전히 이해할 정도였습니다. 특히 이론의 여지가 없는 것도 아닌 이 작품은 유태인 배우들과 미국에서 가장 훌륭한 배우들에 의해서 철저하게 자기 회화로써 당당하게 상연되고 있는 2,3의 성격(특히 한 사람은 사회주의자이며 한 사람은 유태교 율법사의 학자)을 등장시킨 것이 인상적이었습니다."

베버가 이것을 쓰고 있을 때는 이미 배가 규칙적으로 요동치면서 달리고 있었으며 즐거웠던 생활은 겨울 날의 엷은 안개 속으로 사라지려 하고 있었다. 그는 감사의 마음을 가지고 이만한 행복을 자기에게 가져다준 이 나라를 돌아보고 있었다. 아내는 자기과 함께 돌아가는 사람이 이제는 완전히 병이 쾌유되어 축적된 힘을 천천히 의식하고 있다는 느낌을 가졌다. 베버 자신도 다음과 같은 결과를 생각하고 있었다.

"내게 있어서 여행의 '학문적인' 성과가 지출과 맞떨어졌다고는 주장할 수는 없습니다. 나는 우리들의 잡지를 위해서 상당수의 흥미있는 협력자를 획득했으며 이전과는 비교도 할 수 없을 정도로 미국 정부의 통계숫자나 보고를 이해할 수 있게 되었고 흑인문학이나 그것에 속하는 것과 이제부터 그 이외의 여러 가지 사상에 대해서도 비평을 쓰게 될 것입니다. 그러나 나의 문화사적 연구에 관한 한은 내가 보지 않으면 안 되는 것이 존재하고 있는 곳 이외는 별로 보지 않았습니다. 특히 자세히 본 것은 내가 나중에 이용할 수 있는 여러 종파와 대학에 부설되어 있는 도서관입니다. 이러한 사정이어서 우리들의 여행은 단순히 학문적인 시야의 확대라는 일반적 견지(그것과 건강상의 견지)에서 유익했다고 할 수 있습니다. 물론 그 점에서 여행의 성과는 얼마 동안이 지나야 볼 수 있을 것입니다. 여하튼 이러한 일을 했다는 것은 좋은 일이었습니다. 1년 전이었다면 이러한 것은 전혀 불가능했을 것이니까…… 정신적인 긴장없이 두뇌를 자극하여 작용시키는 것이야말로 일반적인 유일한 치료법입니다."

제 9 장 창조의 새로운 국면

I

이 장에서는 학문적으로 비전문가 사람들을 위해서 베버의 사상 세계를 소개해보려고 하는데 그것으로 해서 아마 독자에게도 그의 정신이 어떠한 것이었는가를 생각하게 하고 특히 그의 인격에 대해 지식을 넓힐 수 있게 될 것이다. 그의 학문적 업적은 방대한 것이며 그 사고의 과정 속에 직접 들어가서 다루기 어려운 저작과 씨름해보지 않은 사람이 아니면 그의 학문 활동에서 무언가를 획득할 수 없을 것이다. 여기에 그의 저술 내용에서 발취한 것은 본질적으로 학문적 인식과 생활을 규범하는 신조와의 한계선, 즉 관상적인 성격의 힘과 실행적인 성격의 힘이 밀접하게 서로 접촉하고 있는(그렇기 때문에 거기에서 생겨나게 되는 그의 사상가로서 교사로서 정치가로서의 인격의 전모를 보여준다) 지점에서 생겨난 것이다. 그러나 이것도 역시 흐르는 샘에서 물을 뜬 잔에 지나지 않는다. 물론 잔의 물은 샘에서 뜬 것이다. 그러나 잔에는 샘의 참된 모습은 없다.

*

막스 베버의 인식 및 형성에 대한 충동은 그의 창조의 제1기에서는 주로 현실 그 자체의 몇 가지 특정적인 측면, 즉 법률사 및 경제사의 사회 경제적 및 정치적인 의미로 중요한 여러 과정에 기울고 있었다. 초기의 저작 속에 나타나 있는 것은 본질적으로 끊임없이 재료를 찾아내며 현존하는 것의 밑에 감추어져 있는 생성 진행에 마음이 깊이 끌리고 있는——그 때문에 그 존재와 비슷한 모습이 그의 내부에서 새로운 생명을 얻고 소생하고 있는 것 같았다——한 젊은 역사가의 모습이었다. 그러나 다른 한편으로는 그 시대의 정치적 사회적 여러 문제도 그와 똑같은 강도로 그의 마음을 사로잡고 있었다. 우리들은 그가 독일 농촌 주민의 지배관계·소유관계에 따라 미치는 결과에서 중대한 추이를 발견해서 그 연구의 성과를 국민 국가의 이상에 종속시키고 존재사실에 대한 판단을 그 이상과 비교함으로써 그 판단을 정치적인 목표 설정의 도구를 삼는 것을 보았다. 연구가와 정치가는 이렇게 서로 상대를 보충해주고 있었던 것이다. 재료 선정의 주도적인 관점은 무엇보다도 우선 정치적인 열정이었고 다음으로는 막노동에 종사하고 있는 서민층에 대한 정의감 나아가서는 문제는 인간의 행복이 아니고 그 실현이 만인을 위해서 가능한 것으로 되지 않으면 안 되는 궁극 최고의 가치가 자유와 인간의 존엄이라는 확신이었던 것이다. 일찍부터 많은 사실에 통달하고 있던 덕으로 베버는 학문적이고 이론적인 관련을 해명하는 데 있어서나 실천적이고 정치적인 것을 해명하는 데 있어서도 방대한 관찰 재료를 자유로이 구사할 수가 있었다.

그 후도 오랫동안 극복하기 힘들었던 중대한 위기를 겪은 다음인 1902년에 베버의 창조적 충동은 지금까지와는 전혀 다른 정신의 영역을 향하고 있었다. 그는 대학교사 및 정치가로서의 활동적인 생활로부터 조용한 서재의 관상적인 생활로 밀려나 있었다. 그가 사상가로서 우선 현실의 배후로 한 발 물러나서 사과라는 것에 대한 생각을 하고 그 학문의 윤리적 인식론적 여러 문제에 전념한 것은 외면적인 기연 때문이었을까 그렇지 않으면 내면적인 필연성 때문이었을까? 어쨌든 그것은 외부로부터의 촉진이라는 것이 작용했다. 하이델베르크 대학의 철학과 동료들이 대학 개혁의 축전을 위해서 기획된 기념 논문집에 피할 수 없는 형태로 청탁을 받고 그는(1902년 봄) 〈로샤 및 크니스와 국민 경제학의 기초〉에 관한 그의 최초의 방법론상의 논문에 착수했다. 그러나 그 작업은 집필하는 중에 방대해져서 강력한 두뇌의 긴장을 필요로 했고 그 때문에 병에서 완치되지 않은 베버를 괴롭혔다. 특히 그것을 완결하는 것이 불가능하다는 것을 알고 있었던 만큼 더욱 그러했다. 결국 그는——다른 많은 논리학적 논문처럼——이 일도 완성하지 못했다. 여러 가지 새로운 과제가 밀어닥쳤을 뿐만 아니라 병의 회복이 늦어져 일을 할 수 있는 능력을 몇 년씩이나 미루게 된 상태여서 집요한 장애를 극복하기 위해 언제나 새롭고 강한 자극이 필요하다고 스스로도 느끼고 있었다. 그는 여하튼 일만 할 수만 있다면 자신이 무엇을 하든지, 그것을 다른 사람이 어떻게 보든지 아무래도 좋다고 생각했다.

　말할 필요도 없는 것이지만 철학적 또는 논리학적 여러 문제에 대한 베버의 관심은 앞에서 말한 것처럼 기연에 의해서 비롯된 것은 아니며 우리는 그러한 관심이 그의 성장기 전체에 걸쳐 정신 생활에 깃들었다는 것을 알고 있다. 그의 전문 영역 내에서도 언제나 역사적인 사실과 함께 이론이 관심을 끌었으며 이론적 국민경제학에 대한 강의도 정밀한 개념의 토대 위에 조립되고 있었다. 그리고 프라이브르크 대학의 취임 연설은 철학적인 문제에 대한 최초의 태도 표명이었다. 그의 강연의 사실 자료는 학설로서의 민족 경제학의 가치척도가 무엇인가 하는 물음을 중심으로 해서 배열되어 있었다. 그 학문 분야에 있어서는 무엇이 있었는가, 무엇이 있는가 하는 이론적인 물음은 무엇이 있어야 하는가 무엇이 생겨나야 하는가라는 또 하나의 문제에 그대로 적용하지 않으면 안 되기 때문에 자기 자신의 주도적 이념을 명확하게 해두어야 한다는 것이 이 학문 분야에 있어서는 특히 중요한 것이다. 왜냐하면 여기서는 학자는 사회의 존재 형태의 결정에 크게 참여하기 때문이다. 학자의 주장이나 견해는 입법이나 소유권 제도나 막노동 노동층의 형성에 대한 평가와 기타 많은 것에 영향을 미친다. 학자의 사고는 사회 형성에 대한 직임의 일단을 책임지고 있는 것이다. 당시 사회과학의 영역에 있어서 일반적인 방향은 다음과 같은 것이었다. 즉 학계의 노대가들, 특히 영국 정치경제학 창시자들에게는 부의 증대에 의한 욕망 달성량의 상승과 그래서 어떠한 일이 있어도 경제적 재산의 산출을 촉진하는 것이 자명한 목적으로 되어 있었다. 그 후 그 이상에 근거를 두고 '여러 힘의 자유로운 경합'이 에누리없이 영리 충동으로 판을 치게 되어 무산자에 대한 착취가 보다 뚜렷하게 나타나게 되자 보다 젊은 세대의 학자들은 대부분 그것과는 다른 방향으로 진로를 잡게 되었다. 우리들이 보아온 것처럼 그들은 '강단 사회주의자'가 되었던 것이다. 그리고 이번에는 국민경제 정책의 목표가 된 것은 재산의 공정한 분배, 그래서 하나의 도덕적인 의무의 실현으로 나타나게 되었다.

베버는 그의 취임 연설에서 독립적인 이상을 국민 경제학의 소재 영역에서 제거하는 것이 불가능하다는 것을 무엇보다도 우선적으로 밝히려고 했다.

"사실 그것은 인류의 여러 사상의 오랜 일반적인 형태로써 우리는 그것을 우리 학문의 소재에도 적용하고 있는 것이다."

그리고 그는 정치경제학은 생산 기술적인 또는 행복론적인 또는 도덕적인 이상이 아니고 '국가적'인 이상을 지향하지 않으면 안 된다는 신조를 표명하고 있다. 물론 하나의 특수과학의 기본적 사상과의 최초의 만남에서 논리적 문제는 아직 취급되지 않았으며(존재가 어떻게 해서 형성되어가는가 하는 것에) 의지적으로 다루어지게 된 학설의 방향 설정이 지론되고 있었던 것이다. 즉 경제적 또는 정치적인 행동의 결정에 참여하는 사고라는 것이 뚜렷하게 밝혀져야만 했던 것이다. 이것은 완전히 피가 통하고 있는 문제였다.

새로운 단계에 들어간 후의 논문에서는 이미 연구의 대상은 하나의 의욕을 지니고 있는 인간이 나아가는 방향에 관한 것이 아니고 학문적 진리라는 것에 관한 사고가 되었다. 이것은 현실과는 직접 관계가 없는 과제이다. 그 후 베버가 논리적 문제를 다루는 것을 완전히 그만둔 일은 한 번도 없다. 그리고 그것은 그의 최후의 노작까지 이어져 있다. 그러나 로샤 및 크니스에 대한 논문의 최초 부분을 발표한 후에 재빨리 이 작업을 부업의 위치로 머물게 하고 말았다. 왜냐하면 그는 조용한 서재에 들어앉아 있는 사이에 세계사적인 것을 하고 싶다는 욕망에 이끌렸기 때문이다. 그것은 모든 중요한 세계사적 사건에서 가능한 한 많은 것을 끄집어내서 조형하고 싶다는 충동이었다. 그것에 대해서는 다음에 이야기하겠다. 우선 당장은 베버의 마음을 차지하고 있었던 논리적인 문제란 어떤 것인가를 대략 소개하고 그것에 의해서 그의 정신적 인격 속의 인식자와 의욕자가 그 근본 부분에서 파악하고 있는 지점으로 통하는 실마리를 찾아내려고 시도해야 한다. 베버가 1903년에서 1918년까지의 기간에 발표한 문화과학의 논리에 관한 논문의 대부분은 비판적인 논쟁으로 출발하고 있다. 베버는 타인의 오류를 조사하여 반박함으로써 자신의 견해를 전개한다. 이 경우에도 그는 천성적인 조형성과 풍부한 현실 감각을 철저하게 흡수한 사고력을 가지고 말을 한 것이다. 어려운 논리적인 분석도 언제나 눈에 보이는 실례를 가지고 뚜렷하게 밝혀낸 것이다. 이러한 실례는 보통이라면 다루기 힘든 이러한 저술이 갖추고 있는 생각지도 못한 개성적인 매력을 지니고 있다. 이러한 것은 가령 그가 슈나인 부인에게 보낸 괴테의 편지에 대해서 어떤 하나의 문화현상이 얼마나 많이 놀라울 만한 다종 다양한 견지에서 '역사적으로 중요'하게 될 수 있는가를 밝히려 한 경우나 또는 스카트를 할 때 여러 가지 예를 들어서 규범이라는 개념의 근본적으로 다른 의미를 설명한다든가 모친이 자식의 뺨을 때린 일 그리고 그것에 어떠한 이유를 나중에 부여했는가 하는 구체적인 사례를 끄집어내서는 자신이 경험한 인식이라는 것은 단순한 경험의 반복이 아닌 사고규범에 의해서 형성된 것이라는 것을 증명하려고 할 때 찾아볼 수 있다. 자신의 사고의 결과를 계통적으로 정리한다는 것은 베버에게는 아무런 의미도 없었다. 그는 실제 의논의 전문가가 될 생각은 없었기 때문이다. 그리고 그가 방법인 이해를 그렇게 높게 평가한 것은 그 자체로서가 아니고 구체적인 여러 문제의 인식 가능성을 뚜렷하게 밝히는 데 없어서는 안 될 도구로써 평가한 것이다. 그리고 그는 자신의 풍부한 사상을 개진하는 형식에는 아무런 중요성도 부여하지 않았다. 방대한 양이 한번 흘러나오게 되면 그의 정신의 저장실에서 너무나 많은 것이 밀어닥쳐와서 명쾌한 문장으로 간단하게 정리할 수 없는 일이 한두 번이 아니었다. 그러면서도 그는 현실의 영역에서 언제나 새로운 문제가 떼를 지어 몰려와서 빨리 정리하고 싶다, 가능한 한 짧게 표현하고 싶다고 생각하고 있었던 것이다. 같은 계통의 수많은 사고 계열을 한번에 말로 표현할 수 없다니. 추론적인 사고의 부자유스러움이여! 그렇기 때문에 많은 내용을 긴 문장으로 서둘러 밀어넣었고 그러고도 정리되지 않은 것은 각주에 따로 놓지 않을 수 없었다. '죄송스럽지만' 독자도 그와 똑같은 수고를 겪지 않을 수 없다! 때로는 이 즉흥적인 연설의 명인 —— 아무리 거리가 먼 것이라도 자신이 실제로 그것을 보고 있는 것처럼 눈앞에 잡아다놓고는 확실히 멋있는 목소리를 가지고는 있으나 수사법은 전혀 사용하지 않고 아무런 기교도 없이 단순한 표현으로 뜻밖의 커다란 효과를 올리는 명인 —— 은 자신의 학문적인 문제를 고의로 허술히 하고 있는 것처럼 보이는 일도 있다. 형식의 가치에 과도한 비중을 두고 학문적 작품에 예술 작품의 성격을 부여하려고 해서 헛되이 시간을 낭비하는 시류에 항의해서 베버는 이 문체 미학 속에 각각 다른 법칙이 종속하는 것을 인정하여 특히 그러한 경우 파고들기 쉬운 표현 방법인 '비정상적인 방식'과 '개성적인 특색'을 어떻게 해서든지 나타내 보려고 하는 방식을 싫어했다. 그는 곧잘 '지와 정념은 기교가 아니며 스스로 나타나는 것이다.'라는 파우스트의 말을 인용했다. 용어는 대상에 어울리는 것이 아니면 안 된다. 그러나 그 구체적인 목적을 이탈하게 되면 과장이 일어나지 않을 수 없다. 사상가의 인품은 더욱이 학문의 영역에 있어서는 정면으로 나타나는 것을 용서하지 않으며 사실의 이면에 숨어 있어야만 한다.

*

　베버가 당면한 논리적이고 일식론적인 중심 문제는 딜타이, 봐인델반트, 진멜, 하인리히 리카트에 의해서 주도되고 있었던 당시는 대부분의 철학자 및 논리학자가 종사한 자연과학과 정신과학과의 큰 대결이었다. 대립은 그 테두리를 벗어나 경험과학 속으로까지 확대되었다. 자연과학의 거대한 성과에 의해서 모든 형이상학에서나 개인적인 우연성에서도 해방된 현실 전체의 '합리적' 인식이 가능하다는 신념이 생겨나고 있었다. 하나의 보편적 방법이 현실의 전 영역을 지배할 수 있으며 지배하지 않으면 안 된다. 다만 이 방법의 성과만이 진리로써 인정되는 것을 요구하고 있다. 이 방법으로 포착할 수 없는 것은 학문의 테두리 안에 들어갈 수 있는 것이 아니며 '예술'이라는 것이었다. 방법 및 세계관으로서의 '자연과학'이 삶과 사상의 전역에 걸쳐서 독점적 지배권을 요구했다. '정신과학' 쪽의 자기 방어는 자기의 특성 및 독립성을 증명함으로써 나타났는데 그것은 우선 그 소재 영역이 다르다는 것에서부터 출발하고 있었다.

사회과학의 영역에서는 방법 논쟁이 특히 격렬하게 타올랐다. 왜냐하면 그 대상인 인간 행동은 자연의 여러 과정에 확실하게 그것이라고 인정할 수 있을 정도로 의존하고 있으면서도 자연적인 것과 정신적인 것의 경계에 위치하고 있어서 '자연'의 영역으로 들어갈 수도 있고 '자유'의 영역으로 들어갈 수도 있는 것처럼 보였기 때문이다. 따라서 국민 경제학의 '고전학파'와 '역사학파'와는 어떠한 타협도 용서되지 않을 정도로 험악하게 대립하고 있었다. '고전파'의 지도자 안톤 멘가는 인식대상을 '정신'과 '자연'으로 나누어 구분하는 방법은 논리적으로 불충분하다고 해서 배척했으며 그 대신 동일의 현실 소재가 자체로써 논리적으로 취급될 수 있다는 관점을 내세웠다. 그리고 바로 그 때문에 그는 국민경제학을 자연과학으로 보았다. 그는 국민경제학에 경제생활의 법칙을 발견한다는 목적을 부여하고 그 법칙이 자연과학과 같은 성질이라고 확신하고 있었다. 추상적인 개념이나 학설——현실은 그러한 속에서 사고에 의해서 유도되는 것이다——의 체계가 우선은 사회의 여러 과정을 실천적으로나 정신적으로도 지배하는 유일의 방법으로 본 것이다.

구스타프 슈모라의 지도 하에 고전학파에서 떨어져 나온 젊은 '역사학파'는 그 반대입장이었다. 그들은 경제학 및 사회과학의 탐구 목적을 ——역사의 목적과 같이——구체적인 현실의 특성을 눈앞에서 보는 것처럼 재현하는데 있다고 보았다. 로샤나 크니스와 같은 중요한 국민경제학의 거장은 역사학파의 편이면서도 '민족경제의 자연법칙'을 찾아낼 수 있다고 믿고 있었다는 사정으로 해서 문제는 더욱 복잡해지고 있었다. 그렇기 때문에 가령 로샤는 여러 민족에 있어서의 현상의 합법칙적 경과를 인정하며 '민족'을 생물학에 있어서의 인간과 같은 통일적인 유(類)적 존재로 보고 역사의 경과를 몇 가지의 연대층으로 분류하여 여러 민족의 청춘기, 성년기, 노령기, 죽음에 대해서 이야기했다. 이와 같은 공식에 의해서 설명할 수 없는 것 즉 구체적인 인간의 행위나 영향은 설명 불가능한 형태로 자연법칙을 파괴하고 나타나는 '자유 의지'나 또는 역사에 있어서의 신의 섭리라는 신비적인 배경에 속하는 것으로 간주했다.

자신의 전공 영역에서는 이와 같은 상황이 있었기 때문에 베버의 논리적인 작업은 학문상의 자기 성찰의 과정으로써 시작되었다. 그 때문에 필요한 사상의 도구는 동 시대의 논리학과 인생론 특히 하인리히 리카트의 학문론에서 얻어왔다. 그에게는 리카트의 학문론 속에는 실제적인 가치 평가와 이론적 '가치 관계'의 구별이 있다는 것이 특히 중요했다. 로샤 및 크니스에 대한 논문 속에서 그는 리카트의 개념 구성이 국민 경제학에 적용될 수 있는지 어떤지를 시도해보고 싶다고 말했다. 그러나 자신의 방법론적 사고는 드디어는 그를 독려하여 그와 같은 목표를 뛰어 넘어 전진하게끔 했다. 학문적인 진보라는 것을 뚜렷하게 하기 위해 그는 모든 분야에서 논리적 문제를 취급했다. 이렇게 되어서 그는 딜타이, 분트, 진멜, 뮨스타베르크, 곳틀, 포 크리스, 에듀알트 마이아, 슈타무라 등등의 논문을 그의 연구의 영역으로 끌어들었다. 리카트의 '문화과학적' 논리학에서 당시 베버는 물론 후에는 자신의 사회학적 방법에 의해서 보증하게 되는 학설, 즉 여러 과학을 구분하는 것은 단순히 인식 소재의 상위에만 있는 것이 아니며 소재에 대한 관심의 상위도 있다는 것, 따라서 자연과학은 여러 현상과 공통된 것과 같은 종류의 것에 관심을 보이며 그것을 보편적인 개념과 법칙이라는 망으로 커다랗게 싸안으려고 하기 때문에 '보편적으로' 작용하는데 대해서 '개별화적'인 역사학 및 그와 같은 종류의 학과의 관심을 구체적인 과정·대상의 특성에 아니 그뿐만 아니라 문화 과정으로서 '의미와 의의'를 짊어지고 있는 것에도 향해지게 된다는 학설을 차용했다. 인간의 행위에 의해서 결정되는 이와 같은 과정은 리카트가 자연과학과 확연하게 구별하여 문화과학이라고 이름을 붙인 역사학 및 특수 성격을 띤 법칙과학의 대상인 것이다.

사회과학은 이것에 속한다. 왜냐하면 사회과학은 문화적인 의미가 있는 인간 행동의 일정한 면을 대상으로 하며 그 인식 목표는——자연과학의 그것처럼——보편적인 개념 및 법칙의 체계가 아니고 구체적인 여러 현상과 여러 연관의 특성이지만 이때에도 물론 일어나고 있는 사상의 개념 및 질서는 역시 인식 수단으로써 이용되고 있다. 그리고 모든 대상은 보편적으로나 개별화적으로도 취급될 수 있다고 하더라도 외적 자연의 과정은 보다 많이 전자의 관찰 방법에, 인간 행동은 보다 많이 후자의 관찰 방법에 적합한 것이다. 뿐만 아니라 우리에게 있어서의 인간 행동은 독특한 자연 과정에는 적용할 수 없는 정신적인 접근 즉 의미 연관의 해석을 가능하게 하는 주체적인 양해를 통해서 접근할 수 있는 것이다.

베버의 사회과학을 위해서 딜타이와 진멜이 그 단서를 열었으며 뮨스타베르크가 관심을 가졌고 베버와 전공을 같이 하는 곳틀이 국민 경제학과 역사학에 대규모적으로 응용하려고 시도한 '양해'의 이론을 발전시켰다. 그는 처음에 뮨스타베르크 및 곳틀과 비판적으로 대결하여 그것으로 해서 얻은 자신의 독자적인 설을 후에 특별 논문과 그의 주저인 방법론적 서술 속에서 서술했다. 베버에 의하면 '양해'와 '설명'은 서로 대립하는 것이 아니며 서로 보충하고 있는 인식 수단인 것이다. 물론 그가 어떠한 논리적 분석에 의해서 그것을 확인했느냐 하는 것을 여기서 상세하게 이야기해야 한다면 대단한 작업이 되고 만다. 양해의 이론과의 관련에서 '의미'의 이론과 인간 행동의 의미 해석의 이론이 나오게 된다. '명백'의 감정을 수반하는 양해에 의해서 포착할 수 있는 것은 우리에게는 '의미 깊은' 것으로 되어 있다. 그러나 주의해야 할 것은 역사적 문화과학이 추구하는 의미는 경험 영역의 내부에 있는 것이다. 그것은 행위자에 의해서 주관적으로 생각하게 된 의미인 것이다. 객관적으로 '옳다'든가 또는 형이상학적 근거가 있는 '참의' 의미는 결코 아니다. 베버는 자신이 '주관적으로 생각한 의미'의 이론이 올바르게 이해되고 그것에 의해서 신앙과 이성, 증명할 수 있는 것과 증명할 수 없는 것이 나누어지는 '종이 한장의 차'가 명확하게 인식될 것을 대단히 중요시하고 있다. 왜냐하면 가령 진멜의 재치 있는 문화 현상의 분석 속에서 간간히 찾아볼 수 있는 현상의 객관적인 의미 해석을 도입한다는 것은 경험과학의 범주를 넘어서며 그 성과가 순수하게 이론적으로 진리로서 인정되는 것을 방해하기 때문이다.

실증할 수 있는 것과 실증할 수 없는 것 사이에 이렇게 날카롭게 한계를 둔 인간은 문화과학에 있어서 진리란 무엇이냐 하는 문제에도 철저한 태도로 임할 것이다. 어쩌면 문화과학은 궁극에 있어서는 실증할 수 없는 것 즉 가치이념에 근저를 두고 따라서 주관적으로 변하기 쉬운 전제에 경험적으로 결박당하고 있기 때문이다. 지금 주관적이라고 말한 것은 어느 현상을 문화적으로 의미있는 것으로 하는 사실상 유효한 가치의 승인을 논리적인 증명에 의해서 가부간에 밀어붙일 수는 없는 것이기 때문이다. 변하기 쉽다고 말한 것은 '중국식 정신 생활의 경직이 마르지 않고 충일한 삶에 대해 언제나 새로운 물음을 유도하는 습관을 인류에게서 빼앗지 않은 한' 여러 가치 이념은 문화의 성격과 더불어 완만하게 변해가는 때문이다. 베버는 말한다. 출발점을 학문 외에서 가지고 있는 경험과학의 진리성은 처음에는 '양해' 또는 '직관적'으로 파악된 여러 관련이 엄밀한 사고의 규칙, 특히 '인과적 귀속'의 규칙에 종속됨으로써 얻어지게 되는 것이라고. 여러 과정의 인과적인 연결의 논리적인 충분한 설명이라는 것은 없어서는 안 되는 것이다. '인과적으로 설명된 것만이 학문적으로 처리된 것이다.' 생리학자 폰 그리스의 슬기로운 학설에 바탕을 둔 그는 구체적인 여러 과정의 유효한 사적 인식이 그것에 의해서 생겨나게 되는 복잡한 여러 논리적 조작을 분석하여 그 출발점이나 인식의 목표의 차이에도 불구하고 자연과학과 문화과학이 같은 성질의 논리적 도구를 사용한다는 결론에 달한다,라고 하는 것은 나아가서는 원인과 결과의 관계의 규칙까지도 밝히려고 하기 때문이다. 그 위에 모든 영역에 있어서의 특수적인 것이 문제가 되게 된다. 자연과학은 여러 과정을 '법칙' 밑에서 '표본'으로써의 모든 현상을 유개념 밑에서 분류하는 인간의 능력에 호소하고 있다. 자연과학은 설명하며 개념을 이해하는 것이다. 문화과학은 개념 이해를 하며 설명하며, 양해한다. 물론 자연과학과는 달라서 개념 이해를 하는 것은 그것이 목적이어서가 아니며 보조 수단에 지나지 않기 때문이다. 문화과학은 구체적인 것을 보다 훌륭하게 양해하며 설명하기 위해서 현상생기(現象生起)의 규칙을 탐구하며 보편 개념을 구성하는 것이다.

　문화과학적 보편 개념의 이론은 베버의 역사논리학의 특징적인 논점이다. 이 개념의——특히 사회과학의 영역에 있어서의——특수성의 해명이라는 것은 거의 모든 논리적 논문에 있어서 그의 관심을 차지하고 있으며 그는 이 특수성을 실마리로 해서 후에 그의 사회학을 확립했다. 그 학과(사회학)의 이론적 사고의 구성체는——고전파의 국민 경제학이 믿고 있었던 것처럼——자연과학적 유개념이 아니며 다른 임무를 가지고 특수한 현실 처리에 의해서 얻어지는 것이라는 점을 증명하는 것이 긴요하다고 그에게는 생각되었다. 베버는 이와같이 모든 역사에 있어서 사용되고 있는 보편 개념을 '이사형'——이것은 이미 게오르그 에리넥이 일반국가 이론에서 후의 베버도 같은 의미로 사용한 용어지만——이라고 이름붙였다. 즉 이것은 이런 뜻이다. 역사적 삶의 특정한 과정이나 관계는 사고된 여러 관련에서 이루어지는 그 자신 속에 모순을 지니고 있지 않은 하나의 우주——그렇게 생각한 것일 뿐 실제로는 어디에도 존재하지 않으며 하나의 가공적인 것에 지나지 않는 우주로 정리하고 있다. 경제상의 교환, 경제인, 수공업, 자본주의자, 기독교, 중세적 도시 경제 등의 개념은 현실을 구성하는 특정한 요소가 '사고에 의해서 승화된' 구성물이며 일괄해서 고찰된 대상(전술과 같은 개념의 대상)의 여러 요소가 현실적으로 그 속에서 작용하고 있는 구체적인 현상이나 과정은 이상과 같은 사고적 승화를 통해서 인식되며 눈에 보이게 되는 것이다. '이상형은 현실에 있는 것에 대한 서술은 아니지만 서술에 생생한 표현 수단을 부여하려고 한다.' '그것(이상형)은 가설은 아니지만 가설 설정의 방향을 부여하려고 한다. 그것은 역사적 현실은 아니고 역사적 현실이 그 속에 짜넣어지는 도식도 아니다. 그것은 하나의 한계 개념이며 현실을 그것과 대비해서 비교함으로써 현실을 구성하는 특정의 중요한 요소가 뚜렷하게 밝혀지는 것이다.'

따라서 이상형은 유개념과는 다른 인식 수단이며 인식 목표는 아니다. 더구나 '영구히 전진하는 문화의 흐름'은 영원히 청년기를 탈피하지 않는 사학에 언제나 새로운 설문을 제공하기 때문에 되풀이해서 새로운 이상형이 만들어지며 기존의 이상형은 언제나 새롭게 증정되지 않으면 안 된다. 사적 인식은 필연적으로 끊임없이 변해가지 않으면 안 된다. 그렇기 때문에 현실이 그것에서부터 연역되고 있다는 여러 개념의 완결된 체계 속에 역사적 인식을 결정적으로 짜넣는다는 것은 무의미한 일이다.

여러 현상의 특정적 측면만이 아니고 하나의 시대 속에 산재해서 작용하고 있는 여러 이념도 이상형적 개념으로써 포괄된다는 것 때문에 베버는 역사의 논리학의 또 하나의 난제를 발견했다. 가령 기독교, 자유주의, 사회주의, 민주주의, 제국주의와 같은 사학이 연구 대상으로 하는 개념 또한 경제사의 한 시기의 기본적 여러 요소의 결합이라는 것과 완전히 똑같은 이상형인 것이다. 그러나 이런 종류의 이상형을 실제로 끄집어낸다는 것은 단순히 존재하고 있는 것만이 아니고 당위의 것으로 보아지고 있는 것, 즉 서술자의 입장으로써는 불변의 가치를 지니고 있다고 보여지고 있는 것까지도 그러한 이상형 속에 편입되어 있기 때문에 대단히 복잡해지게 된다. 그러나 어떤 개념을 실제로 적용함에 있어서 이와같이 학문 이외의 요소가 함께 움직이게 되면 개념은 인식으로서의 가치를 상실하게 된다. 왜냐하면 그렇게 되면 부지중에 이론적 '가치 관계'와 실천적 '가치 판단'이 혼합되기 때문이다. 이렇게 되면 이상형은 논리적인 보조 수단이 되지 못하고 구체적인 여러 현상의 학문 이외의 의미가 그것과 대비되어 결정되는 이상이 되고 만다. 주관적인 것과 객관적인 것, 여기에 신앙과 지식간의 논리적으로 불순한 상호 침투가 여기에 생기게 되며 이것은 역사적 서술의 인식 가치를 애매하게 만들고 만다.

*

　이렇게 우리는 베버를 집요하게 사로잡고 있는 하나의 문제권 즉 과학에 있어서 실증 가능한 것과 실증 불가능한 것, 인식과 평가, 실천적 가치 판단과 이론적 가치 관계와의 관계라는 문제권으로 들어가게 된다. 단순히 실증과학은 어떻게 생각해야 할 것이냐만이 아니고 어떻게 행동해야 할 것이냐 하는 것도 우리에게 가르쳐줄 것인가? 그리고 생활의 의미를 객관적으로 타당하게 반박의 여지가 없는 형태로 내보일 힘이 있을까? 이 문제는 많은 경우를 이용해서 방법론상의 연구에 편입되고 있으며 처음에는 1913년에 사회정책협회를 위해서 썼으며 그 후에 확대해서 〈로고스〉에 발표된 〈사회학 및 경제학에 있어서의 몰가치성〉 속에서 자세하게 논의되었으며 또한 학생들을 위해서 강연한 〈직업으로서의 학문〉 속에서 마지막으로 다시 한 번 일반적인 문제로써 거론하고 있다. 따라서 이 문제에 대한 베버의 태도를 여기서 상세하게 말해보려고 한다. 왜냐하면 그 태도는 단순히 전문적인 의미만이 아니라 전기적인 의미로서도 중요하기 때문이며 뿐만 아니라 그의 정신적 인격의 핵심에 직결되고 있는 것이기 때문이다. 그의 이러한 그의 태도는 어떠한 희생을 치르더라도 진리를 추구하는 사상가라는 입장에서도 비롯되고 있는 것이며 또한 비범한 변설과 선동의 재능을 가지고 사람들을 자신의 영향권 속으로 끌어들일 수 있다고 자각하고 있는 분별에 넘친 정치가라는 입장에서도 비롯되고 있는 것이다. 더욱이 우리는 이 태도 속에서 똑같은 정도의 강도를 지니고 있는 그의 두 가지의 본질적인 경향 즉 활동적인 경향과 관상적인 경향, 편견에 사로잡혀 있지 않으며 보편적인 사상에 의해서 세계를 지배하는 것을 목표로 하고 있는 지성과 신념을 구축하고 그 신념 때문에 분투하는 똑같이 강인한 능력과의 초인격적인 것으로까지 높여진 대결까지도 발견할 수 있다. 논리학적인 고찰의 결과 문화과학은 실증 불가능의 여러 전제 위에 서는 것이면서도 또한 유효한 인식도 가져다준다는 것이 확실해졌다. 그래서 이번에 문제가 되는 것은 그 방향에 있어서는 가치 관계에 의해서 결정되는 연구와 그것과는 별개의 학문 외의 요소 즉 '실천적' 가치 판단과의 관계란 어떠한 것이냐 하는 점이다.

하나의 가치 판단이 성립하는 것은 내가 '가장 개인적인 성질의 감정 혹은 의욕 혹은 어느 일정한 당위의 인식으로 해서 긍정 또는 부정의 태도를 취할' 때이다. 다른 표현을 빌린다면 다음과 같은 것이다. '실천적' 가치 판단이란 우리의 행동에 의해서 어떠한 영향을 받게 되는 어떤 현상을 시인해야 하는 것 또는 물리쳐야 하는 것, 또는 긍정해야 하는 것 또는 부정해야 하는 것으로 판단하는 것이다. 따라서 '의미있는 것' 따라서 '알 가치가 있다'는 것으로써의 여러 과정이나 현상의 가치 관계를 취급함에 있어서 연구자는 대상에서 거리를 유지하여 관찰하며 인식하면서 대상에 대한 자신의 관점을 변경할 수 있는 여유를 갖는데 반해서 실천적 가치 판단에서는 능동적이며 의욕적으로 자신의 이해 혹은 이상을 지향하는 인격을 밖으로 나타내며 현실에 대한 관상적인 관계를 타파하여 시야를 좁히고 경우에 따라서는 격정으로 인해 의식의 거울을 흐리게 하여 사고의 진리성을 말살한다. 세계의 심판자로 자부한 옛 역사가들은 이와 같은 태도로써 자신의 대상에 접근한 것이며 사실의 서술에 있어 자신의 개인적인 주석을 덧붙인 것이지만 종래는 그들의 평가의 척도도 시대의 제약을 받아서 그렇게 오래는 통용될 수 없다는 것이 뚜렷하게 밝혀지게 되었다.

특히 사회과학에는 자신이 평생 대하고 있는 사태의 현상에 이해를 가지고 있는 인간으로써의 의욕이 연구자의 눈을 무디게 하는데 이는 인간 집단의 지배적 조직으로서의 국가는 자신의 경제적·정치적 행동에 대한 지도와 자신이 내린 조치에 대한 지지를 그들에게 기대하기 때문이다. 그리고 연구자 자신도 지배자에 속할 뿐만 아니라 대부분 국가에서 봉급을 받고 있기 때문에 당연히 그 이해는 그들에게 특권을 주고 있는 질서와 연결되고 있다. 특히 그들이 사실 인식과 특정한 실천적인 이해 관계에 의해서 암시되고 있는 가치 판단과 무의식적으로 교착하기가 쉽다는 것은 분명한 일이다. 베버는 학자가 그 전문 영역에 있어서

스스로는 그것을 깨닫지 못하나 단순히 진리에 봉사하는 사람으로서만
이 아니고 기성 사실에 봉사하는 사람으로서도 이야기를 하여 그 자신
이 속하고 있는 계층의 이해에 의해서 윤색된 정책이 주장되고 있는
——이 점에 관해서는 '부르주아 과학'이라는 칼 마르크스의 상표를
붙여도 부당하지 않을 정도로——것이 얼마나 많은지 알고 있었다.
  그렇다 하더라도 이론적인 가치 관계와 실천적인 가치 판단, 인식과
의욕이라는 이 두 개의 정신 기능을 단호하게 분리한다는 것은 불가능
한 일인가? 이것은 여러 차례 되풀이되어서 많은 사람에 의해서 논박되
었으며 베버 자신으로서도 그가 거기에 설정한 것은 연구자로서의 이상
이며 그 완전한 실현은 인격의 통일을 깨지 않고는 불가능하다는 것, 인
식이라는 것 자체 속에서도 관상자와 행위자를 분리한다는 것이 어렵다
는 것을 알고 있었다. 그러나 연구자는 그 이상을 승인하여 가능한 한
이 이상에 가까이 가시 않으면 인 된디. 생각하건대 신을 '수유'하려고
하는 신비가가 우선 모든 의지의 움직임을 억제하는 것처럼 사상가는
진리가 그 입으로 스스로 말하는 것을 바라고 있다면 무엇보다도 우선
사실이 이루어지며 진행해나가는 것에 대한 실제상의 개인적인 이해를
떨쳐버리지 않으면 안 된다. 이것을 떨쳐버리지 않은 한 '어디에서 사고
하는 연구자로서의 발언이 끝나고 의욕하는 인간으로서의 발언이 시작
되고 있는지, 또 의론이 어디에서 오성에 의지하고 있으며 어디에서 감
정에 의지하고 있는지'를 자신에게나 남에게도 뚜렷하게 밝혀야 한다.
따라서 무엇보다도 중요한 것은 사상가가 실제로는 자기의 신조를 암시
하고 있으면서도 마치 객관적 진리를 제공하고 있는 것과 같은 환상을
주는 현실에 의거한 판단과 개인적인 이유에 의한 판단과의 떳떳하지
않은 혼용을 학문적 저술의 범주 내에서는 피해야 한다는 것이다. 그러
나 사상가는 결코 자신의 이상을 옹호하는 일을 피해서는 안 된다. 뿐만
아니라 '무신조라는 것과 학문적 객관성이라는 것과는 아무런 내적 공
통성이 없다'는 점이다. 특히 사회과학자에게는 그 인식이 특히 고도로
인간의 생활 형성에 이용될 수 있는 것이고 따라서 또 정치의 진로에
대해서 책임의 일단을 짊어져야 하는 것이기 때문에 진리 그 자체를 위

해서 진리를 밀고 나가는 것과 '자기의 행동을 명석한 의식해서 선택한 신조에 맞추어서 결정한다'는 이중의 과제가 부여되고 있는 것이다.

이 요청은 연구자에게나 대학 교수에게도 해당된다. 그리고 특히 사회과학을 가르치는 사람을 위해서 베버는 이상의 이유에서 한층 더 구체적인 결론을 이끌어내고 있다. 이미 젊은 학생 시절부터 그는——앞에서 말한 것처럼——학문적인 권위와 지위의 존엄을 지니고 있는 교수가 강단의 높이에서 그것을 물리치거나 대항할 수도 없는 청강자들을 향해서 신조나 주의를 밀어붙인다는 것은 용서될 수 없는 일이라고 느끼고 있었다. 더구나 교수의 지위를 강당에서 정치적 사상 교육에 이용한다는 것은 베버에 있어서는 참으로 언어도단의 일이다. 일찍이 그는 트라이츄케의 강단 아래서 청년의 마음에 미치는 선동적인 영향의 효과를 보면서 내심 유감으로 생각하고 있었다. 물론 지금은 표면화되지 않은 암시 쪽을 그는 더한층 바람직하지 못한 것으로 보게 되었다. 그래서 그는 다음과 같이 단언했다.

"경험주의적인 논의에 있어서도 실제적인 평가를 거부해서는 안 된다고 믿고 있는 학자들 중에서 그래도 열정적인 학자——가령 트라이츄케와 같거나 또는 종류는 다르지만 몸젠과 같은——가 그래도 나은 편이다. 왜냐하면 그 감정을 강조하는데 흥분한 나머지 청강자 쪽에서도 적어도 교사의 평가의 주관성을 보고 그 논증에 어떤 혼란이 있을지도 모른다고 비판할 수 있게 되어 그 교사에게는 기질적으로 불가능한 것을 자신이 해볼 수 있게 되기 때문이다."

학문적 서술과 개인적 가치 판단의 혼용은 베버에게는 또 다른 이유로 해서 우려할 만한 일이었다. 이와 같은 혼용은 학생을 센세이셔널한 사항에 익숙하게 만들며 객관적인 사항을 존중하는 마음을 잃게 한다. 그리고 대학 교수가 강당에서 정당하게 자신에게 부과할 수 있는 유일한 교육상의 이상은 자기의 제자들을 지적 성실과 순수하며 유일한 몰주관성을 갖도록 훈련시키는 것 이외에는 아무것도 없는 것이다. 객관적 사실의 영역에 속하지 않는 것은 안 된다. '특히 그 중에서도 애증은.' 학생은 강당에서 그들에게 부과된 과제의 완성을 위해서 외골수적으로 전념하는 것을 교사에게서 배워야 한다. 교사는 따라서 객관적 사실의 배후에 몸을 가리고 '자신의 개인적인 좋고 나쁜 감정이나 기타의 감정을 바라지도 않는데 피력하려는' 욕망을 억제하지 않으면 안 된다.

모든 인간이 '개성'이 되려고 자신의 의견을 표명하려고 하는 것을 베버는 시대의 병폐로 생각했으며 특히 청년에게는 장려할 수 없는 것이라고 생각했다.

"인간은 한 개의 개성이 되려고 하는 것을 의식적으로 바랄 수는 없다. 그리고 한 개의 개성이 될 수 있을지도 모르는 방도는 단 한 가지 방법밖에 없다는 생각을 성장하고 있는 세대는 다시 깨달아야 한다. 그 방도란 즉 하나의 '작업'에 대한 철저한 몰두이다. 그 작업과 그 작업으로 해서 생겨나는 '시무(時務)의 요구'가 어떠한 형태로 나타나든 간에."

베버는 자신은 그대로 행동했다. 학문의 이름으로 발언하게 될 경우에는 그는 당장 의욕의 권내에서는 끊임없이 선택과 거부, 요구와 결단, 사랑과 미움에 좋든 싫든 이끌리게 되는 자신의 기질을 억눌렀다. 직무 면에서 그는 완전히 자기를 감추었다. 그럼에도 역시 그의 모습을 어조나 거동에서 엿볼 수 있었으나 그러한 인격에는 감추어져 있는 것이 지니고 있는 매력이 있었다. 바로 그 자신의 신조를 나타내지 않고 전체적 인격을 감추고 있다는 것이 아마도 타인에게 가장 큰 감명을 주게 된 점일 것이다.

젊은 사람들을 정치적 윤리적 또는 기타의 '실천적'인 문화 이상에 의해서 의식적으로 도야하는 것은 대학의 임무가 아니라는 견해를 지닌 베버는 성장하고 있는 세대의 특수한 내적 '고민'에서 생겨난 널리 퍼진 시대 사조에 대항한 것이다. 한편으로는 사회주의가 정치적 이념에 의해서 특히 인간의 머리를 완전히 휘젓고마는 칼 마르크스의 압도적인 힘을 가진 역사 해석에 의해서 시민적 생활의 쾌적한 서식처를 뒤흔들고 있었다. 그것은 정신적으로 대중을 기독교 교회의 지배에서 해방시킴으로써 새로운 사회 질서를 요구하며 기존사회질서를 파헤치려 하고 있었다. 또 그 반대의 극에서는 프리드리히 니체가 고대적 귀족주의적 생활 이상의 이름으로 아직까지도 기독교의 관념 세계를 기반으로 하는 시민사회의 계율표를 파기함으로써 파괴적인 작용을 미치게 하고 있었다. 일체의 전래의 가치관, 이상, 개념, 사고형식 그러한 것을 소유하는 것은 이론의 여지가 없는 것으로 보여졌으며 그러한 것을 소유함으로써 인간은 수백 년 이래 처음으로 확실한 지침을 얻게 된 것과 같은 생각이 들었지만 축군적(蓄群的) 인간의 분별없는 선입견——그들은 궁극적으로 그것에 의해서 자신의 범용성을 긍정한다——으로써 의문에 붙여지게 된 것이다. 그리고 마르크스가 민주주의 이상의 이름으로써 혁명을 유도한 니체는 반대로 소수자의 지배와 자기 긍정 위에 서서 현세의 생활을 마음 내키는 데까지 즐기는 것과 같은 힘차고 귀족적인 인간 타입의 육성관을 요구한다. 이 두 위대한 사상가의 중심적 이념이 가르치고 있는 방향은 완전히 서로 상반되고 있는 것처럼 보인다. 그러나 어느 한 점에 있어서 그들은 일치한다. 즉 '기독교 문화'의 계통을 끄는 여러 가지 가치관의 모순에 넘친 다양한 혼합물을 해체시키려 하는 노력이다. 지금 근대인 특히 청년은 무엇을 의지해야만 하는가?

많은 점에서 니체의 사상 세계를 생각나게 하는 대시인 슈테판 게오르게의 새로운 복음은 합리주의, 자본주의, 사회주의라고 하는 기계문명 시대의 모든 지배적 세력을 부정한다. 그것은 고귀한 영혼을 가진 소수자에 호소하여 존재의 형식을, 생활에 대한 전체적 태도가 고결해야 한다는 것을 중요시하고 있지만 그러면서도 인간의 행동에 규범이나 명백한 새로운 실질적인 목표를 설정하는 것도 아니다. 그 훈도(薰陶)의 힘은 지적이고 예술적인 작은 서클 속에서밖에는 발휘할 수가 없다. 넓게 퍼져나가서 인간 사이에 연대를 만들어내는 이상, 광범한 사회층을 위한 새로운 신앙을 지니게 할 수 있는 것은 사회주의뿐이다. 옛 신들을 버리기는 했으나 그래도 사회주의나 혹은 예술가 단체의 귀족주의 쪽으로 기울이지 않은 사람은 '아무것도 없는 공간의 자유' 속에 있는 것 같은 기분이 들었다. 수백 년 이전부터 개개인의 생활을 지배하고 있었던 모든 공동체 이념 즉 기독교, 그것으로부터 유도되었던 시민적 윤리, 이상주의 철학, 도덕적으로 실행되어온 직업 관념, 학문, 국가, 국민, 가족

등의 세기의 교체점까지는 아직도 개개인을 구속하며 제약하고 있었던 온갖 힘, 그러한 것이 그 가치를 의심받게 되었다. 이러한 것은 실제로 자신의 인격의 형식을 더듬어보려고 애를 쓰고 있는 대부분의 청년에게는 당연히 납득할 수 없는 상황이었다. 그들은 하나님에게서 버림을 받은 느낌을 가졌으며 따라야 할 어떠한 법도도 인정하지 않았다. 그리고 예지와 확실한 본능의 상속 재산이 없는 곳에서는 행동의 지침이 되는 일체의 기준이 이야기되지 않을 정도로 불확실한 것에 충격을 받았다. 이러한 사태 속에서 대학은 교육 시설인 동시에 정신 생활의 중심이기도 하니까 젊은 세대에 지식을 전하여 그 두뇌를 훈련하는 것만으로 만족해서는 안 되며 그 이외에도 전체적인 인격의 도야, 신념과 주의의 전달, 모든 중대한 인생 문제에 대한 실천적인 가치 판단에 의한 태도 결정, 통일정 세계상의 재건, 세계관의 제창을 그 임무로 한다는 의견이 생거났다. 더구나 그 임무를 맡아야 하는 것은 신학과 철학만이어서는 안 되며 그 이외의 문화과학계의 여러 학과도 그것을 위해서 많은 도움이 될 수 있는 것으로 생각되었다. 정치적 의지 형성에는 특히 사회과학과 역사학이 도움이 될 수 있는 것으로 생각되었다. 평가하는 의식과 세계관——어떠한 세계관이냐 하는 것은 물론 결정되어 있지 않았지만——을 배경으로 갖게 되면 세분화된 전문 지식도 다시 통일하여 정리할 수 있게 될 것이다. 따라서 학생은 대학의 선생을 지식을 가르치는 사람으로만 볼 것이 아니라 학생의 의지에 목적과 인격적 발전에 방향을 제시해주는 지도자로서 생각해야 한다——이것이 그의 의견이었다.

이미 젊은 교수로서 스스로 바라지도 않고 의식하기도 전에 제자들로부터 '지도자'로서 존경받고 있었던 베버는 그러한 경향이 나타나게 되자 당장 강력하게 그것에 저항했다. 그 이유는 이렇다. 사람으로 하여금 우수한 학자나 교수가 되게 하는 자질은 실제적인 생활 지도의 영역, 특히 정치의 영역에 있어서도 지도자로서의 자격을 가져다주는 것은 아니다. 그에게 그런 자격이 있느냐 없느냐 하는 것은 결코 교단 위에 있는 입장에 의해서 증명되는 것은 아니다.

"청년의 조언자로서의 천직을 지니고 있는 것으로 생각하며 청년의 신뢰를 얻고 있는 교수는 그들과의 인간 대 인간으로서의 교섭에 있어서도 그들에게 뒤져서는 안 될 것이다. 그러나 세계관이나 정당 사상에 대해 투쟁하지 않으면 안 된다고 생각했다면 저널리즘에서건 집회에서건 클럽에서건 어느 곳이나 좋다고 생각하는 곳에서 하는 것은 좋지만 학교 이외의 인생의 광장 위에서 그것을 해야 할 것이다. 그러나 그곳에 참석하고 있는 사람들과 아마도 의견을 달리하고 있는 사람들이 침묵을 강요당하고 있는 장소에서 자기의 신앙 고백자로서의 용기를 발휘해보이는 것도 너무 안이한 일이다."

강당에서 세계관을 암암리에 남에게 주입하는 것도 베버에게는 의식적인 정치적 교육이 좋게 생각되지는 않았다. 아마 그것도 인간이 공통의 신앙을 갖는 시대에서라야만 용인될 수 있을 것이다. 그러나 우리 시대의 본질은 통일적인 방향 설정을 배경으로 하는 응집력이 결여되어 있다는 것 바로 그러한 것 속에 있는 것이다. 개인의 주관적인 교설의 강요는 청년의 일반적인 내적 동요를 증대시킬 뿐이다.

"온갖 종류의 예언 중에서도 이러한 의미에서 개인적으로 착색된 교당으로부터의 예언(Professorenprophetie)이야말로 한 가지도 도저히 참아낼 수 없는 물건인 것이다."

이상의 것은 우선 첫째로 경험과학의 영역에 속하는 전문학자에 해당된다. 가치나 평가는 그에게 있어서는 복음의 자료는 아니다. 그것은 말할 나위 없이 인식 및 학설의 대상인 것이다. 전문학자는 인식자나 행위자를 가치의 바로 옆에까지 유도해올 수도 있으며 하나의 선택의 결과로써 생겨나게 되는 사태를 보여줄 수도 있다. 그러나 거기에는 한계가 있다. 여러 가치를 지니는 가치의 판단 아니 그뿐만 아니라 인간의 생활 형태를 어떻게 결정하느냐 하는 것을 기준으로 해서 여러 가치 중에서 어느 것을 선택하느냐 하는 선택 그 자체에 따라서 어떠한 가치를 실현시켜야 하느냐에 대한 결정은 개개인에 맡겨져 있는 것이다. 학문적 논증은 가치의 영역에서는 어느 누구에게도 결정을 강요하는 것은 아니다. 그와 같은 결정은 오성 이외의 수단을 가지고 이루어지는 것이며 어느 누구도 그 결정권을 빼앗겨서는 안 된다. ——이와같이 베버는 '도

그마적' 학문에 대해서 경험 과학의 사명을 한정했다. 그렇다면 그는 철학의 사명을 어떻게 보았을까? 철학은 강당으로부터의 '복음'을 실행하는 것이 허용되어 있는 것일까? 베버는 이 문제에 대한 판단을 포기하고 있다. "그것에 대해서는 나는 아무것도 모른다."라고——. 내심으로 그는 학문적인 철학과 학문의 범주 밖에 있는 철학을 구별하고 있었다. 논리학, 인식론 및 온갖 평가의 의미를 확실하게 해주는 가치론은 이쪽 편에 있다. 인간 존재의 초경험적인 의미를 해석하며 통일적이고 대상적 세계상을 제공하는 시도로서의 형이상학적 사변은 다른 쪽에 있다. 사실상 승인되고 있는 여러 가치의 가치나 그 시대를 초월한 객관적인 타당성도 우리는 이해할 수 없고 다만 믿을 수 있을 뿐이다. 학문적 진리의 가치, 예술의 가치, 국민 감정의 가치 또는 종교의 가치를 부정하려고 하는 사람은 남이 어떠한 논리적 수단을 사용해도 승복당하지 않는다. 그리고 디더욱 실천적 행동을 위한 보편적 구속력을 지닌 지시와 같은 것은 있을 수 없는 것이다. 문화적인 가치와 윤리적인 명령과의 일치라고 하는 것은 불가능한 것이니까 그것만으로도 이미 그것은 있을 수 없는 일이다. 사변철학이라고 하는 것은 학문으로 가까이 가는 방도이기는 하지만 학문에 의해서 포착되는 대상은 지니고 있지 않다. 그것은 실증 불가능한 지식을 매개로하는 것이다.

우리는 여기서 베버의 윤리적 세계관을 좁은 틈 사이로 들여다볼 수 있는 지점에 서게 된다. 그는 있을 수 있는 일체의 이상이 극도로 긴장 관계에 있는 두 개의 대극으로 분리하는 것을 본다. 가령 그것이 어떠한 윤리와 철저하게 모순되는 것이라 하더라도 문화 가치는 문화 가치로써의 대상은 될 수 있는 것이다. 그리고 또 반대로 일체의 문화 가치를 부정하는 윤리——가령 톨스토이의 그것——도 아무런 내적 모순 없이 성립될 수 있는 것이다. 윤리적으로 '책임'을 자신이 직접 받아들이는 인간이 아니면 그 가치를 실현할 수 없는 것과 같은 가치권도 존재한다. 그것에 속하는 것은 특히 정치적 행동권이다.(이것에 대해서는 다른 부분에서 언급하게 될 것이다.) 그러나 그것만이 아니다. 규범적 윤리도 그 고유의 영역 내에서 그 자신의 내부에서는 해결할 수 없는 문제 바로 그 윤리 외적인 가치에 비추어보지 않은 한 그 해결은 불가능한 문제에 직면하게 된다. 따라서 규범적 윤리는 가령 다음과 같은 문제——윤리적 행위의 고유성 즉 '순수한 의지' 혹은 심술(心術)만이 그 행동을 옳다고 분별할 수 있다. 그러나 그 행동을 예견할 수 있는 결과에 대한 책임도 고려하지 않으면 안 된다고 한다면 문제는 해결할 수가 없다. 또한 악에 거역하지 말라는 가르침이나 오른쪽 뺨을 맞으면 왼쪽 뺨을 내보이라는 가르침에 감히 '학문적으로' 반박하려고 하는 사람이 있을 것일까? 그러나 그렇다 하더라도 세속적으로 보면 그것이 위엄을 잃게끔 하고 있다는 것은 확실하다. 즉 인간은 이와 같은 윤리가 끄집어내는 종교적 위엄과 그것과는 완전히 다른 뜻을 설파하는——'악에 거역하라. 그렇지 않으면 그대는 악의 승리에 대해서 책임을 지지 않으면 안 된다'——남성으로서의 위엄의 어느 쪽인가를 선택하지 않으면 안 된다. 그 어느 쪽이건 최종적인 태도 결정에 따라서 한쪽이 악마가 되고 다른 한쪽이 신이 되는 것이지만 개개인은 자신에게 있어서 무엇이 신인지 무엇이 악마인지를 인정하지 않으면 안 된다.

'따라서 가치 상호의 관계는 궁극적으로 어떠한 경우에도 언제나 양자택일은 아니며 '악마'와 '신' 사이의 그것처럼 절대로 타협이 없는 싸움인 것이다.'

이 경우 베버는 특히 어떤 생각을 하고 있었는지는 종교사회학 논문집에 삽입되어 있는 1장 '중간적 고찰'이 확실하게 밝혀주고 있다. 이 장에서는 광범위한 역사적 전망에 입각해서 다음과 같이 말하고 있다.

"즉 한편으로는 종교적 방향에서, 다른 한편으로는 세속적인 방향에서 생겨나게 된 각양의 이상이나 인생관이 시종 일관해서 그 논리를 관철시켜 의식적으로 인생의 방침으로 선택되는 한 합리적 사고에 의해서 순화된 여러 종교적 세계 해석(그러한 것은 지금까지로써는 모두 '구제종교'인 것이지만)은 어떻게 해서 독립적으로 발전하는 모든 내세속적인 가치권과 불가피하게 더욱더 대립해나가지 않으면 안 되는가 또한 사실 대립해나갔느냐 하는 것이다. 이상의 것은 물론 흔히 있는 일은 아니다. 왜냐하면 대부분의 인간으로서는 단순히 그와 같은 사정을 인지

한다는 것만으로서도 견딜 수 없는 일이며 더구나 그들은 자신의 눈으로도 결정적으로 모순되어 있는 것으로 보이는 것을 동시에 존중한다는 곡예를 해보이고 있기 때문이다. 일상 생활이 지니고 있는 천박화 작용이라는 것은 일상 생활에만 만족하고 있는 인간은 이와같이 서로 절대로 배척하는 여러 가치의 혼재를 의식하게 되지는 않는다는 것, 그리고 특히 그가 오히려 '신'과 '악마' 중 어느 것을 선택하느냐 하는 선택을 피하고 또 상반되는 여러 가치 중 어떤 가치가 신에 의해서, 어떤 가치가 악마에 의해서 지배되고 있는가에 대한 자기 개인의 결정적 판단을 피하고 있다는 것을 의식하려 하지 않는다는 것에 의해서 성립되고 있다. 행동하는 인간의 이와 같은 태도, 언제나 타협과 상대화에 빠지기 쉬운 이 태도를 불가피적인 것이라 해도 좋다. 그러나 자신이 만들어낸 것에 대해서도 속속들이 간파하려고 하는 사고는 행동하는 인간이 못마땅한 사실을 인지하지 않으려고 두르는 베일까지도 뚫어버리지 않으면 안 된다."

이와같이 해서 베버는 가령 대부분의 기독교도가 보려고 하지 않은 것도 가차없이 폭로한다. 모든 구제 종교의 중심을 이루고 있는 윤리적 요청은 인류의 연대성이라고 하는 사심없는 헌신적 공동체의 힘으로써의 동포애 바로 그것이다. 그러나 그것은 더욱더 풍요롭게 팽창해나가는 문화재를 지향하는 일체의 목적적이고 합리적인 인간 행동에 대해서 점차 심하게 대항하게 된다. 더구나 나아가서는 그것을 뛰어 넘어 모든 비합리적인 세속적 세력——즉 경제, 정치적 질서, 예술——에도 대항하게 된다. 왜냐하면 그러한 것은 필연적으로 동포애와는 인연이 없는 행동으로, 가려진 '사랑의 결여'로, 어떤 의미로서도 윤리적으로 처리될 수 없는 인간 관계로, 신의 종인 것의 부정으로 유도하기 때문이다. 그러나 가장 근본적이고 가장 의식적인 대항 관계는 종교 그 자체는 주지주의와 언제나 새롭게 연결됨에도 불구하고 구제 종교와 사고적 인식의 세계와의 사이에서 생겨난다. 왜냐하면 진보해나가는 경험적 인식은 세계는 신이 창조한 것이며 따라서 윤리적인 의미를 가지고 질서가 이루어지고 있는 우주라고 하는 종교의 결정적인 요구와 모순되기 때문이다. 경험적 인식은 세계를 인과율적인 기제(機制)로 바꾸어버림으로써 세계의 마술로부터의 해방을 결정적으로 실현하고 말았다. 이렇게 해서 한편의 종교에 의한 최종적인 세계상 형성과 다른 한편의 경험과 학과는 대립하게 되는 것이다. 종교는 존재자 혹은 규범적으로 타당한 사람에 대해서 최종적인 지적 인식을 요구하는 것이 아니고 세계의 의미를 파악함으로써 세계에 대해서 최종적인 태도를 결정하는 것을 요구하게 되지만 그것은 오성으로서가 아니고 계시에 의해서 실현되는 것이다. 그것에 대해서 과학은 지금까지 말해온 것과 같은 궁극적인 의미, 그리고 그 의미를 파악하는 태도 결정을 논리적으로 증명을 가능하게 하려는 철학(및 신학)의 모든 시도 속에서 지성의 고유의 법칙을 피하려고 하는 지성 자신의 노력 이외의 어떤 것에서도 찾아볼 수 없을 것이다. 그리고 구제 종교는 단순히 세속내적인 문화의 개개의 가치권에 대항할 뿐만 아니라 그 세계를 전체로서 거부하는 것이다. 올바른 균형을 얻고자 하는 윤리적 요구는 언제가 되어도 만족되지 않으며 인간의 운명은 부당한 괴로움과 무의미한 죽음으로 정해져 있을 뿐만 아니라 확실히 죄인으로서 만들어지고 있는 이 세계를 거부한다. 가장 귀중한 문화재야말로 모두 이 본성으로 해서 죄를 받은 것이다. 왜냐하면 이러한 문화재는 모두 동포애의 요구와는 일치할 수 없는 존재 형식을 전제로 하고 있는 것이라는 점을 간과한다면 이 세계의 윤리적인 가치의 저하는 더욱더 극단적인 것이 되고만다. 중대한 종교적 죄상은 모든 문화, 문화 세계에 있어서의 모든 인간 행위, 대체로 인위적으로 가공된 모든 생활의 결코 사라져 없어지지 않은 구성 요소인 것처럼 보이게 된다.

베버가 특히 주장하고 있는 이상과 같은 설명은 철학을 이야기하려고 하는 것이 아니고 감추어져 있는 사실은 들추어내서 일관된 논리를 가지고 철저하게 생각한 의미 연관을 나타내보이려고 한 것이다.

"온갖 생활 질서 가운데 관념적으로 구성된 갈등의 유형이라는 것이 지니는 의미를 단순히 '이 부분에 있어서는 갈등은 내면적으로 가능하며 적절한 것이다'는 것이다 —— 이것이 '지향되었다'라고 간과할 수 있는 것과 같은 관점이 하나도 없다는 의미는 전연 아니다."

이것은 즉 이러한 것이다. 경험적 인식의 관점에서 본다면 확실히 이것은 여러 가치권의 더욱 증대하는 충돌이라는 사실에 있어서 통일적인 세계상이라는 것과는 양립하지 않는다. 그러나 사변이나 신앙이 다른──물론 증명 불가능한──해석을 가지고 이 다원적 분열을 감싸안은 것을 방해하는 것은 아무것도 없다. 베버 자신이 이와 같은 가능성을 어떻게 대하고 있었느냐 하는 것은 아마도 1919년 2월 9일의 편지 중 다음과 같은 구절을 보면 확실하게 알 수 있다고 생각한다.

"나는 확실히 종교적인 의미로서는 완전히 문외한이어서 종교적 성격의 영적 건축물을 나의 내부에 세워보려는 욕구나 능력도 가지고 있지 않다. 그러나 엄밀하게 자기 침투를 해보면 나는 반종교적도 아니며 비종교적도 아니다."

그렇다 하더라도 역시 베버는 위에서 말한 것처럼 사태의 냉정한 경험적 관찰은 그것에 적합한 유일의 형이상학으로서 '다신론'을 인정하는 것으로 유도하고 있다는 사실에는 변함이 없었다.

"그것은 신들과 악마들의 주력에서 아직 해방되지 않았던 고대 세계와 같은 것이지만 그 뜻은 다르다. 고대 그리스 인은 아프로디테 다음에는 아폴로에게 희생을 바쳤다. 그리고 특히 각 시민은 자신의 도시의 신들에게 희생을 바쳤다. 마술에서 해방되고 종교적 태도의 신화적인 더구나 내면적인 진실성을 가진 형태성은 빼앗기기는 했지만 현대인도 역시 같은 일을 하고 있는 것이다. 그리고 그 신들을 그리고 신들 사이의 투쟁을 지배하고 있는 것은 운명이다. 학문 같은 것이 아니라는 것은 너무도 뚜렷한 사실이다.

*

이와 같은 입장을 상대주의로 해석하는 것을 베버는 '가장 조잡한 오해'라고 해서 물리쳤다. 왜냐하면 구체적인 개개의 이상의 절대성이 증명될 수 없다는 것이 그에게는 자명한 것이었다고 한다 하더라도 그와 똑같은 정도로 그 절대성을 믿었고 그 자신이 그것을 실현하기를 바랐기 때문이다. 무엇을 해야 할 것이냐의 '무엇'에 대해서는 여러 생각이 동등한 정당성을 가지고 성립될 수가 있다. 그러나 이상·사명·의무의 선택과 승인만이 인간 존재의 의미와 존엄성을 만들어낸다는 것은 그에게 있어서는 의심할 여지가 없는 내적 확신이었다. 우리는 이 세계의 사상의 의미를 그 사상을 규명한 끝에 얻어낸 충분한 성과에서 읽어낼 수는 없으며 반대로 우리 스스로가 그러한 것의 의미를 만들어낼 수 있지 않으면 안 된다는 자각은 우리에게서 피할 수 없는 것이다. 이성의 빛이 비치는 범위는 더욱더 확대될 것이지만 인식 가능한 것의 영역은 여전히 규명하기 어려운 수수께끼에 감싸여 있는 것이다. 따라서 '세계관'은 결코 진보 발전하는 경험의 산물이 아니며 우리의 마음을 가장 강력하게 움직이는 최고의 이상은 어떠한 시대에 있어서도 다른 온갖 이상과의 싸움에서밖에는 그 힘을 발휘할 수는 없는 것이다. 다른 이상도 우리의 이상만큼 신성한 것이니까.

"이와같이 인생에 견뎌낼 수 없는 것은 학문을 향해서 질문을 던져서는 안 된다. 학문은 어디까지나 자기 자신에게 충실하지 않으면 아무런 대답도 주지 않기 때문이다. 그러한 인간은 예언자 혹은 구세주에게 묻는 것이 좋다. 그를 믿고 따르면 된다. 그러나 이 경우 지성을 포기하는 것(불합리함에도 불구하고가 아니고 불합리하기 때문에 믿는다) ——이것은 적극적으로 종교적인 인간을 다른 사람과 구별하는 결정적인 특징이기는 하지만—— 을 면할 수 없다는 것을 유념해두지 않으면 안 된다."

Ⅱ

이미 말한 것처럼 문화논리학적인 문제성은 단순히 베버의 새로운 창조의 분지(分枝)로써 전개한 것에 불과하다. 그는 1903년에 로샤 및 크니스에 대한 논문의 제1부를 완성한 직후 지금까지 가장 유명한 논문 〈프로테스탄티즘의 윤리와 자본주의의 정신〉에 착수했다. 제1부는 이미 미국 여행 전인 1904년 초여름에 끝을 맺었고 제2부는 1년 후에 출판

되어 그가 얻어온 새로운 인상의 침전을 찾아볼 수가 있다. 그러한 인상이 베버의 마음을 그처럼 강하게 움직이게 한 것은 적어도 그가 미국 도처에서 근대 자본주의 정신의 기원의 살아 있는 흔적뿐만 아니라 정신 그 자체를 '이상형'적인 순수성으로 관찰할 수 있었기 때문은 아니다. 아마도 그는 이미 훨씬 전부터 어쨌든 병의 회복이 시작된 무렵부터 그 작업에 대한 착상을 하고 있었다. 그것을 위한 예비적 연구는 특히 로마 체제 중의 중세 수도원 및 교단의 역사와 제도에 대한 강렬한 침잠(沈潛)일 것이다. 이 노작은 극단적으로 대치된 현상 즉 종교적 의식 내용과 경제적 일상 생활이 하나의 장소에 놓여졌으며 나아가서는 그것을 초월하여 사회 생활의 모든 중요한 구조 형식과 종교적인 것과의 관계가 철저하게 규명되어 있는 일련의 대규모적인 세계사적 연구의 제일 보인 것이다. 논문 전체는 사회과학 잡지 〈알히프〉에 발표되었다. 공동 편집자로서 베버는 무엇보나도 우선 이 잡지에 끊임없이 원고를 공급하는 의무를 느끼고 있었다. 그리고 또한 그 일이 그를 독려하고 있었다. 따라서 이와 같은 귀찮은 일이 게재되고 있지 않은 발표 방법은 가장 다행스러운 일이기도 했다. 따라서 이 제2의 국면에서의 그의 논문은 그의 생존 중에는 하나도 단행본의 형식으로 출판되지 않았다. 그러한 이유로 그가 발화한 새로운 빛은 처음에는 한정된 학자들의 세계 속에서만 빛나고 있었다. 물론 많은 논쟁을 불러일으킨 이 최초의 종교사회학상의 논문은 〈알히프〉 독자의 범위를 훨씬 크게 벗어나게 되었다. 소재호의 발행부수는 얼마 지나지 않아 매절되었으나 베버는 단행본으로 출판할 마음이 없어서 논문은 10년 이상이나 입수 불가능한 상태에 있었다. 죽기 1년 전에서야 그는 겨우 친구들의 권유로 자신의 성과의 일부를 수확할 마음이 생겼던 것이다. 그때 그에게는 종교사회학 논집의 제1권에 수록된 여러 논문에 손을 대는 여유 밖에는 주어지지 않았다. 그는 이미 2권의 간행도 볼 수 없었던 것이다.

　물론 이 문제권은 그의 마음을 사로잡고 있었던 유일의 것은 아니었다. 되살아난 베버의 창조력은 평행해서 진행되는 흐름에서 갈리어 남의 요구나 외적인 자극으로 해서 옆길로 빠지는 일도 흔히 있었다. 실제로 그는 모든 일에 흥미를 느꼈으며 그의 인식욕은 한계를 몰랐다. 논리적인 언급에 대해서는 이미 말했지만 그것만으로서는 만족할 수 없었다. 베버는 자신의 지금까지의 학문적 연구를 잊고 있지 않았다. 국민정책 특히 농업정책에 관한 이전의 관심이 언제 다시 소생할지 알 수 없었다. 1903년 가을에 그가 두 가지 일을 짊어지고 있었을 때 신탁유증재산의 확대와 신설을 용이하게 하려고 하는 법률안이 상정되었다. 토지귀족을 원조함으로써 귀족적 전통과 사상을 유지하려는 것이 그 근본사상이었다. 이것은 이 투사에게 물질적 및 정치적인 계급 이해를 배후에 감추고 있는 보수적인 낭만주의에 대한 싸움을 촉구했다. 베버는 자신이 벨린 시대와 프라이브르크 시대에 만들어낸 농업 통계의 자료를 책상에서 끄집어내서 주도한 학문적 입증을 결부시킨 논문 속에서 이 법안을 철저하게 공격했다. 펜은 다시 창이 되었다. 이 법안으로 그는 소수 사람들에게 토지와 자본이 집중하는 길을 터주며 지방에 있어서는 사회적 여러 모순을 격화시키고 불가피하게 자유로운 농민을 내몰고 슬라브 계 외국인을 지방으로 불러들이는 결과가 된다는 것을 증명했다. 그리고 그는 이 근본 사상의 그늘에 가리워져 있는 근본적인 동기는 국가 권력에 순종하고 있는 영주 및 제신 계급의 확대에 의해서 얻어지는 제실 및 지배자층의 이익에 있다고 폭로했다. 그들은 이 법률을 가지고 허영심을, 즉 자신의 이득의 '귀족화'와 '귀족적'인 생활 양식에 대한 시민적 자본소유자의 열망을 충족시켜줌으로써 그들의 지배권을 강화하려했다. 베버의 설명은 대단한 격분을 불러일으켰으나 효과는 있었다. 법안의 심의는 연기되었고 결국은 폐기되고 말았다. 법률은 발효되지 않았던 것이다.

1905년에 최초로 러시아 혁명이 시작되었을 때 그는 다시 강하게 정치적 관심을 갖게 되었다. 그는 빠른 시일에 러시아 어를 마스터하고는 많은 러시아 신문을 읽고 나날의 사건을 열심히 더듬고 또 혁명 중심에서 일익을 담당했던 '입헌군주당'의 정신적 지도자의 한 사람으로 당시 하이델베르크에 망명하고 있었던 러시아의 국법학 교수 키스티아콥스키와 이야기를 나누면서 활발한 의견 교환을 했다. 그는 '해방동맹'의 입헌민주적인 헌법 초안에 대한 것을 듣고는 그것에 대해서 〈알히프〉에 두세 번의 '고찰'을 쓸 마음이 생겼다. 그러나 이 고찰은 더욱 급속하게 발전하여 작은 활자로 인쇄된 두 권의 방대한 별책이 되어 러시아의 해방 투쟁의 편년기(編年記)적인 일지가 되었다.

베버는 러시아 민족의 심정과 문화에 정통하게 되었으며 몇 개월에 걸쳐서 숨도 돌리지 않고 열심히 러시아의 비극을 관찰했다. 아마도 이 거대한 동방 국가를 서구 세계의 발전의 궤도로 끄집어 넣으려 하는 것은 근본적으로 자유주의적인 문화 건설에 대한 최후의 기회 중 하나였을 것이다. 아마도 '경제와 정신의 혁명과 대단히 힐난의 대상이 된 생산의 무정부와 똑같이 힐난의 대상이 된 주관주의가 아직 그대로 현존하고 있다.' 지금 그러한 것에 의해서만 자주성을 획득한 광범한 대중의 개성이 '양도할 수 없는 인격권'을 얻어내는 시기가 도래한 것인지도 모른다. 세계가 경제적으로 '충족하며' 지적으로 '포만' 되어 있다면 이러한 권리는 대중에게는 영원히 주어지지 않을 것이다. 베버의 마음을 특히 강렬하게 자극한 것은 독일의 발전에 대한 러시아 사건의 개연적인 영향이 무엇이냐 하는 문제였다. 이미 그 물질적 문제만으로도 서방의 이웃 나라에 무섭게 걸쳐오고 있는 이 동방의 거대국은 혹시 그 왕조의 권력욕을 이 이상 의존할 수 없을 정도까지 서구의 자유주의 이념의 각인을 받게 되는 것이 아닐까? 그곳에서는 러시아의 '지식계급'의 순교 정신에 의해서 자국의 자유주의적 풍조를 조장할 수 있는 헌법이 실현되는 것이 아닐까? 베버는 곧 전제정치를 관찰한 결과 획득한 여러 형식은 자유의 외관을 가져다주기는 하지만 자유 그 자체를 가져다주지 않는다는 것을 알았다. 이 경찰 국가는 순수한 아시아적인 음험함을 이용해서 스스로 정한 한계에서 벗어나고 말았다. 그리고 여러 가지로 어려운 문제를 해결할 수 있는 정치가들은 그 자리에 눌러앉아 있을 수가 없었다. 러시아의 현상은 확실히 유능한 정치가를 필요로 하고 있으나 친정을 하려고 하는 제실의 야심은 가령 우리 나라에서도 그렇지만 다른 어떤 나라도 다 그러하듯이 러시아에서도 위대한 개혁자가 등장할 수 있는 여지를 없애고 있다. 혁명은 좌절로 끝났으며 새로운 화가 닥쳐

올 것이다.

경제적인 공황전은 많은 부자유가 더욱 더해질 것을 예고하고 있었으며 모든 공업 조식에서는 새로운 예속 관계의 골격이 만들어지고 있었다.

"이 사실을 보면 장래 이 세상에서 민주주의와 개인주의가 지나치게 많아서 권위와 귀족 정치와 관직에 대한 경의가 지나치게 부족하게 되리라고 늘 불안하게 생각하고 있는 사람들도 겨우 안심할 수 있을 것이다. 민주주의적 개인주의의 나무가 하늘을 향해 뻗어나지 않도록 가능한 한의 배려가 작용되고 있을 정도니까. 그 후 어떤 일이 일어나더라도 역사는 진저리도 안 내고 많은 '귀족 정치'와 '권유'를 만들어내서는 자신을 위해서——또는 민중을 위해서——그렇게 하는 것이 필요하다고 생각하고 작가는 그러한 것에 매달릴 수가 있다."

＊

그 후 그는 두세 개의 논리학적 논문을 썼다. 그러나 1908년 가을에 그는 국가학 중사전을 위한 대규모의 역사적 사회학적 노작《고대 농업 사정》에 매달렸다. 이미 그 양——포리노 판 2단 소활자로 136페이지——만으로도 이 공동 노작의 저서는 범주에서 벗어나고 있는 것이며 겸손한 그 표제는 내용의 일부밖에 나타내고 있지 않았다. 이 노작은 일종의 고대 사회학이라고 할 수 있는 것, 즉 고대의 사회 생활의 모든 중요한 구조 양식의 역사적 분석과 개념적 통찰을 제공하고 있다. 엄청난 역사적 소재가 여기에는 지극히 간결하고 치밀한 형태로 압축되어 있다. 서설에서는 고대 국가 세계의 경제 이론을 서술하고 있다. 고대 국가 세계의 온갖 조직 단계는 이상형에 의해서 각각의 특성을 포착했으며 베버는 발전이 어느 정도까지 자연의 지리적 조건, 즉 물과 땅의 비율에 의해서 결정된다는 것, 중세 및 근세의 내륙 문화와는 반대로 고대 문화의 특성은 그것이 해안 및 하(河)안 문화라는 것에 바탕을 두고 있다는 것을 점차적으로 설명하고 있다. 고대 오리엔트, 메소포타미아, 이

집트, 고대 이스라엘의 여러 가지 구조 형식을 간략하게 설명한 개관에
이어서 서구 고대 즉 그리스, 헬레니즘 세계, 로마, 로마 제정시대에 대
한 상세한 분석이 있다. 모든 중요한 사회현상은 상호간 중세나 근대의
그것과 비교해서 대조되어 있으며 하나의 사실은 다른 사실에 의해서
설명되며 유형적인 것과 구체적인 것과는 따로 분류되고 동일의 명칭을
가진 것과 비교해서 다른 점을 표시하며 또 역사가가 근대의 현상을 과
거에 맞추어서 해석을 하게 되면 오류에 빠지기 쉬운 부분에서는 엄밀
한 '이상형'을 사용해서 구체적으로 설명하고 있다. 이 시기 즉 1908년
에서 9년에 걸쳐서 베버는 다시 새로이 자신의 보다 한정된 전문 영역
을 보다 집중적으로 연구했다. 그 계기가 된 것은 사회정책협회 때문에
계획되었으며 주로 전공을 같이 하는 동생 알프레트 베버의 촉구에 의
해서 착수하게 된 '도태와 적응에 대한 조사', 대공업노동자의 직업 선
택과 지업의 성행(成行)에 대한 조사였다. 농업노동자에 대한 조사 때
와 같이 여기서도 또한 개별적 연구에 의해서 차근차근 쌓아올린 근본
자료를 바탕으로 해서 현대의 대중 생활 속에서도 아직 밝혀지지 않은
영역의 합동적 해명이 이루어진 것이다. 문제 제기의 주안점은 근대의
대공업은 어떠한 인물을 만들어내느냐 그리고 직업이나 기타에서 그들
은 어떠한 운명을 짊어지게 되느냐 하는 것이었다. 환언한다면 근대의
인간 대부분이 불가피적으로 그것에 매달려 있는 기술적 장치라는 것은
그들의 성격학적 특성과 생활 양식에 어떠한 영향을 주느냐, 어떠한 정
신적 물리적 특성이 여러 종류의 공업 과정에 의해서 조장되느냐 하는
것이다. '도태' '적응'이라는 이 논제 속에 이용되고 있는 개념은 '자연
과학적인' 방법과 인식을 이용하는 것이 대단히 유효하다는 알프레트
베버의 생각을 나타내고 있는 것이다. 따라서 막스 베버는 근대 자본주
의 정신에 대한 새로운 통찰을 가져올지도 모르는 대상만이 아니고 특
히 방법의 문제에도 관심을 기울이고 있었다. 일부분은 초학자——여
러 학사과정의 돌톨 시험 수험자——에 할당되도록 계획된 이 합동 연
구의 성과는 확실히 옳은 길과 정확한 시점의 선택으로 해서 성공을 거
두었다. 그는 작업 계획의 대목표와 동시에 올바른 학문적 방식에 대해

자세한 지침을 지시했으며 협회를 위해 상당한 분량의 '보고'를 작성했던 것이다. 그는 질문표를 발송할 때 이쪽의 이름을 쓰고 우표까지 붙인 답신용 봉투를 함께 보낼 정도로 세심한 주의를 기울였다. 진정으로 사람들이 힘이 되려고 하며 그것과 더불어 사람의 능력을 학문을 위해 유효하게 이용하는 열성적인 교사의 정성을 여기서도 느낄 수 있다. 무엇보다도 이러한 지침은 그 무렵 자신의 문제에 깊이 빠져 있었다는 것을 보여주고 있는 것이다. 베버는 자연과학적인 연구 방법이 자신이 계획한 노작에 적용될 수 있는지 없는지에 대해 검토하여 스스로 실례로써 하나의 특수 연구를 해보았다. 그 성과는 〈공업 노동의 정신 물리〉라는 표제하에 사회과학지 〈알히프〉에 실린 일련의 논문에 나타나 있다. 구체적인 연구 자료를 그에게 제공한 것은 그 이외에도 많은 관찰의 원천이 되었던 앨린하우젠의 직물 공업이었다. 1908년의 여름에 그는 여러 주일 친척 집에 체재하여 공장의 임금장부와 타임 레크다를 자세히 조사했으며 직공의 시간 당, 1일 당 주 당의 생산량의 관례를 열심히 계산해서 생산량의 변동의 정신 물리적인 원인을 규명하려고 했다. 그러나 힘이 드는 이 조사는 그 자체가 목적이 아니고 학문적 처리라는 것의 '거시적'인 의미를 갖는 것에 불과했던 것이다. 따라서 그의 제일의 관점은 방법적 여러 문제 특히 한편으로는 자연과학적 유전학설, 나아가서는 정신물리학적 실험이 사회과학적 분석에 도움이 될 수 있느냐 없느냐라는 문제의 해명이었다. 따라서 베버는 가장 중요한 정신 물리학적 문헌을 철저하게 연구했는데 특히 크레페린과 그 문화의 노작을 자세히 읽고 방법과 개념을 분석하여 다음과 같은 결론에 도달했다. 자연과학과 사회과학의 협력은 확실히 원칙적으로는 가능하며 정신 물리학적 여러 개념은 계획 중인 조사에는 적용이 가능한 한편 대중 현상의 사회과학적 분석에는 '정밀'한 실험실의 실험 방법이 문제가 되지 않으면 애매한 유전학설의 성과도 문제가 되지 않는다고 ── . 이러한 모든 것이 밝혀진 후에 그는 보편적인 사회학적 연구로 돌아갔다. 더구나 그는 이중적인 관점에서 이것에 착수한 것이다. 그는 종교사회학 논술을 계속할 생각이었으며 그와 동시에 그의 출판자인 파울 지베크의 종용에 의해서 엄청난 분량의 합동 저작 사회경제학 논문에 착수했다. 그는 복안을 세워서 협력자들을 모았고 자신은 조직 일 외에도 가장 중요한 몇 가지 부분을 맡기로 했다. 종교사회학의 논문은 일부는 이 새로운 일과 정신에서 생겨나는 것이어서 그것과 병행해서 진행되었다. 여기서 우리는 이러한 논문을 살펴보기로 하자.

베버 자신의 말을 빌리면 그러한 종교사회학 논문은 근대 서구인의 성격학과 그 성장 과정 및 문화의 인식에 기여한다는 것이다. 처음에 그는 종교 개혁까지 거슬러올라가서 중세 및 초기의 기독교 세계와 사회적 경제적 존재 형태의 관계까지도 분석해보려는 계획을 세웠다. 그러나 에른스트 트레르티가 기독교 교회의 사회적 이론에 연구를 시작한 지금(최초의 논문은 1908년 초에 발표되었다) 그는 연구의 영역이 너무 접근되고 있다고 생각해서 우선은 다른 일부터 시작했다. 그 후(대제도 1911년경) 종교사회학 연구에 다시 손을 댔을 때 그는 동방에 중국, 일본, 인도 그리고 나아가서는 유태교와 이슬람교에 끌리게 되었다. 이번에는 5대 세계 종교와 경제 윤리의 관계를 철저하게 추구해보려고 생각한 것이다. 초기 기독교의 분석에서 이 환(環)을 닫을 예정이었다. 그리고 자본주의의 '정신'에 대한 최초의 논문에 있어서는 경제적 일상 생활이 종교적 의식에서 받는 영향이라는 하나의 인과 계열로서만 밝히려고 한데 반해서 이번에 그는 보다 광범한 과제를 자신에게 부과했다. 또 하나의 계열, 즉 형이상학적인 경제적·지리적 생활 조건이 종교적·윤리적 관념에 미치는 영향을 조사하려고 한 것이다. 그는 이 일련의 논문을 '세계 종교의 경제 윤리'라고 이름붙여 최초의 논문에 있어서와 같이 '경제 윤리'라는 말을 윤리적·신학적 이론으로 사용하지 않고 종교에 뿌리를 둔 행동에 대한 실천적인 동인(動因)으로 해석하고 있다.

아시아 세계를 취급한 이러한 논문은 어떠한 방향에 있어서의 확정적인 인식을 제시하려고 한 것은 아니다. 왜냐하면 베버는 중국, 인도, 일본에 대해서는 번역된 자료에 의지했으며 유태교에 대해서는 거의 다룰 수 없을 만큼의 많은 문헌을 찾아냈기 때문이다. 지금까지 그는 정성을 다해 자료 규명을 한 후에 전문적 연구를 해왔기 때문에 이러한 논문에

356

서는 대단히 조심스럽게 자신의 생각을 피력하고 있으나 그럼에도 불구
하고 그는 자신의 설문에 의해서 여러 사실이 새로운 모습을 띠게 될
것을 기대했으며 특히 사항의 본질로 해서 당연한 것이기는 했지만 거
의 모든 종교사적 개별 연구를 장식하고 있는 종교적·윤리적 가치 판단
을 분석에서 제외한다는 것이 보다 명석한 통찰의 기초가 될 것이라고
기대했다. 종교와 경제가 복잡하게 뒤엉키고 있는 상호 의존관계를 모
든 세부에 걸쳐서 검토하는 것은 불가능한 일이므로 해당 종교의 실천
도덕에 가장 강력하게 영향을 미치며 경제적으로 중요한 특색을 나타나
는 사회적 계층의 생활 중에서 그때 그때에 따라서 '방향'을 결정하는
여러 요소를 끄집어내서 보여주게 되었다. 중국에서는 문학적 교양이
있는 국가로부터 녹을 받고 있는 계층의 생활 및 사고와 유교와의 관련,
인도에서는 옛 힌두교와 브라만이라는 문학적 교양이 있는 사람들의 세
습적인 카스트와의 관련, 탁발승을 통해서 본 고대 불교와의 관련, 세계
를 정복하는 전사를 통해서 본 옛 이슬람의 관련, 시민적 '바리아'를 통
해서 본 바빌론 요수(虜囚) 후의 유태교의 쟁인과 도시 시민계급을 통
해서 본 기독교의 관련. 그러나 베버는 이러한 관련 속에서 종교적 내용
이 신봉자층의 물리적 이해의 반영 또는 그 사회적 입장의 '함수'라고
하는 것과 같은 오해에는 분명히 반대하고 있다. 경제적·정치적 조건에
서 비롯되는 사회적 영향이 아무리 종교적인 윤리에 깊게 작용한다 해
도 무엇보다도 우선 종교적 윤리는 역시 종교적인 원천 즉 계시와 약속
의 내용, 귀의자의 종교적 욕구를 받는 것이다. 인과계열은 두 방향으로
움직인다. 이념은 아니며(물질적 및 관념적인) 이해가 직접 인간의 행
동을 지배한다. 따라서 이념에 의해 만들어지는 '세계상'은 전철기로서
이해의 역학이 행동을 추진시켜나가는 레일을 결정한 것이다.' 옛날에는
도처에서 마술적이고 종교적인 힘과 그러한 힘에 대한 신앙에 바탕을
두고 있는 의무 관념이 생활 태도를 형성하는 가장 중요한 힘이었었다.
그리고 도처에서 같은 과정이 완료되었다. 원시적인 정령 및 마영신앙
의 구제종교에의, 즉 현재 있는 그대로의 세계를 부정하고 괴로움과 죄
악에서 벗어나 다른 세계에서 해방을 얻으려고 하는 종교성에의 점차적

인 승화라는 과정이다. 인간이 하루 하루의 경영을 초월한 것에 생각이 미치게 되자 곧바로 세계의 구조는 유의의 질서를 지니는 우주가 되며 또는 그렇게 될 수 있다는 식으로 생각하려고 하는 욕구가 그의 마음속에서 우러나게 된다. 그는 행복과 선행의 관계를 묻고 괴로움·죄·죽음에 대해서 이성을 만족시킬 수 있는 정당화를 구하여 '변신론'을 만들어낸다. 환언한다면 종교적인 감정이나 경험은 사고에 의해서 개정(改訂)되고 합리화 과정은 마술적 관념을 해소시켜 더욱더 세계를 '비마술화'하며 비신성화해가는 것이다. 종교는 마술에서 교의로 전환한다. 그리고 원시적 세계상의 붕괴 후에 두 가지 경향이 나타난다. 하나는 세계의 합리적인 통어(統御)에 대한 경향, 다른 한편으로는 신비적인 경험에 대한 경향. 그러나 여러 종교는 단순히 그 각인을 더욱더 발전해나가는 사고에서 받는 것만은 아니다. 합리화의 과정은 온갖 궤도로 진행하여 그 고유의 법칙성은 경세, 국가, 법률, 학문, 예술 등 모든 문화형상을 포함한다.

특히 서양문화는 그 모든 형식에 있어서 처음에는 그리스 정신에서 발전하였으며 종교 개혁기에 있어서는 특정한 목표를 지향한 방법적인 생활 태도까지도 받아들인 방법적인 사고 방식에 의해서 결정적으로 규정된다. 이론적인 합리주의와 실천적인 합리주의의 이런 융합은 근대 문명과 고대 문명과의 차이를 이루었고 이 양자의 특색은 근대 서양 문화와 아시아 문화의 차이를 만들었다. 물론 동양에 있어서도 합리화의 여러 과정은 관철되었으나 학문, 국가, 경제, 예술 등 모든 면에 있어서의 합리화의 과정은 서구에서 볼 수 있었던 특유한 궤도상에서 이루어지지 않았다.

베버에게 있어서는 서구의 합리주의 특수성과 서양 문화에 있어서 그것이 담당하게 되는 역할과의 이 인식은 자신이 이룬 가장 중요한 발견의 하나라고 생각되었다. 그 결과로써 종교와 경제와의 관계에 대한 그의 설문은 이제는 보다 더 광범위한 서양 문화 전체의 특성에 대한 설문으로 확대되었다. 무엇 때문에 서구에만 증명이 가능한 진리를 만들어내는 합리적 과학이 존재하는가? 무엇 때문에 서구에만 합리적인 화성음악, 합리적인 구성을 사용한 건축 및 조형 예술이 존재하는가? 무엇 때문에 서구에만 대의제 국가, 전문적 훈련을 받은 관료 조직, 전문가 집단, 의회, 정당제 요컨대 합리적으로 제정된 헌법과 똑같이 합리적으로 제정된 법률을 가진 정치적 기관으로서의 국가가 존재하는 것일까? 무엇 때문에 서구에만 근대 생활의 가장 숙명적인 힘인 근대 자본주의라는 것이 존재하는 것일까? 이러한 모든 것이 서양에만 있는 것은 어째서인가? 이러한 의문은 금후 이런 저런 모습으로 끊임없이 그의 마음을 차지하고 독려하여 자신의 전문의——아니 모든 전문적 학문의——범주를 넘어서 세계 포괄적인 현실 인식으로 향하게 했다.

특히 그가 확인하고 있는 것은 다음과 같은 것이다. 서구 교회(로마 교회)와 똑같이 근대 서구 국가의 탄생도 법리가의 사업이었다. 즉 로마 인의 특수한 업적인 법리적 합리주의였다는 것, 근대 시민의 '경영 자본주의'는 그 기술적 여러 인자의 계측 가능성과 엄밀한 계산 등을 가능하게 한 서양의 과학의 특질에 의해서도 강력하게 규정되고 있다는 것이다. 그리고 서양의 예술 적어도 건축 예술, 조형 예술, 음악의 특질의 형성에 기여한 것도 과학이었다는 것은 가장 놀라울 만한 사항의 하나이다. 시대 풍조는 합리주의를 천시하였으며 특히 많은 예술가는 합리주의를 자신의 창조력에 대한 억압이라고 단정했다. 그래서 이런 발견은 베버를 더욱더 홍분시켰던 것이다. 그래서 그는 예술사회학에도 뜻을 두고 그러한 것의 최초의 시도로써 음악을 합리적·사회학적 기초에서 검토하기로 1910년경 다른 많은 일을 짊어지고 있으면서도 작정했다. 그로 하여금 그 검토는 지극히 인연이 먼 민족학의 분야까지 파고들게 해서 음의 산술이나 상징학의 곤란하기 짝이 없는 연구로까지 유도했다. 그러나 이 연구의 부분이 일단 모양을 갖추게 되자 그는 자신을 억제하여 약속하고 있었던 중도에 방치한 논문의 완성을 서둘렀다. 세계 종교의 경제 윤리에 관한 새로운 논문의 주요 부분은 1913년경에 완성했다. 그러나 발표는 1915년이 되어 겨우 시작되었다. 베버는 그 위에 학문적 자료까지도 덧붙였으며 두세 곳은 부족하다고 생각했다. 그것은 세계 대전과 징집으로 해서 이루어질 수 없었다. 결국 그는 유교와 도교에 관한 부분부터 발표하기로 하여 그에 앞서 우선 역사 철학적인 서론을 보냈다. 1915년 가을, 군무에서 면제되자 그는 연구를 계속했다. 중국에 대한 부분은 1919년의 재판을 위해 다시 한 번 더 철저하게 수정이 가해졌다.

*

보다 더 세밀하게 최초의 종교사회학에 대해서 언급하려고 하는데 그것은 이 논문이 베버가 괴롭고 신경이 쇠약한 붕괴 끝에 자신의 능동적인 생명력을 활동시키는 일을 비극적으로 단념하지 않으면 안 된 후 그의 별에 다시 빛을 발하게 한 제일 처음의 것이며 나아가서는 이 논문은 그의 인격의 가장 깊은 곳에 있는 뿌리와 관련이 있으며 확실하게 꼬집어서 말할 수는 없지만 그의 인격의 각인을 띠고 있는 것이기 때문이다. 방법 면에서도 이 논문은 모범적이다. 그 후의 연구에서도 뒷받침이 된 이 논문의 성과 중 하나는 '유물론적' 역사관의 결정적인 극복이라는 점에 있다. 베버는 마르크스의 천재적인 구성에 대단한 찬탄을 보내고 있었으며 현상의 경제적 기술적 원인을 묻는 것을 지극히 내용이 알찬 원리 아니 지금까지는 전혀 빛을 내보지 않았던 여러 분야를 인간의 인식욕에 문을 열어주는 독자의 새로움을 가진 색출적 원리라고 보고 있었다. 그러나 그는 그 구성을 세계관으로까지 높였을 뿐만 아니라 물질적인 여러 계기를 인과적 설명의 공통분모로써 절대시하는 것까지도 거부했다. 왜냐하면 그는 선입견에 사로잡히지 않은 연구는 이미 일찍부터 문화 생활의 일체의 현상은 경제적으로도 규정되지만 경제적으로만 규정되는 것은 전무하다는 깨우침을 받았기 때문이다. 이미 소장의 학자로서 그는 1892년과 3년에 동부 독일의 농민의 농촌 이탈의 이유를 추구했을 때 그것에 대해서는 〈나이프와 포크의 문제〉(호구의 문제)와 같은 정도로 이데올로기적 동인도 결정적이라는 인식이 강력하게 떠오르고 있었으며 신학자 케레와 공동으로 제2회 농업노동자 조사를 계획했을 때에는 농촌 주민의 경제적 상태와 더불어 윤리적 종교적 상태까지도 온갖 인자의 상호작용까지도 규명해보려고 처음부터 의도했었다. 확실히 여러 관념적인 힘의 세계 형성하는 의미의 추구는 일찍부터 그의 흥미를 끌고 있었다. 아마도 그의 인식욕의 이 방향 즉 종교적인 것과의 부단한 대결이라는 방향——그의 모계의 순수하며 올바른 종교성——이 그의 내부에서 계속 숨을 쉬고 있는지도 모른다.

물론 그는 유물적 역사 구성 대신 유심적 역사 구성을 대치하려는 생각은 전혀 하지 않고——양자가 모두 똑같이 가능하지만 '양자가 모두 똑같이 진리에는 별로 도움이 되지 않는다——모든 중요한 현상에 있어서 존재를 형성하는 언제나 변화하는 가지각색의 힘의 상호 간섭을 해명하려고 했다. 방법적으로 이 논문이 특히 흥미가 있는 것은 다음의 이유도 있다. 꼭 베버는 이 속에서 처음에 의식적으로 비슷한 무렵의 그의 논리적 저술에 있어서도 분석한 문화과학적 사회학의 진리 추구의 순서를 적용하고 있다는 점이다. 즉 독자는 여기서 자본주의의 '정신' 또는 대립물인 '전통주의'와 같은 중심적인 이상형적 개념의 구축 과정을 실제로 보게 된다. 이러한 개념은 정의되는 것이 아니고 '조립되는 것', 환언한다면 연역된 것이 아니고 현실에서 추출한 그러한 개념의 여러 특징이 역사적 검토 속에서 서서히 떠오르는 것이다. 그리고 처음에 우리에게 추상적 개념으로서 주어진 것이 서술이 진행되어감에 따라서 더욱더 풍부하며 구체적으로 눈에 보이는 내용으로 넘치게 되는 것이다. 더욱이 베버는 직감적으로 이해된 여러 관념의 면밀한 인과 귀속을 이루어보려고 노력하고 있다. 그는 실제로 재치있는 '관찰'이 아니고 가능한 한도까지 증명된 진리를 제시하려고 한다. 따라서 그는 천재적인 착상으로 엄격하게 논리적인 처리를 가하고 있는 것이다. 이 논문의 기묘한 형식, 사고를 진행해나가는데 있어서의 일관된 이분성(二分性)——주문과 주에 있어서——은 확실히 본질적으로는 이상의 것에서 오고 있다. 어느 정도까지 그것은 잡지를 위해서 지면을 절약하지 않으면 안 되었기 때문이기도 하다. 독자는 윗부분에서는 극도로 사람의 의표를 찌르는 것과 같은 종합 판단에 직면하게 되고 하단에서는 세심하기 짝이 없는 학문적인 입증을 읽게 된다. 각각의 주제에는 자료에 대한 보고가 갖추어져 있으며 근대적 직업 개념의 성립에 대한 문헌학적 논문을 포함한 중요한 항목은 소활자의 주가 달려 있다. 개정판에서는 다른 점은 변경되지 않았으나 이 '발의 혹'(방대한 각주를 말함)만은 프렌타노와 좀바르트와 같은 그가 지금까지——타하팔에 대한 것처럼——반대 비판을 하지 않았던 비판자들의 이론에 대한 반론으로 해서 더욱더 팽창되고 있다. 모든 학문적 준비나 자료를 드러내보이는 것이 이 논문에서 필요했던 이유는 논점이 너무나도 사람의 의표를 찌르는 것이었다는 점과 그러한 논점을 절대적인 것으로 하지 않으려고 하는 신중함 때문이다. 왜냐하면 여러 논점이 상대방에게 충분히 이해되고 있지 않았기 때문이며 본래부터 생기고 있는 많은 논쟁이 이것을 증명하고 있다. 그리고 마지막으로 역사적인 기술의 범주 내에서는 인식과 평가를 분리해두는 것이 가능하다는 것을 베버의 논리적인 논증에 의해서 납득되지 않았던 사람들도 의식적으로 ㄱ 분리를 해놓은 이 논문을 음미함으로써 아마도 그것을 이해하게 되었을 것이다. 베버는 그 자신이 분석한 온갖 윤리적 종교적 형상의 가치에 대한 판단을 절대로 삼가했으며 직접적이건 간접적이건 간에 '신들'의 사이에 위계를 설정하는 일은 어떠한 경우에도 하지 않았다. 그리고 결말 부분에 있어서처럼 장래의 발전 가능성에 역점을 두어야 하는 경우에는 여기서는 이미 증명이 가능한 과학의 영역에서부터 벗어나게 된다는 것에 재빨리 주의를 환기시키고 있다. 여러 가지로 형태를 바꾸어 나타나게 되는 프로테스탄티즘의 의미 내용은(똑같이 아시아의 여러 종교도) 그러한 종교 내용의 어느 하나로부터도 제약받고 있지 않은 진리 추구의 언제나 변하지 않은 공정성으로 취급하고 있다. 사실 다음과 같이도 말할 수도 있을 것이다. 베버는 원칙적으로 인간 정신의 그러한 모든 현상 형태를 Sine ira et studio(노여움도 불공평도 없이의 뜻. 그러나 여기서는 '없이'라는 말이 강조되고 있다)로서가 아니고 언제나 같은 애정을 가지고——물론 그러한 내용 중 어느 하나를 자신이 소유한 것을 단념해버린 관조적인 인간의 사심없는 애정을 가지고——이해하고 있는 것이라고.

그는 복음서나 진정한 기독교적 종교성에 대한 깊은 외경을 언제나 잃지 않았다. 예수가 비유해서 한 말씀, 산상 수훈 그리고 바울의 서한, 구약성서에서는 특히 예언자들의 편지와 욥기는 그에게 있어서는 종교적인 감격과 깊이에 대한 비류가 없는 기록이었다. 그러나 그는 성숙기에 도달한 이래 실질적인 구속에서 초월하여 상상가로서 모든 종교 체계에 동등한 흥미를 가지고 대할 수가 있었다. 이러한 '초월적인 입장'에도 불구하고——혹은 아마도 그 때문에——그의 담담하며 가식없는 사고의 진행법이나 그 후에 씌어진 많은 부분은 사람에게 감동을 안겨준다. 더구나 이렇게 감동을 주는 것은 최초의 종교사회학 논문의 구체적인 내용에 의해서만이 아니고 그 그늘에 가리워져 있는 사상가의 개성에 의해서이기도 하다. 여기서 그의 '가슴에 물결처럼 밀려오는' 인류의 운명의 걸음에 대한 그의 깊은 감동 특히 이념이라는 것은 이 세상에서 작용할 때에는 언제나 도처에서 최초의 의미와 배치되는 작용을 하기 때문에 스스로를 파괴한다는 사실에 대한 놀라움을 알 수가 있다. 그리고 또 베버가 우리 앞에 제시하는 고귀한 청교주의의 위대한 인물상 속에서는 자신도 갖추고 있는 몇 가지 특징도 느낄 수 있는 것이다. 이상의 이유에서 여기서 그의 논문 중 두세 가지의 논점을 감히 소개해 보려고 한다.

*

소유욕, 금전욕, 망설이지 않은 영리 충동은 언제나 어느 곳에나 있었다. 일체의 규범에 종속하는 것을 배제하고 생활을 위해서 필요 이상의 재화를 취득하는 것, 즉 투기 자본주의, 약탈 자본주의, 식민지 자본주의, 기타 이것에 속하는 것은 다른 것이 아니라 화폐를 사용하는 모든 경제 구조의 고유한 것이다. 그러나 모험으로서가 아니고 부단의 도덕적 외부로서의 영리를 위한 영리의 긍정이라는 것은 자명한 일은 전연 아니며 어느 일정한 시대 이후 성립된 것으로 그것도 특정 계층에 있거나 또 서구에서만 있었던 일이다. 이와 같은 사태가 생겨나기 위해서 서양의 시민계급은 어느 특정한 생활 태도의 훈련을 받고 합리적이며 방법적인 노동을 도덕적 의무로서 받아들이는 것을 배우지 않으면 안 되었다. 어떻게 해서 이런 생활 태도가 생겨났으며 그것은 어떻게 작용했는가? 이것이 설문의 목표이며 이것은 서서히 나타나기는 했지만 대담하고 신중한 사고의 움직임과 함께 그 목표는 연구의 전체를 감싸고 마지막으로 거기까지 이르게 된 모든 과정이 뚜렷하게 밝혀진다. 우리는 여기서 지극히 간단하게 그 목표에 도달해보려고 하지만 베버가 파고들어간 정신 세계의 넓고 깊은 영역의 극히 일부분밖에는 볼 수가 없다. 그는 우선 가까이 있는 것, 현대에 속하는 것을 조명한다. 어느 문하생이 만든 신앙 조사통계에 바탕을 두고 독일에 있어서 카톨릭 계 주민은 프로테스탄트 계 주민에 비해서 훨씬 극소수만이 자본주의적 영업에 종사하고 있다는 것과 그것을 결정하고 있는 것은 외적인 여러 조건이 아니고 내적이고 심적인 조건이라는 것을 보여주고 있다. 그 종교적 환성에 의해서 만들어진 정신적 특색은 무엇보다도 그들이 배우게 된 갖가지 직업관이다. 칼뱅이즘과 뱁티즘의 증표를 받은 프로테스탄트들이 강렬한 경건함과 강력하게 발전된 효과적인 상업정신과의 독특한 결합을 옛날부터 보여주고 있다는 것은 훨씬 전부터 알려져 있었다. 이러한 기묘한 현상 사이의 인과적 연쇄를 발견하기 위해서 탐구자는 현대의 상황과 기지의 상황에서 한발 한발 과거로 거슬러올라가서 마지막에는 종교개혁 시대와 중세의 종교적 사상 세계에 도달하게 되는 것이다.

　자본주의적 '정신'의 특징을 보여주는 문서의 하나로서 베버는 우선 한 젊은 상인에 대한 벤자민 프랭클린의 가르침을 분석한다. 끊임없는 근로와 검약과 향락의 단념에 의해서 자신의 재산을 확대하는 것을 의무로 보고 자신이 획득한 부를 인간의 유능함의 표식으로 평가하는 신뢰할 만한 신사의 이상이 여기에 있다. 고대나 중세에는 완전히 천한 것으로 경멸되었던 종교와는 완전히 무관계한 관념이 프랭클린의 고국에서는 생산형식으로서의 자본주의가 존재하기 훨씬 전부터 널리 찬동을 얻고 있었다. 이러한 관념은 오늘도 근로를 도덕적 의무로 보고 상업을 자기 목적으로 보는 근대적 기업가의 내부에 살아남아 있다.

　이 순수하며 윤리적이며 내세적인 성향을 지니고 있는 인간의 배후에 이제는 종교개혁 시대에 오직 신만을 생각하고 마음속으로부터 경건하며 숭고했던 위대한 인물들의 형상이 나타나게 된다. 루터, 칼뱅, 바니안, 박스타, 크롬웰 등은 모두 자신과 신과의 관계, 자신의 영혼의 구원, 피안에 있어서의 자신의 운명만을 가장 중요시하는 사람들이다. 그리고 그들의 배후에는 칼뱅의 Deus absconditus(숨어 있는 신)가 서 있는 것이다. 인간으로서는 그 이름을 알지 못하는 이 신은 이미 복음서에서 본 그는 아니며 자신의 영광 이외에는 아무것도 바라지 않는 미지의 숨어 있는 신인 것이다. 그와 같은 사람들은 배금주의를 만들어내는 자본주의적 정신과 어떤 연관이 있을 것인가? 현세 부정과 지상의 부정의 정신을 이런 '악마'와 함께 취급한다는 것은 너무나도 대담한 일이 아닌가? 그러나 논증은 하나 하나의 순서에 따라 진행되어 적대하는 여러 힘이 그러한 자신의 고유 법칙성에 따라서 연결되어 있는 지점을 찾아내게 된다.

이익을 목적으로 하는 활동을 의무적인 '직업'으로 보는 견해는 지금도 근대적인 기업가의 생활에 윤리적인 존엄을 주고 있다는 것을 우리는 보았다. 이런 견해는 어디에서 오는 것일까? 베버의 문헌학적 분석에 의하면 이것은 루터가 만들어낸 것이라는 것을 증명한다. 루터는 이 말을 성서를 번역할 때 만들어냈다. 이 종교개혁자는 그것에 의해서 돈세적인 금욕이라는 카톨릭적 이상과의 대립에 있어서 내세적인 의무 이행의 존중함을 표현하려고 생각한 것이다. 이 말은 세속적인 나날의 노동을 도덕적 실천의 최고의 내용으로 삼고 신성화한다. 이것은 루터의 업적 중에서도 가장 중대한 영향을 남기고 있는 것 중의 하나다. 왜냐하면 프로테스탄티즘 신앙단은 그가 새롭게 만들어낸 의미를 계승해나간 것이니까. 그러나 그럼에도 불구하고 루터주의는 자본주의적 '정신'을 만들어내지는 못했다. 그 정신을 가로막은 것은 본래의 의미부터가 모든 지상적인 사업에 가장 강력하게 저항하는 것 즉 칼뱅의 가공할 만한 예정설 및 그것에서부터 나오는 결론이었던 것이다. 마음을 측량하기 어려운 신은 어느 사람들에게는 영원의 생명을, 다른 사람들에게는 영원의 죽음을 정해주었다. 공덕도 죄가도 비적도 선행도 미리부터 정해져 있는 운명을 바꿀 수는 없었다. 그 운명의 뜻은 이해할 수 없는 수수께끼이다. 이와같이 믿고 있었던 사람들은 모두 자신이 선택된 사람들에 속하고 있는지 그렇지 않으면 형벌을 받는 사람들에 속하고 있는지를 공포와 전율을 가지고 물었다. 신이 선택하기 때문이다. 어느 누구도 그것에 대해서 어떤 일도 할 수 없다. 사람들은 다만 자신이 어느 쪽에 속하고 있는지를 추측하는데 지나지 않으며 자신이 은총을 받은 몸이라는 것을 확신하는 유일의 방법은 직업에 있어서의 실증 즉 신의 명예를 위한 끊임없는 효력적인 노동밖에는 없다고 보았다.

이것이 완전히 새로운 종교적 타입, 청교도나 퀘이커나 메노나이트나 뱁티스트 등을 형성한 기본 사상이다. 이 새로운 인간은 엄청난 고독 속에서 완전히 자기 자신밖에는 믿을 사람이 없으며 일체의 마술적인 구제력을 빼앗기고 있는 자신을 보게 된다. 어떠한 교회 성직자나 비적도 그에게 도움을 주지 못한다. 그래서 그는 어떠한 이 세상의 권위에도 복종하지 않으며 다른 사람들 앞에서도 조심스럽게 마음을 내보이지 않고 자신을 감춘다. 깊고 내적인 고독 속에서 그는 자신도 모르는 무서울 정도의 거리를 느끼고 있는 신을 향하게 된다. 그는 신을 안으로 간직하고 있는 것이 아니라 신의 도구이며 신이 그에게 요구하고 있는 것은 감정이나 기분이 아니고 행동인 것이다. 신은 자신의 명령에 따라서 현세를 합리적으로 형성하는 것을 요구한다. 청교도는 일체의 감각 문화와 감각의 기쁨을 피한다. 그는 피안에 눈을 돌리고 자신의 영혼의 구원에 대해서 불안에 넘치면서도 자신의 지상의 사업을 신에 대한 의무로서 영위하는 것이다. 그리고 그에게는 인간과 인간 사이의 일체의 강력한 감정적 교섭은 '피조물'이므로 의심스러운 것이니까 인간과의 연대를 만들어낼 수 있는 힘은 그만큼 '노동'에 쏟아지게 된다. 즉 그는 열심히 또 솜씨있게 현세 생활을 조직화하는 것이다. 이렇게 규율화된 소박한 향락에 등을 돌린 생활 태도는 단순히 신을 요구할 뿐만 아니라 신에 작용하는 인상의 행상은 틀림없이 선택된 인간의 성화를 나타낸다. 카톨릭의 평범한 인간적 결함은 교회의 성총(聖寵) 수단에 의해서 속죄될 수 있다. 루터도 본능적인 행동과 소박한 감정 생활의 자연스러움은 그

대로 내버려두었지만 칼뱅이스트는 그렇지 않다. 그에게 있어서는 신의 의지냐 인간의 공허함이냐 하는 양자 택일밖에는 없는 것이다. 그는 장래 지복의 확신을 주로 비합리적 본능의 극복을 위한 질서 정연한 자기 통제, 방법적인 생활 태도, '내세적 금욕'에 의해서만 얻는다. 이것이 청교도적인 '성자'의 결정적인 이상인 것이다. 수도사와는 반대로 그는 세상 속에서 살지만──수도사처럼──이 세상의 것은 아니다. 루터는 돈세적 금욕을 비성서적이며 위선적이라 해서 부정했다. 따라서 그 시대의 일사불란하게 진지했던 신에 대한 것밖에는 마음에 두지 않았던 사람들은 그들의 금욕의 이상을 이 세상의 내부에서 실현하는 수밖에 없다고 생각하고 있었다. 그리고 실증이 필요하다는 이상 금욕에 대한 적극적인 유인이 되었다. 이 사상은 도덕과 신앙과 결부되어서 그것에 의해서 일상 생활에서 결정적인 의미를 갖게 된다. 신의 의지냐 인간의 공허함이냐 하는 양자 택일만을 알고 현세에 있어서는 끊임없는 노동에 의해서 이 사상은 자신의 전력을 발휘할 줄밖에는 모르는 완전히 새로운 인간을 만들어낸 것이다.

그러나 이것만으로는 도덕적 의무로서의 직업 노동, 내세적 금욕에 의한 은총 상태의 실증이라는 관념이 근대 자본주의와 어떠한 연관을 이루고 있는지 아직 알 수 없다. 이 점에서 역설적 사태는 대단히 강렬하게 나타나게 된다. 청교주의의 종교심에 있어서 부는 위험이며 부의 추구는 무의미한 것이다. 그러나 부는 방법적인 경영과 향락 포기의 피할 수 없는 성과이며 그러한 것으로서의 실증의 뿐만 아니라 은총의 상태의 표시인 것이다. 비난을 받아야 하는 것은 소유욕을 갖고 편안하게 지낸다는 것뿐이다. 행동만이 신의 영광에 봉사하는 것이며 가장 무거운 죄는 시간의 낭비이며 비행동적인 명상도 직업을 희생으로 해서 이루어질 때는 가치가 없다. '자신의 직업 속에서 묵묵히 일하라.'라고 박스타는 신자들에게 명령한다. 그리고 '육체의 즐거움 때문이 아니고 신의 영광을 위해서만 그대들은 일할 때 부자가 되는 것이 용서된다.'라고.──이것으로서 겨우 모든 관련이 완결된다. 생활의 가장 중요한 내용으로 끊임없는 노동이 명령되며 그 대신 향락적인 안식을 금지받고 있는 사람에게는 자신이 얻은 것의 대부분을 언제나 새로운 영리를 위해서 사용하는 길 이외에는 다른 어떤 길도 없는 것이다. 그는 자본주의적 기업가가 되지 않을 수가 없다. 자신을 통해서 일하고 있는 완덕(完德)이 신에게 감사하는 성실한 시민적 self made-man을 여기서 만들어내고 있는 것이다. 이익 추구에 대한 속박은 풀어지고 재화 획득은 전통주의의 굴레에서 해방되지만 그 결과는 주로 검약 강제에 의한 자본 형성, 부의 축적 이외에 아무것도 아니다. 신 자신이 자신에게 봉사하고 있는 성자들의 행위를 축복하는 것이다. 그러나 이 신은 인간의 손에 맡긴 돈의 1프헤니히까지도 계산하도록 요구한다. 자기의 소유에 대한 인간의 책임과 의무라는 생각이 달갑지 않은 무게로 생활 위에 걸쳐오게 되었다. 그리고 그것과 함께 이념의 비극은 시작된다. 획득된 부의 유혹에는 중세 수도사 단체처럼 청교도라할지라도 거역하지 못한다. 고매한 송교석인 생활 양식은 지신의 결과에 의해서 파괴된다. 그리고 종교적 뿌리가 말라죽었을 때 비로소 직업 사상과 금욕적 교육은 충분한 효과를 발휘하게 된다. 프랭클린이 성립한 '시민적인 정직함의 단단한 나무에 조각된' 근대적 경제인이 이상과 같은 인간상 계열의 마지막에 위치하고 있다. 종교적 열광이 아니고 직업적인 절조가, 신의 나라의 탐구가 아니고 세속성이 그의 마음을 채우고 있는 것이다. 종교적 과거의 계승자로서 그는 시민계급 특유의 직업적 윤리를 가지고 있으며 돈을 벌 때에는 편안한 양심을 갖게 된다. 노동의 금욕을 가르치는 교육의 덕으로 성실하고 양심적인 노동자가 그에게 제공되며 그들의 온순함을 마음껏 이용할 수 있는 길이 합법화되고 있다.

기독교의 금욕 정신도 건설에 관계하고 있는 근대적 경제 질서의 이 우주는 현재 모든 개인의 생활 양식을 빠짐없이 규정하고 있다. 청교도는 직업인이려고 했으나 우리는 직업인이 될 수가 없다. 이 세상의 재화에 대한 관심은 언제나 벗어던질 수 있는 엷은 외투와 같은 형태로서만 그 성자들의 어깨에 걸쳐서 있어야만 한다. 그러나 숙명은 외투가 철과 같이 단단한 모양을 갖추는 것을 방해하지 않았다. 오늘날 종교적 정신은 그 울타리에서 떨어져 나와버리고 말았다. 그것은 결정적인 것일까 그렇지 않은 것일까? 누가 그것을 알 수 있겠는가? 마지막으로 베버는 이 끝없는 발전의 미래를 덮고 있는 베일을 순간이나마 손에 쥐어보려고 하나 굳이 그것을 들쳐보이는 일은 하지 않는다.

▨ 역자 후기

이 책은 Marianne Weber, Max Weber-ein. Lebensbild Verlage Lambert Scheider, Heidelberg. 1950의 완역이다. 출판 형편상 전1권 780항으로 되어 있는 원서를 번역했다.

이 책의 가치에 대해서는 굳이 설명할 필요가 없을 것 같다. 부인 마리안네에 의해 씌어진 막스 베버의 전기로서는 이 책이 유일한 것이며 앞으로도 이것에 비견할 수 있는 전기는 아마 나타나지 않을 것이기 때문이다. 베버에 대해 무언가를 알고자 할 때 우선 들춰봐야 할 것이 바로 이 책이며 베버를 연구하는 사람 중에 이 책을 참고하지 않은 사람은 아마 없을 것이다. 게다가 이 책은 저자 마리안네 자신의 반생 동안의 전기이기도 하다. 부인은 막스 베버 사후 34년 동안 생존해 있다가 1954년 84세로 숨을 거두었으나 남편의 그늘에 가려 있지 않고 독자적인 문화·사회활동을 했다. 그녀의 저서 중 중요한 것을 연대순으로 들어보면 다음과 같다.

Max Weber-ein Lebensbild. 1926(본서 초판)

Die Ideale der Geschlechtergemeinschaft. 1929(《남녀 공동생활의 이상(理想)》)

Die Idee der Ehe und die Ehescheidung. 1929(《결혼의 이념과 이혼》)

Die Frauen und die Liebe, 1936(《부인과 애정》)

Erfülltes Leben(Briefe kulturphilosophischer Sinndeutung aneinem jungen Freund), 1946(《충실한 생(生)-문화철학적 해의(解義)에 대해, 혹은 어떤 젊은 친구에게 보내는 편지》)

Lebenserinnerungen, 1948(《회상기(回想記)》)

또 이 외에 간과해서는 안 될 그녀의 활동 중에는 전후 특히 독일 철학자 피터 부스트(Peter Wust, 1940년 사망)와의 왕복 서한집(書翰集)(Wage einer Freundschaft, 1951)이 있다. 또 그녀는 사망한 남편이 남긴 유고(遺稿)의 정리편찬이라는 큰 사업을 달성했으며, 1919년 이래 독일 부인단체연합의 지도자로서 활동하기도 했고 독일 민주당을 지지해 정치활동에도 참가하는 한편 풍부한 저술활동을 계속해왔다.

20세기 초 유럽의 정신계(精神界)에서 막스 베버는 하나의 거봉이었다. '오래된 신(神)이 죽고 새로운 신이 아직 태어나지 않은' 이 시기에 그는 19세기의 지적 유산을 비판적으로 계승하고 한편으로는 20세기의 혼돈된 현상을 정면으로 응시하면서(지금도 그의 사상은 20세기 후반에 있는 우리들에게까지 미치고 있지만) 그 시대의 비극성을 스스로 어깨에 짊어지고 살았다.

그의 이러한 생애를 그린 마리안네 부인의 펜 끝에는 정열이 느껴진다. 정말로 그것은 애정과 경의에 가득 찬 'Ecce Homo'의 외침이며 이 광대하고 결코 읽기 용이하지 않은 전기를 감동적인 인간기록으로 완성시키고 있다. 따라서 나는 이 책이 단순히 베버에 대한 연구자료로서 사회과학 전공자에게만 읽혀지지 말고 보다 광범한 독자층에게 환영받기를 희망하고 있다. 모든 독자는 각각의 관심에 상응한 많은 지식의 부(富)를 이 책으로 얻을 것이 틀림없다.

무능한 나에게 있어 이 책을 번역한다는 것은 극히 곤란한 작업이었다. 사회과학에는 문외한이었지만 평소 베버에게 깊은 경의와 관심을 품고 있었기에 이 전기가 언젠가 국역되기를 바랐던 것은 사실이지만 내가 그 일을 하리라고는 예상하지 못했었다. 베버의 해박한 지식을 어떻게 잘 표현해야 하나 걱정도 되었다. 또 이 책의 중요한 자료가 된 편지에는 가족이나 친구, 동료들에게만 통하는 단어들도 포함되어 있었다. 되도록 원문에 충실하여 직역에 힘썼지만 아무래도 이해가 가지 않는 부분도 적지 않았다. 또 원문의 성격으로 보아 번역문은 읽기 쉬운 문장으로 고쳐 써야 했기 때문에 역주(譯註)는 최소한 줄였으며([ ]로 표시된 부분이 역주 또는 역자의 보충설명이다.) 그 대신 인명색인에 역자가 보충하는 주(註)를 첨가했다. 또 원문에는 전후 관계로 보아 오기(誤記)로 볼 수밖에 없는 부분이 다소 포함되어 있으나 그곳은 역자의 판단에 의해 해석했다. 역자가 해석하기 어려웠던 약간의 어법과 단어에 대해서는 독일문학을 강의하고 있는 프로이라인 일름가르트 애커맨의 도움을 받기는 했으나 그 귀중한 협력과 내 나름대로의 노력에도 불구하고 많은 결함과 과오가 생겼음은 어쩔 수 없었다. 끝으로 보잘것없는 이 책을 완성하기까지 도와주신 프로이라인 애커맨 이하 모든 분들께 감사드린다.

막스 베버의 생애

발행 1995년 6월 10일	Ⓑ 값 10,000원

지은이　마리안네 베버

옮긴이　민　병　산

펴낸이　남　　　용

펴낸데　一信書籍出版社

121-110 서울 마포구 신수동 177-3

등 록 : 1969. 9. 12. No. 10-70

전 화 : 703-3001~6

FAX : 703-3009

대체구좌 / 012245-31-2133577

ISBN 89-366-1523-8